iMac
für Dummies

iMac für Dummies – Schummelseite

Was Sie haben

Um herauszufinden, über wie viel Speicherplatz und über welche Software-Version Ihr iMac verfügt, wählen Sie ÜBER DIESEN COMPUTER aus dem -Menü (siehe Kapitel 1). Tragen Sie die Antworten hier ein.

Ihre iMac OS Version _____
Eingebauter Speicher _____

So überleben Sie die erste halbe Stunde

Die folgenden Informationen benötigen Sie nur für den Beginn Ihrer iMac Karriere – aber Sie brauchen sie nun mal.

Den iMac einschalten

Drücken Sie den Ein/Aus Knopf. Das ist der runde Knopf in der rechten oberen Ecke Ihrer Tastatur (siehe Kapitel 1).

Den iMac ausschalten

1. Speichern Sie Ihre Arbeit auf die Festplatte mit dem Befehl SICHERN aus dem Menü ABLAGE.
2. Drücken Sie den runden Ein/Aus Knopf auf Ihrer Tastatur.
3. Klicken Sie AUSSCHALTEN im Dialogfenster.

Tastenkürzel zur Fehlerbehebung

Der iMac ist eingefroren, aber die Maus lässt sich noch bewegen: Drücken Sie die Tastenkombination ⌘ + ⌥ + Esc und klicken Sie dann den *Schnell-Beenden-Button*. Speichern Sie Ihre Arbeit in jedem Programm und starten Sie dann den iMac neu. (Das funktioniert in der Hälfte der Fälle. Falls nicht, lesen Sie weiter.)

Der iMac ist komplett eingefroren: Starten Sie ihn neu, indem Sie den Ein/Aus Knopf für ca. 6 Sekunden drücken. Falls das nicht hilft, drücken Sie den *Restart-Knopf* an der rechten Seite des iMac. Bei neuen iMacs ist der Restart-Knopf mit einem nach rechts zeigenden Pfeil versehen. Bei den älteren Modellen drücken Sie eine gerade gebogene Büroklammer in das kleine, mit einem Pfeil versehene Loch. Fall keiner dieser Schritte zum gewünschten Ergebnis führt, ziehen Sie den Stecker heraus. Stecken Sie dann den Stecker wieder ein und starten Sie den iMac.

Alle Symbole erscheinen schwarz: Drücken Sie beim Starten des iMac die Tastenkombination ⌘ + ⌥. Wenn Sie gefragt werden, ob die Schreibtischdatei neu angelegt werden soll, klicken Sie OK.

Ein Verbindungsproblem wird gemeldet: Starten Sie den iMac mit gedrückter Shift-Taste bis Sie die Meldung sehen »Systemerweiterungen ausgeschaltet«. Jetzt arbeiten nur noch die Grundfunktionen (kein Fax, keine Internetverbindung), aber der iMac läuft ganz sauber. In Kapitel 16 finden Sie weitere Hinweise, wie Sie danach weiter verfahren sollten.

Sie sind in Panik: Dann rufen Sie die Apple-Hotline an – 800-500-7078.

Mit Symbolen arbeiten

Eine Datei finden

Jede Datei, die Sie anlegen, wird durch ein Symbol markiert und üblicherweise in einem elektronischen Ordner abgelegt, der wie ein Dateiordner aussieht. Nun kann es aber vorkommen, dass Sie einmal eine Datei vermissen. Dann können Sie Folgendes tun:

1. **Wählen Sie Sherlock aus dem -Menü.**
2. **Geben Sie als Suchbegriff die ersten Buchstaben der von Ihnen vermissten Datei ein.**
   Sie müssen nicht unbedingt den vollständigen Namen eingeben – einfach nur so viel, um die Datei zu identifizieren. Groß- und Kleinschreibung wird bei der Suche ignoriert.
3. **Drücken Sie die Zeilenschaltung oder klicken Sie auf den *Finden-Button*.**
   Der iMac durchsucht alle Ihre Dateien und zeigt Ihnen danach eine Liste mit den Dateien, auf die Ihr Suchbegriff zutrifft. Klicken Sie einfach auf die von Ihnen gesuchte Datei (um zu sehen, wo sie liegt) oder doppelklicken Sie, um sie zu öffnen.

Eine Datei umbenennen

1. **Klicken Sie auf das Symbol (einmal) und drücken Sie die Zeilenschaltung.**
2. **Geben Sie den neuen Namen ein und drücken Sie die Zeilenschaltung.**

Ein Dateiname kann bis zu 31 Buchstaben lang sein. Einen Tippfehler bei der Eingabe können Sie einfach mit der Zurück-Taste korrigieren.

Eine CD-ROM einlegen

Halten Sie die CD am Rand (oder in der Mitte) mit dem Aufdruck nach oben.

Neue iMacs: Schieben Sie die CD in den Schlitz an der Frontseite des iMac bis der iMac die CD von selbst einzieht.

Ältere iMacs: Hat Ihr iMac einen Druckknopf unterhalb des Wortes iMac? Drücken Sie diesen Knopf, damit der CD-Schlitten entriegelt wird und ziehen Sie dann den Schlitten heraus. Legen Sie die CD ein und schieben Sie den Schlitten wieder zurück.

Unabhängig vom iMac Modell erscheint das Symbol der CD auf Ihrem Schreibtisch.

Eine CD oder eine andere Platte auswerfen

Ziehen Sie das Symbol auf den Papierkorb. Oder klicken Sie das Symbol einmal an und wählen Sie den Befehl AUSWERFEN aus dem Menü SPEZIAL.

Eine Datei auf eine Platte kopieren

Sie können keine Symbole auf eine CD ziehen. Wenn Sie ein Floppy Disk Laufwerk, ein Zip Laufwerk oder andere Plattenlaufwerke für Ihren iMac gekauft haben, ziehen Sie das Symbol der Datei (siehe Abbildung) einfach auf das Symbol des Speichermediums. Der Rest geht von alleine.

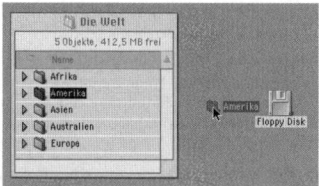

iMac für Dummies – Schummelseite

Wofür diese kleinen Kontrollfelder gut sind

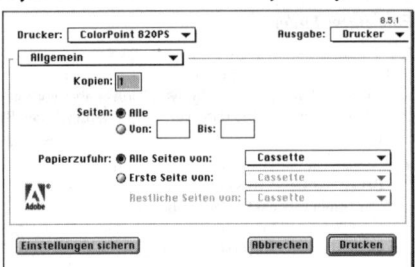

Die Leute von Macintosh nennen dieses Feld ein Dialogfenster, weil der iMac hier Fragen stellt, die er gerne beantwortet hätte. Und hier sind die typischen Elemente eines Dialogfeldes.

Optionsknöpfe

Hintergrunddruck: ○ Aus (Ausgabe direkt zum Drucker)
● Ein

Der Name ist angelehnt an die typischen Wähltasten an einem Autoradio, bei denen immer nur einer gedrückt sein kann. Logischerweise kann auch beim iMac immer nur einer der Optionsknopf angewählt sein.

Makierungsfelder

☑ **Kopien sortieren**

Damit können Sie einstellen, welche Funktion ein- oder ausgeschaltet ist. Einmal klicken aktiviert das Feld (X), noch einmal klicken schaltet die Funktion wieder aus.

Textfelder

Hier sollen Sie Text eingeben. Um von einem Textfeld zum anderen zu gelangen, klicken Sie entweder mit der Maus in das neue Feld oder benutzen Sie die Tabulatortaste.

PopUp-Menüs

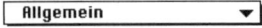

Wenn Sie dieses Bild sehen, handelt es sich um ein so genanntes PopUp-Menü. Zeigen Sie auf den Text, halten Sie die Maustaste gedrückt und treffen Sie Ihre Auswahl aus dem Menü, das nach unten aufspringt.

Eingabeknöpfe

Jedes Dialogfeld hat einen oder zwei deutlich sichtbare Eingabeknöpfe (gewöhnlich OK oder Beenden), mit denen Sie das Dialogfenster wieder schließen bzw. den Dialog verlassen können.

Wenn Sie auf OK (oder Drucken, Fortfahren oder was immer auch auf dem Eingabeknopf steht) klicken, wird der Vorgang ausgeführt, den Sie im Dialogfenster spezifiziert haben. Klicken Sie BEENDEN, wenn Sie den Dialog verlassen wollen und es wird so sein, als hätten Sie diesen Befehl nie gegeben.

Sehen Sie den kräftigen Rahmen um den Eingabeknopf DRUCKEN in der oberen Abbildung? Wenn Sie diese Entscheidung treffen wollen, müssen Sie nicht unbedingt die Maus benutzen, sondern Sie können stattdessen auch die Return-Taste benutzen.

Mit mehreren Programmen arbeiten

Mit dem iMac können Sie gleichzeitig mit mehreren Programmen arbeiten. Wenn Sie zu viele Programme gleichzeitig geöffnet haben, erhalten Sie eventuell die Meldung, dass nicht genügend Speicherplatz vorhanden ist. Dann können Sie wie folgt vorgehen.

Stellen Sie zunächst fest, welche Programme geöffnet sind

Zeigen Sie mit dem Cursor auf das Symbol rechts oben auf Ihrem Bildschirm und drücken Sie die Maustaste. Das Menü ANWENDUNGEN springt auf und zeigt Ihnen alle geöffneten Programme. Das Programm, mit dem Sie gerade arbeiten ist dabei mit einem Haken gekennzeichnet und erscheint auch im Menütitel.

Programme schließen, um Speicherplatz freizugeben

1. Wählen Sie das Programm aus dem Menü ANWENDUNGEN.
2. Wählen Sie den Befehl SCHLIESSEN aus dem Menü ABLAGE.

Mit den iMac-Fenstern arbeiten

Öffnen oder Schließen eines Fensters

Jedes Fenster war einmal ein Symbol, das Sie mit einem Doppelklick geöffnet haben, um zu sehen, was sich dahinter verbirgt.

1. Doppelklicken auf ein Symbol öffnet das dazugehörige Fenster.
2. Um das Fenster zu schließen, klicken Sie in das Schließfeld in der linken oberen Ecke.

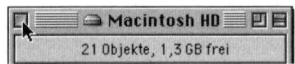

Verdeckte Symbole sichtbar machen

Wenn ein Fenster zu klein ist, um den gesamten Inhalt anzuzeigen, sehen Sie am Fuß bzw. an der Seite graue Scrollleisten.

1. Zeigen Sie auf einen der kleinen schwarzen Pfeile auf der Scrollleiste und drücken Sie die Maustaste (unten links). Die Fensteransicht wird in die Richtung verschoben, in die der Pfeil zeigt und Sie sehen, was sich noch alles im Fenster verbirgt (unten rechts).

 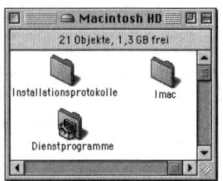

2. Um das Fenster so zu vergrößern, dass gleichzeitig der gesamte Inhalt gezeigt wird, klicken Sie einfach in das Erweiterungsfeld.

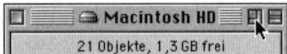

David Pogue

iMac
für Dummies

Durchschauen Sie die gläserne iMac-Welt

Übersetzung aus dem
Amerikanischen von
Markus Bill

Die Deutsche Bibliothek – CIP-Einheitsaufnahme:

Pogue, David:
iMac für Dummies / David Pogue. Übers. aus dem Amerikan. von
Markus Bill. - Bonn : MITP-Verlag, 2000
    Einheitssacht.: The iMac For Dummies <dt.>
    ISBN 3-8266-2929-9

ISBN 3-8266-2929-9
1. Auflage 2000

Übersetzung der amerikanischen Originalausgabe:
David Pogue: The iMac For Dummies, 2nd Edition

Printed in Germany

Ein Unternehmen der verlag moderne industrie AG & Co. KG, Landsberg

Lektorat: Sabine Müthing
Korrektorat: Johanna Schmitz
Herstellung: Carin Lebenstedt
Druck: Media-Print, Paderborn
Umschlaggestaltung: Sylvia Eifinger, Bornheim
Satz und Layout: Lieselotte und Conrad Neumann, München

Inhaltsverzeichnis

Teil III
Software Wissen   *171*

Kapitel 9
Ihr Weg durch die kostenlose Software   *173*

Kapitel 10
iSpielberg: Digital Videos mit dem iMac erstellen

Kapitel 11
Pixeltricks: Graphik leichtgemacht

Kapitel 16
Noch mehr Hilfen bei Problemen 331

Einführung

Als Sie Ihren iMac gekauft haben, hatten Sie ein sehr geschicktes Händchen. Denn Sie haben von vornherein schon die meisten Frustrationen und Ärgernisse ausgeschaltet, die normalerweise mit dem Kauf eines Computers verbunden sind. Sie haben gutes Geld gespart und dennoch einen schnellen, leistungsstarken und modernen Computer erstanden, der sich außerdem sehr gut in Ihre Bürolandschaft einfügt (besonders, wenn Ihre Tapeten die Farbe von Grapefrucht, Zitrone, Mandarine, Blaubeeren, Erdbeeren etc. haben).

Das ist übrigens nicht nur ein PR-Gag, grundsätzlich ist der iMac ein völlig neuer Computer. So sind beim iMac zum Beispiel alle Kabelzugänge an der Seite, wo Sie sie besser erreichen können. Warum hat es eigentlich 20 Jahre gedauert, bis die Computerindustrie mitbekommen hat, dass die Rückseite eines Computers wirklich die am wenigsten geeignete Seite für die Kabelanschlüsse ist?

Der iMac hat außerdem schon alles eingebaut, was Sie für Ihre Arbeit benötigen: ein Modem (damit Sie im Internet surfen und E-Mails verschicken und empfangen können), ein CD-ROM Laufwerk (damit Sie zum Beispiel neue Programme einfach und schnell installieren können) und einen phantastischen Farbmonitor, den Sie nicht einmal selbst konfigurieren müssen. Einen Computer als Komplettangebot zu verkaufen, ist zwar keine neue Idee, aber noch nie war sie so schön durchdacht. Und natürlich war das alles noch nie so perfekt in einem futuristischen Gehäuse verpackt, das Sie auch noch jederzeit problemlos von Raum zu Raum transportieren können, ohne dass Sie gleich eine Menge Freunde für den Umzug brauchen.

Kurz gesagt ist der iMac der Computer, der in seiner Ausführung den Vorstellungen von Apple Gründer Steve Jobs bisher wohl am nächsten kommt: ein Computer, der einfach alles mitbringt: Sie müssen ja auch nicht für Ihr Fernsehgerät ständig neue Speichererweiterungen kaufen – oder? Und Sie müssen auch keinen Experten bestellen, um Ihre neue Mikrowelle oder einen Backofen einzuschalten. Also warum sollten Computer nicht auch wesentlich bedienungs- bzw. kundenfreundlicher sein?

Wer braucht dann noch ein iMac Buch?

Gute Frage, wenn der iMac wirklich so einfach ist.

Nun, bei all den guten Dingen, die der iMac von Hause aus mitbringt – ein Bedienungshandbuch ist nicht dabei. Aber Sie brauchen schon ein wenig Unterstützung, wenn mal etwas schiefgeht, wenn Sie wissen wollen, was die beigefügte Software eigentlich leistet, oder wenn Sie das erste Mal mit dem iMac im Internet surfen wollen.

Nebenbei bemerkt, natürlich sind Sie kein Dummie. Das merkt man schon an zwei Dingen: Erstens kennen Sie den iMac und zweitens lesen Sie dieses Buch. Ich habe vielen hundert Menschen die Benutzung Ihres Macintosh beigebracht und dabei immer wieder gehört, dass viele sich wie Dummies fühlen, sobald es um Computer geht. Um uns herum existiert eine Welt, in der die Kinder, Teenager ganz selbstverständlich mit Computern aufwachsen – und der Rest von uns fühlt sich langsam etwas ausgegrenzt.

Aber bald sind Sie nicht mehr der Dummie – das ist wie beim Autofahren: Wenn Sie das Prinzip des Macintosh nach einer oder zwei Lektionen einmal begriffen haben, können Sie mit ein wenig Übung bald überall hinfahren.

Also, wenn wir von Dummies reden, dann tun wir das mit einem Augenzwinkern.

Wie Sie dieses Buch nutzen sollten (nicht nur als Mouse Pad)

Wenn Sie wirklich ganz am Anfang Ihrer Computerkarriere stehen, empfehlen wir Ihnen, dieses Buch von hinten zu lesen. Beginnen Sie mit dem Anhang A, dort finden Sie eine genaue und einfache Anleitung über das Aufbauen und Einschalten Ihres iMacs.

Ansonsten beginnen Sie einfach mit Kapitel 1, sehen in Kapitel 15 nach, wenn Sie Probleme haben, und holen sich aus den anderen Kapiteln von Zeit zu Zeit Anregungen für Ihre Arbeit.

Das Buch enthält außerdem mit dem Anhang B wichtige Adressen und Veröffentlichungen und im Anhang C eine Auswahl von Peripheriegeräten speziell für den iMac.

Macintosh Messen

Gelegenheit zum Erfahrungsaustausch mit Macintosh gibt es auf der Macworld und der Maxpo, die einmal jährlich in Deutschland veranstaltet werden.

Wichtiges besser im Blick

Besondere Passagen in diesem Buch habe ich durch auffällige und wie ich hoffe – einleuchtende – Markierungen gekennzeichnet:

Anmerkungen für technisch sehr interessierte Leser – wer diesen Einblick nicht gewinnen will, kann dies gerne überblättern.

Obwohl der Macintosh der größte Computer der Welt ist, ist er immer noch ein Computer, der manchmal zu einem unerklärlichem Verhalten neigt, das ich hier erklären werde.

 Die so gekennzeichneten Tipps erleichtern Ihnen das Leben mit dem iMac.

 Kennzeichnet eine Aufgabe, die Sie Schritt für Schritt wie im Buch beschrieben ausführen sollten.

 Diese Markierung verweist auf Besonderheiten der Betriebssoftware Mac OS 9 (mehr über Mac OS 9 finden Sie in Kapitel 1).

Apple und immer wieder etwas Neues

Sagen wir einmal so: Apple ist ein großer Computer-Hersteller, der vor vielen Jahren durch eine engagierte Gruppe von Teenagern in einer Garage gegründet wurde. Jedes Mal, wenn Apple einen neuen Mac vorstellte, war er schneller, leistungsfähiger und preiswerter als das Vorgängermodell. Die Käufer waren stolz auf ihren Macintosh, allerdings war da immer der Wermutstropfen, dass der erst vor kurzer Zeit für viel Geld angeschaffte Mac plötzlich überholt war.

Dabei ist es völlig egal, welchen Computer Sie kaufen und wie geschickt Sie verhandeln, der Wertverlust Ihrer Investition in einen Computer ist nicht zu stoppen. Für jeden Computer, den Sie heute kaufen, steht morgen schon das leistungsfähigere und preiswertere Nachfolgemodell in den Regalen der Computerläden.

Wenn sich trotzdem immer mehr Menschen dafür entscheiden, mehrere Tausend Mark in einen Computer zu investieren, so deshalb, weil sie davon ausgehen, dass diese Kosten durch höhere Produktivität mehr als wett gemacht werden. Zumindest theoretisch.

Teil I

Für den absoluten Computer-Neuling

»Seit 2 Tagen schnüffelst Du an deinem neuen iMac. Es reicht jetzt, pack ihn endlich aus!«

In diesem Teil...

Es gibt drei Wege, zu lernen, wie man mit einem neuen Computer umgeht. Man kann sich an das Handbuch halten – leider hat Ihr iMac keines. Sie können einen Kurs belegen – wenn Sie Zeit dafür haben. Oder Sie können ein Buch wie dieses lesen.

In diesem Kapitel lernen Sie, wie Sie Ihren iMac einrichten und starten – nicht mehr und nicht weniger!

Den iMac einschalten (und was dann zu tun ist)

1

In diesem Kapitel

▶ Den iMac einschalten (und ausschalten)

▶ Seltsame neue Begriffe wie Maus, Menü und System

▶ Fenster erstellen

▶ Öffnen und Schließen von Ordnern

Wenn Sie Ihren iMac noch nicht angeschlossen haben, sollten Sie jetzt zu Anhang A blättern, wo Sie zu diesem Thema ganz gezielt angeleitet werden.

Die Verpackung ist geöffnet – was nun?

Bereits in diesem Moment steht ein einsatzbereiter iMac in seiner ganzen bonbonfarbenen Transparenz auf Ihrem Schreibtisch – und ein ungläubiges Staunen auf Ihrem Gesicht.

Den iMac einschalten

In dieser, Ihrer allerersten iMac-Stunde fragen Sie sich:

Wo ist der Einschaltknopf? Sie finden ihn in der rechten oberen Ecke der Tastatur. Er ist rund und trägt das allgemein gültige Einschaltsymbol für iMacs.

Drücken Sie den Knopf. Wenn der iMac antwortet – ein Sound ertönt, der Monitor leuchtet –, arbeitet er bereits. Sie können jetzt weitergehen zum Abschnitt »Die Start-Dia-Show«.

Wenn Sie den Knopf gedrückt haben und nichts passiert, drücken Sie zunächst den identischen Knopf auf der Frontseite. Führt dieser Schritt zum Erfolg, ist die Tastatur nicht auf der richtigen Seite des iMac verbunden. Wenn auch das nichts bringt, sollten Sie prüfen, ob Ihr iMac mit dem Stromnetz verbunden ist. Wenn Sie das Anschlussproblem gelöst haben, können wir weitermachen.

Die Start-Dia-Show

Wenn Ihr Experiment mit dem Einschaltknopf erfolgreich war, hören Sie einen Akkord und nach ein paar Sekunden erscheint eine Graphik auf dem Monitor und Sie werden Zeuge der vielen Millionen bekannten Macintosh Start-Dia-Show. Zunächst sehen Sie einen lächelnden Macintosh wie hier:

In wirklich sehr seltenen Fällen sieht der lächelnde Macintosh so aus:

(In diesem Falle steht Ihr iMac auf dem Kopf.)

Das nächste Bild zeigt das berühmte Mac OS-Logo ähnlich einem Porträt von Picasso:

Während dieser Zeit erscheinen am Fuß Ihres Monitors viele kleine Abbildungen. In der Macintosh-Sprache heißen diese kleinen Abbildungen Symbole (auch Icons genannt).

(Sie sollten sich aber beide Begriffe einprägen, es werden gern beide Begriffe in der Macwelt benutzt: Symbol = Icon. Wir werden in diesem Buch den Begriff Symbol verwenden.)

Diese speziellen Symbole Ihres iMac sind Erweiterungen, die sich von selbst einschalten, um die Funktionalität ihres Systems zu steigern: Eines zeigt Ihr CD-ROM Laufwerk, ein anderes die Internetverbindung und so weiter. Mehr über diese Startinformationen erfahren Sie in Kapitel 12.

Die daraufhin erscheinende Ansicht auf Ihrem Bildschirm wird Schreibtisch genannt. Herzlichen Glückwunsch – der erste Schritt ist getan!

Falls Sie noch etwas anderes während der Startphase sehen sollten – etwa ein blinkendes Fragezeichen, eine Fehlernachricht oder schwarzen Rauch – haben Sie Ihr erstes Computerproblem. In diesem Fall sollten Sie in Kapitel 15 weiterlesen, hier werden die möglichen Probleme und die Möglichkeiten zur Behebung beschrieben.

Die ersten Momente mit Ihrem iMac

Wie Ihnen jeder Techniker gerne bestätigen wird, sind die ersten Momente mit einer neuen Maschine die aufregendsten. Wie in einer neuen Beziehung.

Der Setup-Assistent – und Ihre iMac Ausführung

Wenn Sie Ihren iMac das erste Mal einschalten, erwartet Sie eine spezielle Einführung, der Mac OS Setup-Assistent.

Der moderne CD Slot-In iMac

Heute sind die iMacs schneller, leistungsfähiger und preiswerter. Sie erkennen die modernen iMacs an der Frontseite. Anstelle eines Ausfahrfaches für die CDs sind sie mit einem Schlitzlader wie bei Radios in teuren Autos ausgestattet. Die modernen iMacs haben noch viele weitere Verbesserungen. (Mehr darüber erfahren Sie am Ende dieses Kapitels, jedoch ist der CD-Schlitz die markanteste von allen. Deshalb wird diese iMac-Linie von Apple auch als CD-Schlitzlader-Modell bezeichnet.)

Aber wir schweifen ab. Das erste Mal, wenn Sie einen CD-Schlitzlader iMac einschalten, erscheint auf dem Monitor ein Film. Lichter! Musik! Bewegung! Sie werden u.a. aufgefordert, einen Internetzugang (vorausgesetzt Sie haben eine Telefonverbindung zu Ihrem iMac wie in Anhang A beschrieben) einzurichten. Sie werden nach Ihrem Namen, Adresse, Kreditkartennummer gefragt und können entscheiden, ob Sie E-Mail empfangen möchten oder nicht. Der iMac wählt einige Male und Ihr Internetzugang wird automatisch eingerichtet wie hier:

Wenn Sie jetzt keine Zeit haben, einen Internetzugang einzurichten oder noch keinen Internetzugang besitzen, dann brechen Sie einfach ab. Sie finden mehr über das Internet und das Einrichten eines Internetzuganges in Kapitel 5 dieses Buches.

Der klassische CD-Schlittenlader iMac

Alle iMac Modelle vor Oktober 1999 haben auf der rechten Seite eine Klappe, hinter der die Anschlüsse liegen. Diese traditionellen iMacs sind mit einem Schlitten für CDs ausgestattet, der aus der Frontseite herausfährt. Daher nennt Apple diese traditionellen iMacs auch CD-Schlittenlade-Modelle.

Wenn Sie das erste Mal eines dieser Modelle einschalten, kommt keine Musik, sondern nur ein Dialog. Ihr iMac fragt Sie u. a. nach der Zeitzone, in der Sie leben, nach dem angeschlossenen Drucker und so weiter ...

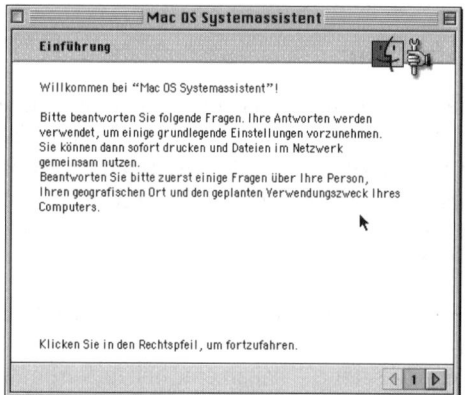

Viele dieser Fragen haben anscheinend gar nichts mit Ihnen zu tun. Das kommt daher, dass der Abfragekatalog auch den Einsatz in Netzwerken berücksichtigt – und Sie sind vielleicht gar nicht an ein solches Netzwerk angeschlossen. Sie können dieses kleine Programm verlassen, indem Sie die Tastenkombination ⌘+Q eingeben (⌘-Taste ist die Taste rechts bzw. links von der Leertaste).

Die Maus bewegen

Die Maus ist rund, aus Kunststoff und befindet sich auf Ihrem Schreibtisch neben Ihrer Tastatur. Wenn Sie Schwierigkeiten haben, sich darunter ein Nagetier vorzustellen, denken Sie sich doch einfach das Verbindungskabel als Schwanz und – falls es Ihnen weiterhilft – malen Sie sich einfach kleine Augen auf die Ihnen zugewandte Seite.

Um die Maus zu bedienen, drehen Sie sie so, dass das Verbindungskabel von Ihnen wegzeigt. Wenn Sie die Maus auf Ihrem Schreibtisch (oder auf einem MausPad) bewegen, sehen Sie, wie sich der Zeiger über den Bildschirm bewegt. Für den Rest Ihres Lebens werden Sie diesen Zeiger nun als Cursor bezeichnen, sowie »Bewegen Sie die Maus!« werden Sie als Befehl für das Bewegen des Cursors von A nach B hören.

 Heben Sie die Maus einmal an und bewegen Sie sie in der Luft wie eine Fernbedienung – es passiert nichts! Die Maus steuert den Cursor nur, wenn sie auf einer flachen Oberfläche aufliegt. (Die Bewegungen werden durch die Kugel auf der Mausunterseite erfasst). Das ist eine sehr nützliche Eigenschaft, da Sie einfach die Maus anheben können, wenn der Platz auf dem MausPad oder dem Schreibtisch nicht mehr ausreicht, und neu aufsetzen können. Der Cursor bleibt dann auf dem Monitor stehen und Sie können ihn nach dem Aufsetzen weiterbewegen.

Was ist ein Menü?

Lassen Sie uns etwas versuchen. Bewegen Sie den Cursor auf den hellgrauen Balken am oberen Bildschirmrand. Dieser Balken heißt Menüleiste, benannt nach einem kleinen Pub in Silicon Valley. Zeigen Sie mit dem Cursor auf das Wort Spezial.

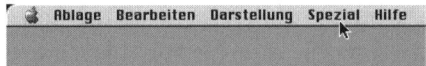

Auf etwas mit dem Cursor auf dem Bildschirm zeigen hat einen besonderen Ausdruck: Zeigen.

Legen Sie jetzt Ihren Zeigefinger auf die Maustaste und drücken Sie die Taste nach unten (und loslassen). Wenn alles gut geht, sollten Sie jetzt eine Liste mit Befehlen sehen, die unter dem Wort Spezial erscheinen, so wie hier:

Herzlichen Glückwunsch – Sie haben eben gelernt, wie man mit der Maus klickt (durch Tastendruck) und Sie haben ebenso gelernt, wie sich ein Menü (eine Liste von Befehlen) öffnet. Wenn Sie nun irgendwo auf Ihren Hintergrund-Schreibtisch klicken, verschwindet das Menü wieder, oder Sie warten einfach 15 Sekunden.

Den iMac ausschalten

Bevor wir nun weitergehen zu 3D-Zeichnungen, Raumfahrzeug-Entwicklung und DNA-Analyse, sollte ich Ihnen schnell noch sagen, wie Sie den iMac ausschalten.

Am einfachsten könnten Sie natürlich immer den Stecker aus der Dose ziehen. Aber auf Dauer wird das Ihrem iMac weniger gut bekommen und sicher zu technischen Problemen führen. Deshalb sollten Sie Ihren iMac immer auf einem der nachstehend beschriebenen Wege ausschalten:

✔ **Ausschalten mit der Tastatur:** Drücken Sie einfach den Einschaltkopf für einige Sekunden. Dann erscheint diese Meldung:

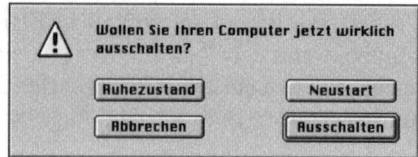

Wenn Sie also im Augenblick nicht weiterarbeiten wollen, klicken Sie mit der Maus auf Ausschalten – der Computer schaltet sich dann selbst aus. Wenn Sie nur einmal wissen wollten, wie es geht, nun aber weiterarbeiten möchten, dann klicken Sie mit der Maus in Abbrechen.

✔ **Ausschalten mit der Maus:** Klicken Sie noch einmal mit der Maus auf das Wort Spezial (im weiteren als Spezial-Menü bezeichnet). Wenn die Befehlsliste erscheint, fahren Sie mit der Maus abwärts. Dabei werden die jeweiligen Befehle schwarz hinterlegt (man sagt dazu auch, die Befehle werden aktiviert). Die einzigen Befehle, die nicht aktiviert werden, sind diejenigen, deren Schrift in diesem Menü grau erscheint. Sie werden deshalb grau angezeigt, weil sie im Augenblick keinen Sinn ergeben würden. Wenn zum Beispiel keine CD-ROM im Laufwerk eingelegt ist, macht der Befehl Auswerfen keinen Sinn. Der iMac stellt selbsttätig jene Befehle in den Hintergrund, die im Moment für Sie unwichtig sind.

Fahren Sie mit der Maus den ganzen Weg, bis das Wort Ausschalten aktiviert wird. Wenn Sie ausschalten wollen, drücken Sie die Maustaste. Der iMac schaltet sich dann selbst komplett aus. Wenn Sie jedoch weiterarbeiten möchten, bewegen Sie den Cursor einfach in irgendeine Richtung aus dem Menü heraus und klicken Sie erst dann. Das Menü verschwindet und nichts weiter geschieht. (Ein Menübefehl wird nur dann ausgelöst, wenn Sie mit der Maustaste klicken, während der Cursor auf den jeweiligen Befehl zeigt.)

Na also, Sie haben nur ein paar Seiten gelesen und schon können Sie Ihren iMac aus- und einschalten. Das ist wirklich nicht schwieriger, als einen Toaster zu bedienen.

Wenn Sie noch aufnahmebereit sind, dann lesen Sie doch einfach weiter.

Alles über das Schlafen

Ob Sie es glauben oder nicht, viele iMac-Benutzer schalten ihren Computer niemals aus. Jedoch lassen sie ihn schlafen, wenn sie ihn nicht benutzen. Wenn der iMac schläft, ist der Bildschirm schwarz, alle internen Verbindungen ruhen, alle Tätigkeiten sind gestoppt und der Stromverbrauch ist auf ein Minimum reduziert. Erst wenn Sie auf irgendeine Taste drücken, wacht der iMac wieder auf. Was vorher auf dem Bildschirm zu sehen war, ist wieder da und bereit für die weitere Bearbeitung.

Wenn Sie den iMac kaufen, ist er automatisch auf eine *Schlafenszeit von 30 Minuten* nach dem letzten Bearbeitungsvorgang eingestellt. Sie können diese Einstellung im Kontrollfeld ENERGIE SPAREN (siehe Kapitel 12) verändern; oder sie so einstellen, dass der iMac auf Ihr Kommando einschläft, z. B. dann, wenn Sie gerade im Internet Mohrhühner schießen und Ihr Chef zur Tür herein kommt.

Diese Einstellung nehmen Sie vor, indem Sie den Einschaltknopf auf der Tastatur drücken. Wenn die Meldung »*Wollen Sie Ihren Computer jetzt wirklich ausschalten?*« erscheint, klicken Sie einfach auf RUHEZUSTAND oder drücken Sie ⓈS auf der Tastatur und der iMac schläft sofort ein.

Während er schnarcht, *blinkt der Einschaltknopf* an der Frontseite, um Ihnen zu signalisieren, dass der Computer nicht wirklich ausgeschaltet ist. Bei den Modellen mit Schlitzlader blinkt der Knopf nicht, sondern er atmet ganz langsam – wie das lebendige Wesen, das Ihr iMac nun einmal ist.

Dinge über den Schreibtisch bewegen

Schauen Sie einmal auf Ihren Bildschirm. Sie entdecken hier weitere Menüs (unter den Worten *Ablage, Bearbeitung, Darstellung*) am oberen Rand. In der oberen rechten Ecke des Schreibtisches sehen Sie ein Symbol. (Sie erinnern sich doch – ein kleines Symbol.) und wenn Sie es nicht geändert haben, heißt dieses Symbol *Macintosh HD*. Die Symbole stehen für praktisch alles in der Mac-Welt. Sie sehen alle unterschiedlich aus: Manche stehen für einen Brief, den Sie geschrieben haben, ein anderes für den Papierkorb, wieder ein anderes zeigt eine CD an, die Sie eingelegt haben. Hier sehen Sie einige Beispiele dafür:

Eine Festplatte   Ein Ordner   Eine Nachricht   AOL 5.0   Eine CD-ROM

 Sie können die Symbole auf dem Schreibtisch einfach bewegen. Versuchen Sie es einmal:

1. **Zeigen Sie auf den PAPIERKORB.**

2. **Drücken und halten Sie die Maustaste gedrückt und bewegen Sie die Maus in irgendeine Richtung.**

   Diese verblüffende Technik wird *dragging* genannt. Sie haben soeben den Papierkorb damit verschoben.

3. **Lassen Sie jetzt die Maustaste los.**

Das ist doch alles gar nicht so hochtechnisch – oder?

Abgesehen von der Tatsache, dass da ein Papierkorb steht, weiß niemand so ganz genau, warum diese Grundansicht auf dem Monitor eigentlich Schreibtisch heißt. Darum gibt es dafür auch noch einen Namen: F<small>INDER</small>. Und das ist schon etwas logischer, denn hier finden Sie zum Beispiel Ihre gesammelten Arbeiten und vieles mehr. Die aktuelle iMac Software zeigt das Wort F<small>INDER</small> rechts oben in der Menüleiste (siehe folgende Illustration). Vielleicht haben Sie ja auch schon einmal Folgendes gehört: *»Kein Wunder, dass du den Papierkorb nicht siehst, du bist ja nicht im Finder.«*

Symbole, Fenster und die Macintosh-Sprache

Zeigen Sie mit dem Cursor auf das Festplatten-Symbol (ein perspektivischer Kasten mit der Bezeichnung Macintosh HD – für Festplatte) in der rechten oberen Ecke des Monitors.

Dieses spezielle Symbol repräsentiert die gigantische Festplatte in Ihrem iMac, die als Ihr Gedächtnis funktioniert. Hier werden Ihre Arbeiten, Ihre Ordner und Ihre Software gespeichert. Und wie sehen Sie, was so alles auf Ihrer Festplatte lagert? Wie kommen Sie an den Inhalt heran?

Sie können jedes Symbol in einer Fensterdarstellung öffnen, in dieser Darstellung sehen Sie den Inhalt Ihres Symbols z.B. den Inhalt Ihrer *Festplatte* M<small>ACINTOSH</small> HD. Dieses Fenster hat dieselbe Bezeichnung wie das Symbol, das Sie geöffnet haben.

Bevor wir jedoch beginnen, ist es an der Zeit für eine kleine Lektion in der Macintosh-Sprache. Aber keine Bange, das ist nicht schon wieder eine neue Fremdsprache, sondern beschreibt die einzelnen Funktionen und zwar direkt erklärend und leicht verständlich.

 Lassen Sie es uns doch einfach einmal versuchen.

1. **Klicken Sie auf das Festplatten-Symbol in der rechten oberen Ecke des Monitors.**

   Das Symbol wird schwarz, das bedeutet, es ist aktiviert. Hervorragend!

2. **Zeigen Sie nun auf das Menü A<small>BLAGE</small> und wählen Sie Ö<small>FFNEN</small>.**

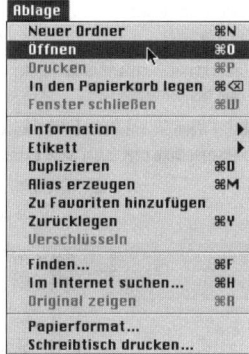

Das ist es – Ihre Festplatte wird als Fensterdarstellung geöffnet und Sie können den Inhalt betrachten.

Macht das etwa keinen Sinn? In der Mac-Welt bestimmen Sie im ersten Schritt immer, was Sie ändern wollen (mit Hilfe der Maus) und dann wählen Sie über einen Menübefehl die Art der Veränderung. Das werden Sie immer wieder sehen: zuerst etwas auf dem Monitor auswählen und dann über einen Menübefehl verändern.

Die Kontrollleiste der Fenster

Betrachten Sie den Inhalt Ihrer Festplatte wie in der folgenden Graphik gezeigt. (Bitte beachten Sie, dass jeder einen eigenen Inhalt hat, so dass der Inhalt Ihrer Festplatte von der hier gezeigten Abbildungen schon etwas abweichen kann.)

Schauen Sie sich diese Kontrollleiste und Schalter rund um das Fenster genau an. Mit diesen Kontrollen können Sie alle Eigenschaften der Fenster bestimmen: aufziehen, bewegen und schließen. (Sie finden die ausführlicheren Beschreibungen dieser Kontrollleiste in Kapitel 13). Da Sie praktisch ständig mit Fenstern zu tun haben werden, lohnt es sich, die Funktionen genau zu kennen.

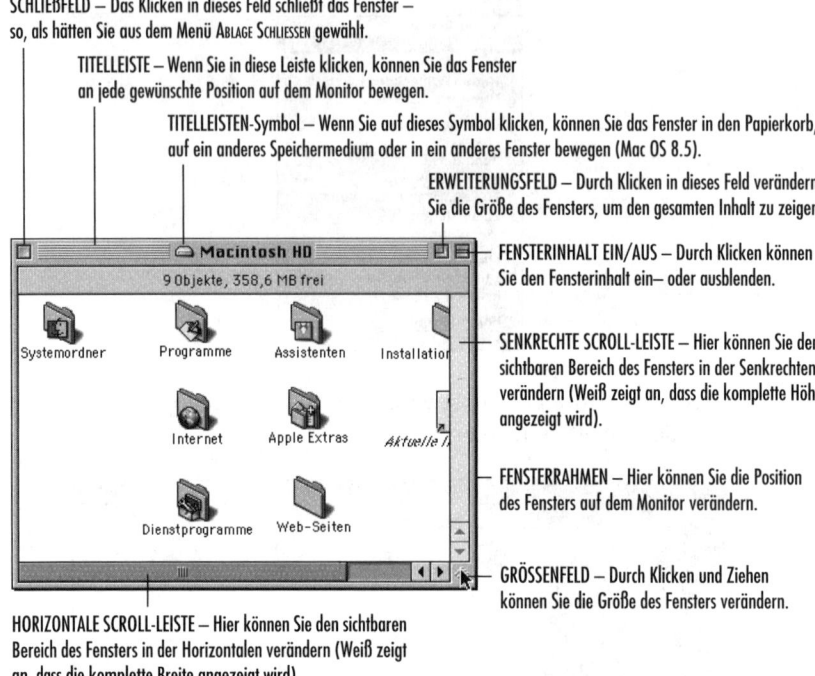

SCHLIEßFELD – Das Klicken in dieses Feld schließt das Fenster – so, als hätten Sie aus dem Menü ABLAGE SCHLIESSEN gewählt.

TITELLEISTE – Wenn Sie in diese Leiste klicken, können Sie das Fenster an jede gewünschte Position auf dem Monitor bewegen.

TITELLEISTEN-Symbol – Wenn Sie auf dieses Symbol klicken, können Sie das Fenster in den Papierkorb, auf ein anderes Speichermedium oder in ein anderes Fenster bewegen (Mac OS 8.5).

ERWEITERUNGSFELD – Durch Klicken in dieses Feld verändern Sie die Größe des Fensters, um den gesamten Inhalt zu zeigen.

FENSTERINHALT EIN/AUS – Durch Klicken können Sie den Fensterinhalt ein– oder ausblenden.

SENKRECHTE SCROLL-LEISTE – Hier können Sie den sichtbaren Bereich des Fensters in der Senkrechten verändern (Weiß zeigt an, dass die komplette Höhe angezeigt wird).

FENSTERRAHMEN – Hier können Sie die Position des Fensters auf dem Monitor verändern.

GRÖSSENFELD – Durch Klicken und Ziehen können Sie die Größe des Fensters verändern.

HORIZONTALE SCROLL-LEISTE – Hier können Sie den sichtbaren Bereich des Fensters in der Horizontalen verändern (Weiß zeigt an, dass die komplette Breite angezeigt wird).

Probieren Sie die Funktionen doch einfach mal in aller Ruhe aus. Klicken Sie sie an, scrollen Sie. Öffnen Sie ein Fenster und schließen Sie es wieder. Egal, was Sie tun, Ihrem iMac macht das nichts aus – das ist das Wundervolle am iMac: Er ist ein sehr geduldiger Mitarbeiter.

Alles funktioniert

Wie in dem unten abgebildeten Fenster wird nur bei der Betriebssoftware Mac OS 8.5 oder höher neben dem Symbol auch der Name des jeweiligen Programms in der rechten oberen Ecke der Menüleiste angezeigt.

Jetzt fragen Sie sicher mit Recht, was ist Mac OS 8.5 oder höher?

Das ist eine lange Geschichte. Praktisch jedes Jahr benötigten die Apple Computer eine neue Betriebssoftware. Und weil wir in einer betriebsamen Zeit leben, wird diese Software OS genannt. (Ausgesprochen O – S, nicht oss.)

Die Original iMac-Modelle aus 1998 besaßen die Betriebssoftware Mac OS 8.1, damals die aktuellste Version. Schon am Ende dieses Jahres war dann die Version Mac OS 8.5 aktuell. Und heute ist bereits eine neue Version, Mac OS 9, im Einsatz (in Kapitel 13 finden Sie noch einiges mehr zu diesem Punkt).

Dieser Punkt ist erwähnenswert, da verschiedene Funktionsunterschiede zwischen den einzelnen Versionen bestehen. So wird zum Beispiel der Name des jeweils benutzten Programms erst ab Version Mac OS 8.5 in der rechten oberen Ecke der Menüleiste angezeigt.

Allerdings bleiben die Dinge auf dem Monitor immer dieselben. Dieses Buch beschreibt weitestgehend das neue Aussehen. Lassen Sie sich dadurch nicht verwirren – auch wenn Sie einen älteren iMac besitzen, Sie finden sich ganz sicher zurecht.

 Lassen Sie uns Folgendes festhalten: Wenn Sie etwas hier Beschriebenes nicht sofort finden können, halten Sie einfach Ausschau nach einem ähnlichen Symbol.

 Nehmen Sie jetzt einen Stift zur Hand.

Sehen Sie das *Logo* in der linken oberen Ecke Ihres Monitors? Das ist nicht einfach nur ein Logo, sondern ein komplettes Menü, wie Sie es bereits gesehen haben. Zeigen Sie mit dem Cursor auf diesen Apfel, klicken Sie und sehen Sie, was passiert.

Wie bei jedem anderen Menü öffnet sich eine Liste, diesmal mit einem sehr nützlichen Befehl. Dieser Befehl ist so wichtig, dass er sogar mit einer Linie vom nachfolgenden Listeninhalt abgegrenzt ist. Der Befehl heißt: ÜBER DIESEN COMPUTER.

Wenn Sie diese Zeile aktivieren (sie wird schwarz unterlegt) und mit der Maustaste klicken, erscheint ein Fenster:

Aus diesem Fenster können Sie nun alle Informationen über das Betriebssystem Ihres iMac entnehmen, wie zum Beispiel die *OS-Version*, die Sie später in diesem Buch noch benötigen werden. Vielleicht wäre es gut, wenn Sie sich diese Nummer auf dem Buchdeckel oder irgendwo sonst notieren, wo Sie sie schnell wiederfinden.

 Wenn Sie diese kleine Hausaufgabe erledigt haben, schließen Sie das Über diesen Computer-*Fenster*, indem Sie in das kleine Rechteck oben links klicken – Schließfeld – und das Fenster verschwindet.

Doppelklick in Theorie und Praxis

 Fahren wir mit unserer Lektion fort. Stellen Sie dafür zunächst sicher, dass Ihr Festplattenfenster geöffnet ist.

Bis jetzt hat Ihre ganze Arbeit im Finder (auf dem Schreibtisch) darin bestanden, dass Sie die Maus umherbewegt haben. Aber Sie können auch Ihre Tastatur für viele nützliche Dinge benutzen. Sehen Sie zum Beispiel den Systemordner? Sollte das nicht der Fall sein, tippen Sie einfach die Buchstaben $\boxed{S}$ + $\boxed{Y}$ ein.

Na bitte, der iMac findet den Systemordner (die beiden Buchstaben sind die Anfangsbuchstaben der Ordnerbezeichnung), aktiviert ihn und zeigt ihn. Jetzt fehlt nur noch, dass der iMac mit dem Schwanz wedelt.

Versuchen wir etwas anderes: Betätigen Sie doch einmal die Pfeiltasten auf Ihrer Tastatur – rechts, links, oben, unten. Der iMac aktiviert dann die in der jeweiligen Richtung neben dem Systemordner liegenden Ordner.

Vielleicht wollten Sie ja auch sehen, was sich in Ihrem Systemordner verbirgt. Dafür nutzen Sie einfach die Ihnen bereits bekannte Methode: *1.* den Systemordner aktivieren, 2. Öffnen über das Menü Ablage.

 Aber das ist etwas umständlich. Versuchen Sie doch jetzt einmal diesen Weg: Zeigen Sie so auf den Systemordner, dass *die Spitze des Cursorpfeils* auf die *Mitte des Ordnerbildes* zeigt. Halten Sie die Maus still und klicken Sie zweimal schnell hintereinander. Die Gemeinschaft der Computernutzer nennt diesen Vorgang sinnigerweise *Doppelklick*.

Wenn alles gut geht, öffnet Ihr *Doppelklick* nun ein neues Fenster, das Ihnen den Inhalt Ihres Systemordners zeigt. (Falls nicht, sollten Sie versuchen, die Maus noch ruhiger zu halten oder schneller zu klicken – alles Übungssache!)

Auf jeden Fall sollten Sie sich diese goldene Regel merken: »*Doppelklick = Öffnen*«.

Solange Sie mit Ihrem iMac arbeiten, werden Sie ständig gebeten, irgendetwas auf dem Bildschirm anzuklicken: OK-Bestätigungen; Werkzeuge, die aussehen wie Pinsel; die verschiedensten Auswahlfelder. In allen diesen Fällen müssen Sie nur *einmal klicken*. Das einzige Mal, wo Sie *zweimal klicken* müssen, ist, wenn Sie etwas öffnen wollen. Verstanden?

Mehrere Fenster

Jetzt sollen Sie gleichzeitig zwei Fenster auf Ihrem Bildschirm öffnen: Das Festplatten-Fenster und das Systemordner-Fenster. (Das Systemordner-Fenster wird dabei das erste Fenster überdecken – ähnlich wie übereinander liegende Papiere auf Ihrem Schreibtisch.)

Versuchen Sie dies: Klicken Sie in die *Titelleiste* des Systemordners (nur ein Klick) und ziehen Sie das Fenster nach unten, bis Sie das dahinter liegende Fenster des Festplatten-Ordners sehen können wie in der Abbildung gezeigt.

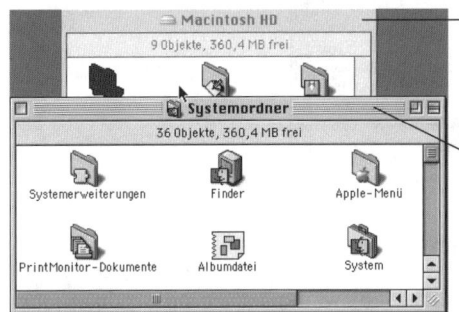

Sie sehen, dass dieses Fenster im Hintergrund liegt – die Titelleiste ist durchgehend grau. Wenn Sie jetzt irgendwo in dieses Fenster klicken, wird es in den Vordergrund geholt.

Dieses Fenster ist im Vordergrund. Sie erkennen dies an den schwarzen Linien in der Titelleiste.

Nehmen Sie sich ruhig einige Minuten Zeit, um diesen Effekt selbst auszuprobieren. Klicken Sie das hintere Fenster an, um es in den Vordergrund zu holen, dann klicken Sie das andere Fenster an, um es wiederum davor zu setzen.

Mit Listen arbeiten

Und es gibt noch einen weiteren Effekt der Fenster, den Sie sehr gut für Ihre Arbeit nutzen können. Bis jetzt wurde Ihnen der Inhalt der Ordner immer nur als eine Sammlung von Symbolen gezeigt. Schön und gut, aber vielleicht wollen Sie ja mehr Informationen, zum Beispiel eine Sortierung in alphabetischer Reihenfolge, um schneller den für Sie interessanten Ordner finden zu können?

1. **Stellen Sie zunächst einmal sicher, dass Ihr Systemordner das aktive Fenster ist. (Das vordere Fenster, in der folgenden Abbildung mit A gekennzeichnet.)**

   Wir nutzen hier den Systemordner, weil er so schön voll ist und die Demonstration dadurch richtig gut wirkt.

   Als Nächstes benutzen Sie nun einen Menübefehl. Sie erinnern sich, wie Sie Menübefehle auswählen können? Klicken Sie in den Menünamen und dann in den entsprechenden Menübefehl in der Befehlsliste.

2. **Klicken Sie auf das Wort** DARSTELLUNG **in der Menüleiste am oberen Rand des Bildschirms und wählen Sie dann den Befehl** ALS LISTE **(siehe Graphik B im folgenden Bild).**

Und ganz plötzlich haben sich die Symbole in eine alphabetische Liste des Fensterinhaltes verwandelt (siehe Grapik C).

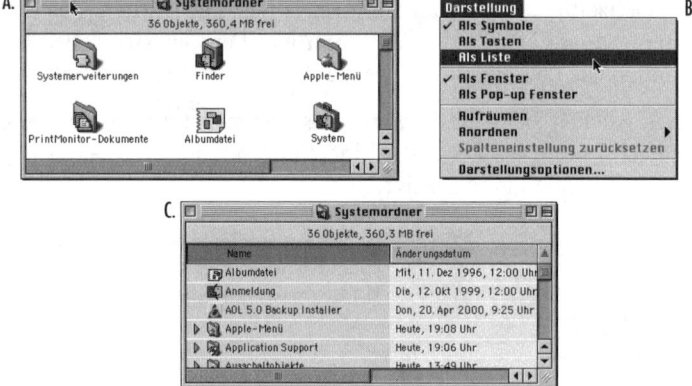

Die einfachste Hausaufgabe bisher

Um Ihre bisherige Kunstfertigkeit im Umgang mit der Maus weiter zu vervollständigen, gibt es einen ganz einfachen Weg: Lesen dazu einfach die Original Mac-Bemerkungen.

Probieren Sie das Selbsthilfe-Programm aus, vergessen Sie alles andere für die nächsten 20 Minuten und stellen Sie am besten auch das Telefon ab. Jetzt klicken Sie auf das HILFE-Menü am oberen Rand des Bildschirms und wählen aus dem Menü LEHRGANG (ältere iMacs) bzw. MAC LEHRGANG (neuere Modelle). Sie werden in ein Reich verzaubernder Animationen geführt, die zwar niemals über eine Kinoleinwand huschen und auch keinen Filmpreis erhalten werden, Ihnen aber viel über Ihren Computer verraten.

Wo finden Sie Unterstützung

Nachdem Sie das Hilfemenü verlassen haben, machen Sie sich am besten noch eine geistige Notiz für später. Der *iMac-Hilfebefehl* steht Ihnen immer für jede Frage zur Verfügung, die sich Ihnen jetzt oder später stellen wird.Wenn Sie irgendwo nicht weiter wissen, klicken Sie einfach auf das HILFE-Menü auf Ihrem Bildschirm bzw. den Befehl HILFE. Sofort öffnet sich ein Fenster, das ungefähr so aussieht:

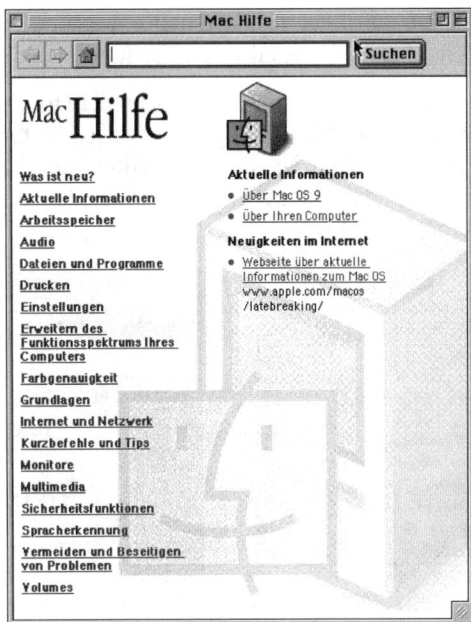

Sie können diese Hilfe gleich zweifach nutzen. Zunächst einmal können Sie in das obere freie Feld einen Suchbegriff eingeben (etwa Ordnernamen oder Internetanwahl). Wenn Sie nun auf den Suchen-Knopf klicken und Ihr Computer einen wirklich guten Tag hat, wird er Ihnen eine Auswahl von Beschreibungsseiten zeigen, auf denen Sie Näheres zu dem von Ihnen eingegebenen Suchbegriff finden. Sie brauchen sich dann nur noch durchzuklicken, bis Sie auf die Lösung Ihres Problems stoßen.

Der zweite Weg ist, dass Sie sich einfach durch das kleine Hilfeprogramm arbeiten – einfach auf die blauen, unterstrichenen Zeilen klicken, die wir hier allerdings nur schwarz anzeigen.

Die blauen unterstrichenen Zeilen zeigen Ihnen immer an, dass Sie dort weitere Informationen finden.

Die Invasion der kleinen Dreiecke

Wenn Sie den Fensterinhalt in Listenform ansehen, wird jeder Ordner innerhalb dieses Fensters mit einem kleinen Dreieck markiert, das nach rechts zeigt.

Sie können diese Ordner im Ordner ganz einfach durch einen Doppelklick öffnen – falls Sie das wollen. Aber es ist sehr viel hübscher, wenn Sie einfach auf den Pfeil klicken. Die unten stehende Abbildung zeigt Ihnen die Ansicht vor und nach dem Öffnen eines Ordners im Ordner am Beispiel des Ordners KONTROLLFELDER.

Wenn Sie auf den *Pfeil klicken*, wird der Ordnerinhalt etwas eingezogen angezeigt. Um den Ordner wieder zu schließen, klicken Sie auf den nun nach unten zeigenden Pfeil.

Und noch ein Tipp: Oben wird Ihnen auch angezeigt, wann der Ordner bzw. die Datei angelegt bzw. zuletzt bearbeitet wurde. Und rechts davon, wenn Sie das Fenster entweder weiter aufziehen oder nach rechts scrollen, erhalten Sie die Information über die jeweilige Größe. Wenn Sie nun in eine dieser Bezeichnung klicken, sortiert Ihr iMac alle Dateien nach dem jeweiligen Inhalt in aufsteigender Reihenfolge. Probieren Sie es einmal aus.

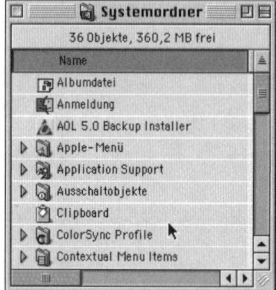 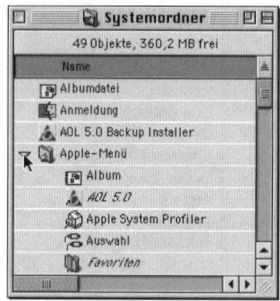

Eine Verschnaufpause

Schalten Sie Ihren iMac jetzt aus, wenn Sie wollen (wenn Sie nicht mehr wissen, wie es geht, blättern Sie einfach ein paar Seiten zurück), denn wir kommen nun zu Kapitel 1,5, das Ihnen verdeutlichen soll, was wirklich im Gehirn Ihres Computers passiert.

Die zehn Gemeinsamkeiten zwischen Ihnen und Ihrem iMac

Bevor Sie nun zum nächsten Kapitel blättern, hier einmal eine kurze Aufzählung der Eigenschaften, die Ihr iMac mit Ihnen gemeinsam hat:

1. Beide wurden an Ihrem ersten Tag aus einer sehr speziellen Umhüllung gezogen.

2. Beide haben unten Füße.

3. Beide haben Schlitze für eine gute Belüftung.

4. Beide reagieren spontan auf die Bewegungen einer Maus.

5. Beide reagieren sauer, wenn zuviel auf einmal zu tun ist.

6. Beide haben vorne einen Knopf.

7. Beide blühen auf, wenn Sie gefragt sind.

8. Beide begeistern sich für eine gute CD.

9. Beide könnten tagelang am Telefon hängen.

10. Beide können auch mit Microsoft Windows-Computern arbeiten.

iMacs für ewig

Welchen iMac haben Sie eigentlich gekauft? Den Rev B? Den DV? Oder die Spezialausführung?

Da Sie ja sicher für dieses Buch überqualifiziert sind, verstehen Sie auch, wovon die Rede ist. Es versteht sich von selbst, dass Apple, wie zum Beispiel ein Autohersteller, jedes Jahr das Aussehen der Produkte verändert.

August 1998: Die ersten iMacs hatten eine Farbe wie eine Ente, rannten 233 Meilen pro Stunde (oder Megahertz, wie die Computerspezialisten sagen), hatten das Betriebssystem Mac OS 8.1 und kosteten ca. 4.000,– DM. Diese Modelle werden heute von Insidern als Revision A bezeichnet.

November 1998: Die als Revision B bezeichneten Modelle sahen aus wie die Vorgänger, brachten jedoch zusätzlich das Programm Adobe PageMill mit (siehe Kapitel 9); hatten bessere Spielfunktionen, die Videokarte war auf 6 MB erweitert und Mac OS 8.5. war installiert.

Januar 1999: Der Preis fiel auf knapp DM 3.000,–, die Festplatte wurde von 4 GB auf 6 GB erweitert, die Geschwindigkeit auf 266 Meilen per Stunde erhöht. Und Apple präsentierte die ganze Reihe in Fruchfarben: Grapefrucht, Erdbeere, Heidelbeere, Zitrone, Mandarine.

Unglücklicherweise wurde bei dieser als Revision C bezeichneten Baureihe auf einige gute Eigenschaften verzichtet. Sie mussten z. B. ohne Infrarot-Eingang auskommen. Nun, Sie kennen sicher das geflügelte Wort: Apple gibt – Apple nimmt.

April 1999: Die Apple iMac Baureihe bringt mit 333 mph noch mehr Geschwindigkeit – ohne Preisaufschlag. Die Maus hat eine kleine Delle an der Stelle, wo die Spitze Ihres Zeigefinger liegen sollte. Diese Delle zeigt Ihnen auch ohne dass Sie hinsehen an, dass die runde Maus perfekt ausgerichtet ist – das Anschlusskabel zeigt von Ihnen weg. Schließlich hat die Vorgängermaus Tausende verrückt gemacht.

Oktober 1999: Der zweimillionste Apple iMac wird weltweit verkauft. Gleichzeitig erfindet Apple drei Produktlinien – alle in einem kleineren Kunststoffgehäuse. Jedes Modell ist mit Stereolautsprechern, doppelt so viel Arbeitsspeicher (64 MB) wie zuvor und einem CD-ROM Laufwerk ausgestattet, bei dem die CD nicht mehr in den Schlitten eingelegt werden musste. Jetzt können die CDs einfach in einen Schlitz in der Front eingeschoben werden – ähnlich wie eine Videocassette in einen Videorecorder. (Das ist der Grund dafür, dass die Insider diese letzte Serie als CD-Schlitzlader iMac's bezeichnen).

Die letzte Entwicklung dieser iMacs, nun allerdings nur noch in der Farbe Heidelbeere lieferbar, gipfelt in einer Preisreduzierung auf ca. DM 2.400,– und noch mehr Geschwindigkeit (350

Mhz) – fast doppelt so viel wie die Ursprungsversion. Für einige Mark mehr können Sie zwischen fünf weiteren Farben wählen, erhalten einen noch schnelleren Prozessor (400 Mhz), eine größere Festplatte (10 GB), ein DVD-Laufwerk, mit dem Sie Leihfilme ansehen können, und iMovie – die Technologie, mit der Sie Ihre eigenen Videofilme perfekt bearbeiten können (siehe Kapitel 10). Noch einen runden Tausender mehr kostet die silbergraue Spezialausführung mit noch mehr Arbeitsspeicher (128 MB) und einer Festplatte von starken 13 GB. Alle Ende des Jahres 1999 gebauten iMacs akzetieren eine AirPort-Karte, mit der Macs miteinander mittels Funk verbunden werden können und auch dadurch einen kabellosen Internetzugang haben. (Mehr Einzelheiten dazu in Kapitel 14.)

Aber auch mit diesen iMacs ist das Ende der Fahnenstange noch lange nicht erreicht. Neue iMacs sind bereits in Vorbereitung – noch schneller, mit größeren Bildschirmen und zum niedrigeren Preis. Was auch immer sie leisten werden – es werden mit Sicherheit total bezaubernde Maschinen.

High Tech leicht gemacht

1,5

In diesem Kapitel

▶ Warum Arbeitsspeicher und Festplattenspeicher nicht dasselbe sind

▶ Warum keine Arbeit im Computer verloren geht

▶ Was Sie über Speicher wissen sollten

So arbeitet der iMac

Es ist ein wenig unglücklich, dass dieses Kapitel bereits am Anfang dieses Buches steht. Denn eine Menge Menschen glauben, dass der iMac eine Persönlichkeit hat – wenn etwas schiefgeht, ist der iMac beleidigt, wenn eine frohe Botschaft auf dem Bildschirm erscheint, ist der iMac glücklich. In dieser Ansicht sollten Sie sich auch durch die folgende Darstellung der kalten und unpersönlichen Schaltkreise nicht beeinflussen lassen; der iMac hat eine Persönlichkeit, egal was die Ingenieure sagen.

Aber jetzt müssen Sie sich leider ein wenig auf den nachfolgenden Computerjargon konzentrieren – doch keine Bange, es ist ein ganz kurzes Kapitel.

Speichern mit Platten

Die Menschen, jedenfalls ein großer Teil davon, speichern Informationen an einem von zwei Plätzen: entweder im Gedächtnis oder auf einem Zettel, Zeitungsrand, Buchdeckel …

Computer arbeiten letztlich genau nach demselben Prinzip. Sie speichern entweder kurzzeitig im Gedächtnis oder sie schreiben es auf. Ein Computer schreibt dabei natürlich auf einen Plattenspeicher.

Das Prinzip der Festplatte

 Jeder iMac hat eine gigantische eingebaute Festplatte. Diese Festplatte verwirrt manche Menschen, weil sie unsichtbar im iMac-Gehäuse eingebaut ist. Jedoch – obwohl man Sie nicht sieht oder anfassen kann – sie existiert und ist Bestandteil des Computers und sie macht auch einen Großteil des Preises aus, den Sie für Ihren iMac bezahlt haben.

Wozu nun dieser Vortrag? Ganz einfach: Die Festplatte ist das Zentrum Ihres iMac – auf ihr bleibt Ihre Arbeit erhalten, auch wenn der Computer ausgeschaltet ist. Ob Sie es wollen oder

nicht – schon bald wird Ihnen das Wohlbefinden der Festplatte Ihres Computers ganz schön ans Herz wachsen.

Selbstverständlich ist die Festplatte nicht das einzige Speichermedium, mit dem Sie in ihrer Computerkarriere zu tun haben werden. Vielleicht entscheiden Sie sich ja eines Tages für die Anschaffung eines externen Speichermediums, z. B. für Floppy Disketten oder wiederbeschreibbare Platten, Zip-Disketten oder oder oder. (Unglücklicherweise hat der iMac kein eingebautes Laufwerk für Floppy-Disks mehr.) Übrigens ist die Speicherung Ihrer wichtigen Arbeitsdaten auf ein tragbares Medium ein besonders handlicher Weg der Datensicherung oder um Duplikate herzustellen. Mehr über die verschiedenen Laufwerke für Floppy-Disketten, Zips-Disketten und andere wiederbeschreibbare Plattenspeicher lesen Sie in Kapitel 18.

Das Gedächtnis begreifen

Gut, jetzt kommen wir zu einem besonderen Punkt: Wie arbeitet ein Computer wirklich? Gerade wenn Sie bisher nichts darüber wussten, sind die folgenden Informationen besonders wichtig und können Ihnen vielleicht einmal beim Verständnis bestimmter Vorgänge nützlich sein. Sollten Sie sich jedoch im Moment zu überanstrengt dazu fühlen, entspannen Sie sich doch zunächst mit dem Kapitel 2.

Grundsätzlich besteht ein gewaltiger Unterschied zwischen dem Gedächtnis eines iMac und Ihrem eigenen Gedächtnis (abgesehen von der Tatsache, dass Ihr Gedächtnis das wesentlich interessantere ist). Wenn Sie den iMac ausschalten (nicht nur schlafen lassen), vergisst er alles und wird zu einem tumben Türstopper aus ein wenig Metall und Kunststoff. Denn das Gedächtnis eines Computers wird durch elektrische Impulse – ähnlich wie ein menschliches Gehirn – am Leben erhalten. Wenn Sie ausschalten, fließt auch kein Strom mehr.

Deshalb muss der iMac auch jedesmal alles wieder neu lernen, wenn Sie ihn einschalten – einschließlich der Tatsache, dass er ein Computer ist, was für ein Computer er ist, wie er Text darstellen soll, wann die Garantie abläuft und was sonst noch wichtig ist. Nun kommen wir direkt zu den Aufgaben der Plattenspeicher, über die wir gerade gesprochen haben. Darauf lebt das Wissen des Computers weiter, wenn der Saft abgedreht wird. Ohne den Plattenspeicher ist der iMac ein kompletter Idiot. Sollten Sie jemals die nicht wünschenswerten Erfahrungen mit einer beschädigten Festplatte machen, werden Sie sehen, wie sich der iMac ohne Festplatte fühlt: Mitten auf einem komplett grauen Bildschirm blinkt ein kleines Fragezeichen.

Wenn Sie den iMac einschalten, passiert einiges. Die Festplatte läuft an, bei 4.500 Upm beginnt der iMac zu lesen – er spielt die Festplatte ab wie ein CD-Player. Und er findet heraus: »Hei – ich bin ein iMac! Und so soll ich Text darstellen!« und so weiter. Der iMac liest die Festplatte und kopiert alles in sein Gedächtnis. (Deshalb braucht ein Computer für den Start auch ca. eine Minute.)

Ein gutes Gedächtnis ist wirklich nett. Nachdem alles im Arbeitsspeicher ist, ist es auch für den Computer verfügbar. Der iMac muss nicht länger von der Festplate lesen, um wichtige Dinge zu lernen. Natürlich ist Gedächtnis teuer; ein Teil eines komplizierten Schaltkreises auf einem Stück Silicon, das gescheite Leute in weißen Laborkitteln erfunden haben.

Und weil es so teuer ist, haben Computer sehr viel weniger Gedächtnis als Speicherplatz. Das mag ein Beispiel verdeutlichen: Angenommen, Sie haben auf Ihrer Festplatte alle jemals erschienen Ausgaben des Spiegel komplett gespeichert, so können Sie doch nur einen Artikel zur Zeit lesen. Genauso liest der iMac einen Teil der Informationen von der Festplatte in den Arbeitsspeicher und zeigt dies auf dem Bildschirm. Deshalb macht es auch nichts, dass das Gedächtnis Ihres iMac nicht den gesamten Inhalt der Festplatte speichern muss. Der iMac nutzt die Festplatte als Langzeit-Gedächtnis für die dauerhafte Speicherung vieler Dinge und den Arbeitsspeicher für die kurzzeitige Speicherung, während Sie daran arbeiten.

Wo sind die Megabytes?

Den Begriff Megabyte haben Sie sicher schon irgendwann gehört. Megabyte (MB, megabyte = 1.000.000 byte. Ein byte = 8 bit. Ein bit = die kleinste Informationseinheit, die nur einen Buchstaben aus dem Alphabet speichern kann) ist die übliche Größeneinheit für die Speicherkapazität eines Speichermediums, zum Beispiel einer Festplatte.

Was die meisten Anfänger zunächst verwirrt, ist, dass sowohl die Kapazität des Arbeitsspeichers (schnell, vorübergehend, teuer) als auch der Festplatte (dauerhaft, langsamer) in dergleichen Größeneinheit, nämlich in Megabyte, angegeben wird. Ein typischer iMac hat 32 oder 64 MB Arbeitsspeicher (Silikonchips), aber 6.000 oder 13.000 MB Festplattenspeicher.

(Ein zusätzlicher Hinweis: Wenn die Kapazität einer Festplatte 1.000 MB ist, ändert sich der Namen in Gigabyte (GB). Ihr iMac hat zum Beispiel eine Festplatte von 6 GB.)

Was sich hinter RAM verbirgt

Sie wissen sicher, was ein Akronym ist. Ein Haufen Großbuchstaben, die zusammen ausgesprochen ein Wort ergeben – in Amerika ein durchaus übliches Verfahren zur Abkürzung langer Bezeichnungen, das bei uns allerdings weniger weit verbreitet und nicht mit solchem Geschick eingesetzt wird. Ursprünglich bedeutete die Abkürzung RAM Random Abbreviation for Memory, heute etwas abgewandelt Random Access Memory, (was auch immer das heißt) und steht für den Bereich des temporären Speicherns bei eingeschaltetem Computer.

RAM verstehen

Lassen Sie uns nun Ihrem Computer-Wortschatz einen weiteren Begriff hinzufügen. Es quält mich, Sie dieses Wort zu lehren, weil es einer der Begriffe ist, der nur dazu erdacht wurde, um die Menschen zu verwirren. Aber da Sie ihn immer wieder hören werden, ist es schon besser, Sie wissen darüber Bescheid. Der Begriff ist »RAM« – ausgesprochen REMM. RAM bedeutet Arbeitsspeicher. Davon hat ein typischer iMac 32 oder 64 MB. Eigentlich ein guter Zeitpunkt für Sie, einmal herauszufinden, wieviel RAM eigentlich Ihr iMac besitzt.

 Wecken Sie Ihren iMac auf oder schalten Sie ihn ein.

Sie sehen das Logo in der oberen rechten Ecke des Bildschirms? Das ist kein gewöhnliches Logo, es ist gleichzeitig ein Menü wie jene, die Sie bereits ausprobiert haben. Zeigen Sie mit der Pfeilspitze des Cursors auf den Apfel, klicken Sie mit der Maustaste und beobachten sie, was geschieht.

Wie bei allen anderen Menüs erscheint eine Liste. Diese jedoch enthält einen besonders wichtigen Befehl, der deshalb sogar mit einer Linie von den anderen Befehlen getrennt ist: ÜBER DIESEN COMPUTER.

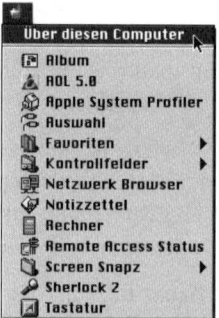

Ziehen Sie den Cursor auf diesen Befehl, bis er schwarz erscheint, und klicken Sie ihn an. Ein Fenster erscheint:

Die Zahl hinter »Eingebauter Speicher« zeigt an, über wie viel Arbeitsspeicher Ihr iMac verfügt. Das ist immer ein Vielfaches von Acht. (Der nutzbare Speicher laut der Angabe in der zweiten Zeile kann höher sein dank verschiedener Tricks, wie zum Beispiel RAM Doppler und virtueller Speicher. Aber darüber erfahren Sie mehr in Kapitel 16.)

Auf jeden Fall ist die RAM-Ausstattung Ihres iMac immer wieder eine Freude, die man sich gar nicht oft genug ansehen kann. Nutzen Sie diese Gelegenheit und notieren Sie sich die Zahl für den Fall, dass Sie einmal jemand danach fragen sollte.

Wenn Sie diese kleine Aufgabe beendet haben, schließen Sie das »Über diesen Computer-Fenster«, indem Sie in das kleine Quadrat in der linken oberen Ecke des Fensters klicken – das Schließfeld –, und das Fenster verschwindet.

Alles zusammengefasst

Jetzt wissen Sie, wo das Computerwissen lagert. Es folgt eine Tour in die Eingeweide Ihres iMac. Steigen Sie ein, halten Sie Ihre Hände immer schön innerhalb der Gondel und lassen Sie sich entführen in eine Welt voller Geheimnisse.

Wenn Sie den iMac einschalten, läuft die Festplatte an – wir sprachen schon darüber – und der iMac liest alle wichtigen Informationen in den Arbeitsspeicher ein. Bis jetzt weiß der iMac aber nur, dass er ein Computer ist. Er weiß nichts über die Art der von Ihnen gespeicherten Daten auf der Festplatte, weder etwas über Ihr neuestes Computerspiel, noch über die Aufstellung Ihrer Immobilien oder gar die Nummer Ihrer Kreditkarte.

Damit Sie mit der praktischen Arbeit (was auch immer Sie darunter verstehen wollen) beginnen können, müssen Sie diese in den Arbeitsspeicher laden – in der Macintosh Terminologie heißt das, Sie müssen eine Datei öffnen. In Kapitel 2 werden Sie herausfinden, wie einfach das ist. Jedenfalls, nachdem Sie eine Datei geöffnet haben, erscheint diese auf dem Bildschirm und ist damit im Arbeitsspeicher.

Wenn Ihr Dokument auf dem Bildschirm erscheint, können Sie es beliebig verändern. Deshalb haben Sie ja auch einen Spitzencomputer gekauft. Sie können einen Absatz aus Ihrem neuesten Roman löschen oder eine Szene von einem Kapitel in ein anderes kopieren. (Der Begriff für dieses Vorgehen ist Textbearbeitung.) Wenn Sie zum Beispiel an Ihrer Vermögensübersicht arbeiten, können Sie jederzeit ein paar Nullen einfügen und sich ganz schnell als Millionär fühlen. (Der Begriff für dieses Vorgehen ist Träumen.) Und das geht ohne Radiergummi oder ähnliche Hilfsmittel.

Standfeste Leser, die sich immer noch nicht langweilen oder inzwischen zum Fernsehprogramm – was auch nicht spannender sein dürfte – abgewandert sind, werden tiefsinnig geschlossen haben, dass alle diese Änderungen im Arbeitsspeicher vorgenommen werden. Daraus folgt aber auch, dass die Version Ihres Dokumentes, die Sie gerade auf dem Bildschirm bearbeiten, sich mit jeder Änderung immer mehr von der immer noch auf der Festplatte gespeicherten Version unterscheidet.

An diesem Punkt sind Sie nun in einer wirklich unangenehmen Lage. Erinnern Sie sich bitte noch einmal daran, dass der Arbeitsspeicher durch Elektrizität am Leben gehalten wird. Mit anderen Worten, sollte ausgerechnet jetzt Ihr Filius, Hund oder Katze das Anschlusskabel des iMac für ein Spielzeug halten und aus der Steckdose ziehen, wäre Schluss mit dem Leben Ihres Arbeitsspeichers. Der Bildschirm wird im Nu schön blankgeputzt und alle Änderungen verschwinden für immer. Ihnen bleibt zwar noch die gespeicherte Kopie, aber die ganze Arbeit war vergebens – ein für allemal verschwunden wie die anderen Informationen im Arbeitsspeicher Ihres iMac.

Man kann davon ausgehen, dass deshalb jedes Programm über einen ganz einfachen Befehl, nämlich Speichern, verfügt, mit dem die Änderungen zurück auf die Festplatte gesichert werden. Das heißt, der Computer aktualisiert die Originalkopie auf der Festplatte und Sie haben alle Änderungen in trockenen Tüchern. Selbst wenn die gesamte Stromversorgung zusammenbricht, Ihr iMac dunkel wird, Ihr geändertes Dokument ist jetzt so sicher wie in Abrahams Schoß. Manche Menschen nutzen den Speicher-Befehl alle 5 oder 10 Minuten, so dass die Arbeit immer in der aktuellsten Version gespeichert ist. (Wie Sie den Speichern-Befehl nutzen, erfahren Sie in Kapitel 4.)

Ich habe meine gesamte Arbeit verloren

Es soll Ihnen nicht so gehen wie einigen Menschen, die bereits schlimme Erfahrungen hinter sich haben, wie zum Beispiel dieser Archivar: »Ich war mit meinem neuen 100bändigen Lexikon bereits beim Buchstaben Y und durch einen blöden Computerfehler sind alle Daten gelöscht!« Der erzählt diese Geschichte heute immer noch unter einer Brücke an der Seine.

Wenn so etwas passiert, nutzt es Ihnen gar nichts, wenn Sie bittere Krokodilstränen weinen und im Büro randalieren. Sie wissen doch ganz genau, was passiert ist. Sie haben Stunden um Stunden gearbeitet und leider vergessen, zwischendurch zu sichern. Dann ist das Unfassbare geschehen, irgend jemand ist über das Kabel gestolpert und hat damit die gesamte Arbeit vernichtet. Dabei wären Sie mit dem einfachen Sichern-Befehl schön auf der sicheren Seite gewesen.

Die zehn Unterschiede zwischen Arbeitsspeicher und Festplatte

Mögen Sie daraufhin nie mehr den Arbeitsspeicher mit der Festplatte verwechseln.

1. *Sie haben normalerweise Arbeitsspeicher von 32 bzw. 64 MB gekauft.* Die Festplatten dagegen haben ein Speichervolumen von 4 GB, 6 GB und mehr. (Ein Gigabyte ist 1.000 Megabyte.)

2. *Arbeitsspeicher wird in kleinen Miniatur-Schaltkreisen geliefert.* Eine Festplatte ist eine Kunststoff- oder Metallbox, aus der einige Kabel heraushängen.

3. *Arbeitsspeicher können Sie nur innerhalb des Computers installieren* (in Kapitel 16 sehen Sie, wie das geht). Eine Festplatte kann sowohl innerhalb (internes Laufwerk) als auch außerhalb des iMac in einem separaten Gehäuse, das mit dem iMac verbunden wird (externes Laufwerk), installiert werden.

4. *Arbeitsspeicher-Informationen behält der iMac nur vorübergehend.* Die Festplatten-Informationen scheinen für die Ewigkeit zu sein.

5. *Manche Speicherplatten sind auswechselbar.* Wenn eine voll ist, nimmt man einfach eine neue, wie zum Beispiel Floppy-Disketten, Zip-Disketten etc.). Das Auswechseln des RAM dagegen ist etwas kniffliger und man sollte es schon einem Spezialisten überlassen.

6. *Nicht jeder Computer hat eine Festplatte.* (Die ersten Macs benutzten zum Beispiel nur Floppy-Disketten, und Organizer wie z. B. der PalmPilot kennen dieses Speichermedium überhaupt nicht.) Aber jeder Computer, der jemals hergestellt wurde, hatte einen Arbeitsspeicher.

7. Wenn Sie einmal ganz genau hinhören, bekommen Sie mit, wie der iMac die Informationen *von der Festplatte liest; es hört sich an wie ein leises Kratzen* – böse Zungen behaupten auch, dass es sich anhört, als ob etwas eingemeißelt wird. Dagegen hören Sie überhaupt nichts, wenn der iMac Informationen aus dem Arbeitsspeicher holt.

8. Der wohl *wichtigste Unterschied ist der Preis*: RAM kostet etwa 20 mal so viel wie Festplattenspeicher per MB.

9. Der Inhalt des *Arbeitsspeichers* verschwindet beim Ausschalten. Der Inhalt der Festplatte bleibt, bis Sie ihn bewusst löschen oder die ganze Festplatte samt gespeicherten Daten vernichten.

10. Wenn Sie herausfinden wollen, *wie viel Speicherplatz* Ihnen noch auf der *Festplatte* zur Verfügung steht, brauchen Sie nur auf das Fenster der Systemplatte zu schauen, dort wird das ständig aktuell angezeigt.

Aber um zu sehen, über wieviel RAM Ihr iMac verfügt, müssen Sie den Befehl ÜBER DIESEN COMPUTER aus dem ❤ *Menü* anwenden.

Die Angabe »*Größter freier Block*« zeigt dabei ungefähr an, wie viel RAM zur Zeit nicht genutzt werden. Einzelheiten dazu finden Sie in Kapitel 16.

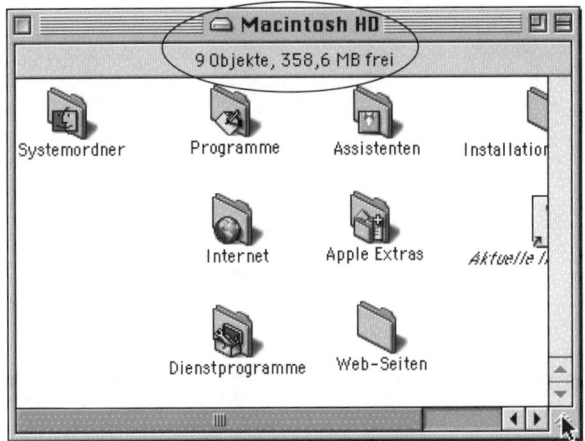

Fenster, Symbole und Papierkorb

In diesem Kapitel

▶ Alles über Fenster, Ordner und Symbole

▶ Alles über die Tastatur-Kurzbefehle

▶ Eine Menge darüber, wie Sie mit Fenstern und Platten
Ihren sozialen Status anheben können

Geschickt ändern

All das Klicken und Ziehen und Auf- und Zumachen von Fenstern, das Sie in Kapitel 1 gelernt
haben, sollte natürlich auch zu etwas gut sein.

Ordnermania

Wir hatten bereits angedeutet, dass auf Ihrer Festplatte praktisch alles gesammelt wird. Ohne
Ordnung wäre das dann über kurz oder lang etwa so, als wollten Sie ein rohes Ei ohne Schale
transportieren. Für diese Ordnung haben Sie auf dem iMac die Ordner.

Die iMac Ordner belegen keinen Speicherplatz auf Ihrer Festplatte – sie sind einfach nur eine
elektronische Vision, um Ihnen die Orientierung zu erleichtern.

Der iMac bietet Ihnen die Möglichkeit, eine unbegrenzte Anzahl von Ordnern anzulegen.
Dazu brauchen Sie nur dies zu tun:

 Wählen Sie das Menü ABLAGE und klicken Sie auf NEUER ORDNER.

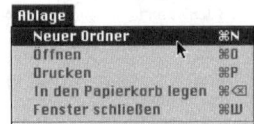

Ganz schön trickreich, dieser Computer! Ein neuer Ordner erscheint. Bitte beachten Sie, dass der iMac ihn freundlicherweise gleich mit der Bezeichnung »*Neuer Ordner*« versieht.

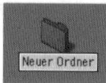

Bitte beachten Sie außerdem, dass diese Bezeichnung auch schon aktiviert ist (schwarz). Erinnern Sie sich an das vorherige Kapitel *Schwarz = ausgewählt = bereit für eine Änderung.* Wenn der Text aktiviert ist, können Sie ihn sofort durch einen eigenen anderen Text ersetzen. Mit anderen Worten, Sie müssen ihn für eine Änderung nicht noch einmal extra aktivieren. Schreiben Sie einfach mal los:

1. **Tippen Sie ein *Deutschland* und drücken Sie die ⏎-Taste.**

    Die Return-Taste sagt Ihrem iMac, dass Sie mit der Eingabe fertig sind.

    Jetzt haben Sie gesehen, wie das mit den Ordnern funktioniert, erzeugen Sie einfach noch einen.

2. **Wählen Sie aus dem ABLAGE-Menü den Befehl NEUER ORDNER.**

    Wieder erscheint ein Ordner und wartet auf die Eingabe einer Bezeichnung.

3. **Tippen Sie nun *Hessen* und drücken Sie die ⏎-Taste.**

Sie könnten immer weiter neue Ordner erstellen – aber das geht eigentlich noch sehr umständlich, immer erst in das Menü und dann mit der Maus auf den Befehl klicken. Das muss doch einfacher gehen, schließlich arbeiten Sie doch mit einem iMac! Und das geht!

Die Tastatur-Kurzbefehle

Öffnen Sie zunächst einmal das ABLAGE-Menü, wählen Sie jedoch keinen der Befehle aus. Sehen Sie die Buchstabenkombinationen am rechten Rand?

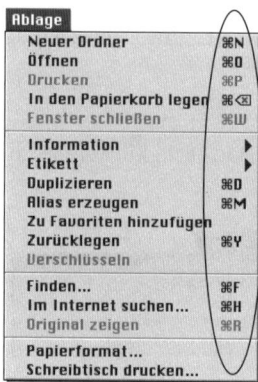

Die können Sie mit Ihrer Tastatur als Kurzbefehle nutzen – und das Schöne daran ist, diese Kurzbefehle erscheinen in jedem Menü, das Sie jemals sehen werden. Tastatur-Kurzbefehle helfen Ihnen dabei, Befehle ohne den Einsatz der Maus aus Menüs auszuwählen.

Manche Menschen lieben diese Tastatur-Kurzbefehle über alles und sind mit der Eingabe schneller, als Sie mit der Maus klicken können. Andere Menschen lehnen die Tastatur-Kurzbefehle ab und begründen das damit, dass Sie lieber mit der Maus arbeiten, weil sie dann nichts auswendig lernen müssen. Entscheiden Sie selbst, wie Sie es in Zukunft gerne machen möchten.

Eine unwichtige Anmerkung zu anderen Menüsymbolen

Neben den Tastatur-Kurzbefehlen am rechten Rand der Menüleisten können Sie bei manchen Menüpunkten auch einen kleinen, nach unten zeigenden Pfeil sehen, wie auf dieser Abbildung gezeigt:

Dieser kleine Pfeil sagt Ihnen, dass das Menüangebot noch weitergeht. Um zu diesen zusätzlichen Befehlen zu gelangen, führen Sie den Cursorpfeil vorsichtig zu dem Pfeil, das Menü springt um und zeigt Ihnen den Rest.

Und dann sind da noch die kleinen schwarzen Pfeile, die nach rechts zeigen (siehe Abbildung unten). Diese Pfeile deuten darauf hin, dass hier noch weitere Menüpunkte angeordnet sind, die dann seitlich angezeigt werden (in diesem Beispiel an der rechten Seite):

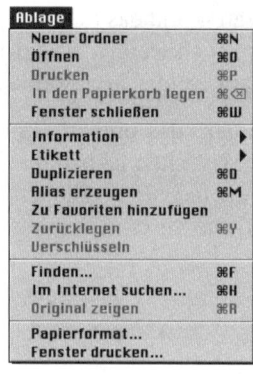 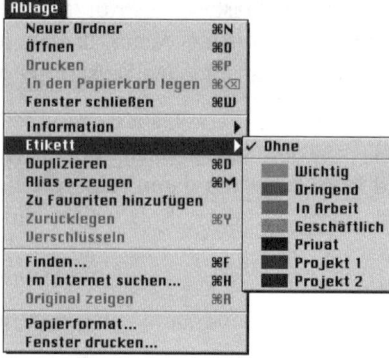

Von alleine schließt sich kein Fenster

Öffnen Sie den Deutschland-Ordner. Sie bemerken sicherlich, dass er dabei die Farbe ändert. Nach dem Doppelklick wird das Bild aufgerastert.

Das soll auch so sein. Wenn Sie auf ein Symbol doppelklicken, wird das jeweilige Fenster geöffnet und das Symbol wechselt die Farbe in der eben beschriebenen Weise. Das ist der sichtbare Hinweis für Sie, dass dieser Ordner geöffnet ist.

Von alleine allerdings geht das Symbol nicht mehr in seinen Normalzustand zurück. Erst wenn Sie das entsprechende Fenster schließen, präsentiert sich das Symbol wieder in seiner ansprechenden eleganten Farbe.

(Was ist das? Sie können das Fenster nicht finden? Dann doppelklicken Sie doch einfach noch einmal auf das Symbol und schon wird das Fenster in den Vordergrund gestellt.)

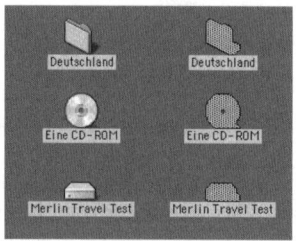

Wenn Sie auf einer Schreibmaschine schreiben, dann drücken Sie die Shift-Taste (⇧), um einen Großbuchstaben zu erzeugen. Richtig? Deshalb nennt man die Shift-Taste auch Umschalt-Taste, weil mit ihr u.a. aus einer gewöhnlichen 3 oder 4 so außergewöhnliche Zeichen wie § und $ erzeugt werden können.

Und nun herzlich willkommen in der Welt der Computer, wo alles viermal so kompliziert ist. Denn anstatt einer Umschalt-Taste bietet Ihnen der iMac deren vier. Schauen Sie auf Ihre Tastatur neben der Leertaste, da sind sie einträchtig beieinander: Gemeinsam mit der *Shift*-Taste, die Taste *ctrl*, die Taste *alt* und die dritte Taste mit dem ⌘ Zeichen.

Es ist dieses kleine ⌘ *Zeichen* der *Befehlstaste*, das immer wieder in den Tastatur-Kurz-befehlen auftaucht. Neben dem Befehl NEUER ORDNER finden Sie zum Beispiel die Kombination ⌘-N. Das bedeutet:

1. **Während Sie die Befehlstaste (⌘-Taste) gedrückt halten, geben Sie gleichzeitig den Buchstaben N ein.**

   Erstaunlich! Sie haben schon wieder einen neuen Ordner erzeugt.

2. **Tippen Sie *Niedersachsen* ein und drücken Sie die Return-Taste.**

   Sie haben Ihrem dritten selbsterzeugten Ordner einen Namen gegeben. Nun haben Sie einen ganzen schönen Nachmittag (oder was auch immer Sie gerade für eine Tageszeit haben) damit verbracht, leere Ordner zu erzeugen. Aber immerhin können Sie von sich behaupten, Sie seien jetzt organisiert.

3. **Und jetzt nehmen Sie den *Hessen-Ordner* mit der Maus und bewegen ihn über den *Deutschland-Ordner*.**

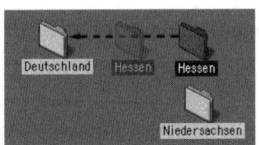

   Achten Sie darauf, dass die Pfeilspitze auf die Mitte des *Deutschland-Ordners* zeigt, so dass dieser aktiviert wird. Sobald der Ordner schwarz wird, lassen Sie den *Hessen-Ordner* los – und Sie können beobachten, wie er im *Deutschland-Ordner* verschwindet. (Wenn Ihr Ziel-wasser nicht gut war, kann es allerdings auch sein, dass er einfach nur drauf- oder danebenliegt – also wiederholen Sie einfach den letzten Schritt.)

4. **Packen Sie jetzt den *Niedersachsen-Ordner* auf demselben Weg in den *Deutschland-Ordner* – einfach durch Ziehen auf diesen.**

   Soweit Sie nun wissen, sind diese beiden Länder-Ordner einfach verschwunden. Sie haben ganz schön Vertrauen, wenn Sie glauben, wir wüssten, wo sie sind.

5. **Doppelklicken Sie jetzt mal auf den *Deutschland-Ordner*.**

   Ihr Vertrauen hat sich ausgezahlt – Ihre beiden Länder-Ordner sind genau da, wo wir sie hinhaben wollten.

   Wenn Sie jetzt auf einen der Länder-Ordner doppelklicken, wird ein neues Fenster geöff-net. (Übrigens: Auch wenn Sie eine Million Fenster geöffnet hätten, ist das kein Grund zur

Sorge. Sie können sie jederzeit wieder schließen – erinnern Sie sich an das Schließfeld in der linken oberen Fensterecke?).

Nun gut – aber wie bekommen Sie diese Ordner wieder heraus? Müssen Sie sie alle einzeln anfassen – ein ganz schöner Stress bei 16 Bundesländern.

Um die Länder-Ordner wieder aus dem *Deutschland-Ordner* herauszubekommen, gibt es viele Möglichkeiten.

6. **Klicken Sie einfach mit der Maus links über den *Hessen-Ordner* oder welcher auch immer links steht (Bild 1 in der Graphik unten). Dann ziehen Sie die Maus mit gedrückter Taste schräg nach unten rechts, so dass beide Ordner durch ein gestricheltes Rechteck eingeschlossen werden (Bilder 2 und 3).**

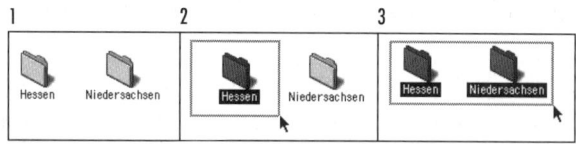

Lassen Sie die Maustaste los, wenn beide Ordner vollständig eingeschlossen sind. Damit haben Sie mehrere Ordner ausgewählt, die Sie nun gemeinsam an einen anderen Ort bewegen können.

7. **Bewegen Sie den *Hessen-Ordner* aus dem *Deutschland-Ordner* heraus.**

Der *Niedersachsen-Ordner* folgt brav.

Ein Bonus für geduldiges Mitarbeiten

Die Methode zur Auswahl verschiedener Symbole durch Ziehen eines Auswahlrahmens eignet sich allerdings nur dann, wenn die auszuwählenden Symbole ideal neben- und zueinander stehen. Aber was tun Sie, wenn Sie zum Beispiel nur die Ordner mit dem Anfangsbuchstaben A auswählen wollen, wie in der unten stehenden Zeichnung gezeigt?

Mit einem Auswahlrahmen wählen Sie auch die dazwischen liegenden Dokumente aus.

Das Geheimnis: Klicken Sie die auszuwählenden Ordner bzw. Dokumente an, während Sie die *Shift-Taste* gedrückt halten. So können Sie Stück für Stück Ihre Auswahl treffen und ergänzen – so lange bis Sie alles, was Sie auswählen wollten, komplett haben. (Und wenn Sie sich einmal verklicken sollten, klicken Sie dieses Symbol einfach noch einmal an, es wird dann wieder deaktiviert.)

Zugegeben, das war nun etwas unproduktiv, weil wir nur mit leeren Ordnern gearbeitet haben. Das macht viel mehr Sinn, wenn Sie mit Ihren eigenen Dokumenten arbeiten, denn diese Technik funktioniert nicht nur mit Ordnern, sondern auch mit einzelnen Dokumenten.

Etwas in den Papierkorb legen

Und hier ist noch ein Trick, den Sie sicher ganz nützlich finden werden:

1. **Schließen Sie den *Deutschland-Ordner* durch Klick in das *Schließfeld*.**

2. **Ziehen Sie den Ordner auf den Deckel des PAPIERKORBS in der linken unteren Ecke des Bildschirms.**

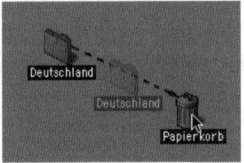

Lassen Sie nicht los, bis der Papierkorb aktiviert ist und schwarz wird (das geschieht dann, wenn die Pfeilspitze des Cursors den Papierkorb berührt). Wenn Sie jetzt den Ordner loslassen, können Sie sehen, dass er im Papierkorb gelandet ist. Leider war er so groß, dass der Deckel nicht mehr zugeht und noch ein Stück herausschaut. Damit will der iMac Sie darauf aufmerksam machen, dass etwas im Papierkorb liegt. Es könnte sich ja um etwas Wichtiges handeln – Ihr Mitarbeiter denkt eben mit.

Das jedenfalls ist der Weg, wie Sie Ihren iMac von unnötigen Dingen befreien – werfen Sie sie einfach in den Papierkorb. Dafür gibt es übrigens auch einen Tastatur-Kurzbefehl: Markieren Sie das Symbol und drücken Sie dann die Tastenkombination ⌘-←. Das ausgewählte Symbol fliegt in den Papierkorb als wäre der Teufel hinter ihm her.

Was nun wirklich hart ist, wie der iMac zögert, bevor er es Ihnen erlaubt, sich von ungeliebten oder unnötigen Dingen zu trennen. Denn nur die Dinge in den Papierkorb zu werfen reicht nicht aus, um sie endgültig loszuwerden – sie landen nur in einem Zwischenlager und bleiben dort für ewig, egal, ob Ihr Papierkorb überquillt oder nicht. Das hat natürlich den Vorteil, dass *Sie jederzeit ein irrtümlich weggeworfenes Dokument wieder retten können.* Ein Doppelklick öffnet das Fenster des Papierkorbs und Sie können das kostbare Stück wieder an seinen alten Platz zurückbefördern.

Was sollen Sie aber tun, um sich endgültig des überflüssigen Krams zu entledigen? Wählen Sie einfach den Befehl PAPIERKORB ENTLEEREN aus dem Menü SPEZIAL.

Doch selbst da kommen Sie noch nicht endgültig zum Ziel, denn es erscheint die folgende Meldung:

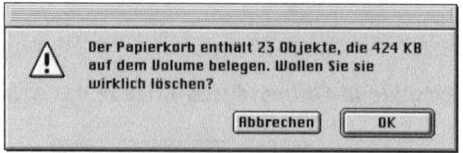

Wenn Sie jetzt mit *OK* bestätigen, haben Sie es endlich geschafft.

Nebenbei bemerkt – aber erzählen Sie das niemandem weiter – auch wenn Sie den Papierkorb entleert haben, sind die Daten noch nicht endgültig vernichtet. Hilfsprogramme wie etwa Norton können diese Daten retten. Dieses zu wissen kann unter Umständen hilfreich sein, wenn Sie (1) etwas versehentlich weggeworfen haben oder (2) vielleicht ein Spion sind – unsichtbare Tinte und so.

 So erklärt sich übrigens auch, warum man praktisch nie von iMac-Besitzern hört, die darüber klagen, dass sie unabsichtlich wichtige Dokumente unwiderbringlich gelöscht haben – der iMac zeigt Ihnen vorher eine ganze Menge roter Ampeln.

Ein wirklich starker Computer, nicht wahr?

Ihr CD-ROM Grundkurs

Sie werden im Leben nicht weit kommen, wenn Sie nicht wenigstens einige Kenntnisse über das in Ihrem iMac eingebaute CD-ROM Laufwerk haben. So erhalten Sie zum Beispiel neue Programme immer auf CD-ROM.

Wie Sie die CD einlegen ist abhängig davon, welches iMac Modell Sie besitzen. Schauen Sie Ihren Computer an. Auf der Vorderseite unmittelbar unter dem Bildschirm sehen Sie entweder einen Schlitz (SlotIn) oder eine Kunststoff-Klappe mit einem Knopf in der Mitte.

Schlitz-Modell (SlotIn): Die CD wird einfach nur eingeschoben (beschriftete Seite nach oben), bis der iMac sie selbsttätig einzieht. Achten Sie darauf, dass Sie nicht eine weitere CD einschieben, wenn bereits eine CD eingelegt ist.

Schlitten-Modell: Um die CD einzulegen, drücken Sie auf den markierten Knopf direkt unter dem Schriftzug iMac an der Vorderseite Ihres Computers. Nach einem kurzen Augenblick fährt der Schlitten aus. Legen Sie die CD ein (beschriftete Seite nach oben) und drücken Sie den Zentrierring fest (vermeiden Sie es dabei, die Unterseite der CD zu berühren) und fahren Sie den Schlitten wieder ein. Fast augenblicklich erscheint das CD-Symbol auf Ihrem Bildschirm.

Alle Modelle: Versuchen Sie nicht, den *Öffnen-Knopf* zu drücken, um die CD wieder herauszunehmen, das funktioniert nicht. Klicken Sie einfach auf das CD-Symbol auf dem Bildschirm und wählen Sie dann aus dem Menü Spezial den Befehl AUSWERFEN – oder bewegen Sie das CD-Symbol einfach in den PAPIERKORB. Die CD erscheint in dem Schlitz bzw. der Schlitten fährt heraus und Sie können die CD entnehmen.

Zehn Tipps für Fenster, Symbole und Papierkorb

Flott durch die Bedienungsgrundlagen Ihres iMacs zu führen, ist eine Sache. Dagegen ist es schon etwas anderes, Fenster und Symbole gezielt auf dem Bildschirm zu bewegen und zu verändern. Hier noch einmal die wichtigsten Grundsätze:

1. Wenn Sie die *Bezeichnung eines Symbols ändern* wollen, klicken Sie einmal auf den Namen, warten ein wenig, bis ein Rahmen um den Namen erscheint. Das ist dann das Zeichen, dass Sie mit der Eingabe der neuen Beschriftung beginnen können. Wenn Sie fertig sind, einfach mit der Return-Taste bestätigen.

2. Vergessen Sie nicht, dass Sie sich den Inhalt *von Ordnern auch als Liste zeigen* lassen können (wählen Sie dafür den Befehl ALS LISTE aus dem Menü ANSICHT). Wenn Sie in der Listenansicht sind, können Sie mit der Tastenkombination ⌘ + → (Pfeiltaste rechts) einen markierten Ordner öffnen (genau so als würden Sie in das Bild klicken), um den Inhalt anzusehen und ⌘ + ← (Pfeiltaste links) um den Ordner wieder zu schließen.

3. Jedesmal, wenn Sie PAPIERKORB ENTLEEREN aus dem Menü SPEZIAL wählen, fragt Sie der iMac, ob Sie auch wirklich sicher sind, dass Sie die Dateien löschen wollen. Wenn Sie diese Warnung nicht mehr erhalten wollen, klicken Sie auf das PAPIERKORB-Symbol und wählen dann aus dem Menü ABLAGE den Befehl INFORMATION. Hier können Sie diese Meldung ausschalten.

4. Sehr wichtige Dateien können Sie *vor unbeabsichtigtem Löschen schützen*. Anklicken, aus dem Menü ABLAGE den Befehl INFORMATION auswählen und den Dateischutz über die Klickbox einschalten. Wenn Sie diese Datei nun in den Papierkorb legen und löschen wollen, meldet Ihnen der iMac, dass es sich um eine geschützte Datei handelt, die nicht gelöscht werden kann.

5. Dateien können Sie kopieren, indem Sie einfach auf das Symbol klicken und dann aus dem Menü ABLAGE den Befehl DUPLIZIEREN wählen. Oder Sie bewegen die Datei oder den Ordner bei *gedrückter Optionstaste (Wahtaste oder Alt-Taste)* in ein neues Fenster oder einen anderen Ordner.

6. Manchmal kann es schon sehr störend sein, wenn man ein Fenster öffnet und nur einen Teil des Inhaltes sieht, wie im linken Bild unten. Natürlich können Sie in diesem Fall ganz geduldig mit dem Scrollbalken operieren, bis Sie endlich das gefunden haben, was Sie suchen. Aber es gibt natürlich auch hier eine einfachere Lösung. Klicken Sie einfach in das *Erweiterungsfeld* am rechten oberen Rand des Fensters (wie auf dem rechten Bild gezeigt) und der iMac stellt die Fenstergröße exakt so ein, dass der gesamte Inhalt sichtbar ist.

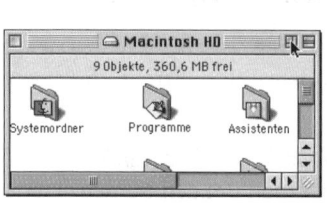
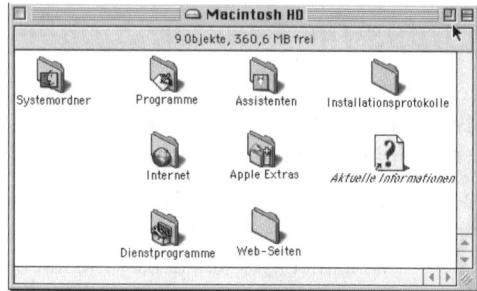

7. Sie haben einmal keine Lust dazu, einen Ordner oder eine Datei mit der Maus über den gesamten Bildschirm in den PAPIERKORB am rechten unteren Ende zu bewegen.

8. Dann versuchen Sie einfach einmal diesen kurzen Weg: Klicken Sie bei gedrückter *Ctrl-Taste* auf ein Symbol oder in ein Fenster und halten Sie die Maustaste gedrückt. Aus der

daraufhin erscheinenden Befehlsleiste können Sie dann den gewünschten Befehl auswählen.

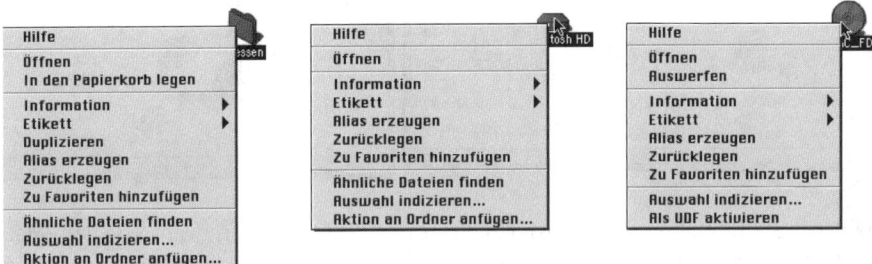

Zum Beispiel: Wenn Sie bei gedrückter *Ctrl-Taste* eine CD oder eine Festplatte anklicken,
können Sie zwischen den Befehlen AUSWERFEN, HILFE *und* ÖFFNEN wählen. Wenn Sie bei
gedrückter *Ctrl-Taste* ein Symbol anklicken, erhalten Sie u.a. Befehle wie INFORMATION,
DUPLIZIEREN oder IN DEN PAPIERKORB LEGEN. Und wenn Sie bei gedrückter *Ctrl-Taste* irgendwo
in ein Fenster klicken – nicht direkt auf eine Datei oder einen Ordner – können Sie u.a.
zwischen AUFRÄUMEN, SCHLIESSEN, NEUER ORDNER und mehr wählen (der Fachausdruck dafür
ist *Kontextmenü*, da das angebotene Befehlsmenü in direktem inhaltlichem Zusammenhang mit dem von Ihnen angeklickten Objekt steht).

9. Insgesamt gibt Ihnen Ihr iMac immer das Gefühl von Kontrolle und Ordnung. Ein Beispiel gefällig? Dann öffnen Sie doch einmal ein Fenster, zum Beispiel das Ihrer Festplatte.
   Jetzt wählen Sie aus dem Menü DARSTELLUNG den Befehl DARSTELLUNGSOPTIONEN.

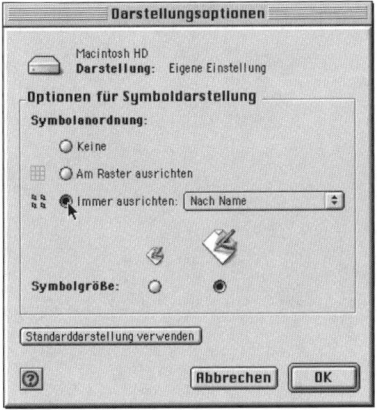

Im rechten Bild unten sehen Sie, wie so ein Fenster oft genug aussieht – die Ordner stehen wahllos über und nebeneinander. Jetzt wählen Sie aus dem Menü Darstellung den
Befehl AUFRÄUMEN – klick – und schon erhalten Sie den gesamten Fensterinhalt fein säuberlich präsentiert wie im linken Bild.

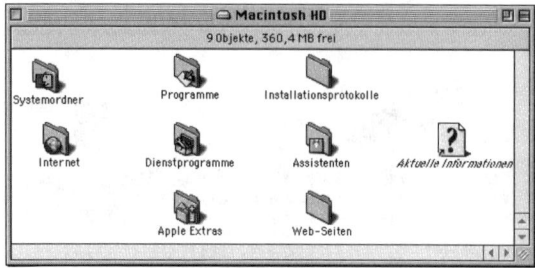 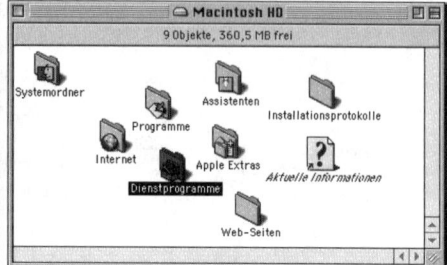

10. Übrigens, Sie brauchen Ihre Fenster nicht immer aufzuräumen, wenn Sie den iMac ausschalten. Beim nächsten Einschalten finden Sie sie in demselben Zustand wieder, wie Sie sie zuletzt verlassen haben.

Immer wieder auf dem aktuellen Stand

3

In diesem Kapitel

▶ Was man eigentlich unter Software versteht

▶ Alles über Kopieren und Einfügen

▶ Schreibtischzubehör und das befruchtende Menü,
  in dem sie aufgelistet sind

▶ Das reine unbeschwerte Vergnügen der Kontrollfelder

Der iMac ist wie ein Videorecorder. Die Software, die Sie auf dem iMac installiert haben, sind wie die Kassetten, die Sie im Videorecorder abspielen. Ohne die Kassetten (Software) ist der Videorecorder (iMac) wertlos. Aber mit den Kassetten (Software) kann der Videorecorder (iMac) Ihr persönliches Programm abspielen, so wie Sie es sich vorstellen.

Mit dem Videorecorder können Sie sich zum Beispiel mitten in einer Nacht einen Western, am anderen Tag ein selbstgedrehtes Video oder eine Dokumentation über Humor in der Politik ansehen. Genau so verwandelt die entsprechende Software Ihren iMac in eine Schreibmaschine, einen Zeichenstift oder eine Filmbearbeitungsmaschine. Die einzelnen Teile der Software werden in der Regel als Programme oder auch als Anwendungen bezeichnet – je nach Anwendung verhält sich Ihr iMac anders. Erfahrene iMac-Benutzer setzen bis zu 6, 7 oder mehr verschiedene Programme ein.

Die Therapie gegen Alterung

Ihre Verbindung zu einem Software-Anbieter endet nicht, wenn Sie ein Programm gekauft haben – im Gegenteil, sie beginnt erst damit. Zunächst einmal bietet Ihnen der Software-Anbieter natürlich technische Unterstützung, wenn etwas nicht funktioniert. Hier bekommen Sie zum Teil einen besonders umfassenden Service – von der gebührenfreien Rufnummer, unter der Sie immer einen kompetenten Fachberater erreichen. Bei anderen dagegen kann es auch schon einmal sein, dass Sie einige Zeit (bei Ferngesprächen teuer) warten müssen, ehe Sie zum Service-Center durchkommen. Welcher Software-Anbieter einen besonders guten Service bietet, erfahren Sie von iMac-Anwendern (eventuell auch in Ihrem Bekanntenkreis). Sie finden aber auch viele nützliche Hinweise darauf in der regelmäßig erscheinenden MacWelt und MacUp.

Wie die Computer werden auch die Programme von den Herstellern immer wieder verbessert und aktualisiert. Daher ist auch die Anschaffung einer bestimmten Software keine einmalige Ausgabe. Sie erhalten nach jeder Erneuerung (Up-Date) in der Regel vom Hersteller ein günstiges Angebot, um Ihre bestehende Version zu aktualisieren.

Wie Sie persönlich bei der Aktualisierung Ihrer Software vorgehen, bleibt ganz Ihnen überlassen. Manche iMac-Nutzer aktualisieren Ihre Programme erst nach einem Jahr oder in noch längeren Abständen und überspringen damit einige der vom Hersteller empfohlenen Aktualisierungsversionen, andere nutzen jede dieser angebotenen Versionen, weil sie einfach immer auf dem neuesten programmtechnischen Stand sein wollen – es ist eigentlich immer nur eine Frage der Notwendigkeit und des notwendigen finanziellen Aufwandes.

Investition Nr. 2: Software kaufen

(Investition Nr. 1 war Ihr Computer)

Ihren iMac erhalten Sie schon mit einigen bereits fix und fertig installierten Programmen. Das ist ein schöner Zug, denn Software ist teuer.

Wenn Sie nun beschließen, Ihren Programmhorizont über den mitgelieferten Rahmen hinaus auszuweiten, werden Sie sehr schnell feststellen, dass zum Beispiel das bekannte Textverarbeitungs-Programm Microsoft-Word ca. 600,– bis 700,– DM kostet. Wenn Sie darüber hinaus noch ein Tabellen-/Kalkulationsprogramm installieren wollen (ca. 90 % der iMac-Nutzer setzen dafür Microsoft Exel ein), müssen Sie mit weiteren 600,– bis 700,– DM rechnen. Dann gibt es noch ein Programm (FileMaker), mit dem Sie sich selbst Datenbanklösungen programmieren können (weitere ca. 450,– bis 500,– DM) etc. Sie sollten dabei berücksichtigen, dass Sie immer mehr bekommen als nur eine CD-ROM und ein Handbuch.

Aber das können Sie sich alles später noch überlegen. Im Moment haben Sie bereits mit AppleWorks eine sehr gute Basis. Dieses Programm integriert eine Reihe von Anwendungen, wie zum Beispiel Textverarbeitung, Datenbank, Spreadsheet, Zeichenprogramm und so weiter. (Lesen Sie mehr darüber in Kapitel 9 »So finden Sie Ihren eigenen Weg durch die Software»).

Mit Ihrem iMac erhalten Sie außerdem zwei Spiele, Quicken (um Ihrem Kontostand immer auf dem Laufenden zu halten), und ein Webseiten-Gestaltungsprogramm. Die CD-Schlitzlader iMacs bieten sogar noch mehr: Ein Lexikon auf der CD-ROM, ein Programm für digitale Videos, ein Kalender/Adressbuch-Programm genannt Palm Desktop und ein Programm, das verhindert, dass Jugendliche die dunklen Seiten des Internet sehen. Die Kapitel 9 und 10 beschreiben diese Programme in allen Einzelheiten.

Wo bekommen Sie die Software

Grundsätzlich können Sie Software über das Internet (E-Mail) und in Fachgeschäften beziehen. Unglücklicherweise werden auch Sie bald feststellen müssen, dass auch heute noch die Fachgeschäfte nur eine begrenzte Anzahl von Programmen für den Macintosh im Sortiment haben. Andererseits werden diese Programme günstig im Internet angeboten – und in der Regel bei sofortiger Lieferung.

Die Internet-Shops finden Sie zum Beispiel auf der Macintosh-Website www.Apple.de. Sie können auch so genannte »Mail-Order-Häuser« wie MacWarehouse, MacZone oder Cancom über deren jeweilige kostenlose Bestell-Rufnummern oder ihren Websites erreichen.

Im folgenden Kapitel beschäftigen wir uns ein wenig mit Textverarbeitung. Zum Aufwärmen zeigen wir Ihnen einige der Grundprinzipien für das Arbeiten mit Programmen auf Ihrem iMac. Damit sichergestellt ist, dass Sie das sehen, was wir in diesem Buch beschreiben, beginnen wir zunächst mit den Programmen, die Ihr iMac von Haus aus mitbringt.

Billige Software

Nach der Lektüre von Kapitel 6 wird in dem einen oder anderen unserer Leser der Wunsch erwachen, den iMac über die Telefonleitung einfach mit einem anderen Computer zu verbinden. Dabei werden Sie einen neuen Begriff entdecken: Shareware. Dabei handelt es sich um Programme, die in der Regel nicht von Softwareherstellern, sondern von einzelnen Programmierern erstellt wurden, die ihr Werk der Internetgemeinde zur freien Nutzung zur Verfügung stellen. Sie können sich diese Programme über die Telefonleitung direkt auf Ihren iMac laden. Und Sie können so großzügig sein, den oft geringen Nutzungsbeitrag von $5 bis ca. $20, der manchmal gewünscht wird, zu bezahlen.

Sicher, Shareware hat oft etwas Handgestricktes an sich. Aber einiges davon ist auch großartig. Hier zwei Internet-Adressen für den Anfang, wo Sie sich das Angebot einfach einmal ansehen können: www.macdownload.com und www.shareware.com. Hier können sie nach jeder Art von Shareware-Programmen suchen oder aber auch nach Spielen, Musik, Bilder usw.

Ihr erstes Programm

Erinnern Sie sich, wir sprachen bereits über die verschiedenen Menüs am oberen Rand Ihres Bildschirms. Je intensiver Sie mit Ihrem iMac arbeiten, desto eher werden Sie entdecken, dass diese Menüs von Programm zu Programm ganz unterschiedlich sind. Im Augenblick steht da vermutlich Ablage, Bearbeiten, Darstellung und Spezial; in einem Textverarbeitungsprogramm könnten die Menüs zum Beispiel Datei, Bearbeiten, Schrift, Größe, Format und so weiter heißen. Das kommt daher, weil die jeweiligen Menüleisten und entsprechend auch die darunter aufgelisteten Befehle immer speziell auf die Funktion des Programmes eingerichtet werden.

Aber da gibt es ein Menü, das Sie immer auf Ihrem Bildschirm sehen: Unser Freund, das -Menü (zur Erinnerung: Der in der linken oberen Ecke des Bildschirms.). Neben vielen anderen Dingen finden Sie hier einige nützliche kleine Programme, die allgemein als *Schreibtischprogramme* bezeichnet werden. Zum Beispiel *Tastatur, Album, Notizblock* usw. – alle nahezu perfekt geeignet, damit Sie Ihre ersten Gehversuche in die Welt der Software untenehmen können.

Die Schreibtischprogramme

Lassen Sie uns nun ganz einfach beginnen: Zeigen Sie mit dem Cursor auf den und wählen Sie daraus RECHNER. Der Rechner erscheint in einem eigenen Fenster in der Mitte Ihres Bildschirms.

Der Rechner

Mit der Maus können Sie nun die Tasten auf dem Rechner bedienen. Der iMac rechnet für Sie das gewünschte Ergebnis und Sie können stolz darauf sein, einen der größten Taschenrechner der Welt zu besitzen.

Sie können die Zahlen und Rechenfunktionen aber auch mit der Tastatur eingeben. Sobald Sie die Zahl auf der Tastatur eingeben, bestätigt der iMac die Eingabe durch das Blinken der entsprechenden Taste. Probieren Sie das doch einmal aus.

Und Sie sollten sich noch einen kleinen Moment Zeit nehmen, um das Aussehen Ihres Bildschirms nach Ihren Wünschen zu gestalten. Nehmen Sie den Rechner und platzieren Sie ihn dort auf dem Bildschirm, wo er Ihnen am besten gefällt bzw. am nützlichsten und leichtesten zugänglich erscheint. Zeigen Sie dazu mit dem Cursor auf den oberen Balken (dort, wo Rechner steht) und ziehen Sie den Rechner bei gedrückter Maustaste an die von Ihnen gewünschte Position. Und wenn Sie den Rechner nicht mehr benötigen? Richtig, Sie klicken einfach in das kleine Schließfeld in der linken oberen Ecke.

Aber jetzt noch nicht – wir wollen noch ein wenig damit arbeiten.

Der Notizblock

Öffnen Sie wieder das -Menü und klicken Sie auf den Befehl NOTIZBLOCK.

Falls der Befehl NOTIZBLOCK nicht angezeigt wird, ist vermutlich die Betriebssoftware Mac OS 9 (Sie finden alles darüber in Kapitel 13) installiert. In diesem Fall finden Sie den Notizblock nicht unter dem -Menü, sondern unter einer neuen Adresse. Doppelklicken Sie auf das Symbol Ihrer Festplatte (MACINTOSH HD) und dann auf den Ordner APPLE EXTRAS. Ein weiterer Doppelklick auf das Symbol NOTIZBLOCK offnet dieses dann.

In jedem Fall haben Sie nun das weltweit schnörkelloseste Textverarbeitungsprogramm auf dem Bildschirm.

Mehr über die Textverarbeitung erfahren Sie im nächsten Abschnitt. Jetzt wollen wir uns nur ein wenig mit den Funktionen vertraut machen, indem wir ein welterschütterndes mathematisches Problem unter Einsatz der iMac Rechenkapazitäten lösen.

Bitte schreiben Sie dazu einfach die folgende Formel auf Ihren Notizblock:

37+8+19*3-100

(Anmerkung: In der Computerwelt bedeutet das Zeichen * Multiplizieren.) Sollten Sie sich dabei vertippt haben, korrigieren Sie einfach mit der Korrekturtaste ⬅ in der rechten oberen Ecke Ihrer Tastatur (auch Rückschritttaste genannt).)

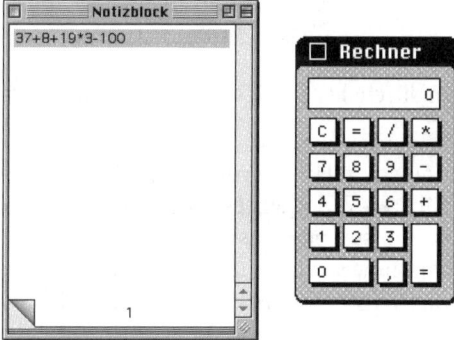

Mit der Maus bewegen Sie den Notizblock so neben den Rechner, wie es in der Abbildung gezeigt ist (einfach den Cursor auf die Titelleiste platzieren und bei gedrückter Maustaste an die entsprechende Position bewegen). Im Folgenden werden Sie nun den iMac mit zwei Programmen arbeiten lassen (übrigens eine der wesentlichsten Funktionsmerkmale des iMac).

Den Text auswählen

Führen Sie den Cursor mit der Maus zum Anfang unserer Formel (oben). Drücken Sie die Maustaste und führen Sie den Cursor waagerecht nach rechts (Mitte). Wenn die gesamte Formal markiert ist, lassen Sie die Maustaste los – der Text bleibt markiert (unten).

37+8+19*3-100

37+8+19*3-100

37+8+19*3-100

Sie haben damit einen Text ausgewählt. Erinnern Sie sich noch an das Kapitel 1? Hier haben Sie zunächst ein Symbol ausgewählt und dann einen Menübefehl, um das ausgewählte Symbol zu bearbeiten. Genau das tun wir jetzt auch. Das Prinzip »Erst auswählen, dann bearbeiten« funktioniert hier exakt gleich – in diesem Falle mit dem von Ihnen markierten bzw. ausgewählten Text. Der iMac wartet bereits darauf, dass Sie ihm mitteilen, was mit dem Text geschehen soll.

Das Grundprinzip menschlicher Anstrengung: Kopieren und Einfügen

Wählen Sie dazu Kopieren aus dem Menü Bearbeiten.

Donner grollt, Blitze zucken durch die Nacht, atemlose Spannung bannt das Publikum … und nichts passiert.

Es geschieht alles ohne Aufsehen im Hintergrund. Der iMac speichert den ausgewählten Text (unsere Formel) im unsichtbaren Zwischenspeicher, der dafür angelegt ist, um Inhalte aus einem Fenster in ein anderes Fenster oder aus einem Programm in ein anderes Programm zu transportieren. (Einige Programme verfügen über einen Befehl »Zwischenspeicher anzeigen« – in diesem Falle ist der Zwischenspeicher natürlich nicht unsichtbar.)

Wie auch immer, in unserem Beispiel können Sie den Zwischenspeicher nicht sehen, aber Sie sollten uns vertrauen, er ist da und der von Ihnen markierte Text ist auch dort abgespeichert und Ihr iMac wartet nun auf weitere Anweisungen, was damit geschehen soll.

Das Menü Programme

Sehen Sie das Notizblock-Symbol und den Text Notizblock in der rechten oberen Ecke Ihrer Menüleiste?

Dieses Symbol steht für das Menü Programme. Darunter finden Sie alle Anwendungsprogramme, die zur Zeit auf Ihrem iMac aktiv sind. Zur Zeit sind dort drei Programme aufgeführt: Notizblock, Rechner und der berühmte Finder (oder Schreibtisch). Sie sind damit schon fast ein Multitasking-Spezialist geworden (Multitasking = mehrere Aufgaben gleichzeitig bearbeiten).

Wählen Sie aus dem Menü PROGRAMME nun den RECHNER.

Wie Sie natürlich sofort bemerken, wird das Fenster mit dem Rechner in den Vordergrund gestellt. (Sie erinnern sich sicher an Kapitel 1, in dem wir durch Anklicken ein Objekt in den Vordergrund geholt haben, was wesentlich weniger Aufwand erforderte.)

Vollkommen richtig! Sie haben bereits eine sehr fortgeschrittene Ebene erreicht. Aber etwas über das Menü PROGRAMME zu wissen, kann ja nicht schädlich sein. Denn meistens wird es in Ihrem zukünftigen Computerleben so sein, dass die Dateien einer Anwendung den gesamten Bildschirm bedecken und Sie über dieses Menü dann problemlos ein anderes bereits geöffnetes Programm in den Vordergrund rufen können – obwohl Sie das entsprechende Fenster nicht so wie jetzt sehen.

Wie auch immer, auf jeden Fall ist jetzt der Rechner die aktive Anwendung. (Aktiv bedeutet in diesem Falle, diese Anwendung ist im Vordergrund.) Beachten Sie bitte, dass der iMac immer noch die Formel im Zwischenspeicher gespeichert hat. Anstatt nun die Formel neu zu schreiben, kopieren wir sie einfach über einen Tastaturbefehl in den Rechner:

1. **Geben Sie über die Tastatur $\boxed{C}$ ein oder klicken Sie mit der Maus auf die Taste $\boxed{C}$ des Rechners.**

   Damit löschen Sie eventuell bereits vorhandene Angaben im Rechner.

2. **Wählen Sie aus dem Menü BEARBEITEN den Befehl EINFÜGEN und beobachten Sie nun den Rechner!**

Falls Sie rechtzeitig hingeschaut haben, sehen Sie ein Zahlenspiel wie an den Spielautomaten in Las Vegas um Mitternacht. Und mit stolzer Selbstverständlichkeit präsentiert der iMac das Ergebnis unseres mathematischen Problems. (Wenn alles gut geht, sollte das 92 sein.)

Haben Sie mitbekommen, was hier gerade abgelaufen ist? Sie haben eine mathematische Formel in ein Textverarbeitungsprogramm eingegeben (Notizblock), es in den Zwischenspeicher und von dort in ein Kalkulationsprogramm (Rechner) kopiert. Diese Fähigkeit, Informationen zwischen Programmen hin- und herzubewegen und zu bearbeiten, ist die faszinierendste Eigenschaft des iMac.

Und es ist ein Zwei-Wege-System. Sie können die Zahl auch wieder in das Textverarbeitungsprogramm übernehmen:

1. **Wählen Sie KOPIEREN aus dem Menü BEARBEITEN.**

   Halt! Es steht ja schon etwas auf dem Notizblock. Wo soll der iMac den neuen Wert denn einfügen?

   Natürlich auf dem Notizblock. Und was zuvor dort gestanden hat, soll gelöscht werden, denn auf dem Notizblock kann immer nur eine Nachricht notiert werden.

2. **Wählen Sie aus dem Menü PROGRAMME die Anwendung NOTIZBLOCK (oder klicken Sie einfach auf das Fenster des Notizblocks auf dem Bildschirm).**

   Der Notizblock steht nun im Vordergrund.

3. **Geben Sie nun den folgenden Text ein:**

   Lieber Sohn, Du schuldest mir DM

   Nach dem M sollten Sie noch eine Leertaste einfügen und dann den Cursor zum Menü BEARBEITEN bewegen.

4. **Wählen Sie den Befehl EINFÜGEN aus dem Menü BEARBEITEN.**

   Hervorragend! Der iMac kopiert das errechnete Ergebnis unserer mathematischen Aufgabe auf den Notizblock.

5. **Wenn Sie jetzt noch einmal EINFÜGEN anklicken, erfolgt eine weitere Eingabe, noch einmal erscheint die Zahl 92 auf dem Notizblock.**

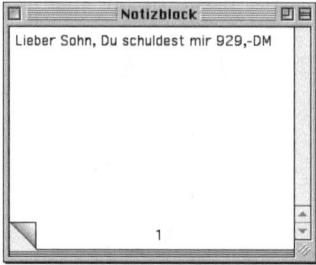

Sie müssen dazu nicht unbedingt immer die Befehle KOPIEREN und EINFÜGEN aus dem Menü BEARBEITEN wählen, sondern können diese Befehle auch über die Tastatur eingeben. Vielleicht erinnern Sie sich noch an die Ausführungen in Kapitel 2.

Und wie erfahren Sie die Tastatur-Kurzbefehle der einzelnen Befehle in den Menüs? Sie können sie auswendig lernen oder im Menü ablesen. Mit der Zeit werden Sie einige davon einfach im Schlaf beherrschen.

Die Kurzbefehle finden Sie immer an der rechten Seite des Menüs. Notieren Sie sich die wichtigsten Tatstatur-Kurzbefehle wie WIDERRUFEN ⌘+Z, AUSSCHNEIDEN ⌘+X, KOPIEREN ⌘+C und EINSETZEN ⌘+V (Einfügen).

C ist KOPIEREN und V EINSETZEN, beim Arbeiten ist dies immer die richtige Reihenfolge der beiden Tastatur-Kurzbefehle. (Ich weiß ich weiß: Warum nicht das ⌘+E als Tastatur-Kurzbefehle, aber philosphische Gedanken zur Zuordnung der einzelnen Buchstaben zu den Befehlen ersparen wir uns, nachzuvollziehen sind sie in der deutschen Programmversion ohnehin nicht mehr.)

Klicken Sie jetzt einfach irgendwo auf den Schreibtisch, um das Menü – falls offen – zu schließen, und lassen Sie uns Folgendes versuchen:

1. **Geben Sie bei gedrückter ⌘-Taste ein V ein.**

   Eine Kopie des Zwischenspeicher-Inhaltes erscheint auf Ihrem Notizblock.

   (Im weiteren Text bezeichen wir solche Tastatur-Kurzbefehle mit dem Kürzel ⌘+V.)

2. **Geben Sie noch einmal ⌘+V ein.**

   Dieses Kind steht inzwischen bei Ihnen ganz schön in der Kreide. Nun gut, immerhin ist er Ihr Sohn – löschen wir die letzte 92.

3. **Wählen Sie aus dem Menü BEARBEITEN WIDERRUFEN.**

   Mit diesem Befehl widerrufen Sie die letzte Aktion, in diesem Fall das Hinzufügen der 92.

Bitte beachten Sie, dass mit dem Befehl WIDERRUFEN *immer nur die letzte Aktion rückgängig gemacht wird*. Wenn Sie zum Beispiel etwas kopieren (1), es irgendwo einfügen (2) und dann etwas dazu schreiben (3), bewirkt der Befehl WIDERRUFEN nur, dass das Geschriebene (3) widerrufen wird, nicht mehr das Einfügen (2).

Eine Nachricht für Raumfahrt-Wissenschaftler

Versuchen Sie nicht, mit dem kleinen Rechner komplizierte Berechnungen durchzuführen, bevor Sie die Verfahrensweise des Kalkulationsprogrammes verstanden haben.

Der Rechner arbeitet von links nach rechts. Er bearbeitet Multiplikationen und Divisionen nicht vor der Addition und Subtraktion, wie es sonst eigentlich weltweit üblich ist. Ein Beispiel soll dies verdeutlichen: 3+2*4=; (* = multiplizieren). Die wissenschaftlich korrekte Antwort ist 11, da zunächst die Funktion Multiplizieren ausgeführt und dann der Wert 3 addiert wird. Die Antwort des iMac ist dagegen 20, da der iMac die Funktionen streng nacheinander abarbeitet. Ist das verständlich?

Kontrollfelder

Ein Begriff in Ihrem -Menü ist kein Schreibtischprogramm. Es heißt KONTROLLFELDER und öffnet den Kontrollfelder-Ordner. Aber was bitte ist ein Kontrollfelder-Ordner? Das ist ein Ordner, der in Ihrem System-Ordner zu Hause ist und eine Menge Symbole beherbergt, mit denen viele Einstellungen Ihres iMac vorgenommen (kontrolliert) werden können. Wählen Sie jetzt bitte aus dem -Menü Kontrollfelder, damit das entsprechende Fenster erscheint.

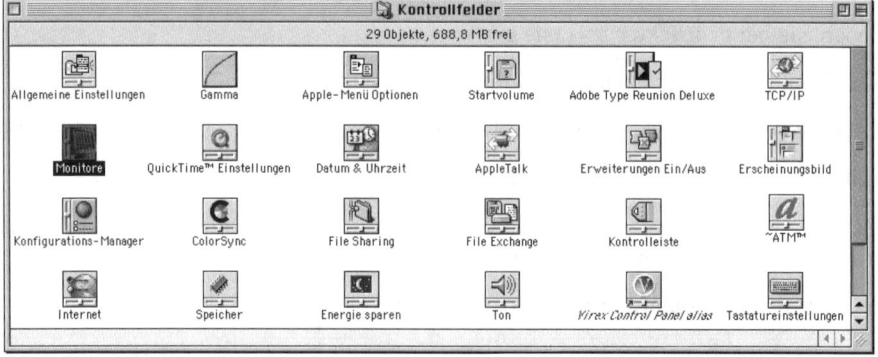

 Wir zeigen es Ihnen an einem Kontrollfeld, dann können Sie es weiter selbst nachvollziehen:

1. **Geben Sie die Buchstaben DA auf der Tastatur ein.**

   Erinnern Sie sich an diesen kleinen Trick? Sie können ein Symbol auswählen, indem Sie die Anfangsbuchstaben des Namens eingeben. In unserem Falle wird das Symbol DATUM&UHRZEIT aktiviert.

2. **Doppelklicken Sie jetzt auf das** DATUM **&**UHRZEIT **Symbol.**

Es öffnet sich ein Fenster, in dem Sie die aktuelle Uhrzeit einstellen bzw. korrigieren können, indem Sie einfach eine Zahl anklicken und dann den neuen Wert eingeben.

Wenn die Zeit richtig eingestellt ist, schließen Sie das Fenster durch Klick in das Schließfeld oben links.

Die wichtigsten zehn Kontrollfenster

In dem Ordner KONTROLLFENSTER sind dutzende von Kontrollfenster-Programmen, hier ist nur ein Ausschnitt der Favoriten. (Es können hierzu abweichende Namen zu ihren Kontrollfenster-Programmen bestehen, das hängt vom Zeitpunkt des Einkaufs ihres iMacs ab.) Nähere Informationen zu diesem Thema, siehe Kapitel 12.

1. **Monitore** – damit können Sie die Farbeinstellung des Bildschirms verändern (Graustufen – wie ein Schwarz/Weiß-Fernseher oder die Farbtiefe). So verlangen zum Beispiel einige Spiele, dass die Farbtiefe auf 256 Farben reduziert wird; wenn Sie sich dagegen Fotos in guter Qualität ansehen wollen, sollten Sie die Farbtiefe auf Millionen Farben einstellen.

   (Hinweis: Wenn Ihr iMac über ein Betriebssystem unter Mac OS 9 verfügt, gibt es ein Kontrollfeld MONITORE&TON, in dem diese Funktionseinstellungen zusammengefasst sind.)

2. **Ton** – in diesem Kontrollfeld können Sie dem iMac mitteilen, mit welchem Ton Sie die unterschiedlichen Aktivitäten quittiert bzw. vor Fehlbedienungen gewarnt werden wollen. Sie können übrigens auch eigene Töne dafür abspeichern – mehr darüber erfahren Sie in Kapitel 19.

3. **Maus** – hier können Sie die Geschwindigkeit einstellen, mit der sich der Mauszeiger auf dem Bildschirm bewegt, und die Blinkfrequenz des Cursors variieren.

4. **Erscheinungsbild** – verschiedene Einstellung erlauben Ihnen eine ganz individuelle Einstellung der Bildschirmdarstellungen. Für eine tiefer gehende Darstellung dieser Einstellung lesen Sie bitte in Kapitel 12 nach. Für jetzt sei nur angemerkt, dass Sie hier zum Beispiel auch ein eigenes Bild als Hintergrundmotiv auf Ihren Bildschirm zaubern können.

5. **Weltkarte** – hier können Sie sehen, wie viel Uhr es an einem beliebigen Punkt der Erde gerade ist. (Bei Mac OS 9 oder höher ist dieses Kontrollfeld nicht im Ordner KONTROLLFELDER sondern im Ordner APPLE EXTRAS abgelegt.)

6. **Speech** – hier können Sie die Sprache auswählen, in der Ihr iMac sich mit Ihnen unterhält (sehen Sie dazu auch Kapitel 19).

7. **File Exchange** – damit kann Ihr iMac auch FloppyDisks von Windows-PCs problemlos lesen (allerdings nur, wenn Sie ihm auch ein Laufwerk für FloppyDisks spendieren).

8. **Energie sparen** – hier können Sie die Zeit einstellen, wann Ihr iMac sich abschaltet, also zum Beispiel 30 Minuten nach der letzten Aktivität.

9. **Allgemeine Einstellungen** – hier lassen sich eine ganze Menge individueller Einstellungen vornehmen, zum Beispiel die Blinkfrequenz des Cursors in einem Textverarbeitungsprogramm, Schutzeinstellungen für den Systemordner oder Programme vor ungewolltem Zugriff und so weiter. Außerdem finden Sie hier noch drei weitere nützliche iMac-Eigenschaften: den Klickstarter (siehe Kapitel 4) und verschiedene Einstellungen für Dokumente (siehe Kapitel 12 »Allgemeine Einstellungen«).

10. **Tastatur** – hier können Sie entscheiden, ob durch eine Taste bei Dauerdruck ein Buchstabe bzw. Zeichen immer wieder geschrieben wird, zum Beispiel XXXXXXXXX.

Schreiben, Sichern und Wiederfinden

In diesem Kapitel

▶ Ungezählte Schreibmaschinen-Lektionen

▶ Ziehen und Ablegen

▶ Wie Sie Ihre Dateien sichern, damit sie nicht verloren gehen

▶ Sie machen DeskTop-Publishing

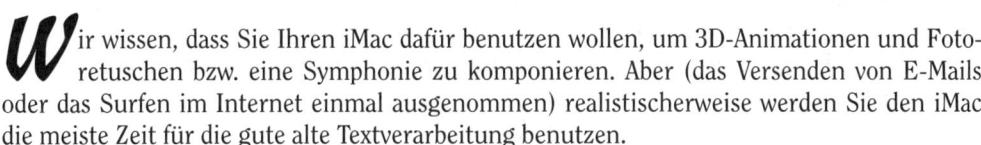

*W*ir wissen, dass Sie Ihren iMac dafür benutzen wollen, um 3D-Animationen und Foto-retuschen bzw. eine Symphonie zu komponieren. Aber (das Versenden von E-Mails oder das Surfen im Internet einmal ausgenommen) realistischerweise werden Sie den iMac die meiste Zeit für die gute alte Textverarbeitung benutzen.

Obwohl es jeder tut, heißt das noch lange nicht, dass Textverarbeitung nicht die tollste und vor allem zeitsparendste Innovation seit der Erfindung des Mikrowellenherdes ist. Wenn Sie die Textverarbeitung meistern, haben Sie Ihren Computer im Griff.

Ihr erster Bestseller

Es ist ein besonders glücklicher Umstand, dass Ihr iMac mit einem vorzüglichen Textverarbei-tungsprogramm ausgestattet ist. Es heißt AppleWorks und Sie lesen mehr darüber in Kapitel 9.

Für diese kleine Lektion aber wollen wir zunächst ein kleines Textverarbeitungsprogramm, den Notizblock verwenden. Wählen Sie dazu bitte im -Menü dieses Programm.

Wenn Sie dieses Programm nicht in Ihrem -Menü sehen, ist Ihr iMac mit dem Betriebssystem MacOS9 ausgestattet. Auch hier gibt es das Notizbuch, es liegt je-doch an einer anderen Stelle. Sie finden es im Systemordner auf Ihrer Festplatte im Ordner APPLE EXTRAS. Einfach ein Doppelklick und der Notizblock wird geöffnet.

Die drei wichtigsten Regeln der Textverarbeitung

Die ersten Regeln für das Schreiben mit einem Computer sind besonders dann sehr schwer zu lernen, wenn man bereits jahrelang mit einer mechanischen oder elektrischen Schreibma-schine gearbeitet hat. Aber Sie sind eminent wichtig:

✔ **Geben Sie keinen Return/Zeilenschaltung (⏎) nach jeder Zeile ein!** Schreiben Sie den Text einfach weiter. Am Ende der Zeile entscheidet das Textverarbeitungsprogramm, ob das neue Wort noch in die Zeile passt oder nicht, und nimmt dann den Umbruch selbst vor. Mit einem Return in der Mitte eines Satzes schneiden Sie den Rest ab.

✔ **Geben Sie nur einen Zwischenraum nach jedem Punkt ein.** Von jetzt an wird alles, was Sie schreiben, wesentlich professioneller aussehen als das, was Sie bisher auf einer mehr oder weniger neuen mechanischen oder elektrischen Schreibmaschine mit abgenutztem Farbband geschrieben haben.

✔ **Benutzen Sie nicht die l-Taste für die 1.** Ihr iMac hat nämlich eine Taste für die 1, die Sie auch benutzen sollten. Falls Sie stattdessen das l nutzen, sieht Ihre 1 a) nicht besonders gut aus und b) stimmt auch der Buchstabenabstand nicht.

Wir weisen nur der Vollständigkeit halber auf diese kleinen Unterschiede hin und nicht als strenger Schreibmaschinenlehrer. Einfach weil wir wollen, dass Ihre geschriebenen Seiten besser und professioneller aussehen sollten.

Da gibt es natürlich auch noch eine ganze Reihe weiterer Regeln, die Sie im Laufe der Zeit beherzigen sollten. Aber wir wollen es zunächst einmal dabei bewenden lassen. Nun, haben Sie jetzt ein schönes neues jungfräuliches weißes Blatt Papier vor sich auf dem Notizblock?

Alles über den Klickstarter

Können Sie sich an dieses Bild erinnern?

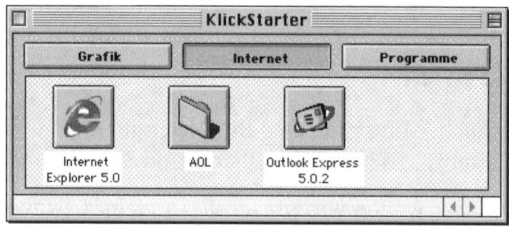

Falls Sie es nicht sehen, können Sie es sich über KLICKSTARTER aus dem ⬛-*Menü* auf Ihren Bildschirm holen.

Der Klickstarter hat die Aufgabe, Ihnen das Öffnen von Programmen zu erleichtern. Er nimmt Ihre wichtigsten Programme an einem zentralen Ort auf. Mit der Zielsetzung, Ihnen Zeit zu sparen, hat Apple den Klickstarter außerdem so gestaltet, dass ein einziger Klick ausreicht, um die Programme zu öffnen, statt des sonst üblichen Doppelklicks.

Den Klickstarter zu nutzen ist denkbar einfach:

1. Wenn es ein Programm oder eine Datei oder einen Ordner gibt, den Sie gerne im Klickstarter hätten und dessen Symbol dort noch nicht ist, brauchen Sie nur das entsprechende Symbol in das Klickstarter-Fenster zu ziehen. Sofort erscheint dort eine Kopie des Symbols, mit dem Sie das Programm, die Datei oder den Ordner öffnen können.

2. Wenn ein Programm im Klickstarter ist, das Sie dort nicht mehr wollen oder benötigen, können Sie es ganz einfach entfernen. Ziehen Sie das Symbol bei gedrückter *Optionstaste*

einfach in den Papierkorb. (Wichtig: Sie löschen damit nicht das eigentliche Programm, sondern entfernen nur sein Symbol aus dem Klickstarter.)

3. Wenn Sie wollen, dass Sie der Klickstarter jeden Morgen nach dem Einschalten begrüßt, wählen Sie KONTROLLFELDER aus dem -Menü und aktivieren Sie im Kontrollfeld ALLGEMEINE EINSTELLUNGEN die Option »*Klickstarter bei Neustart öffnen*«.

4. Sie können die Darstellungsgröße der Symbole im Klickstarter einfach verändern, indem Sie bei gedrückter -Taste auf den Leerraum im Klickstarter klicken. Treffen Sie Ihre Wahl in dem erscheinenden Popup-Menü »*Klein, Normal oder Groß*«.

Das Experiment kann beginnen

Wenn alles perfekt läuft, sollten Sie eine kurze blinkende vertikale Linie rechts oben im Schreibfeld sehen. Dies wird der Einfügepunkt genannt. Er zeigt Ihnen, wo der Buchstabe eingesetzt wird, wenn Sie anfangen zu schreiben.

 Bitte schreiben Sie den nachfolgenden Satz ab. Sollten Sie einen Schreibfehler gemacht haben, drücken Sie einfach die ⬅-Taste wie bei einer Schreibmaschine. (Die anderen unüblichen Tasten der iMac-Tastatur beschreiben wir genauer in Kapitel 13.)

Sollten Sie mit Ihrem Text zu weit nach rechts kommen, korrigieren Sie dies bitte nicht mit der Return-Taste. Schreiben Sie einfach weiter, der iMac erzeugt eine zweite Zeile für Sie. Glauben Sie es ruhig und schreiben Sie einfach mal drauflos.

Das Gebrüll der Löwen traf sein Trommelfell wie das Dröhnen eines Motorbootes, aus dem Nichts kommend und völlig unkontrollierbar.

Sehen Sie, wie die Worte automatisch am Zeilenende umbrochen werden? Dieser Effekt wird mit erstaunlicher Präzision *automatischer Zeilenumbruch* genannt. Aber beachten Sie bitte, dass Ihr literarischer Erguss vor dem Weg in die Millionenauflage eventuell noch einer Korrektur bedarf. Nachdem Sie den Text gelesen haben, beschließen Sie, das Wort »schnellen« vor »Motorbootes« einzufügen.

Erinnern Sie sich noch an den blinkenden Cursor – den Einfügepunkt? Er ist immer noch auf dem Bildschirm zu sehen, allerdings am Ende des Textes. Wenn Sie jetzt den Text einfügen wollen, müssen Sie die Position des Cursors verändern.

 Sie können die Position des Einfügepunktes auf zwei Wegen verändern. Einmal geht das über die Pfeiltasten auf Ihrer Tastatur. Probieren Sie es einmal aus und Sie sehen, wie der Cursor seine Position verändert – er springt von einer Zeile zur anderen oder wandert innerhalb einer Zeile nach rechts oder links.

Das ist sicher eine schöne Lösung, wenn die Stelle, an der Sie etwas einfügen wollen, nicht allzu weit von der aktuellen Position des Cursors entfernt ist. Sollte die gewünschte Einfügung zum Beispiel auf einer anderen Seite vorgenommen werden, ist das Verfahren sicher sehr ineffizient. Dann sollten Sie lieber diese fingerschonende Version anwenden:

1. Bewegen Sie die Maus an die gewünschte Einfügestelle (der Cursor ändert dabei sein Aussehen) – in diesem Falle vor das Wort »Motorbootes« – und klicken Sie.

Die Einfügemarke erscheint nun an der neuen Position. Das ist ziemlich verwirrend, ähnlich wie die gesamte Textverarbeitung an sich. Da sind nun plötzlich zwei Cursor, von denen einer blinkt.

 In Wirklichkeit sind die beiden Cursor grundverschieden. Der blinkende Einfügepunkt ist nur eine Markierung, kein Zeiger. Er zeigt Ihnen nur an, wo der nächste Buchstabe erscheinen wird. Der Cursor (Mauszeiger) dagegen zeigt Ihnen, wohin Sie den Einfügepunkt bewegt haben. Mit einem Klick haben Sie dann den Einfügepunkt neu positioniert.

2. Schreiben Sie jetzt das Wort »schnelles«.

Der Einfügepunkt tut seine Pflicht und der iMac schafft Platz in der Zeile für das neue Wort. Dabei werden ein oder zwei Wörter automatisch in die nächste Zeile verschoben. Ist dieser automatische Zeilenumbruch nicht wundervoll?

Ohne Return sieht es besser aus

Hier zeigen wir Ihnen noch einmal, warum Sie die Return-Taste nicht am Ende jeder Zeile eingeben sollten.

Das Beispiel unten zeigt Ihnen, wie Ihr Text aussehen würde, wenn Sie am Ende jeder Zeile einen Return eingeben (linkes Bild). Das sieht zweifellos gut aus – zugegeben. Aber jetzt beschließen Sie, zum Beispiel das Wort »Geschäftsführer« aus dem Text zu streichen, weil Ihnen klar geworden ist, dass alle Empfänger Ihres Textes genau wissen, wer Herr Paulson ist und welche Funktion er ausfüllt (markierter Text). Das Beispiel in der Mitte zeigt nun die fatale Auswirkung der Return-Taste am Ende jeder Zeile: Die dritte Zeile bleibt wie vorher und in der zweiten Zeile ist plötzlich eine große Lücke.

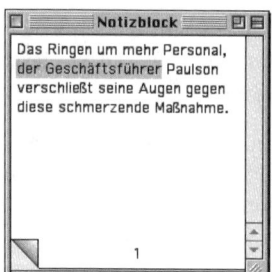 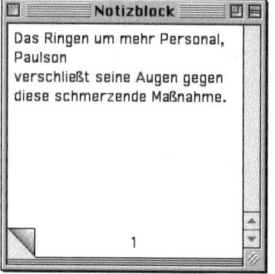

Das sieht nicht gut aus. Wenn Sie dagegen dem iMac den automatischen Zeilenumbruch über-lassen, rückt der Text aus der dritten Zeile automatisch nach und die Lücke wird geschlossen.

Merke: Die Return-Taste sollte nur dann benutzt werden, wenn ein Absatz im Text tatsächlich gewollt ist!

Anmerkungen für die Sprachbegabten

Text einfügen leicht gemacht: Sie klicken einfach mit der Maus, um Ihrem iMac zu zeigen, wo der Text eingefügt werden soll, und fangen an zu schreiben. Aber was ist, wenn Sie Text lö-schen wollen? Was ist, wenn Sie beschließen, zum Beispiel die erste Hälfte unseres Beispiel-textes zu löschen?

Bisher kennen Sie einen Weg, um Text zu entfernen, wenn Sie sich vertippt haben– einfach mit der Rückschritt-Taste. Damit entfernen Sie einen Buchstaben nach dem anderen immer links von der Einfügemarkierung.

Bei den gestellten Fragen ist das allerdings ein sehr mühseliges und langwieriges Verfahren. Wenn Sie auf diese Weise längere Textpassagen löschen wollen, werden Sie langsam aber si-cher die Lust an der Textverarbeitung verlieren.

Sie brauchen also einen effizienteren Weg dafür. Und auch dafür bietet Ihnen die bewährte Macintosh-Methode »Markieren & Bearbeiten« eine elegante Lösung:

1. **Benutzen Sie dafür wieder den Mauscursor und bewegen Sie ihn an den Anfang der zu löschenden Textpassage.**

    Zugegeben, das braucht eine ruhige Hand – aber die haben Sie sicher.

2. **Klicken Sie links neben das erste zu löschende Wort und ziehen Sie die Maus mit ge-drückter Maustaste möglichst horizontal nach rechts.**

    Der Text, über den Sie den Mauscursor ziehen, wird dabei markiert bzw. ausgewählt. Sie haben das bereits in der vorherigen Lektion beim Kopieren und Einfügen praktiziert.

```
Das Gebrüll der Löwen traf sein Trommelfell wie das Dröhnen
eines Motorbootes, aus dem Nichts kommend und völlig unkon-
trollierbar.
```

Wenn Sie beim Ziehen die darunter oder darüber liegende Zeile erfassen, werden Sie feststellen, dass auch diese Textpassagen markiert werden. Aber keine Panik, noch ist nichts passiert. Bewegen Sie den Mauscursor einfach wieder auf die Zeile oder das Wort, das Sie tatsächlich löschen wollen, und versuchen Sie, sie beim nächsten Versuch etwas waagerechter zu bewegen.

Wenn Sie jetzt vorausschauend waren, haben Sie auch gleich den Wortzwischenraum nach dem zu löschenden Wort mit markiert, wie wir das in der vorherigen Abbildung gezeigt haben.

Auf jeden Fall haben Sie nun in der Mac-typischen Art festgelegt, welchen Textbereich Sie bearbeiten wollen (er erscheint schwarz unterlegt als Zeichen dafür, dass er von Ihnen ausgewählt wurde). Jetzt können Sie ihn bearbeiten:

1. **Drücken Sie die [←]-Taste (Rückschritt-Taste).**

Und der Text ist verschwunden. Zwar sieht der gesamte Satz nun etwas merkwürdig aus, aber Sie haben das ja so gewollt.

2. **Um weitere Korrekturen vorzunehmen, positionieren Sie den Mauscursor vor oder nach den noch zu korrigierenden Buchstaben und verfahren Sie wie eben beschrieben.**

```
das Dröhnen eines Motorbootes, aus dem Nichts kommend und
völlig unkontrollierbar.
```

Und hier lernen Sie gleichzeitig auch eine weitere wichtige Regel der Textverarbeitung kennen. Wenn Sie einen Text auf die eben beschriebene Weise auswählen und mit neuem Text überschreiben, ist das wesentlich effektiver, als wenn Sie ihn zunächst mit der *Rückschritt– oder Löschen-Taste* entfernen und dann erst neu schreiben.

3. **Schreiben Sie jetzt Ihren neuen Text.**

Der von Ihnen nach dem oben beschriebenen Verfahren ausgewählte Text wird durch den neu eingegebenen Text überschrieben. Und das ist die, richtig, *vierte Grundregel der Textverarbeitung*: Ausgewählter Text wird komplett durch neuen Text ersetzt. Sie können zum Beispiel einen 40 Seiten langen Text auswählen und durch einen einzigen Buchstaben ersetzen oder – umgekehrt – einen Buchstaben oder einen Wortzwischenraum auswählen und dafür einen 40 Seiten langen Text einfügen.

Nehmen Sie sich jetzt ein paar Minuten Zeit und versuchen Sie es selbst. Klicken Sie einfach irgendwo in den Text (setzen Sie den Einfügepunkt). Versuchen Sie, längere oder kürzere Textpassagen zu markieren und bedenken Sie dabei: Wenn Sie horizontal ziehen, markieren Sie immer nur den Text in einer Zeile. Wenn Sie diagonal über den Text ziehen, markieren Sie den gesamten Inhalt, der sich zwischen dem Einfügepunkt und der jeweiligen Cursorposition befindet.

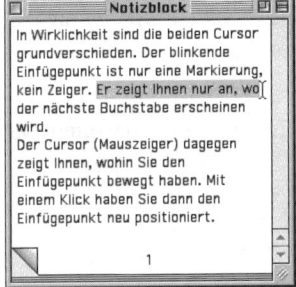 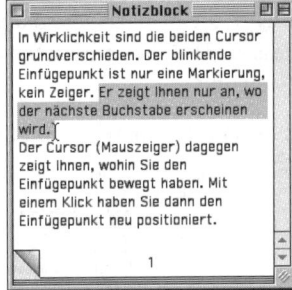

Die Auswahl wird aufgehoben (oder – poetischer ausgedrückt – entmarkiert), indem Sie einfach irgendwo in den markierten Bereich klicken.

Und hier ist einer der tollsten Textverarbeitungs-Kurzbefehle, der je entwickelt wurde: Zeigen Sie mit dem Mauscursor auf ein Wort und *klicken Sie zweimal*. Und schon haben sie das gesamt Wort ohne langes Ziehen ausgewählt.

Jetzt sollten Sie selbst einmal ein bisschen experimentieren. Versuchen Sie einfach alles: Ziehen, Klicken, Doppelklicken und Auswahl über das Menü BEARBEITEN. Ist es nicht gut zu wissen – und das sollten Sie sich golden einrahmen –, dass alles, was Sie mit der Maus oder der Tastatur tun, Ihrem iMac überhaupt nicht schadet. Sicher, es kann passieren, dass Sie einmal den Inhalt einer Platte oder einer Datei beschädigen, aber das erfordert keinen Besuch beim Computerdoktor, denn durch das Herumprobieren schädigen Sie niemals Ihren Computer.

Verblüffende Funktion: Ziehen und Ablegen (Drag&Drop)

Wer heute erstmals mit einem Computer arbeitet, nimmt in der Regel den großen Komfort moderner Betriebssysteme gar nicht richtig wahr. Denn noch vor einigen Jahren konnte Text nur durch Kopieren und Einfügen von einem Dokument in das andere übernommen werden.

Heute sieht das ganz anders aus. Sie können jetzt Textpassagen einfach dadurch über den Bildschirm bewegen, indem Sie auf sie zeigen. Diese Eigenschaft heißt bei Macintosh Ziehen und Ablegen oder in der englischen Version Drag&Drop.

Leider arbeitet Drag&Drop nicht in jedem Programm. Hier jedoch können Sie sich damit das Leben leichter machen: Notizblock, AppleWorks, Microsoft Programme, Outlook Express, Palm Desktop, Simple Text, FileMaker und viele andere.

1. **Starten Sie ein Programm, das Drag&Drop anbietet.**

   Wenn Sie uns bis hierher gefolgt sind, dann ist immer noch Ihr Notizblock geöffnet. Wenn nicht, sollten Sie nun dieses Programm über das -Menü öffnen. Löschen Sie zunächst einmal eventuell vorhanden Text auf dem Notizblock.

Einige Regeln zur Textverarbeitung

Sie wissen bereits, dass Ihr Mauszeiger so aussieht –I–, wenn Sie damit auf Text zeigen. Und Sie wissen auch, dass Sie mit diesem Cursor nur an die Stelle des Textes zu klicken brauchen, an der Sie schreiben wollen.

Aber was ist, wenn Sie zusätzlichen Text weiter unten hinzufügen wollen, wie in der folgenden Abbildung gezeigt?

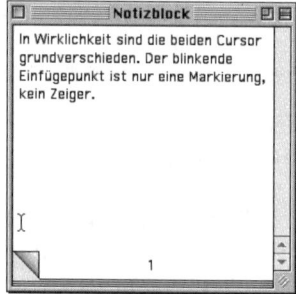

Sie werden ziemlich schnell herausfinden, dass der Macintosh Sie dort nicht schreiben lässt. Die Regel dabei ist: Sie können mit dem Textcursor nur dort klicken, wo Sie bereits etwas geschrieben haben. Wenn Sie versuchen, in den weißen Bereich weiter unten zu klicken, haben Sie kein Glück – der blinkende Cursor springt automatisch an das Ende Ihres bereits geschriebenen Textes. In der ihm eigenen Art bestimmt der iMac die Schreibregeln: Es gibt kein Vorwärtsspringen und basta!

Natürlich können Sie trotzdem auch weiter unten Text eingeben, wenn Sie wollen, dass der Text dort erscheint. Aber Sie müssen zunächst einen Weg dorthin anlegen – mit der Return-taste. Drücken Sie die Returntaste dafür so lange, bis der Textcursor an der Position blinkt, an der Sie Ihren zusätzlichen Text platzieren wollen, und beginnen Sie dann zu schreiben.

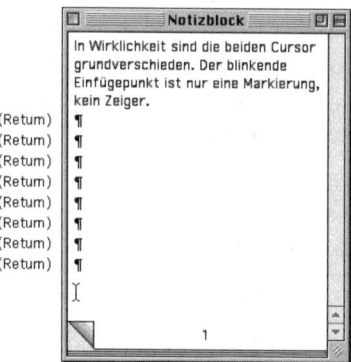

2. Geben Sie dann den folgenden Text ein:

Blaue Augen, rote Lippen

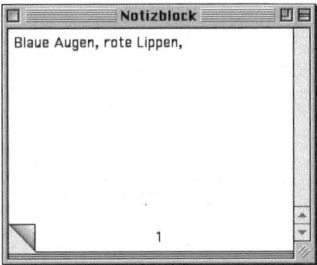

3. Markieren Sie den Text *Blaue Augen*.

Sie haben das bereits gemacht: Setzen Sie den Einfügepunkt links neben das Wort *Blaue* und ziehen Sie den Mauscursor vorsichtig nach rechts, bis auch das Wort *Augen* markiert ist.

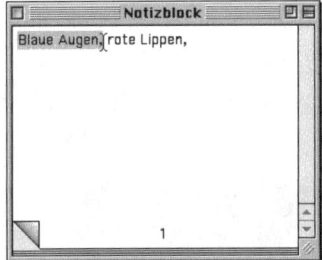 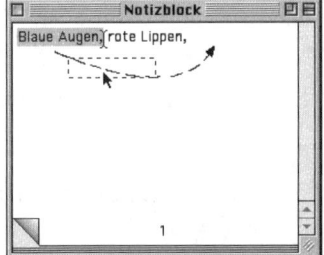

4. Jetzt zeigen Sie mit dem Pfeilcursor auf die Mitte der Markierung und ziehen diese Textpassage mit gedrückter Maustaste an das Ende der Zeile.

Wenn der Pfeilcursor korrekt am Ende der Zeile platziert ist, sehen Sie, dass hier der neue Einfügepunkt blinkt.

5. Lassen Sie die Maustaste los!

Jetzt haben Sie die erste Textpassage einfach hinter die zweite Textpassage gezogen – und den Teil des Gedichtes wesentlich verbessert.

Aber Geduld, es kommt noch besser! Wenn Sie einmal das Prinzip Drag&Drop verstanden haben, steht Ihnen der Himmel offen. Hier noch mehr:

✔ Wenn Sie die *Optionstaste* gedrückt halten, während Sie den markierten Text ziehen, wird der markierte Text nicht nur verschoben, sondern gleichzeitig auch kopiert, wie hier gezeigt:

✔ Sie können den markierten Text auch aus diesem Programm in ein anderes Programm übernehmen, zum Beispiel von AppleWorks in den Notizblock.

✔ Oder Sie können den markierten Text auf Ihren Schreibtisch legen. Wenn Sie die Maustaste loslassen, wird dabei ein neues Symbol – ein Textclip – erzeugt:

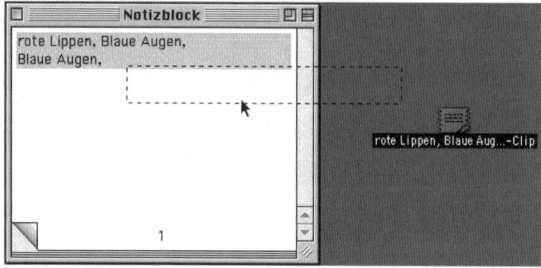

Wenn Sie diesen Text wieder benötigen, ziehen Sie ihn einfach mit der Maus in das entsprechende Textverarbeitungsprogramm – und er erscheint dort exakt so, wie Sie ihn einmal geschrieben haben.

So lassen sich Texte einfach genial bearbeiten.

Schriftarten und Schrifteinstellungen

 Jetzt ist es Zeit, dass Sie vom Notizblock zu einem echten Textverarbeitungsprogramm wechseln. Schließen Sie den Notizblock. Öffnen Sie Ihre Festplatte, Ordner Programme, Ordner AppleWorks und doppelklicken Sie auf das AppleWorks-Symbol.

AppleWorks heißt Sie willkommen und offeriert Ihnen sechs Arbeitsalternativen: Datenbank, Tabellen und so weiter. (Was sich dahinter verbirgt, erfahren Sie in Kapitel 9.) Ein Doppelklick auf Textverarbeitung öffnet ein neues, blendend weißes Stück elektronisches Papier. Jetzt kann es endlich losgehen.

Einer der entscheidensten Unterschiede zwischen einer Schreibmaschine und einem Computer ist die Reihenfolge der Bearbeitung. Wenn Sie mit einer Schreibmaschine arbeiten, müssen Sie alle Texteinstellungen vor dem Schreiben vornehmen: Die Ränder, die Tabulatoren und bei Typenrad-Schreibmaschinen auch die Schriftform (normal, fett, gesperrt etc.).

Der wichtigste Punkt bei der Textverarbeitung mit einem Computer ist wohl, dass alle diese Einstellungen hier vor, während oder nach der Arbeit vorgenommen werden können. Viele Menschen schreiben daher zunächst einmal nur den kompletten Text eines Briefes oder eines anderen Dokumentes und formatieren diesen dann nachträglich. Wenn Sie eine Schreibmaschine benutzen, kann es Ihnen passieren, dass Sie am Ende der ersten Seite überrascht feststellen, dass der Text viel zu lang ist und nun für Ihre Unterschrift der Platz fehlt. Wenn Sie mit einem iMac schreiben, sehen Sie dieses Problem zwar auch, haben jedoch immer die Möglichkeit, den Text zum Beispiel weiter nach oben zu verschieben, die Schriftgröße kleiner einzustellen oder die Ränder zu verändern …

Unsichtbares sichtbar machen

Wir haben am Anfang gesagt, dass die Return-Taste (Zeilenschaltung) unsichtbar ist. Wie auch immer, jedesmal, wenn Sie eine Zeilenschaltung eingeben, setzt der iMac innerhalb des Textes dafür eine Markierung. Wie beim Wortzwischenraum oder beim Tabulator.

Bei einem Textverarbeitungsprogramm können sie sich diese Markierungen auch anzeigen lassen. Bei den Programmen AppleWorks oder ClarisWorks wählen Sie dazu aus dem Menü BEARBEITEN oder WERKZEUGE den Befehl EINSTELLUNGEN und aktivieren die Funktion *Sonderzeichen zeigen*. Jedesmal sieht das Ergebnis dann so aus:

> „Alsion·—·mein·Gott,·nicht·das!·Alles,·nur·das·nicht!"¶
> Aber·es·war·zu·spät.·Da·hat·Sie·es·schon·getan.¶

Textverarbeitungsprogramme bieten darüber hinaus noch viele weitere Vorteile: einfache Korrekturen ohne dass man sie bemerkt; die gesamte Korrespondenz ist ständig verfügbar und immer leicht zu finden; es können viele Schriftarten in jeder gewünschten Größe ganz nach Belieben eingesetzt werden; es können Zeichnungen, Graphiken oder Bilder in den Text eingebunden werden und so weiter. Es erübrigt sich wohl der Hinweis, dass Sie nie wieder auf ein Textverarbeitungsprogramm verzichten werden, wenn Sie einmal damit angefangen haben.

Die Rückkehr des Zeilenumbruchs

Mit der Sensibilität eines Bulldozzers haben wir Ihnen vermittelt, dass Sie die Zeilenschaltung niemals am Ende einer Zeile betätigen sollen. Und dennoch ist diese Taste auf Ihrer Tastatur sehr wichtig. Sie benötigen Sie zum Beispiel am Ende eines Absatzes.

Für den Computer hat diese Taste dagegen dieselbe Bedeutung wie ein Buchstabe oder eine Zahl – die Funktion wird entsprechend innerhalb des Textes markiert. Die Funktion entspricht derjenigen bei einer Schreibmaschine – einmal Drücken bewirkt eine neue Zeile, wenn Sie zweimal drücken, erhalten Sie eine Leerzeile zwischen zwei Absätzen. Mit der Zeilenschaltung können Sie aber zum Beispiel auch den Text innerhalb der Seite platzieren, wie die untenstehende Abbildung zeigt.

¶
¶
¶
¶
Lieber·Todd,¶
Wer·heute·erstmals·mit·einem·Computer·arbeitet,·
nimmt·in·der·Regel·den·großen·Komfort·moderner·
Betriebssysteme·gar·nicht·richtig·wahr.·Denn·
noch·vor·einigen·Jahren·konnte·Text·nur·durch·
Kopieren·und·Einfügen·von·einem·Dokument·in·
das·andere·übernommen·werden.¶
¶
Heute·sieht·das·ganz·anders·aus.·Wir·können·
jetzt·Textpassagen·einfach·dadurch·über·den·
Bildschirm·bewegen,·indem·wir·auf·sie·zeigen.·
Diese·Eigenschaft·heißt·bei·Macintosh·Ziehen·
und·Ablegen·oder·in·der·englischen·Version·
Drag&Drop.¶
¶

¶
Lieber·Todd,¶
Wer·heute·erstmals·mit·einem·Computer·arbeitet,·
nimmt·in·der·Regel·den·großen·Komfort·moderner·
Betriebssysteme·gar·nicht·richtig·wahr.·Denn·
noch·vor·einigen·Jahren·konnte·Text·nur·durch·
Kopieren·und·Einfügen·von·einem·Dokument·in·
das·andere·übernommen·werden.¶
Heute·sieht·das·ganz·anders·aus.·Wir·können·
jetzt·Textpassagen·einfach·dadurch·über·den·
Bildschirm·bewegen,·indem·wir·auf·sie·zeigen.·
Diese·Eigenschaft·heißt·bei·Macintosh·Ziehen·
und·Ablegen·oder·in·der·englischen·Version·
Drag&Drop.¶
¶

Die Zeilenschaltung bewegt den Text auf der Seite. Wenn Sie den Text weiter oben auf der Seite platzieren möchten, entfernen Sie einfach die entsprechende Anzahl Zeilenschaltungen, indem Sie die unsichtbaren Zeichen auswählen und löschen.

Wenn Sie diese Erkenntnis mit Ihrem Wissen über das Einfügen von Text (Sie erinnern sich – klicken und dann schreiben) verbinden, erkennen Sie von selbst, wie Sie durch geschicktes Einfügen von Leerzeilen zwischen Absätzen Ihren Text auf einer Seite platzieren können.

Attraktive Schriften in großer Auswahl

Ein anderer großer Unterschied zwischen einem Textverarbeitungsprogramm und einer Schreibmaschine ist die Tatsache, dass Sie unter einer praktisch unbegrenzten Vielzahl zur Verfügung stehender Schriften wählen können, von denen allerdings nur ein kleiner Teil auf Ihrem iMac vorhanden ist. Und Sie können jeden Buchstaben oder Textabschnitt **fett**, *kursiv*, unterstrichen oder in einem anderen Schnitt darstellen. Wenn Sie diese Möglichkeiten ausnutzen, sehen Ihre Dokumente wirklich hervorragend aus.

Hier ein Beispiel dafür, wie Sie das Textformat verändern können:

1. **Wählen Sie den entsprechenden Text aus.**

   Sie erinnern sich, dass Sie ein einzelnes Wort durch Doppelklick auswählen können, längere Textpassagen durch Ziehen des Mauscursors. Der ausgewählte Text erscheint schwarz unterlegt.

   In jedem Textverarbeitungsprogramm gibt es ein spezielles Menü für die gängigen Texteinstellungen, wie zum Beispiel fett, kursiv oder unterstrichen. In AppleWorks heißt dieses Menü FORMAT (AppleWorks und Microsoft Programme bieten außerdem eine Auswahl der Einstellungen auf der Menüleiste für den schnelleren Zugriff an).

2. **Wählen Sie jetzt aus dem Menü FORMAT den Befehl FETT.**

   Damit bestimmen Sie, wie der von Ihnen ausgewählte Text aussehen soll.

Sie können natürlich auch mehrere Formateinstellungen auf einen Textbereich anwenden, wenn Sie nicht unbedingt darauf erpicht sind, einen Preis für gute Typographie zu bekommen. Probieren auch die verschiedenen Schriftarten, wie zum Beispiel Chicago, Geneva, Times, Helvetica etc., aus. Das funktioniert genau so wie bei der oben beschriebenen Änderung des Formates.

Und Sie können den Schriftgrad (Schriftgröße) ändern: Markieren Sie wieder einen Text und wählen Sie dann den Schriftgrad aus dem Menü SCHRIFT|GRÖSSE. Der Schriftgrad wird üblicherweise in Punkt angegeben (1 Punkt = 0,38 mm).

Bevor Sie es richtig mitbekommen, haben Sie Ihr erstes Dokument in einen attraktiven Handzettel verwandelt.

Textausrichtung

Während die Einstellungen der Schriftart oder des Schriftgrades überall im Text bzw. auf einzelne Textelemente angewendet werden können, beeinflusst die Textausrichtung immer ganze Absätze. Die Änderung der Textausrichtung (linksbündig, mittig, rechtsbündig, Blocksatz) ist denkbar einfach. Sie müssen nicht den kompletten Absatz markieren, sondern es reicht völlig aus, wenn Sie einmal mitten auf den zu ändernden Absatz klicken. Dann können Sie über das Menü FORMAT bzw. über die Knöpfe der Menüleiste die gewünschte Einstellung vornehmen.

Die Abbildungen zeigen Ihnen das Aussehen der möglichen Textausrichtungen, die von jedem Textverarbeitungsprogramm angeboten werden – linksbündig, rechtsbündig, Blocksatz und zentriert:

Wer heute erstmals mit einem Computer arbeitet, nimmt in der Regel den großen Komfort moderner Betriebssysteme gar nicht richtig wahr. Denn noch vor einigen Jahren konnte Text nur durch Kopieren und Einfügen von einem Dokument in das andere übernommen werden.

Linksbündig

Wer heute erstmals mit einem Computer arbeitet, nimmt in der Regel den großen Komfort moderner Betriebssysteme gar nicht richtig wahr. Denn noch vor einigen Jahren konnte Text nur durch Kopieren und Einfügen von einem Dokument in das andere übernommen werden.

Rechtsbündig

Wer heute erstmals mit einem Computer arbeitet, nimmt in der Regel den großen Komfort moderner Betriebssysteme gar nicht richtig wahr. Denn noch vor einigen Jahren konnte Text nur durch Kopieren und Einfügen von einem Dokument in das andere übernommen werden.

Blocksatz

Wer heute erstmals mit einem Computer arbeitet, nimmt in der Regel den großen Komfort moderner Betriebssysteme gar nicht richtig wahr. Denn noch vor einigen Jahren konnte Text nur durch Kopieren und Einfügen von einem Dokument in das andere übernommen werden.

Zentriert

(In AppleWorks können Sie diese Einstellungen zum Beispiel über die Menüleiste vornehmen. Die entsprechenden Knöpfe sehen Sie auf der vorherigen Abbildung. Sollte diese Leiste auf Ihrem Bildschirm nicht zu sehen sein, wählen Sie aus dem Menü ANSICHT den Befehl LINEAL.)

Sie können noch viele weitere Einstellungen an Ihrem Text vornehmen, zum Beispiel den Abstand zwischen den Zeilen verändern (einzeilig, zweizeilig oder nach eigenen Werten). Sie können den Abstand zwischen den einzelnen Buchstaben, die Spationierung, verändern. All das hilft Ihnen bei der individuellen Gestaltung Ihres Textes.

Nutzen Sie diese Gelegenheit und entspannen Sie sich, indem Sie ein wenig mit Ihrem Textverarbeitungsprogramm spielen. Probieren Sie einfach die verschiedenen Schriftarten, Schriftschnitte und Schriftgrade aus, damit Sie ein Gefühl für die optische Wirkung der einzelnen Einstellungen bekommen.

Wegweiser für starke Typographie

Dass Sie der Schrift ein anderes Aussehen geben können, nachdem Sie alles geschrieben haben, heißt ja nicht, dass Sie in der Praxis auch so verfahren müssen. Viele Benutzer nutzen gleich beim Schreiben zum Beispiel Tastaturkürzel für die wichtigsten Einstellungen, zum Beispiel fett und kursiv. Weil sie einfach zu merken sind: In den meisten Textverarbeitungsprogrammen steht die Tastenkombination ⌘+B für fett und ⌘+I für kursiv.

Wie viel einfacher ist es doch, wenn Sie gleich beim Schreiben die entsprechenden Texteinstellungen mit eingeben. So können Sie zum Beispiel den folgenden Text schreiben, ohne dass Sie die Hände von der Tastatur nehmen müssen:

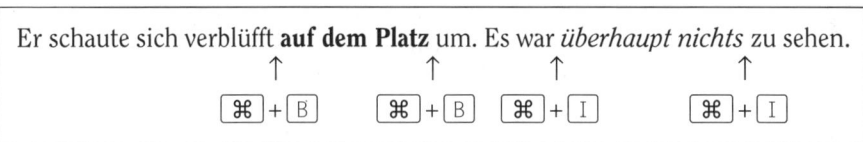

Mit anderen Worten, Sie schalten mit der Tastenkombination ⌘+B den Schriftschnitt fett beim ersten Mal ein und mit derselben Kombination beim zweiten Mal wieder aus – ohne ein weiteres Menü zu benutzen. (Ähnlich bei der Tastenkombination ⌘+I.)

Arbeiten mit Dokumenten

Es mag Sie erschrecken – und ehrlich gesagt, sollte Sie das auch –, wenn Sie lesen, dass Sie mit einem imaginären Dokument arbeiten. Nur ein zarter elektrischer Strom erzeugt Ihnen die Illusion eines wirklichen Dokumentes aus Papier. Alles was Sie schreiben, existiert nicht wirklich – außer im Gedächtnis Ihres iMac.

Vielleicht erinnern Sie sich noch an die Eingangsbemerkungen über die Funktion der Speicher und vor allem daran, dass das Gedächtnis Ihres iMac nur so lange hält, wie es mit elektrischem Strom versorgt wird. In dem Augenblick, in dem Ihr System abstürzt – ein zwar seltenes, aber trotzdem nicht ganz auszuschaltendes Ereignis für jeden Computer – ist alles, was eben noch auf dem Bildschirm zu sehen war, für immer verloren.

Deshalb hat jedes Programm einen Befehl SICHERN im Menü ABLAGE oder DATEI. Das Tastaturkürzel für diesen Befehl ist immer ⌘+S.

Wenn Sie diesen Befehl geben, schreibt der iMac den Inhalt des flüchtigen Arbeitsspeichers in den permanten Plattenspeicher, wo Ihre Arbeit sicher geschützt ist und auch morgen noch verfügbar sein wird. Oder in der nächsten Woche, oder in ein paar Jahren, wenn Sie dann noch mit diesem Computer arbeiten.

 Wir wollen das einmal mit dem Dokument üben, das Sie jetzt eigentlich immer noch auf dem Bildschirm sehen müssten. Wählen Sie aus dem Menü ABLAGE den Befehl SICHERN.

Puh – was ist denn jetzt passiert: Ihr iMac zeigt Ihnen ein Fenster mit einer Fülle von Fragen, das Dialogfenster. Er möchte zunächst gerne ein wenig mit Ihnen plaudern, bevor er weiterarbeitet.

Im Dialogfenster werden Sie gefragt, unter welchem Namen Sie Ihr Dokument speichern wollen. Wie sollen Sie denn das wissen?

 Nichts einfacher als das – geben Sie in den bereits markierten Bereich einen Namen für Ihr Dokument ein. Möglichst einen Namen, unter dem Sie auch noch nach vielen Jahren schnell erkennen können, welcher Inhalt sich dahinter verbirgt, vielleicht sollten Sie auch noch das Datum mit angeben. Fangen Sie einfach an zu schreiben, zum Beispiel Literaturpreis,1.8.2000.

Wenn Sie das erledigt haben, können Sie bereits den Befehl zum Sichern geben und der iMac schreibt Ihr Dokument unter dem von Ihnen eingegebenen Namen geschützt auf die Festplatte, wo es liegen bleibt, bis Sie sich wieder einmal daran erinnern und eventuell daran weiterarbeiten.

Aber es sind noch viele andere Angaben in diesem Dialogfenster, die Neulinge schon sehr verwirren können. Deshalb erscheint uns an dieser Stelle ein Erkundungsgang durch das Dialogfenster angebracht.

Erkunden Sie das Dialogfenster

Sie haben bereits erfahren, wie Ihr iMac Dateien organisiert: Mit Ordnern und Ordnern in Ordnern. Erinnern Sie sich noch an die kleine Übung in Kapitel 2, bei der wir Länderordner angelegt und ineinander verschachtelt haben?

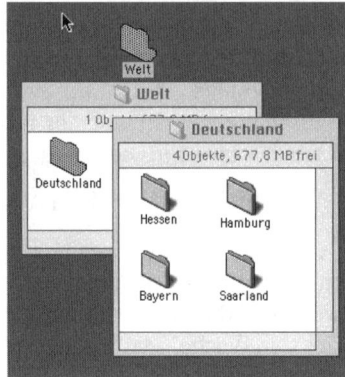

Nun, all die sehr kompliziert aussehenden Angaben in der Sichern-Dialogbox sind nichts anderes als dieses bereits dargestellte Ordnersystem. Und das sehen Sie, wenn Sie Ihre *Datei sichern* wollen:

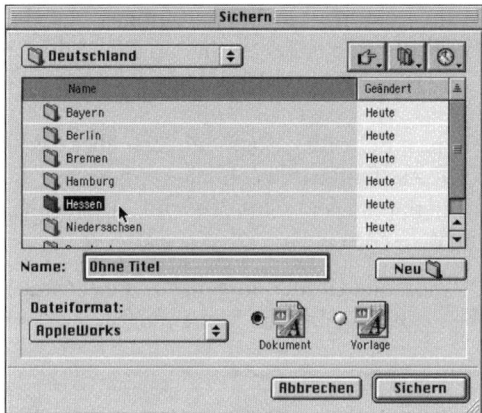

Ganz oben sehen Sie ein Rechteck mit einem Ordner-Symbol und der Bezeichnung Deutschland Ordner. Dies sagt Ihnen, dass die in dem Rechteck darunter aufgelisteten Ordner (Hessen, Bayern, Niedersachsen) in diesem Ordner abgelegt sind. Mit anderen Worten, wenn Sie jetzt den Knopf SICHERN anklicken, wird Ihr Dokument zwischen den anderen Ordnern im Ordner Deutschland abgelegt. Aber das wollen Sie eigentlich nicht – Sie möchten Ihr Dokument vielleicht lieber im Ordner Hessen ablegen. Gut, dann *doppelklicken* Sie auf das Symbold dieses Ordners und folgendes Fenster erscheint:

Wie Sie vielleicht bemerkt haben, hat sich auch die Bezeichnung darüber in Hessen verändert. Die Liste darunter zeigt Ihnen den gesamten Inhalt des Ordners Hessen an. Manche Namen erscheinen grau, das sind einzelne Dokumente, Ordner dagegen erscheinen schwarz. Damit zeigt Ihnen der iMac an, wo Sie Ihr Dokument außerdem noch lagern könnten – nur in diesen anderen Ordnern. Es ist nicht möglich, ein Dokument in einem Dokument abzuspeichern – eigentlich logisch, oder?

Schön, jetzt sehen Sie den Inhalt des Ordners Hessen. Aber was, wenn Sie finden, dass auch dort Ihr Dokument nicht am richtigen Platz ist? Was ist, wenn Sie jetzt feststellen, dass Ihr Dokument eigentlich in den Ordner Welt gehört, den Ordner, in dem auch der Ordner Deutschland liegt?

Dann gehen Sie einfach ein paar Schritte zurück – einfach über das kleine *Listenmenü*, wo im Augenblick Hessen steht. Dieses Menü wird geöffnet, wenn Sie auf die Pfeile am rechten Rand klicken – die Spezialisten nennen das *Popup-Menü* im Unterschied zu den Menüs, die am oberen Rand des Bildschirms erscheinen.

In diesem Menü sehen Sie nun alle Ordner aufgelistet, die Sie auf Ihrer Reise nach Hessen bereits durchwandert haben – in umgekehrter Reihenfolge:

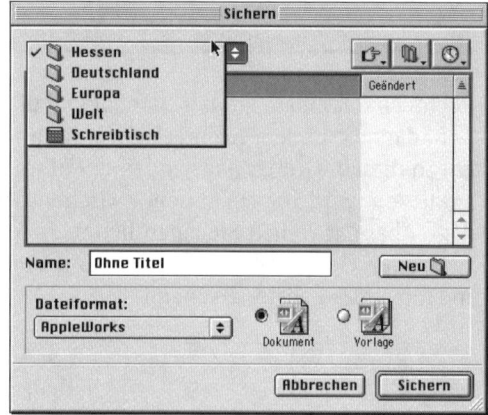

Mit anderen Worten, wenn Sie jetzt im Finder anstatt in dieser SICHERN-Dialogbox wären, würden Sie auf der Ebene Schreibtisch starten, dann mit einem Doppelklick das Fenster Macintosh HD öffnen. Ein weiterer Doppelklick öffnet dort den Ordner Europa, der nächste Doppelklick den Ordner Deutschland und der nächste den Ordner Hessen. Diesen Pfad erkennen Sie auch auf dem *Popup-Menü*, nur dass Ihr Startordner ganz unten angeordnet ist.

Wenn Sie sich jetzt also entschließen, Ihr neues Dokument im Ordner Europa abzulegen, müssen Sie ihn lediglich aus dem *Popup-Menü* auswählen. Und wenn Sie dann wirklich sicher sind, geben Sie Ihrem Dokument seinen Namen und bestätigen Sie mit Sichern.

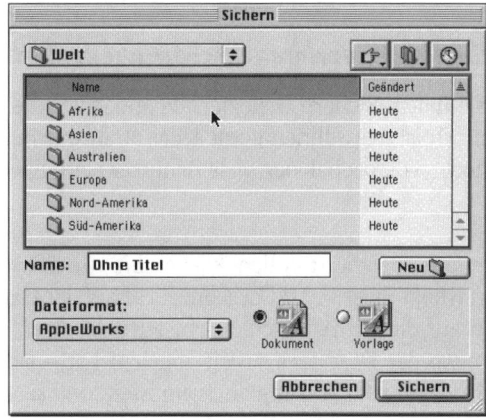

Ihre Datei wird immer in dem Ordner abgelegt, dessen Inhalt Sie im Dialogfenster sehen. Das können Sie an unserem Beispiel leicht nachprüfen. Wählen Sie den FINDER aus dem PROGRAMM-Menü – das Menü rechts oben auf Ihrem Bildschirm. Das PROGRAMM-Menü zeigt alle Programme, die zur Zeit auf Ihrem Computer geöffnet sind.

Wenn Sie den FINDER auswählen, erscheinen die Ordner, Fenster und der Papierkorb. Wenn Sie sich jetzt überzeugen wollen, dass Ihr Dokument wirklich an der Stelle abgespeichert wurde, die Sie wollten, öffnen Sie jetzt die Systemplatte »*Macintosh HD*« und dort den Ordner Europa und weiter entsprechend Ihrem vorherigen Weg, bis Sie die Datei gefunden haben:

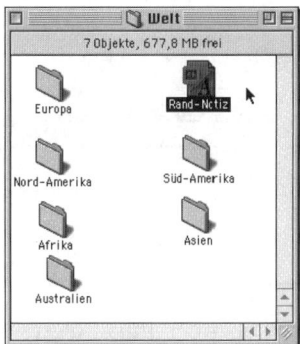

Zwei einfache Wege, verlorene Arbeit wiederzufinden

Dass die Arbeit mit dem Sichern-Dialogfenster zunächst eine der verwirrendsten Angelegenheiten auf dem Macintosh ist, wird Ihnen gerne jeder erfahrene Benutzer bestätigen. Wir stellen Ihnen hier zwei Methoden vor, nach denen viele Benutzer beim Speichern ihrer Dateien vorgehen:

Möglichkeit 1:

Wenn Sie eine Datei speichern wollen, klicken Sie zunächst auf den Knopf SCHREIBTISCH und erst danach auf den Knopf SICHERN. Das Ergebnis liegt auf der Hand: Wenn Sie Ihre Tagesarbeit beendet haben und auf die Schreibtischansicht zurückkehren, brauchen Sie nicht lange darüber nachzudenken, wo der iMac Ihre Arbeit abgelegt hat – sie liegt gut sichtbar mitten auf dem Schreibtisch. Und von jetzt an kann auch ein Kleinkind sie an jeder beliebigen Stelle ablegen.

Möglichkeit 2:

Viele Computernutzer klagen darüber, dass es immer so schwer ist, die abgespeicherten Daten wiederzufinden.

Damit Sie Ihre Dateien einfacher wiederfinden, wählen Sie KONTROLLFELDER aus dem -Menü und öffnen Sie mit einem *Doppelklick* die ALLGEMEINEN EINSTELLUNGEN. Wählen Sie dann rechts unten die Option ORDNER DOKUMENTE, damit dieser bei Neustart geöffnet wird. Die anderen Optionen sollten Sie ausschalten.

Wenn Sie jetzt die nächste Datei speichern oder öffnen, erzeugt der iMac automatisch einen Ordner Dokumente im Fenster Macintosh HD. Von jetzt an zeigt Ihnen der iMac jedesmal, wenn Sie eine Datei speichern oder öffnen, den Inhalt des Ordners Dokumente:

Sie haben jederzeit einen Überblick über den Inhalt dieses Ordners und Sie werden sich nie wieder fragen: »Wo ist denn mein Brief jetzt wieder gelandet?« – anders als bei der Post landet er hundertprozentig sicher im richtigen Kasten.

 Warum wir so lange auf diesem bereits müden Pferd herumreiten? Ganz einfach: Damit Sie sich mit der Organisationsstruktur vertraut machen können und später praktisch im Schlaf die von Ihnen angelegten Dateien und Ordner wiederfinden bzw. eine eigene Organisationsstruktur sinnvoll anlegen können.

Eine Datei schließen und Aufatmen

Sie haben einen wunderschönen Handzettel geschrieben und den Text mit allen gestalterischen Möglichkeiten so lange bearbeitet, bis er Ihren Wünschen hundertprozentig entsprochen hat. Sie haben ihn auf Ihrer Festplatte abgespeichert, wollen ihn jetzt aber doch noch einmal überprüfen.

Öffnen Sie AppleWorks über das PROGRAMM-Menü rechts oben. Klicken Sie dann in das Schließfenster oben links. In der iMac-Welt bedeutet dieser Klick, dass das Fenster geschlossen werden soll und wenn alles gut geht, verschwindet das Fenster auch vom Bildschirm.

Sorgen Sie sich nicht!

Nach allem, was wir Ihnen bisher über das Gedächtnis des iMac erzählt haben – dass es zum Beispiel nur so lange intakt ist, wie der Strom fließt – sollten Sie sich trotzdem nicht mehr Sorgen als nötig um die Sicherheit Ihrer Dateien machen. Schließlich haben Sie es mit einem intelligenten Computer zu tun. Sie müssen also keine Angst haben, wenn Sie versehentlich ein Fenster schließen, dass Ihre Arbeit damit auch vernichtet ist. Mitnichten! Denn der iMac hütet Ihre Arbeit wie seinen eigenen Arbeitsspeicher.

Glauben Sie uns, es passiert ziemlich häufig, dass man eine Datei schließen will, ohne das die letzten Änderungen gespeichert wurden. Aber da sei iMac vor: Der passt nämlich höllisch auf. In diesem Fall ist ihm wieder nach Unterhaltung zumute und er präsentiert die folgende Nachricht:

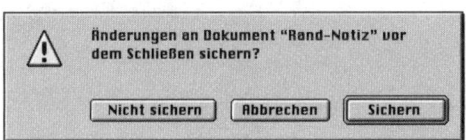

Jetzt können Sie in aller Ruhe darüber nachdenken, was Sie mit der Datei wirklich anfangen wollen: Sie können sie speichern oder dem iMac sagen, dass Sie diese letzte Änderung lieber nicht speichern wollen.

Oder Sie können den Dialog mit dem aufdringlichen Kerl komplett beenden und noch einmal gründlich alleine nachdenken, was denn nun mit der immer noch geöffneten Datei geschehen soll – weiterarbeiten oder doch speichern oder …

Wie Sie herausfinden, was so passiert

Hier wird es leicht metaphysisch, aber nicht zu sehr.

Dass Sie soeben eine Datei über das Schließfeld geschlossen haben, heißt nicht, dass Sie damit auch das laufende Programm beendet haben. Im PROGRAMM-Menü rechts oben in der Ecke erkennen Sie das an dem Häkchen vor dem Programmnamen.

So können Sie zum Beispiel den Finder in den Vordergrund stellen, ohne dass Sie das Textverarbeitungsprogramm verlassen müssen. Beide Programme laufen gleichzeitig, aber immer nur eines davon im Vordergrund.

Und das ist das tatsächlich Erstaunliche an einem Macintosh: Sie können gleichzeitig mehrere Programme geöffnet halten und damit arbeiten. Mit wie vielen Programmen das noch gelingt hängt dann lediglich von der Arbeitsspeicher-Kapazität Ihres Macintosh ab.

Was dabei verwirrend sein kann ist, dass ein Programm (etwa AppleWorks) im Vordergrund ist, Sie aber denken, dass Sie sich im Finder bewegen, da Sie die Ordner, den Papierkorb etc. klar und deutlich sehen. Diese scheinen jedoch nur durch die leere Ansicht des Programms AppleWorks hindurch, da hier im Moment kein Fenster geöffnet ist. Ein geöffnetes Fenster würde alles dahinter Liegende verdecken.

Wir glauben gerne, dass das für Sie schwer zu glauben ist, dass Sie ein Textverarbeitungsprogramm nutzen, wenn gar keine Worte auf dem Bildschirm zu sehen sind. Aber Sie können sich an verschiedenen Stellen darüber informieren, dass dem tatsächlich so ist.

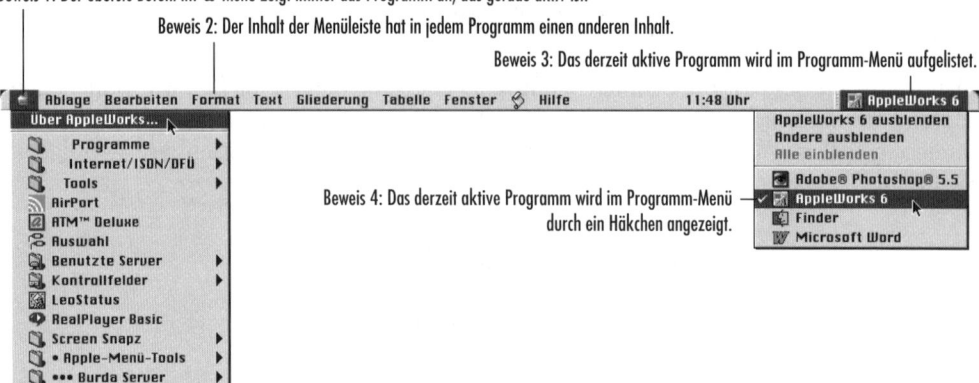

Doch bleiben wir noch einen Augenblick in AppleWorks.

Wie man alles wieder zurückbekommt

Sie haben ein eigenes Dokument erstellt, das Dokument abgespeichert und Sie haben sein Symbol auf Ihrer Festplatte gesehen. Wir denken, dass es jetzt an der Zeit ist, etwas Neues zu erklären.

Verrückte Beziehungen: Eltern und Kinder

Auf Ihrer Festplatte haben Sie nun zwei verschiedene Arten von Dateien: Programme, auch Anwendungen genannt, und Dokumente. Der Unterschied dabei ist, dass Programme nicht verändert werden – außer bei einem bewussten Update. Dokumente sind das, was Sie selbst mit diesen Programmen hergestellt haben. Sie haben viel Geld für die Programme bezahlt, nachdem es nun Ihnen gehört, können Sie damit so viele Dokumente herstellen, wie Sie wollen.

Wenn Sie zum Beispiel das Programm »Word Proc-S-R« benutzen, können Sie damit die verschiedensten Textverarbeitungs-Dokumente in beliebiger Stückzahl erstellen. Das Verhältnis von Programm zu den Dokumenten ist dann etwa so wie das von Eltern zu den eigenen Kindern.

Hier sehen Sie die bestehende Verbindung noch deutlicher:

✔ Nach einem *Doppelklick* auf das *Programm-Symbol* öffnet das Programm ein reines und völlig unbenutztes neues Dokument.

✔ Durch den *Doppelklick* auf ein *Dokument* wird erstens dieses Dokument geöffnet, gleichzeitig aber auch das Programm, mit dem dieses Dokument erstellt wurde.

Ein Doppelklick öffnet das Dokument ...

... und der Mac öffnet automatisch das entsprechende Programm, mit dem dieses Dokument erstellt wurde. Dabei ist es ganz egal, wo das Dokument abgelegt wurde.

Zwischenspiel: Wie man ein Dokument zurückbekommt

Stellen Sie sich vor, es ist früh am Morgen. Sie gähnen, strecken sich und massieren Ihr Haar (soweit noch vorhanden). Und jetzt finden Sie heraus, dass der Mensch, den Sie gekidnappt haben, aus einer reichen Adelsfamilie stammt und Sie daher etwas mehr Lösegeld verlangen können. Glücklicherweise haben Sie Ihre Lösegeldforderung auf einem iMac geschrieben, so dass Sie nicht noch einmal alles komplett neu schreiben müssen. Sie müssen einfach nur den Betrag ändern und das Schreiben neu ausdrucken.

Aber nachdem Sie nun den Schritten in diesem Kapitel gefolgt sind, können Sie Ihr Dokument nicht entdecken. Sie sind noch im Textverarbeitungs-Programm oder sollten es zumindest sein. Prüfen Sie es am besten noch einmal nach – ist der Name im PROGRAMM-Menü aufgelistet, ist ein Häkchen vor dem Namen – alles da? Aber wo ist dann Ihr Dokument?

Probieren Sie das:

1. **Wählen Sie den Befehl ÖFFNEN aus dem Menü ABLAGE.**

Es erscheint ein Dialogfenster wie in der nächsten Abbildung, das ungefähr so aussieht wie das Sichern-Dialogfenster, das Sie ja schon kennen. Dieses Fenster funktioniert nach demselben Prinzip.

Wenn Sie bisher alles genau wie wir gemacht haben, sehen Sie Ihre Datei sofort. Denn der iMac erinnert sich von alleine, in welchen Ordner Sie zuletzt etwas abgelegt haben, und zeigt Ihnen diesen Ordner, wenn Sie wieder etwas speichern oder öffnen wollen.

Jetzt könnten Sie sich die Frage stellen, was sich denn aus all dem ergibt. Bitte erinnern Sie sich, dass Sie Ihr Dokument zunächst nicht finden konnten. Machen Sie noch einen Test. Fahren Sie auf dem Popup-Menü nach unten auf die Ebene Macintosh HD. Die Anzeige im Dialogfester wechselt nun und zeigt Ihnen den Inhalt Ihrer Festplatte.

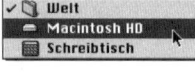
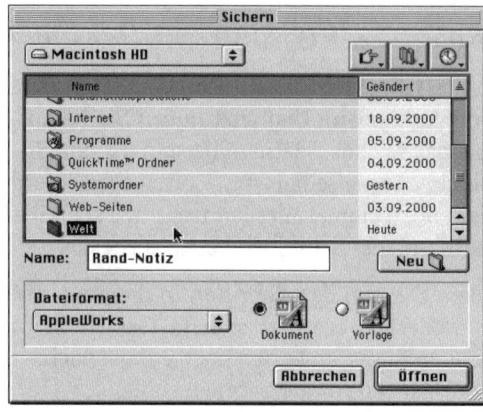

Und jetzt wissen Sie doch sicher wieder selbst, wie es weitergeht – zurück in den Ordner World, Doppelklick und Sie sind wieder am Ausgangspunkt.

2. **Doppelklicken Sie jetzt auf Ihr Dokument.**

Hier ist es wieder, woran Sie die ganze Zeit gearbeitet haben. Das Dokument erscheint auf Ihrem Bildschirm und Sie können es nach Herzenslust bearbeiten.

Noch einmal speichern!

Um mit diesem Experiment zu beginnen, sollten Sie zunächst einige Änderungen an Ihrem Dokument vornehmen. Vorher sollten Sie sich jedoch noch einmal ins Gedächtnis rufen, dass Ihre aktuelle Arbeit nur als ein zerbrechliches Gebilde aus zarten elektrischen Impulsen ist. Was würde eigentlich passieren, wenn Sie jetzt Ihren iMac ausschalten? Sie verlieren alle neuen Änderungen, die Sie an dem Dokument vorgenommen haben. (Das Original des Dokumentes ist nach wie vor auf Ihrer Festplatte sicher gespeichert.)

Deshalb müssen Sie das Dokument nach jeder Änderung auch immer wieder neu sichern, um die Änderungen zu übernehmen. (Falls Sie sich nicht mehr daran erinnern, das Tastaturkürzel dafür ist ⌘ + S . Sie ersparen Ihrer Maus damit den weiten Weg über den gesamten Bildschirm zum Menü ABLAGE.) In diesem Fall erscheint das Sichern-Dialogfenster wie beim ersten Mal. Nur beim ersten Sichern fragt der iMac Sie nach einem Namen für das Dokument (und den Ordner, in dem es aufgehoben werden soll).

Am Anfang dieses Buches lasen Sie Horrorgeschichten von Nutzern, die ihre gesamten Arbeit dadurch verloren, dass der Computer plötzlich abgestürzt ist. Sicher werden Sie nun auch erkennen, dass diese Menschen zwei wichtige Grundregeln für die Arbeit mit Computern einfach vernachlässigt haben:

Regel Nr. 1 »Speichern Sie Ihre Arbeit immer wieder.«

Regel Nr. 2 »siehe Regel Nr. 1«

»Immer« steht hier für alle 5 Minuten. Es kann auch bedeuten nach jedem Absatz. Wichtig ist, dass Sie es oft genug tun. Prägen Sie sich das Tastaturkürzel ⌘ + S ein und nutzen Sie es immer wieder, bis es fast zu einem Reflex wird.

Jetzt haben Sie gelernt, wie Sie ein neues Dokument anlegen, es bearbeiten, es auf Ihrer Festplatte abspeichern, wieder öffnen und mit neuen Änderungen nochmals abspeichern. Sie wissen, wie man ein Programm öffnet – durch Doppelklick auf das jeweilige Symbol. Jetzt müssen Sie nur noch lernen, wie Sie ein Programm schließen, wenn Sie die Arbeit damit beendet haben. Und das ist nicht so schrecklich schwierig:

Wählen Sie einfach den Befehl SCHLIESSEN *aus dem Menü* ABLAGE.

Wenn AppleWorks das einzige Programm war, das Sie zur Zeit geöffnet hatten, kommen Sie automatisch zurück in den Finder. Wenn noch andere Programme geöffnet waren, kommen

Sie in das nächste geöffnete Programm. Es ist praktisch so, als würde ein Programm über dem anderen liegen; wenn Sie das oberste wegnehmen, landen Sie im darunter liegenden.

Back up von iMac Dateien

Die Pflicht verlangt einfach nach diesem Kapitel und sei es auch nur, um Ihnen wieder einen besonders schönen neuen Begriff vorzustellen: Back up.

Back up bedeutet nicht mehr und nicht weniger als eine Sicherheitskopie Ihrer Arbeitsdateien.

Sicherheitskopien sind wichtig

Wenn Sie sich im Finder befinden, werden die von Ihnen erstellten Dateien auf der Festplatte mit Symbolen dargestellt. Ebenso wie wir haben auch diese Festplatten ihre guten und schlechten Tage. An einem solchen Tag werden Sie sich wünschen, Sie hätten rechtzeitig eine Sicherheitskopie Ihrer Dateien angelegt.

Sie wissen, dass es immer dann regnet, wenn man seinen Regenschirm vergessen hat. Dasselbe passiert meistens auch mit der Festplatte. Will heißen, wenn Sie keine Sicherheitskopie angelegt haben, macht Ihre Festplatte Schwierigkeiten, wenn Sie Sicherheitskopien anlegen, haben Sie meist keine Probleme – eine unergründliche Logik. Die aber dazu verführen könnte, mit den Sicherheitskopien schlampiger zu werden und dann – siehe oben. So ist das Leben.

Wo ist das Floppy Laufwerk?

Viele Computernutzer legen sich von den wichtigsten Dateien Sicherheitskopien auf Floppy Disks an. Obwohl der Verkäufer in dem Computerladen Ihnen viel erzählt und die Zukunft in rosigsten Farben ausgemalt hat – inzwischen dürfte es Ihrer Aufmerksamkeit nicht entgangen sein, dass Ihr iMac leider kein eingebautes Floppy-Laufwerk besitzt.

Dafür gibt es drei gute Gründe. Alle beruhen auf dem geänderten Kaufverhalten und alle würden den iMac teurer machen:

✔ In den vergangenen Tagen wurden im Gegensatz zu heute die Programme noch auf Floppy Disks ausgeliefert. Für die heutigen Versionen auf CD ist Ihr iMac mit einem CD-Laufwerk ausgestattet.

✔ In den vergangenen Tagen wurden Floppy Disks für den Datenaustausch mit anderen Computern benutzt. Heute werden solche Dateien meist per E-Mail, betriebsintern über ein Netzwerk oder per DFÜ-Leitung an weitere Nutzer übertragen und sogar drahtlos mit der entsprechenden iMac-Ausstattung. (In Kapitel 8 und 14 finden Sie mehr über diese Ausstattungsdetails.)

✔ In den vergangenen Tagen reichten Floppy Disks in der Regel noch für die Sicherheits-kopien von erstellten Dateien aus. In dem Maße, wie jedoch die Dateien anwachsen, ist eine Speicherung auf Floppy Disks alleine schon durch die geringe Speicherkapazität nicht mehr sinnvoll.

Dennoch – Sie brauchen irgendein Medium für Ihre Sicherheitskopien. Manche iMac-Anwen-der nutzen das Internet als eine gigantische Sicherheitskopie, ein Trick, den wir in Kapitel 6 beschreiben. Andere speichern ihre Sicherheitskopien auf einem anderen Computer, was wir in Kapitel 14 beschreiben.

Aber die meisten kapitulieren und spendieren ihrem iMac ein externes Platten-Laufwerk. Die gibt es für Floppy Disks, Zip Disks, Super Disks und viele andere Spielarten (sehen Sie dazu mehr in Kapitel 18).

Wenn Sie sich bereits so ein externes Laufwerk geleistet haben, ist der folgende Abschnitt für Sie besonders interessant. Wenn nicht, können Sie ihn überblättern oder ganz entspannt ansehen.

Einlegen einer externen Platte

Nehmen Sie Ihre erste Platte (Floppy, Zip, Super Disk oder was immer) und schieben Sie sie in den Schlitz des externen Laufwerks – Metallseite nach unten, die beschriftete Seite nach oben. Das Laufwerk zieht die Platte dann automatisch ein und bestätigt den Vorgang mit einem zufriedenen Rülpser.

Falls es eine nagelneue Platte oder keine Macintosh-formatierte Platte war, zeigt Ihnen der iMac zunächst diese Nachricht (manchmal eine richtige Plaudertasche);

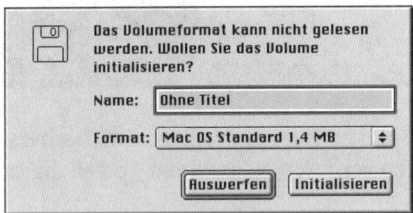

Bestätigen Sie initialisieren, geben Sie den Namen für dieses Speichermedium ein und klicken Sie auf OK. Der iMac richtet nun die neue Platte als einen Ihrer zukünftigen Speicher ein.

Wenn die Platte nicht neu war, wird das Symbol der Platte rechts auf Ihrem Schreibtisch in der Nähe des Symbols Ihrer Festplatte angezeigt.

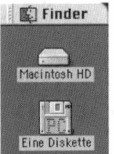

Sie können sich den Inhalt durch Doppelklick auf das Symbol anzeigen lassen. Obwohl Sie es vielleicht nervt, immer wieder dasselbe zu lesen: Ein Doppelklick auf das Symbol einer Platte öffnet das entsprechende Inhaltsfenster.

Dokumente auf einen Datenträger kopieren

 Wenn Sie diese Übung beginnen, sollte sich ein beschreibbarer Datenträger (Floppy, Zip, Super Disk oder ähnliches) im entsprechenden Laufwerk befinden.

1. **Doppelklicken Sie auf Ihre Festplatte, um das Inhaltsfenster zu öffnen.**

2. **Ziehen Sie Ihr Dokument** *mit gedrückter Maustaste* **auf das Symbol des eingelegten Datenträger.**

Mehr ist nicht zu tun. Der iMac erstellt automatisch eine Kopie von allem, was Sie auf einen Datenträger ziehen. Sie können nach diesem Prinzip zum Beispiel auch ein Dokument im Inhaltsfenster des Datenträgers ablegen (anstatt es nur auf das Symbol zu ziehen).

Das funktioniert selbstverständlich auch umgekehrt, indem Sie einfach ein Dokument von einer Floppy Disk (oder einem anderen Datenträger, z.B. einer CD) auf Ihre Festplatte ziehen.

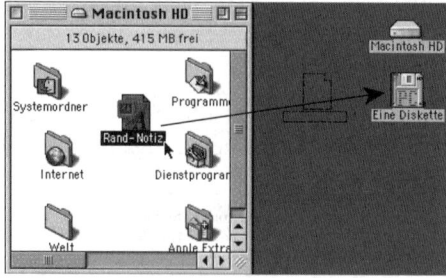

Und natürlich können Sie so viele Kopien des Dokumentes herstellen, wie Sie wollen, ohne dabei Qualität oder Inhalte zu verlieren – das ist der Vorteil digitalisierter Daten!

Und wie bekommen Sie den Datenträger wieder aus dem Laufwerk?

Sie haben das Backup Ihrer Dokumente erledigt und alles auf einem externen Datenträger gesichert, oder von einer CD-ROM ein neues Programm in Ihren iMac geladen. Was nun? Wie bekommen Sie diesen Datenträger denn nun wieder aus dem externen Laufwerk beziehungsweise die CD-ROM aus dem Laufwerk Ihres iMac?

Ganz einfach: Klicken Sie das Symbol der Platte oder der CD-ROM an und wählen Sie aus dem Menü SPEZIAL den Befehl AUSWERFEN. Die Diskette – Floppy, Zip – beziehungsweise die CD-ROM wird automatisch ausgeworfen!

Und wenn die Diskette nicht herauskommen will?

Manchmal kann es vorkommen, dass die Diskette oder CD-ROM einfach nicht herauskommen will, egal, mit welchen Mitteln Sie versuchen, sie herauszulocken. Dann hilft es nichts, schalten Sie den iMac einfach aus und starten Sie ihn mit gedrückter Maustaste neu. Halten Sie die Maustaste so lange gedrückt, bis der Drückeberger erscheint.

Wenn selbst dieser Trick nicht funktioniert, nehmen Sie eine Büroklammer, die Sie zuvor gerade biegen, und führen Sie diese vorsichtig in die winzige runde Öffnung des CD-Laufwerkes.

Wenn auch diese Radikalkur nichts nutzt, können Sie noch einen weiteren Versuch starten, indem Sie versuchen, das CD-Laufwerk vorsichtig mit einem Buttermesser zu öffnen, allerding besteht dabei die Gefahr, dass Sie das Laufwerk beschädigen, was teure Reparaturen nach sich ziehen kann, deshalb sei davon abgeraten. Es wird Ihnen eigentlich nicht anderes übrigbleiben, als Ihren iMac in die Hände eines fachkundigen Computerspezialisten zur Reparatur zu geben.

Und was denken Sie, was dieser Spezialist tun wird? Richtig, er wird versuchen, das Laufwerk mit einem Buttermesser zu öffnen.

Vielleicht versuchen Sie deshalb lieber noch eine andere Methode. Ziehen Sie einfach das Symbol der Platte bzw. der CD-ROM in den Papierkorb. Wir wissen, dass Sie jetzt denken, wir wollten Sie dazu veranlassen, Ihre mühsam gesicherten Daten auf einen Schlag zu vernichten. Mitnichten – wie durch Zauberhand erscheint Ihre Platte oder CD-ROM und Sie können Ihre Backup-Dateien endlich im Panzerschrank verschließen.

Wie man etwas wiederfindet, was man gerade verloren hat

Ein praktisches Beispiel: Sie haben eine Arbeit gesichert und jetzt passiert es, Sie können die Datei nicht mehr finden.

Das ist durchaus nichts Ehrenrühriges! Jeden Tag verlieren Tausende von Menschen Dateien. Aber durch den unermüdlichen Einsatz verschiedener Selbsthilfegruppen können diese Menschen weiterhin ein glückliches und produktives Leben führen.

Und das sollten Sie tun: Setzen Sie sich gerade hin, denken Sie an etwas Positives und drücken Sie das Tastaturkürzel ⌘ + F . Oder gehen Sie einen kleinen Umweg und wählen Sie Sherlock aus dem -Menü.

Sofort erscheint auf Ihrem Bildschirm das Informationsfenster von Sherlock, Ihrem persönlichen elektronischen Butler, der darauf spezialisiert ist, in den nächsten Sekunden Ihren iMac vom Keller bis zum Dachboden zu durchsuchen.

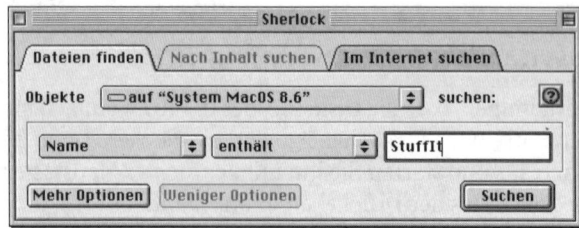

Sie müssen nichts weiter tun, als Sherlock einen Suchbegriff zu geben – einige Buchstaben reichen aus (Groß- oder Kleinschreibung müssen nicht, Wortzwischenräume wohl beachtet werden!). Klicken Sie auf SUCHEN oder bestätigen Sie die Eingabe mit der Return-Taste.

Sofort erscheint ein neues Fenster mit den Suchergebnissen für den durchsuchten Datenträger, in diesem Falle Ihre Festplatte. Jetzt können Sie die nachfolgend gezeigten Aktionen durchführen:

Öffnen Sie diese Symbole durch Doppelklick oder ziehen Sie sie zum Beispiel auf Ihren Schreibtisch – oder in den Papierkorb. Um das Fenster zu öffnen, in dem sich die gesuchte Datei befindet, klicken Sie einfach auf das Symbol und geben das Tastaturkürzel ⌘ + E ein.

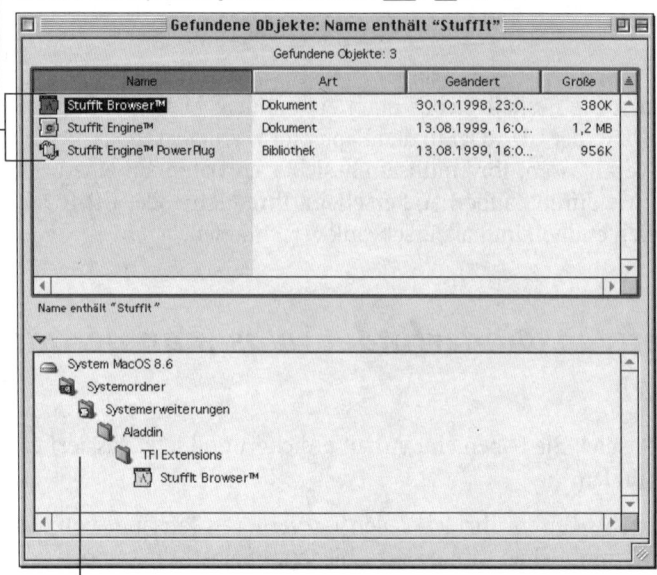

In diesem Bereich wird Ihnen angezeigt, wo sich die gesuchte Datei befindet – egal auf welcher Ordnerebene das auch sein mag. Ein Doppelklick und die Datei wird geöffnet.

Wenn Sie den Sherlock nicht mehr benötigen, wählen Sie den Befehl SCHLIESSEN aus dem Menü ABLAGE (oder Sie schließen das Programm mit dem Tastaturkürzel ⌘ + Q).

So finden Sie goldene Worte in Ihren Dateien und im Internet

In der Darstellung des Sherlock-Fensters auf der vorigen Seite entdecken Sie zwei weitere interessante Begriffe, von denen Sie sicher wissen wollen, was sich dahinter verbirgt. Der eine davon heißt FINDEN NACH INHALT und der andere SUCHEN IM INTERNET.

Damit zeigt sich Sherlock anderen traditionellen Suchbefehlen, die immer nur nach den Dateinamen suchen, weit überlegen. Nehmen Sie doch einmal an, Sie haben eine 253-seitige Abhandlung über das Liebesleben der Killerbienen verfasst, diese aber »Geschenkideen für Mama« genannt, dann werden Sie diese Datei nie unter dem Suchbegriff Liebesleben oder Killerbienen finden.

 Hier hilft Ihnen Sherlock, indem er für Sie die Dateien auch inhaltlich nach einem von Ihnen vorgegebenen Begriff durchsucht – das ist mit FINDEN NACH INHALT gemeint.

Aber bevor Sie diese Eigenschaft nutzen können, müssen Sie dem iMac gestatten, seinen eigenen Katalog Ihrer Festplatte anzulegen. Dieser Vorgang wird Indexieren genannt und braucht einige Stunden, um jede Datei zu durchsuchen. Sie starten diesen Vorgang, indem Sie nacheinander die Optionen SUCHEN NACH INHALT, INDEX VOLUME, Ihre Festplatte und schließlich ERSTELLEN INDEX anklicken. Dann gehen Sie einfach ins Kino und sehen sich einen besonders langen Film an, zum Beispiel Titanic 2 – Die Rückkehr oder so. (Sie können Ihren iMac diese Arbeit natürlich auch nachts, wenn Sie ihn sowieso nicht benutzen, erledigen lassen.)

Wenn dieser Index einmal angelegt ist, können Sie die Option FINDEN NACH INHALT nutzen, um Dateien zu suchen, in den bestimmte Worte benutzt werden. (Selbstverständlich müssen Sie diesen Index durch den iMac von Zeit zu Zeit aktualisieren lassen, allerdings dauert diese Aktualisierung dann immer nur wenige Minuten.)

Die Option SUCHEN IM INTERNET ist weit weniger kompliziert. Mit einfachen Worten: Sie können damit das Internet nach Inhalten zu dem von Ihnen vorgegebenen Begriff durchsuchen (vielleicht Liebesleben oder Killerbienen o. ä.). Einzelheiten dazu finden Sie in Kapitel 7.

Sherlock ganz anders

 Haben Sie Mac OS 9? (Mehr dazu in Kapitel 1.) Wenn ja, dann sieht das Sherlock Programmfenster vollkommen anders aus als die gerade gezeigte Abbildung. Es ist größer und silbrig:

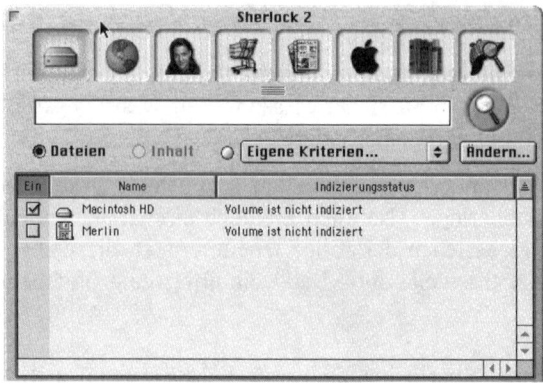

Darüber hinaus fehlen die drei Auswahloptionen (DATEI FINDEN, NACH INHALT SUCHEN und IM INTERNET SUCHEN). Sie können diese drei Suchfunktionen selbstverständlich auch weiterhin nutzen, jedoch sind die Knöpfe dafür neu:

Wenn Sie eine Datei nach dem Namen suchen wollen, aktivieren Sie die Option DATEINAME; wenn Sie nach einem bestimmten Begriff suchen, aktivieren Sie Inhalt; wenn Sie im Internet auf die Suche gehen wollen, klicken Sie einfach auf einen der Knöpfe der Kopfleiste.

Die Frage ist berechtigt: Welchen Knopf? Da können wir Sie an dieser Stelle nur auf das Kapitel 7, Abschnitt »Sherlock jetzt noch einsatzfreudiger!« verweisen.

Zehn wichtige Tipps für die Textverarbeitung

1. Aus einem Text können Sie ein Wort durch Doppelklick mit der Maustaste in das Wort schnell auswählen. Wenn Sie jetzt die Maustaste gedrückt halten und seitwärts auf der Zeile bewegen, wählt der iMac für Sie immer das komplette rechts bzw. links anschließende folgende Wort aus.

2. Bitte versuchen Sie nie, Text mit Hilfe der Leertaste senkrecht auszurichten. Das hat vielleicht noch mit Ihrer alten mechanischen Schreibmaschine funktioniert, aber jetzt geht das nicht mehr. Denn Sie werden mit großer Wahrscheinlichkeit immer nur solche Ergebnisse erhalten, wie Sie unten gezeigt sind. Einmal abgesehen davon, dass dieses Vorgehen absolut unelegant ist.

```
1963    1992                2001
Born    Elected President   Graduated College
```

Das sieht auf dem Bildschirm ja noch einigermaßen gut aus, aber im Druck erscheint es dann vermutlich so:

    1963 1992   2001

    Born Elected President Graduated College

Also beherzigen Sie den Grundsatz: Für die Spaltenerstellung immer die Tabulatoren benutzen!

3. Sie können den gesamten Text eines Dokumentes einfach mit dem Befehl ALLES AUSWÄHLEN markieren (zum Beispiel, um die Schriftart oder den Schriftgrad zu verändern). Das Tastaturkürzel dafür ist ⌘ + A .

4. Nutzen Sie möglichst nicht mehr als zwei Schriftarten in einem Dokument. (Fett, kursiv und normaler Schnitt einer Schrift zählen dabei als eine Schriftart.) Dieses Thema wurde auch im Zusammenhang mit der bereits als Musterdatei erstellten Lösegeldforderung behandelt.

5. Nutzen Sie möglichst keine Unterstreichungen, um etwas hervorzuheben. Unterstreichungen sind ein Hilfsmittel für die Schreibmaschine – Sie haben jetzt ganz andere Möglichkeiten, Sie können Hervorhebungen zum Beispiel kursiv darstellen.

6. Der Scrollbalken auf der rechten Seite Ihres Dokumentes zeigt Ihnen immer an, an welcher Stelle in Ihrem Dokument Sie sich gerade befinden.

   Mit dem Regler können Sie sich schnell an jede andere gewünschte Stelle bewegen.

Die Position des kleinen Reglers auf dem Scrollbalken zeigt Ihnen, ob Sie sich am Anfang …   … in der Mitte …   … oder am Ende Ihres Dokumentes befinden.

Sie können sich außerdem auf zwei weiteren Wegen durch Ihr Dokument bewegen:

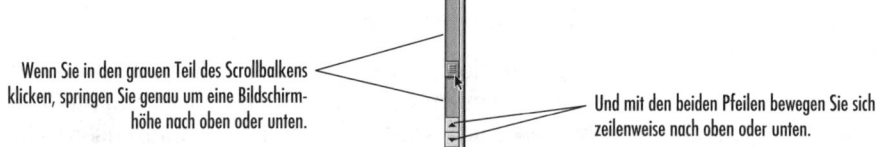

Wenn Sie in den grauen Teil des Scrollbalkens klicken, springen Sie genau um eine Bildschirmhöhe nach oben oder unten.   Und mit den beiden Pfeilen bewegen Sie sich zeilenweise nach oben oder unten.

7. Sie haben bereits gelernt, wie Sie einen Text im Notizblock kopieren, um ihn dann an einer anderen Stelle wieder einzufügen. Eine andere nützliche Technik ist das Ausschneiden eines Textes aus einem Dokument. Das Prinzip ist ähnlich, außer dass beim Ausschneiden der markierte Text gleichzeitig aus dem Ursprungsdokument gelöscht wird. (Ausschneiden und Einfügen wirkt damit so, als würden Sie einen Text von einem Dokument in ein anderes bewegen.)

8. Verabschieden Sie sich von den »geraden Anführungszeichen« und den »geraden Apostrophen«. Das gehört auch noch in die Zeit der guten alten Schreibmaschine. Als wahrer Textverarbeitungsspezialist können Sie hier mit wundervollen geschwungenen " ' Lösungen aufwarten.

Sie können diese geschwungen Anführungszeichen und Apostrophe jeweils mit gedrückter Options- und Shifttaste setzen. Aber wer kann sich das schon alles so merken, dass er es im entscheidenden Augenblick auch anwenden kann? Deshalb bieten die Textverarbeitungsprogramme (AppleWorks, Microsoft Word etc.) dafür eine automatische Funktion an.

(Aber Achtung: Nutzen Sie diese geschwungenen Anführungs- und Apostroph-Zeichen niemals in einer E-Mail-Nachricht. Diese Sonderzeichen erscheinen dann beim Empfänger entweder als bizarre kleine Rechtecke oder verwirrende Buchstabenkombinationen.)

9. Wenn Sie ein Element, zum Beispiel die Seitenzahl, immer am oberen rechten Rand auf jeder Seite eines mehrseitigen Dokumentes erscheinen lassen wollen, müssen Sie dieses Element nicht auf jeder Seite neu eingeben. Abgesehen davon, dass bei nachträglichen Änderungen die Position dieses Elementes dann auch verändert wird und es wahrscheinlich nicht mehr am Kopf, sondern in der Mitte der Seite bzw. am Fuß der vorherigen Seite erscheint. Nutzen Sie stattdessen die vom Textverarbeitungsprogramm angebotenen speziellen Kopf- und Fußnoten-Standards – ein kleines Fenster, in das Sie dann Ihren Wunschtext für die entsprechende Version eingeben können. Das Textverarbeitungsprogramm platziert diese Information dann immer wieder auf jeder neuen Seite am Kopf oder Fuß, ganz egal, wie viel Text Sie auf dieser Seite schreiben.

10. Sie haben bereits gelernt, wie Sie ganz einfach ein Wort innerhalb eines Textes markieren können (mit Doppelklick). Sie wissen, wie Sie eine Zeile (waagerecht ziehen) und einen größeren Textblock (diagonal ziehen) auswählen. Und damit haben Sie schon eine ganze Menge an Textauswahlmöglichkeiten.

Aber eine fehlt noch: Was ist, wenn Sie zum Beispiel für einen längeren Textabschnitt, zum Beispiel für 10 Worte, schnell den Schriftschnitt verändern wollen?

Dafür sind nur zwei Klicks notwendig: Positionieren Sie zunächst die Einfügemarke links neben dem Wort, an dem Ihre Auswahl beginnen soll. Drücken Sie dann die *Shift-Taste* und klicken Sie mit der Maustaste rechts neben dem Wort, mit dem Ihre Auswahl enden soll. Ganz zauberhaft – Ihre *Shift-Klick-Kombination* hat gewirkt!

Ein kleiner Ausflug zu Druckern, Drucken und Schriften

5

In diesem Kapitel

▶ Verschiedene Drucker und was sie kosten

▶ Einrichten und Drucken

▶ Die Wahrheit über Schriften

Sehr verehrte Leserin, sehr verehrter Leser. Sie können sich wirklich glücklich schätzen, dass Sie entschlossen haben, so lange zu warten, bis Sie mit der Arbeit an einem Computer beginnen. Damit sind Sie glücklich den Tagen entronnen, als die Druckergebnisse der früher eingesetzten Nadeldrucker noch aussahen wie die Fußspuren besoffener Hühner.

Den Kauf eines Druckers für Ihren iMac behandeln wir ausführlicher im Spezialthema Nr. 3. So viel sei hier nur dazu gesagt: Es kommen grundsätzlich nur zwei Arten, nämlich Laserdrucker und Tintenstrahldrucker, in Betracht.

Tintenstrahldrucker

Das ist heute die preiswerteste Art, zu drucken. Hewlett-Packard (HP) bietet eine breite Auswahl an so genannten DeskJets; Epson nennt seine Farbdrucker Stylos Color. Mehr oder weniger sieht ein typischer Tintenstrahldrucker so aus:

Die Ausdrucke von Tintenstrahldruckern erreichen praktisch schon die Qualiät von Laserdruckern. Die Drucker sind klein, leicht und leise. Und Sie können verschiedene Dinge damit bedrucken: normales Papier, Umschläge, Kartons bis zu einer gewissen Stärke etc. Vor allem aber sind Tintenstrahldrucker eines, sie sind preiswert, sogar diejenigen, mit denen Sie farbig drucken können. (Wenn Sie über einen Tintenstrahldrucker verfügen und Sie wollen zum Beispiel ein Foto besonders gut drucken, dann können Sie die Qualität sogar noch durch speziell beschichtetes Papier verbessern, das allerdings seinen Preis hat.) Einige HP und Epson Tintenstrahldrucker sind mit USB-Schnittstelle (mehr darüber in Kapitel 14) für den direkten Anschluss an den iMac ausgerüstet; bei älteren Modellen können Sie den Drucker über einen Adapter an den iMac anschließen (zum Beispiel Farallon iPrint, siehe Anhang C).

 Der Punkt ist, dass Tintenstrahldrucker – wie der Name schon sagt – die Farbe in einem feinen Strahl auf das Papier auftragen. Da kann es dann schon vorkommen, dass der Ausdruck nicht so gestochen scharf ist wie bei einem Laserdrucker, insbesondere, wenn Sie stark saugendes Papier für den Druck verwenden. Außerdem müssen die Tintenpatronen ziemlich oft gewechselt werden. Außerdem verschmieren die Ausdrucke leicht, wenn Sie feucht werden und sind daher nicht besonders gut als Seekarten für eine Hochseeregatta geeignet.

Andererseits sind die Tintenstrahldrucker so handlich, leise und preiswert, dass es kaum eine Alternative dazu gibt, wenn Sie farbig drucken wollen.

Einen Tintenstrahldrucker mit USB-Schnittstelle anschließen

Der Begriff USB steht für einen Anschluss des Druckers – in der MacWelt bedeutet USB Universal Serial Bus. Und das bedeutet, dass alles, was Sie mit der iMac USB-Schnittstelle verbinden, bereits beim ersten Mal funktioniert, jedes Mal funktioniert, ohne dass Sie lange daran herumbasteln oder den iMac ständig an– und ausschalten müssen. (Wenn Ihnen das als das Normalste von der Welt erscheint, seien Sie froh, dass Sie sich nicht bereits in den 80er Jahren einen Computer angeschafft haben.)

Zahlreiche Epson- und Hewlett-Packard Tintenstrahldrucker sind mit USB-Schnittstellen ausgestattet – und das ist genau das, was Sie benötigen. In allen anderen Fällen benötigen Sie ein zusätzliches USB-Kabel (Drucker-zu-iMac). Dann kann es aber wirklich losgehen:

1. **Schließen Sie den Drucker an das Stromnetz an. Schalten Sie den Drucker ein.**

2. **Verbinden Sie das eine Ende des USB-Druckerkabels mit dem Drucker und das andere Ende mit dem USB-Anschluss des iMac.**

   Der USB-Anschluss auf der linken Seite des Computers ist gekennzeichnet mit einem kleinen dreizackigen Symbol.

3. **Wenn Sie die Software-CD gefunden haben, die mit dem Drucker geliefert wurde, legen Sie die CD ein und starten das Installationsprogramm.**

   Sollten Sie mit diesem Schritt Schwierigkeiten haben, wenden Sie sich direkt an den Hersteller des Druckers. Wurde die Software aber korrekt installiert, fordert Sie der iMac zu einem Neustart auf.

 Jetzt haben Sie zwar die Verbindung zwischen iMac und Drucker hergestellt, können aber noch nicht drucken. Denn es reicht nicht aus, den iMac mit einem neuen Spielkameraden zusammenzubringen, Sie müssen ihm auch noch erzählen, um welches Spiel es geht.

4. **Wählen Sie den Befehl** Auswahl **aus dem -Menü. Das sieht dann ungefähr so aus:**

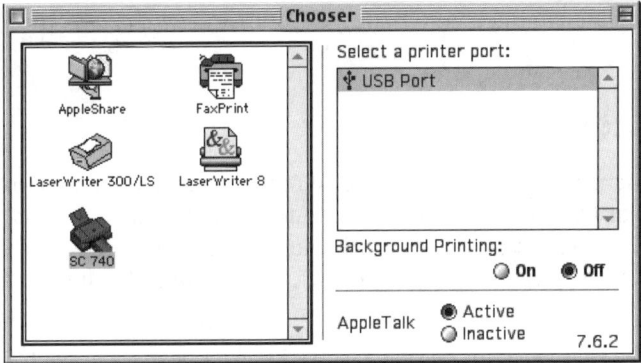

Die Symbole auf der linken Seite des Fensters zeigen Ihnen die verschiedenen Druckertreiber, die in Ihrem Systemordner installiert sind. Ein Druckertreiber ist ein kleines Programm, das dem iMac sagt, wie er mit einem bestimmten Drucker kommunizieren kann. Die Drucker werden sowohl per Text als auch per Graphik angezeigt. In der Graphik wurde zum Beispiel der Epson Stylus 740 ausgewählt.

5. **Klicken Sie auf das Symbol Ihres Druckers.**

Damit haben Sie Ihrem iMac den neuen Drucker vorgestellt. Alles mit einer einzigen Aktion, nebenbei bemerkt. Sie können jetzt das Auswahlfenster wieder schließen. Ignorieren Sie die folgende Warnung einfach mit OK, wir kommen darauf im Abschnitt »So wird gedruckt« noch ausführlich zu sprechen.

Sie benötigen dieses Auswahlfenster nur, wenn Sie zum Beispiel mehrer Drucker angeschlossen haben und zwischen diesen beim Drucken hin- und herwechseln wollen, sonst nie mehr.

Einen älteren Tintenstrahldrucker anschließen

Sie waren natürlich schlau und haben den USB-Tintenstrahldrucker und den iMac gleichzeitig gekauft. Es gibt aber auch Menschen, die unbedingt an einen neuen iMac einen alten Drucker ohne USB-Schnittstelle, wie zum Beispiel einen alten Apple StyleWriter, anschließen wollen.

In diesem Falle müssen Sie noch in einen Adapter investieren (z. B. Farallon iPrint SL, mehr in Anhang C). Mit diesem Adapter können Sie den Drucker über die USB- oder Ethernet-Schnittstelle Ihres iMac anschließen.

Mit dem Farallon iPrint erhalten Sie ebenfalls eine Software, die Sie wie zuvor beschrieben installieren. Öffnen Sie nach erfolgreich beendeter Installation die KONTROLLFELDER im -Menü und dort das APPLETALK *Kontrollfenster*. Wählen Sie im *Popup-Menü* die Option ETHERNET und bestätigen Sie die *AppleTalk* mit ja.

Gehen Sie jetzt zurück zur Auswahl und markieren Sie rechts Ihren Drucker. Wenn der Drucker links angezeigt wird, schließen Sie das Auswahlfenster, klicken OK, lehnen sich zufrieden zurück und gehen in diesem Buch weiter zum Abschnitt *»So wird gedruckt«*.

Laserdrucker

Wenn Sie ein bisschen mehr Geld in den Drucker investieren können und wollen, erwartet Sie mit den PostScript Laserdruckern eine ganz andere und faszinierende Welt. Stören Sie sich bitte nicht an dem Wort PostScript, achten Sie nur darauf, dass diese Bezeichnung auch in der Beschreibung des von Ihnen ins Auge gefassten Druckers erscheint, weil es eine Art Gütesiegel ist.

Ein PostScript Drucker wie zum Beispiel der HP LaserJet oder die Apple LaserWriter können jeden Text in jeder Schriftart, jedem Schriftgrad und Auflösung drucken und es sieht einfach göttlich aus. Die Ausdrucke sehen aus wie Photokopien, sie stehen vollkommen scharf und schwarz auf dem weißen Papier. Laserdrucker sind auch hervorragend geeignet für den Druck von Graphiken, wie Sie sie zum Beispiel im Macintosh-Magazin finden. Laserdrucker sind schnell, leise und praktisch wartungsfrei; viele Modelle können auch Umschläge oder Adressaufkleber bedrucken. Sie sind aber meistens auch größer und schwerer als Tintenstrahldrucker.

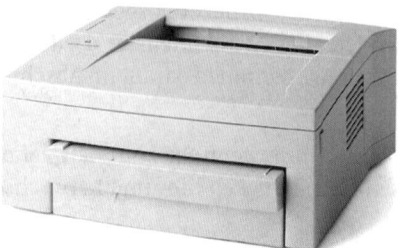

Wenn Sie also einen Laserdrucker bekommen können, greifen Sie zu, auch wenn Sie nur ein kleines Büro haben sollten. Damit haben Sie eine perfekte Ausstattung für Schwarz/Weiß-Ausdrucke. Es gibt auch Farb-Laserdrucker, trotz der sehr hohen Preise erreichen Sie damit nicht die Farbqualitäten eines Tintenstrahldruckers.

Einen modernen Laserdrucker anschließen

Die meisten modernen Laserdrucker verfügen über einen Ethernet-Anschluss – wie Ihr iMac. Allerdings werden Laserdrucker immer ohne die nötigen Anschlusskabel geliefert. Die Hersteller begründen das damit, dass Laserdrucker an die verschiedensten Computer angeschlossen werden können und sie nicht für jede Möglichkeit ein Kabel beifügen können. Außerdem sind Laserdrucker netzwerkfähig und schließlich sind Sie ja der Netzwerkadministrator vor Ort, der viel besser weiß, welches Kabel bei Ihnen benötigt wird. Wenn Sie in einem Büro arbeiten stört, Sie das weniger, irgendwen werden Sie schon finden, den Sie nach dem richtigen Kabel fragen können, damit Sie Ihren iMac und Ihren Laserdrucker in das Netzwerk integrieren können (falls ein Netzwerk existiert).

Wenn Sie allerdings alleine arbeiten, gestaltet sich dieser Punkt schon ein wenig schwieriger. In Kapitel 14 zeigen wir Ihnen, wie Sie sich ein eigenes Ethernet Netzwerk aufbauen können. Was Sie hier jetzt zunächst wissen müssen ist, dass Ihr neuer Laserdrucker an den Ethernetanschluss des iMac angeschlossen werden muss. Mehr darüber finden Sie ebenfalls in Kapitel 14.

1. **Schließen Sie Ihren Laserdrucker und Ihren iMac an die Ethernet-Verbindung an (siehe Kapitel 14).**

   Noch einmal: Ethernet ist nichts für Dummies, aber in Kapitel 14 wird dieses Thema so transparent dargestellt wie die äußere Hülle Ihres iMac.

2. **Wählen Sie KONTROLLFELDER aus dem ⌘-Menü, öffnen Sie das APPLETALK Kontrollfenster und wählen Sie die Option ETHERNET. Bestätigen Sie *AppleTalk* mit ja und schließen Sie das Kontrollfenster.**

   Damit haben Sie Ihrem Computer mitgeteilt, welche Verbindung gilt.

3. **Wählen Sie nun Auswahl aus dem ⌘-Menü und markieren Sie auf der linken Seite Ihren Laserdrucker.**

   Sollte Ihr spezieller Laserdrucker hier nicht aufgeführt sein, markieren Sie das LaserWriter 8 Symbol und Ihr Drucker wird rechts aufgeführt – aber nur, wenn er eingeschaltet ist. Klicken Sie jetzt auf den Druckernamen.

Sollten rechts mehrere Druckernamen angezeigt werden, sind Sie entweder Teil eines firmeninternen Netzwerkes, das Ihnen mehrere Drucker zur Nutzung bereitstellt, oder Sie sind unerwartet reich und verfügen selbst über eine reichhaltige Ausstattung. Aber auch dann müssen Sie sich immer noch für einen der Drucker entscheiden, danach das Auswahlfenster schließen, mit OK bestätigen und weiterlesen.

Nach all dem können Sie endlich drucken

Stellen Sie zunächst sicher, dass Ihr Drucker wirklich angeschlossen ist und Sie ihn über das *Auswahlfenster* mit Ihrem iMac bekannt gemacht haben. Der große Moment ist nun da, Sie können irgendetwas drucken.

Achten Sie darauf, dass das, was Sie drucken wollen (ein AppleWorks Dokument zum Beispiel) auch auf Ihrem Bildschirm zu sehen ist. Wenn Sie nun DRUCKEN aus dem Menü ABLAGE wählen, erscheint ein Dialogfenster ähnlich dem hier gezeigten.

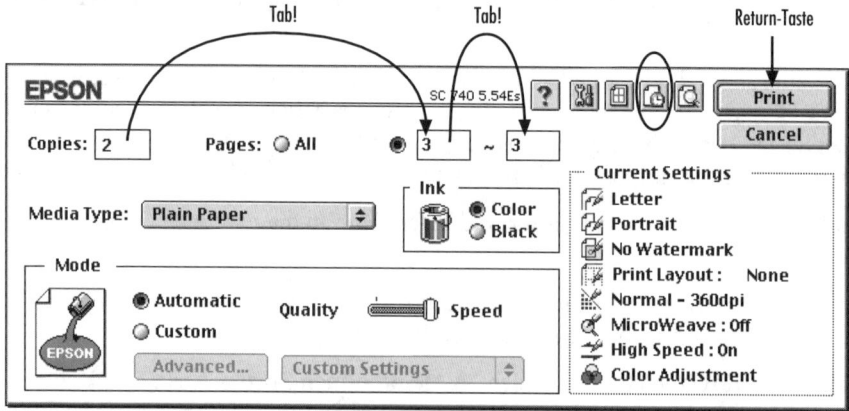

Das gezeigte Dialogfenster gilt für Epson Farbdrucker – andere Drucker bieten andere Dialogfenster an, die hier nicht alle gezeigt werden können.

In sicher 95 Prozent aller Fälle werden Sie die im Dialogfenster aufgeführten Optionen ignorieren und einfach DRUCKEN anklicken.

In den anderen 5 Prozent werden Sie Ihrem iMac sagen, dass Sie nur einen Teil des Dokumentes, zum Beispiel nur die Seiten 5 und 6, ausdrucken möchten. Diese Angabe machen Sie in den Feldern »von« und »bis«. (Wenn Sie nur die von Ihnen gewünschte erste Druckseite angeben und das »bis«-Feld freilassen, werden alle folgenden Seiten ausgedruckt.)

Im Feld Anzahl geben Sie die gewünschte Kopienzahl pro Seite an. Das war es eigentlich.

Mit dem Tabulator in Dialogfeldern arbeiten

Es scheint sich anzubieten, jetzt einmal ein paar Worte darüber zu verlieren, wie Sie sich mit Hilfe des Tabulators durch Dialogfelder arbeiten können. Nehmen wir einmal an, Sie wollen Kopien der Seite 3 eines Dokumentes drucken. Anstatt nun jedesmal mit der Maus jedes einzelne Dialogfeld anzuklicken, können Sie mit Hilfe des Tabulators schnell von Feld zu Feld springen.

Tippen Sie also die Zahl 2 in das Feld Anzahl, drücken Sie dann die Tabulatortaste auf Ihrer Tastatur und geben die Zahl 3 (Feld »von«) ein. Ein weiterer Druck auf die Tabulatortaste bringt Sie dann in das Feld *»bis«* und Sie geben auch hier die Zahl 3 ein. Und Ihre Maus nagt sich vor Langeweile die Nägel kurz.

Nachdem Sie nun die verschiedenen Optionen in diesem Dialogfenster ausgefüllt haben, klicken Sie entweder auf DRUCKEN oder bestätigen Ihre Eingaben einfach mit der *Return-Taste* (das ist im Ergebnis gleich). Der iMac brummt ein wenig und kurz darauf wird Ihr Dokument von Ihrem Drucker ausgegeben.

 Dieser schnelle Weg mit den Tabulatoren von Feld zu Feld zu springen und anschließend die Eingaben mit der *Return-Taste* zu bestätigen funktioniert übrigens in jedem Dialogfenster. Immer wenn Sie einen Knopf mit einer dicken Umrahmung sehen wie in der vorigen Abbildung, können Sie die entsprechende Bestätigung mit der *Return-Taste* vornehmen und müssen nicht extra mit der Maus darauf klicken.

Im Hintergrund drucken

In den düsteren 80er Jahren wurde beim Drucken noch der gesamte Mac vom Drucker lahmgelegt. Man konnte während des Ausdruckes nichts mehr eingeben, nicht mehr arbeiten und verbrachte einen Großteil der Zeit damit, dem Drucker bei der Arbeit zuzusehen. Angezeigt wurde das zudem noch durch die Meldung *»Ausdruck wird bearbeitet«* auf dem Monitor. Das war wirklich eine dunkle und stürmische Zeit mit schier endlosen Kaffeeorgien. Erst wenn der Druck endlich vom Drucker ausgegeben wurde, konnte man den Computer wieder benutzen.

 Damals kamen findige Apple-Ingenieure auf den glorreichen Gedanken, den Druck im Hintergrund ablaufen zu lassen. Wenn Sie diese Option einschalten, speichert der iMac alle notwendigen Druckdaten zunächst in einer speziellen Datei auf Ihrer Festplatte und wendet Ihnen dann wieder seine volle Aufmerksamkeit zu.

Ohne dass Sie es bemerken, sendet er dann die Druckdaten scheibchenweise an den Drucker. Das alles geschieht in den millisekundenlangen Pausen, die Sie zwischen Ihrer Arbeit einlegen. Irgendwann hat dann der Drucker alle Informationen für den Ausdruck erhalten und dieser wird ausgegeben. Nun gehört der iMac wieder zu hundert Prozent Ihnen. Dieser gleichzeitige Prozess senkt zwar die Bearbeitungsgeschwindigkeit Ihres iMac ein wenig, hilft Ihnen aber sehr, wenn Sie einmal enge Termine haben.

 Die Option für den Hintergrunddruck wird bei jedem Drucker an einer anderen Stelle angezeigt. Aber versuchen wir es einmal hiermit: Wenn Sie den Befehl Drucken aus dem Menü Datei eines Programmes auswählen, erhalten Sie immer ein Dialogfenster ähnlich dem bereits gezeigten. Für Epson-Drucker haben wir die Option für den Hintergrunddruck bereits eingekreist. Bei anderen Druckern müssen Sie einfach nach einem Befehl HINTERGRUNDDRUCK EIN/AUS suchen, den Sie dann einfach anklicken.

Ein Zwischenspiel für Mehr-Drucker-Besitzer

Es ist in Demokratien nichts Ungewöhnliches, dass die Reichen besonderen Einfluss nehmen. Im Falle Mac entwickelte sich Anfang der 90er Jahre die Partei der »Menschen Mit Mehr Als Einem Drucker« (MMMAED wie die Insider diesen Kreis nennen). Diese Menschen – meist Mitarbeiter in einem Büro mit mehreren installierten Druckern – forderten von Apple eine einfache Möglichkeit, mit der sie jederzeit für ihre Ausdrucke einen ihnen genehmen Drucker auswählen konnten.

Apple hat verstanden. Vielleicht haben Sie beim ersten Einschalten Ihres iMac das Symbol Ihres Druckers auf Ihrem Schreibtisch bemerkt, wie in der Abbildung unten gezeigt. (Dieses Symbol erscheint standardmäßig übrigens nur für Apple-Drucker.)

Die Mitglieder der MMMAED-Partei haben jedoch im Laufe der Zeit einfach weitere Drucker-symbole aus dem Auswahlmenü auf den Schreibtisch gezogen.

Sie brauchen jetzt das zu druckende Dokument einfach nur auf das Symbol des jeweiligen Druckers zu ziehen und können so ihre Auswahl treffen.

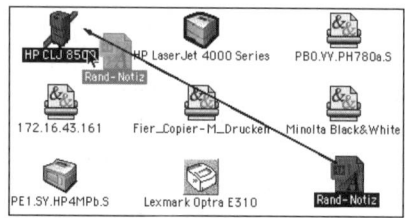

Wenn Sie jedoch nur einen Drucker besitzen, belasten Sie mit dieser Methode lediglich Ihren Arbeitsspeicher und stellen sich ohne Not Ihren Schreibtisch mit unnötigen Symbolen voll. So können Sie das Druckersymbol wieder entfernen:

1. **Wählen Sie KONTROLLFELDER aus dem ☰-Menü.**

2. **Doppelklicken Sie auf ERWEITERUNGEN EIN/AUS.**

   Es öffnet sich ein Fenster mit mindestens einer Million Symbolen, den so genannten *Systemerweiterungen* (mehr darüber in Kapitel 12) und deaktivieren Sie alle Systemerweiterungen mit dem Begriff *Desktop*.

3. **Starten Sie nun Ihren iMac neu.**

Jetzt können Sie alle Symbole entfernen, die noch auf Ihrem Schreibtisch erscheinen (Sie erkennen Sie an dem dicken roten Kreuz, mit dem sie markiert sind.) Ein gelungener Aufstand der Basis gegen die Reichen!

Drucken abbrechen

Wenn Sie den Druckvorgang abbrechen wollen, geben Sie einfach das Tastaturkürzel ⌘ + .
(. = Punkt) ein. Manchmal braucht der Drucker einen Moment (oder eine Seite oder zwei), bis
er den Befehl bestätigt.

Die zehn wichtigsten Wahrheiten über Schriften

Die verschiedenen Schriftarten, die im Schriftenmenü Ihrer Programme, wie zum Beispiel in
AppleWorks, aufgeführt sind, sind wahrlich erstaunlich. Sie sehen hervorragend auf dem Bildschirm aus und auch beim Ausdruck sind sie sehr ansehnlich und erinnern nicht einmal entfernt an die krakeligen Computerschriften vergangener Tage. Sie bemerken es nicht, aber Ihre
Schriften sind ganz spezielle Schriften, die auf jedem Drucker in praktisch jeder Größe großartig aussehen: so genannte TrueType Schriften.

Wenn Sie mit einer professionellen Druckerei oder einem Graphikstudio zusam-
menarbeiten, haben Sie sicher auch schon einmal den Begriff PostScript Schriften
gehört. Mehr über die Unterschiede und die Geschichte der Schriften erfahren Sie
in Spezialveröffentlichungen. Für den Moment sei nur so viel gesagt: TrueType
Schriften – das sind diejenigen, die mit Ihrem iMac mitgeliefert wurden, sind einfacher zu handhaben und zu installieren.

Hier nun zehn Beispiele für den Spaß, den Sie mit Ihren Schriften haben können:

1. Sie wollen noch mehr Schriften? Können Sie haben – kaufen Sie einfach welche. In Anhang
   B haben wir Ihnen zwei Adressen aufgeführt, wo Sie neue Schriften beziehen können.

   Abhängig von Ihrem finanziellen Einsatz können Sie Tonnen von Schriften bekommen –
   mehr als Ihre typographischen Geschmacksnerven vertragen.

2. Um eine neue Schrift zu installieren schließen Sie alle Anwendungsprogramme (falls welche geöffnet sind). Ziehen Sie das Schriftsymbol (das sieht in der Regel aus wie ein Koffer)
   auf den *Systemordner* – legen Sie es auf keinen Fall in den geöffneten Systemordner. Legen Sie es nicht in den Papierkorb. Gehen Sie nicht über Los.)

   Sie erhalten eine Nachricht, dass der iMac die Schrift für Sie installiert. Legen Sie sich
   zurück, entspannen Sie und klicken Sie OK.

3. Sie wollen sehen, wo Ihre Schriften zu Hause sind? Dann öffnen Sie zunächst den *System-
   ordner* und dann den Ordner *Zeichensätze*. Hier sehen Sie alle Schriften in einem Fenster.
   Sie können sich auch ansehen, wie die Schrift aussieht, indem Sie einfach auf das
   Schriftensymbol doppelklicken und dann den gewünschten Schriftgrad (zum Beispiel

Times 10 oder Times 18) auswählen. Anhand von eindrucksvollen und sinnigen Beispieltexten wie etwa »Hinnarks Mähdrescher verliert in Rechtskurven immer ein Rad« können Sie dann die Schrift beurteilen, in die Sie gerade viel Geld investiert haben.

4. Um eine Schrift zu entfernen, schließen Sie ebenfalls zunächst alle Programme. Öffnen Sie dann den Ordner *Zeichensätze* (wie zuvor beschrieben) und ziehen Sie die zu entfernende Schrift – oder den entsprechenden Schriftenkoffer – aus dem Fenster auf den Schreibtisch. Oder in einen anderen Ordner. Oder direkt in den Papierkorb …

5. Es gibt grundsätzlich zwei Arten von Menschen: Die einen ordnen immer alles in verschiedene Kategorien ein, die anderen tun das nicht. Bei Schriften ist es ähnlich, hier gibt es auch zwei Sorten: Proportionalschriften, bei denen jedes Zeichen exakt so viel Raum erhält, wie es benötigt, und Schriften, bei denen alle Zeichen immer den gleichen Raum erhalten (typisches Beispiel sind Schreibmaschinen). Der Text, den Sie gerade lesen, ist mit einer Proportionalschrift gesetzt. Sie erkennen das daran, dass das W mehr Raum beansprucht als das i.

Ihr iMac bietet zwei Monospace-Schriften: Courier und Monaco. Alle anderen Schriften sind Proportionalschriften.

Und wer braucht das? Sie, mit Verlaub. Nehmen Sie einmal an, Ihnen sendet jemand eine Nachricht per E-Mail (wie unten abgebildet), die so aussieht, als sollten es mehrere Spalten sein, es aber nicht sind:

```
From:     IntenseDude
To:       pogue@aol.com

Hello, David! Here are the prices you asked about:

Item            Features            Price
----            --------            -----
Seinfeld Statuette    Removable hairpiece       $25.00
Baywatch digital watch   Surfboard sweep-second hand $34.50
"60 Minutes" bowtie    Mike Wallace autograph    $65.75
E.R. BandAid Pak™    100 per box           $ 9.85
```

Wenn Sie den gesamten Text markieren und die Schriftart auf Courier umstellen, sieht das genau so aus, wie der Sender es sich ursprünglich vorgestellt hat:

```
From:       IntenseDude
To:         pogue@aol.com

Hello, David! Here are the prices you asked about:

Item                    Features                Price
----                    --------                -----
Seinfeld Statuette      Removable hairpiece     $25.00
Baywatch digital watch  Surfboard sweep-second hand $34.50
"60 Minutes" bowtie     Mike Wallace autograph  $65.75
E.R. BandAid Pak™       100 per box             $ 9.85
```

6. Nur für Besitzer von Laserdruckern: Wählen Sie SEITE EINRICHTEN aus dem Menü ABLAGE. Das Dialogfenster bietet Ihnen nun verschiedene nützliche Optionen – wollen Sie das Papier hoch oder quer bedrucken, wollen Sie Ihr Dokument vergrößert oder verkleinert ausdrucken und mehr …

Das *Popup-Menü* PAPIER – ungefähr in der Mitte – bietet dabei eine besondere Funktion. Wenn Sie zum Beispiel die Option DIN A4 größere Druckfläche auswählen und praktisch immer auf DIN A4 drucken wollen, drücken Sie die *Optionstaste* und bestätigen Sie dann mit OK. Der iMac fragt Sie nun, ob Sie diese Papiereinstellung als Standard einrichten wollen. Bestätigen Sie diese Anfrage einfach mit OK. Sie können sich natürlich auch eine der anderen Papieroptionen als Standard einrichten – das ist ganz alleine Ihnen überlassen.

7. Wählen Sie KONTROLLFELDER aus dem -Menü. Doppelklicken Sie auf ERSCHEINUNGSBILD und dann in ZEICHENSÄTZE. Aktivieren Sie die Option *»Zeichensätze glätten«* und Sie sehen, wie die Schriften auf dem Bildschirm schöner dargestellt werden.

Vorher	Nachher
The Staten Island Fairy	**The Staten Island Fairy**
A true story in nine chapters	*A true story in nine chapters*
Once upon a time there was a water sprite named Tia. She lived in New York, near the harbor where	Once upon a time there was a water sprite named Tia. She lived in New York, near the harbor where

8. AppleWorks, Word 98 und einige andere Textverarbeitungsprogramme zeigen Ihnen die Schriftart bereits im Original bei der Auswahl im Menü SCHRIFT:

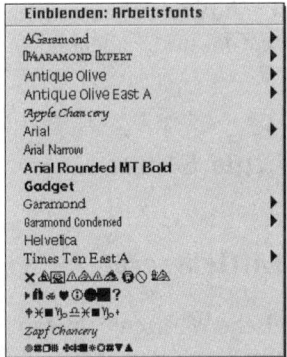

Das Problem dabei ist, die Schriftart Symbol, bei der jedes Zeichen ein anderes Zeichen oder Bild ist, zu lesen (ähnlich wie bei Zapf Dingbats). Einfach. Halten Sie einfach die *Shift-Taste* gedrückt, während Sie die Maus über die Schriften ziehen – alle Schriften werden nicht mehr in Ihrem typischen Schriftbild, sondern einheitlich und leicht lesbar angezeigt.

9. Sie wollen beim nächsten Treffen mit Typo-Spezialisten besonders glänzen? Dann sollten Sie etwas über die Begriffe serif (ausgesprochen SAIR-iff) und sans serif (SANNZ sair-iff) wissen.

Eine Serife ist eine kleine Verlängerung an den Ecken der Buchstaben bei verschiedenen Schriftarten (in der Abbildung sind diese Serifen durch kleine Kreise markiert).

Terrif serifs
Sans-serif

Eine sans serif Schrift hat diese Verlängerungen (Serifen) nicht – wie der Name schon sagt (in der Abbildung gekennzeichnet durch ein Quadrat). Times, Palatino und die Schrift, die Sie gerade lesen, sind Serif Schriften. Helvetica, Geneva und die Überschriften in diesem Buch sind Sans Serif Schriften. Mit diesem Wissen und 1,10 DM können Sie sich jetzt eine Marke für einen Brief kaufen.

10. Dieser Hinweis ist zwar technisch, aber trotzdem wertvoll.

Beim Drucken positioniert der iMac jedes Wort exakt an die Position, an der es auch in dem Dokument auf Ihrem Bildschirm steht. Jedoch ist die Bildschirmauflösung des iMac geringer als die Auflösung des Druckers – 72 dpi – Punkte per inch – zu 600 bzw. 1400 dpi (gängiger Druckerstandard). So kann die Darstellung auf dem Bildschirm speziell bei fetten Texten anders aussehen als im Druck (siehe Abbildung unten).

Die Lösung: Aktivieren Sie für den Druck die Funktion Fractional Character Widths. Auf dem Bildschirm sieht der Text dann zwar nicht so schön aus, dafür wird der Ausdruck viel eleganter und professioneller, wie der unten abgebildete Vergleich zeigt.

	Fractional Widths OFF	Fractional Widths ON
Auf dem Bildschirm:	**Bullwinkle's Little Secret**	**Bullwinkle's Little Secret**
Im Druck:	**Bullwinkle's Little Secret**	**Bullwinkle's Little Secret**

Und wie finden Sie dieses magische Werkzeug? In AppleWorks ist Fractional Width eine der möglichen Einstellungen im Menü BEARBEITEN. In Word 98 finden Sie es im Menü Werkzeuge unter Einstellungen. Denken Sie aber möglichst daran, diese Funktion auszuschalten, während Sie arbeiten und nur zum Drucken einzuschalten.

Teil II

Internet leicht gemacht

The 5th Wave   By Rich Tennant

Einrichten eines
Internet-Zugangs
1 DM / Min.

In diesem Teil...

Das »i« in der Bezeichnung iMac steht für Internet.

Auch wenn Sie die Begriffe Internet, Informations-Autobahn, Web oder was auch immer, nicht mehr hören bzw. lesen können, wir denken, dass Ihnen dieser Teil sehr nützlich sein kann. Denn im Internet finden Sie auch sehr viele nützliche Informationen für das private und geschäftliche Leben, Anregungen und Hilfen, zum Teil kostenlos und zum Teil kostenpflichtig. Die folgenden Kapitel zeigen Ihnen, wie das geht.

So finden Sie Ihren Weg ins Internet

In diesem Kapitel

▶ Das Internet: Was man darunter versteht und wie es funktioniert

▶ Wie Sie sich einwählen

▶ Und wie Sie sich darin zurechtfinden

Wenn Sie bis heute nichts von Internet oder zum Beispiel T-Online oder AOL gehört haben, dann müssen Sie die letzten Jahre ganz tief unten in einem bayerischen Salzbergwerk verbracht haben. Heute können Sie praktisch keinen Schritt mehr tun, ohne dass Ihnen Web-Adressen (`www.groschengrab.de`) und E-Mail-Adressen begegnen. In Zeitschriften, Zeitungen, auf Plakaten, ja sogar im Fernsehen wird tagtäglich dafür geworben, Firmen und Privatleute präsentieren diese neue Kontaktadresse auf Briefbögen und Visitenkarten. Oder Sie treffen immer öfter Bekannte, denen die nächtlichen Surfreisen durch das World Wide Web deutlich ins Gesicht geschrieben sind.

Online eröffnen sich Ihnen Tausende von Möglichkeiten: Sie können E-Mails an jedermann senden, der auch online ist; Sie können kostengünstig Personal suchen; Sie erhalten kostenlose Informationen aus Magazinen (Focus, Stern und Spiegel) und Zeitungen wie FAZ; Sie haben Zugang zu großen Bibliotheken; Sie können Museen besuchen; Sie können an Diskussionen zu praktisch jedem Thema teilnehmen; Sie haben über so genannte Chatrooms Kontakt zu interessanten Menschen und und und …

Bevor Sie sich jedoch Hals über Kopf in dieses Abenteuer stürzen, beherzigen Sie bitte diese Warnung: Online zu sein kann sich zu einer Sucht auswirken und ist mit Sicherheit ebenso gefährlich. Während Sie durch das endlose Angebot immer neuer und noch verlockenderer Informationen stromern und an jeder Ecke neue Einsichten gewinnen, besteht die Gefahr, dass Sie gleichzeitig eine Menge Dinge verlieren – Zeit, Schlaf und vielleicht Ihre Familie. Deshalb gehen Sie es ganz ruhig an, suchen Sie nicht wahllos, sondern gezielt nach Informationen zu den Themen, die Sie wirklich interessieren.

Und bedenken Sie bei all dem, dass das Internet keine Erfindung von Apple ist. Es bestand schon lange vor dem Macintosh und wurde in seiner ursprünglichen Form bereits in den 60iger Jahren von Wissenschaftlern eingerichtet, die dies für eine glänzende Idee hielten, um über TCP/IP, FTP, Bits und Bytes zu diskutieren. Im Ergebnis ist es etwas komplizierter, »online zu gehen« als die tagtäglichen Routinearbeiten mit dem iMac zu erledigen.

Mit anderen Worten, wenn Sie nicht ganz begreifen, was hier eigentlich abgeht, ist das nicht unbedingt Ihr Fehler.

Die Geburt eines riesigen Verwirrspiels

Die heutige Form des Internet hat seinen Ursprung in einem riesigen Kommunikations-Netzwerk des amerikanischen Militärs. Die Idee dabei war, ein Netz von miteinander verbundenen Computern über das ganze Land zu legen, um im Ernstfall schnell und sicher Informationen übertragen zu können. Daraus hat sich eine heute weltweite Vernetzung entwickelt.

Deshalb kann es gut sein, dass eine E-Mail-Nachricht, die Sie Ihrem Nachbarn nebenan schicken, auch erst in der ganzen Welt herumgeschickt wird – von Hintertupfingen nach New York und zurük über London/Frankfurt –, bevor sie auf dem Bildschirm Ihres Nachbarn landet.

Denn es gibt keine Zentrale für das Internet, das Internet ist überall und nirgends. Niemand kann es kontrollieren, niemand weiß, wie viele Computer angeschlossen sind. Es lässt sich nicht messen und eben nicht kontrollieren, deshalb hat es so einen großen Erfolg gerade bei jungen Menschen.

Mit der Öffnung des Internet durch Die US-Behörden für die Öffentlichkeit wurden immer mehr Angebote und Dienstleistungen kreiert – heute ist praktisch jeder Lebensaspekt darin vertreten. Es gibt eine Unzahl von nützlichen Informationen ebenso wie es eine Unzahl von wirklich Sinnlosem gibt. Mit den folgenden Kapiteln wollen wir Ihnen eine Hilfestellung geben, damit Sie Ihren Weg durch die verwirrende Vielfalt einfacher finden.

Erstens: Das Modem

Ihr iMac verfügt über ein eingebautes Modem, eine kleine Welt elektrischer Schaltkreise, die Ihren Computer mit dem Telefon verbinden. Es handelt sich dabei um ein so genanntes 56K-Modem, das schnellste Modem, das zurzeit auf dem Markt ist.

Wenn Ihr iMac telefoniert, wählt er die entsprechende Nummer um ein Vielfaches schneller, als Sie es könnten, und nutzt die Kapazität der Telefonleitung besonders effektiv. Wenn Ihr iMac das Modem benutzt, kann niemand telefonieren. Deshalb sollten Sie sich zunächst überlegen, wie Sie Ihr Modem anschließen:

✔ **Sie teilen sich eine Leitung mit dem Modem.** Dazu können Sie sich bei dem Radiogeschäft um die Ecke einen Y-Stecker kaufen, das ist ein kleines Plastikteil, das aus einem Telefonanschluss zwei macht – einen für Ihr Telefon und einen für Ihren iMac. Mit dieser Lösung können Sie jedoch nur dann telefonieren, wenn Sie das Modem nicht benutzen – und umgekehrt.

✔ **Sie lassen eine zweite Telefonleitung installieren.** Das ist der Königsweg: Sie geben dem Modem einen eigenen Anschluss.

Dafür sprechen: (1) Ihr Familienanschluss ist nicht blockiert, wenn das Modem die neuesten Fußballergebnisse herunterlädt. (2) Sie können mit Ihrem Freund/Ihrer Freundin sprechen, während Sie gleichzeitig über das Modem einen Liebesbrief versenden. (3) Wenn Sie in einem Büro arbeiten, das mit einer modernen Telefonanlage ausgestattet ist, müssen Sie für das Modem in jedem Fall einen eigenen Anschluss legen lassen.

Dagegen sprechen: (1) Diese Lösung ist teurer. (2) Diese Lösung erfordert einen Anruf bei der Telekom, was so viel Freude bereitet, wie etwa Sand zu essen. (3) Sie gehen das Risiko ein, ein Modemverrückter zu werden.

✔ **Sie benutzen gar keine Telefonleitung.** Wenn Sie das Glück haben, in einer Gegend zu wohnen, wo schon der Internetanschluss über Kabel funktioniert, können Sie ein Kabelmodem (DSL) anschließen. Dieser Service kostet einige Mark pro Monat und erfordert den Besuch eines Technikers für den Anschluss. Aber das Ergebnis ist sensationell. Ihr iMac ist immer online ohne jemals das eingebaute Modem zu benutzen und ohne Ihren Telefonanschluss zu blockieren. Und Ihr iMac hat eine Verbindung zum Internet, die ein Vielfaches schneller ist als die Verbindung mit dem schnellsten erhältlichen Telefonmodem.

Wie auch immer Sie sich jetzt entscheiden, die DSL-Verbindungen werden auf jeden Fall wohl die Zukunft bestimmen.

Für den Rest dieses Kapitels gehen wir einfach einmal davon aus, dass Sie Ihre Online-Verbindung so herstellen, wie es auch der größte Rest der Welt tut: Sie schaffen eine Verbindung über das Telefon. Dazu stecken Sie einfach das Telefonkabel in den Modemanschluss des iMac. (Der Modemanschluss ist der Anschluss auf der rechten Seite des Computers, der mit einem kleinen Telefon markiert ist.) Das andere Ende stecken Sie in die Telefondose in der Wand. (Wenn Sie Ihren iMac mit der AirPort Karte ausgestattet haben, ist die Vorgehensweise etwas unterschiedlich – lesen Sie dazu Kapitel 14.)

America Online (AOL) oder direkt ins Internet?

Wenn Sie die große weite Welt des Cyberspace betreten wollen, so können Sie das grundsätzlich durch zwei Türen tun. Entweder Sie werden Mitglied bei America Online (AOL) oder Sie entscheiden sich für einen eigenen Internetzugang bei einem Internet Service Provider, wie z.B. Nacamar.

 Wir finden den Begriff Internet Service Provider – kurz ISP – etwas übertrieben, etwa so, als wenn man einen Schriftsteller als »*Literatur Service Provider*« bezeichnen würde. Unglücklicherweise können Sie heute kein Computermagazin mehr aufschlagen oder sich mit Computerfreaks unterhalten, ohne über kurz oder lang beim Thema Internet Service Provider zu landen. (»Mein ISP verlangt nur 39,– DM im Monat.« »Oh wirklich, dann sollte ich doch einmal darüber nachdenken, meinen ISP zu wechseln.«) Mit Ihrer Erlaubnis bezeichnen wir daher im Folgenden die Unternehmen, die Ihnen Zeit im Internet vermieten, als ISP's.

In diesem Kapitel zeigen wir Ihnen die beiden Wege »*online*« zu gehen. Jeder Weg hat entscheidende Vor- und Nachteile, die Sie in der folgenden Tabelle finden. Am besten, Sie fotokopieren diese Liste, verteilen sie dann an Ihre Familienmitglieder und diskutieren Sie bei einem guten Essen.

America Online AOL	Internet Service Provider (ISP)
keine monatliche Grundgebühr	keine monatliche Grundgebühr
unbeschränkter Zugang	unbeschränkter Zugang
häufig überlastete Leitungen	praktisch nie überlastete Leitungen
trennt die Verbindung sehr schnell, wenn Sie nicht aktiv sind	trennt die Verbindung nie
um Hilfe und Unterstützung zu bekommen, braucht man sehr viel Geduld	für Hilfe und Unterstützung praktisch immer erreichbar
mit einem Programm auf Ihrer Festplatte können Sie alles erledigen: E-Mail, Websurfen, Chatrooms und so weiter	Sie benötigen verschiedene Programme für E-Mail und zum Websurfen
generell sicher für Kinder, z.B. keine Pornographie auf den AOL-Seiten	man sollte sich zunächst informieren, bevor man Kinder unbeaufsichtigt lässt
sehr einfach, manchmal frustrierend; die wahren Kenner verachten Menschen mit AOL-Zugang	komplexer und weniger limitiert – die anderen beneiden Sie um den richtigen Internetzugang

America Online (AOL) ist wie der Name schon sagt ein Online Service. Die Angebote sind normiert und für Sie selektiert. Was etwas im Widerspruch zum lebendigen Internet steht, wo sich ständig alles ändert und erneuert und wo es eigentlich keine Grenzen gibt.

 Wenn Sie zu AOL kommen, ist das ungefähr so, als würden Sie in ein Lebensmittelgeschäft gehen, wo jedes einzelne Produkt sauber und ordentlich verpackt und beschriftet ist. Wenn Sie dagegen ins Internet gehen, so ähnelt das mehr dem Besuch eines Wochenmarktes, wo alles durcheinanderwuselt, die verschiedensten Dinge unmittelbar nebeneinander angeboten werden und Sie nur das verpackt bekommen, was Sie auch tatsächlich wollen. Aber dort sind Sie auf sich alleine gestellt und Sie müssen Ihre Auswahl ganz alleine treffen und vor allem: finden.

Andererseits erhalten Sie von AOL auch den Zugang zum wirklichen Internet. Sehen Sie es einmal so: Der schön aufgeräumte »AOL-Laden« hat eine offene Hintertür zum Wochenmarkt.

America Online (AOL), der Cyber-Lebensmittelladen

Ihr iMac kommt bereits mit einem fertig installierten America Online (AOL) Ordner auf der Festplatte zu Ihnen (im Ordner Internet). In diesem Ordner ist das America Online-Programm, auf dessen Symbol Sie einfach doppelklicken, um es zu öffnen.

Wenn Sie zum ersten Mal auf das Symbol doppelklicken, werden Sie durch eine ganze Reihe von Einrichtungsschritten geleitet.

✔ Sie werden nach Ihrem Namen, Ihrer Adresse und Ihrer Kreditkartennummer gefragt. Bitte beachten Sie, dass Sie 100 Online-Freistunden erhalten. Wenn Sie innerhalb von 5 Monaten wieder kündigen, war die ganze Veranstaltung für Sie kostenfrei.

✔ Sie wählen eine lokale Zugangsnummer aus einer Liste. Damit können Sie zum Ortstarif in die ganze Welt wählen.

✔ Sie geben einen Internetnamen und ein Passwort ein.

Der Intenetname kann 10 Buchstaben lang sein, Sie können jedoch keine Leerzeichen oder Punkte verwenden. Sie können auch eine Variation Ihres Namens benutzen (DrDummie, PeterPan, ElkeTran) oder einen Phantasienamen, der Ihnen besonders gut gefällt (Patachon, MusikMann, Hyperlocke). Damit Sie es richtig verstehen: America Online hat über 17 Millionen Mitglieder, von denen jedes (einschließlich Ihnen) bis zu fünf verschiedene Namen haben kann – für jedes Familienmitglied einen. Da können Sie sich sicher vorstellen, dass so schöne Namen wie Helena, Ottokar oder Ottfriede schon vor langer langer Zeit belegt wurden.

Wenn Sie trotz kreativer Hochleistung trotzdem noch einen Namen gewählt haben, der bereits belegt ist, fordert das Programm Sie so lange zur Neueingabe auf, bis es passt.

Wenn Sie diese Einrichtungsschritte hinter sich haben, kommt auch Ihr Modem in Gang und Sie sehen endlich das AOL-Logo auf Ihrem Bildschirm mit der erfreulichen Meldung »Passwort prüfen«. Wenn das auch noch geklappt hat, sehen Sie die Startseite von AOL.

Übrigens werden Sie bei AOL begrüßt, als seien Sie der- bzw. diejenige, auf die man schon den ganzen Tag gewartet hätte. Und wenn Sie eine E-Mail erhalten haben, macht man Sie darauf aufmerksam (um die E-Mail anzusehen, brauchen Sie nur noch auf das entsprechende Symbol zu klicken).

Erkunden nach Symbolen

AOL – und das werden Sie sicher schnell entdecken – ist eine Sammlung Hunderter verschiedener Bildschirmansichten, die jede für sich einen anderen Service des Unternehmens präsentiert. Jeden Tag erscheint die Eingangsseite mit einem anderen Inhalt – Sie wählen nur noch das entsprechende Symbol aus, klicken – und schon wird Ihnen die gewünschte Informationsseite präsentiert.

Das Inhaltsverzeichnis erhalten Sie nach einem Klick auf das Symbol AOL Channels. Jeder Punkt des Inhaltsverzeichnisses bringt Sie dann auf die entsprechende Informationsseite, wie zum Beispiel:

✔ News

✔ Shopping

✔ Leute

Erkunden nach Suchbegriffen

Jetzt haben Sie genug herumgeklickt, mit den verschiedenen Symbolen Seite um Seite geöffnet und alles oder einen großen Teil davon gesehen, was Ihnen America Online (AOL) zu bieten hat. In der Zwischenzeit ist Ihre Telefonrechnung gehörig angewachsen und Sie haben den typischen »Maus-Arm« entwickelt.

 Sehr viel schneller kommen Sie zu den Seiten, die Sie wirklich interessieren, über einen Suchbegriff. Ein Suchbegriff arbeitet wie ein Aufzug, der Sie schnell und ohne Umwege direkt zum Ziel bringt – ohne zeit- und nervenraubende Zwischenstopps. Geben Sie Ihren Suchbegriff einfach in das Feld oben auf der Seite ein (dort, wo »Suchbegriff/Webadresse eingeben« steht). Wenn Sie dann die Return-Taste drücken, wird Ihnen die Seite mit den gewünschten Informationen direkt präsentiert.

Hier sind einige der AOL-typischen Informationsseiten, die Sie über die verschiedenen Suchbegriffe schnell aufrufen können. Am besten bewaffnen Sie sich mit diesen Suchbegriffen, um den Angriff auf Ihre Freistunden erfolgreich abzuwehren.

Zugang: eine Liste der lokalen Einwahlnummern von AOL

Suchbegriff	Und wo Sie dann landen …
Online-Banking	Hier können Sie Ihre Bankgeschäfte abwickeln.
Anfänger	Eine Sammlung nützlicher Tipps für Internet-Einsteiger.
Lexikon	Hier können Sie in verschiedenen Lexika blättern.
Hilfe	Eine Online-Unterstützung, damit Sie sich bei AOL besser zurechtfinden.
Macgame	Informationen zu Mac Spielen
Star Trek	Star Trek

 Jetzt fragen Sie sich natürlich ganz zu Recht, wie der Suchbegriff für die Information ist, die Sie tatsächlich suchen. Ganz einfach – geben Sie als Suchbegriff einfach »Suchbegriffe« ein. Dann erhalten Sie einen ganzen Bildschirm mit Suchbegriffen. Da können Sie dann auswählen.

Wie Sie Ihren Weg zu den guten Hilfen wiederfinden

Bei den vielen hundert Seiten von AOL und den Millionen Seiten im Internet, die es alle wert sind, öfter besucht zu werden – wäre es da nicht nett, wenn Sie sich jetzt einige davon merken könnten? Stellen Sie sich doch einmal vor, Sie haben durch Zufall die wirklich aufregende Seite der Cockerspaniel-Züchter entdeckt – aber wie sollen Sie beim nächsten Mal die von Ihnen zufällig geklickte Reihenfolge der Buttons auf dem Weg dorthin wiederholen können?

Da gibt es eine einfache Lösung: Wenn Sie eine Webseite sehen, die Sie gerne wieder einmal besuchen möchten, dann speichern Sie diese einfach im Ordner FAVORITEN. Wenn Sie dann die Seite wieder besuchen möchten, brauchen Sie nur diese Adresse anzuklicken – und schon sind Sie da.

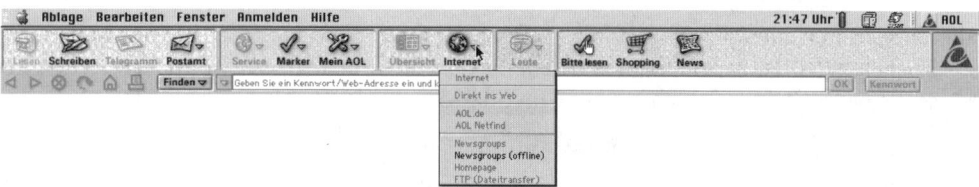

Übrigens: Um eine Seite aus Ihrer Favoritenliste zu löschen, wählen Sie einfach den ersten Befehl aus dem Popup-Menü (Favorite places). Im folgenden Fenster klicken Sie dann einmal auf den Namen der Seite und wählen LÖSCHEN aus dem Menü BEARBEITEN.

Die E-Mail Verbindung

Eines der besten Dinge, das Ihnen AOL bietet, ist die Möglichkeit, E-Mails zu versenden – und natürlich auch E-Mails zu erhalten.

Wenn Ihnen jemand eine E-Mail gesendet hat – was Ihnen AOL mitteilt – brauchen Sie nur auf den SIE HABEN EINE E-MAIL ERHALTEN Button zu klicken, um sie zu lesen.

Wenn Sie die Nachricht gelesen haben, gibt es mehrere Möglichkeiten: Sie können (a) darauf antworten (indem Sie einfach auf den Button ANTWORTEN klicken); Sie können sie (b) an einen anderen Empfänger weiterleiten (indem Sie auf den WEITERLEITEN-Button klicken); Sie können sie (c) auf Ihrer Festplatte speichern (indem Sie SPEICHERN aus dem Menü DATEI wählen); Sie können sie (c) ausdrucken (DRUCKEN aus dem Menü DATEI); oder Sie können (e) das Fenster einfach schließen, ohne irgendetwas davon zu tun. Wenn Sie das tun, bleibt die Nachricht eine Woche lang in Ihrem guten alten Mailordner und verschwindet dann sang- und klanglos für immer.

Wenn Sie eine Nachricht an jemanden senden wollen, klicken Sie einfach auf SCHREIBEN in der Werkzeugleiste. Geben Sie die E-Mail Adresse des glücklichen Empfängers ein, einen Betreff und natürlich Ihre Nachricht in den betreffenden Feldern. (Mit der Tabulatortaste gelangen Sie dabei mühelos von einem Feld in das nächste.) Wenn Sie die Nachricht beendet haben, klicken Sie einfach auf den Button SENDEN.

 Wenn Sie den Webnamen eines Empfängers wissen wollen – geben Sie einfach den Suchbegriff Mitglieder ein.

Das sollten Sie wissen, bevor Sie sich auf eine Online-Party begeben

Wenn Sie das erste Mal einen Chatroom betreten, werden Sie etwas irritiert sein durch die Sprache, die dort herrscht. Alle paar Minuten scheint es so, als würde jemand etwas eingeben, das aussieht wie {{{{{{{{Jennifer!!!}}}}}}}} oder ****BabyBones!****.

Allerdings sind keinesfalls die Tastaturen dieser »Chatter« defekt – die Klammern sollen nur ausdrücken, dass die darin eingeschlossene Person umarmt wird, die Sternchen stehen für Küsse. So begrüßt man sich eben online im Chatroom.

Die Online-Party Verbindung

Eine der Dienstleistungen von AOL, bei der sich die Geister scheiden, sind die so genannten Chatrooms. In einem Chatroom treffen Sie gleichzeitig bis zu 23 Personen, die miteinander sprechen – indem Sie die Worte natürlich über die Tastatur eingeben. Da alle gleichzeitig »reden«, können die Diskussionen manchmal etwas konfus werden.

Trotzdem haben die Chatrooms einen außerordentlichen sozialen Charakter: Zum ersten Mal können Sie sich so geben, wie Sie sich wirklich sehen – als die Schönste im Ballhaus, als den charmantesten, nettesten und bestaussehendsten Menschen weltweit – und dazu brauchen Sie sich nicht einmal die Haare zu kämmen.

Um in einen Chatroom zu gelangen, wählen Sie einfach CHATROOM aus dem Menü LEUTE in der Werkzeugleiste. Klicken Sie dann auf CHAT FINDEN und Sie entdecken zu den verschiedensten Themen Dutzende von gleichzeitig stattfindenden Online-Parties.

Hinter dem Rücken der anderen miteinander sprechen

Besonders interessant ist das Leben im Chatroom, wenn Sie heimlich einem einzigen Teilnehmer etwas ins Ohr flüstern – und keiner der anderen bekommt davon etwas mit. Diese Art der »Hinter-dem-Rücken-der-anderen« Unterhaltung wird Instant Nachricht genannt. Um eine solche Nachricht zu senden, wählen Sie einfach Instant Message aus dem Menü MITGLIEDER (oder drücken Sie die Tastenkombination ⌘ + I). Dann erhalten Sie das folgende Dialogfenster:

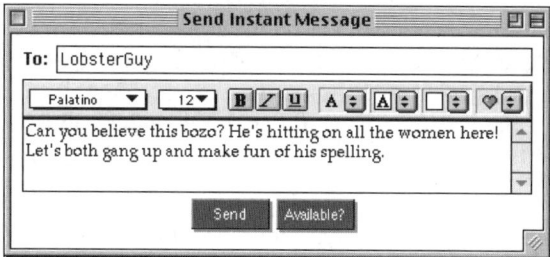

Nach dem Sie Ihre »geflüsterte« Nachricht eingegeben und Senden geklickt haben, verschwindet das Dialogfenster von Ihrem Bildschirm und erscheint auf dem Bildschirm des Empfängers. Diese Person kann Ihnen dann auch wieder etwas zuflüstern.

Vielleicht hat inzwischen ja einer der Teilnehmer am Chatroom eine geflüsterte Nachricht für Sie.

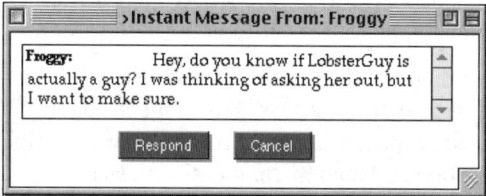

Wenn Sie versuchen, sich im Hauptfenster zu präsentieren und bei den geflüsterten Nachrichten mitzumischen, erreicht die Komik Ihren Höhepunkt. Nichts schult die Fertigkeiten auf der Tastatur besser als die Teilnahme an AOL Chatrooms.

 Sie können übrigens Instant Messages auch mit Menschen austauschen, die keine Mitglieder bei AOL sind – eben mit jenen Glücklichen, die über einen eigenen Zugang zum Internet (ISP) verfügen. Diese müssen dann allerdings erst ein entsprechendes Programm downloaden. Mehr darüber erfahren Sie unter dem Suchbegriff »Ziel«.

Wie Sie kostenlose Software finden – und bekommen

Für die meisten ist das Beste an AOL die kostenlose Software – vielleicht das einzig Gute. Benutzen Sie einfach den Suchbegriff »Dateisuche«, klicken Sie dann SHAREWARE und geben Sie im Feld »Find What?« den Namen oder die Art der Datei ein, die Sie suchen. Klicken Sie dann auf SUCHEN.

Innerhalb kürzester Zeit erhalten Sie eine Liste aller Dateien in der AOL-Datenbank, die auf Ihren Suchbegriff zutreffen. Bitte denken Sie daran, dass in der AOL-Datenbank mehr als 500.000 Dateien gespeichert sind, wählen Sie daher Ihre Suchbegriffe mit Sorgfalt.

Wenn Sie denken, dass sich eine Datei gut anhört, können Sie sich eine Beschreibung per Doppelklick anzeigen lassen. Sollte sich das dann immer noch gut anhören, klicken Sie einfach auf DOWNLOAD. Der iMac fragt Sie, wo Sie die Datei ablegen möchten. Wenn Sie auf den Schreibtisch-Knopf klicken, bevor Sie SPEICHERN klicken, umgehen Sie die Krisensituation »Wo ist mein Download hin?«, die mindestens jeder sechste Anfänger immer wieder durchlebt. Wenn Sie dann AOL beenden, wartet die Datei ganz gemütlich auf dem Schreibtisch Ihrers iMac auf das, was Sie weiter mit ihr vorhaben.

Nachdem Sie auf DOWNLOAD geklickt haben, übernimmt Ihr Modem die Datenübertragung auf Ihre Festplatte. (Lesen Sie dazu bitte den Abschnitt »Downloads, die sich nicht öffnen lassen«.)

Einen direkten Internet-Zugang (ISP) anmelden

Sollten Sie sich jetzt doch für einen direkten Internet-Zugang statt des AOL-Weges entschieden haben, senden Sie zunächst einmal ein Dankschreiben an Apple, denn das ist genau so einfach wie die Anmeldung bei AOL. Wenn Sie einen modernen iMac mit DVD-Laufwerk besitzen, haben Sie diesen Zugang vielleicht sogar schon eingerichtet, als Sie den Computer das erste Mal eingeschaltet haben (wie in Kapitel 1 bereits beschrieben).

Wenn nicht, öffnen Sie das Programm INTERNET ASSISTENT im Ordner INTERNET auf Ihrer Festplatte. Der Internet Assistent fragt Sie dann, ob Sie jetzt einen Zugang zum Internet konfigurieren möchten: Ja, Sie wollen. Und dann werden Sie noch gefragt, ob Sie bereits einen Zugang besitzen: Nein.

Danach wählen Sie nur noch das Land und den jeweiligen Anbieter aus den Popup-Menüs und geben dann Ihre persönlichen Daten (Name, Adresse etc.) für den Anbieter und Ihren Internetnamen ein.

Wenn alles korrekt abgewickelt wurde, sind Sie ein offizieller Teilnehmer des Internet. Ab jetzt haben Sie zum Beispiel eine E-Mail-Adresse mit einem @-Zeichen auf Ihren Visitenkarten. Und Sie können ab jetzt auf jeder Party Ihren Senf dazu geben. Und Sie können sich in den weiten Himmel der Cyberwelt fern ab von Familie, Job und Alltag absetzen.

Was passiert im Internet?

Auf den folgenden Seiten lesen Sie, was Sie alles im Internet tun können. Die nützlichsten Dinge dabei heißen E-Mail, Newsgroups und World Wide Web. Wie Sie sich sicher erinnern, können Sie alle diese Dinge nutzen, egal ob Sie einen Zugang über AOL oder über einen Internet Service Provider (ISP) besitzen.

E-Mail

Wenn Sie einen Zugang über AOL haben, lesen Sie bitte den Abschnitt »Die E-Mail-Verbindung« etwas weiter vorne. Wenn Sie einen direkten Zugang besitzen, lesen Sie bitte Kapitel 8. Wie auch immer, E-Mail wird Ihre Zukunft ebenso beeinflussen wie andere führende Technologien, etwas Kabelfernsehen oder Popcorn aus der Mikrowelle.

Newsgroups

Ein weitere Nutzen sind die Newsgroups. Aber keine Bange, das hat nichts mit Nachrichten zu tun und das sind auch keine Gruppen. Das ist einfach Ihr persönliches Internet.

Newsgroups sind elektronische Pinboards – Sie veröffentlichen darin eine Nachricht, die jeder im Internet lesen und auch öffentlich darauf antworten kann. Dann antwortet wieder jemand auf die Antwort und so weiter und so weiter ...

 Nebenbei bemerkt: Viele Nachrichten sind im Internet sehr offenherzig – ungefähr so, als wenn man bei einem Glas Wein gemütlich zusammen vor dem Kamin sitzt. Dafür gibt es zwei Gründe: Erstens sind hier alle vollkommen anonym – keiner kann den anderen sehen, so dass es eigentlich vollkommen egal ist, wie jemand in Wirklichkeit ist. Und zweitens erscheinen auf diese Weise täglich Millionen von

persönlichen Nachrichten und viele davon versprechen sich mehr Aufmerksamkeit durch höchste Dramatik.

Das >-Zeichen bedeutet, dass dieser Teil der Nachricht aus einer früheren Mail zitiert wurde, sodass jeder weiß, worauf sich der Absender bezieht.

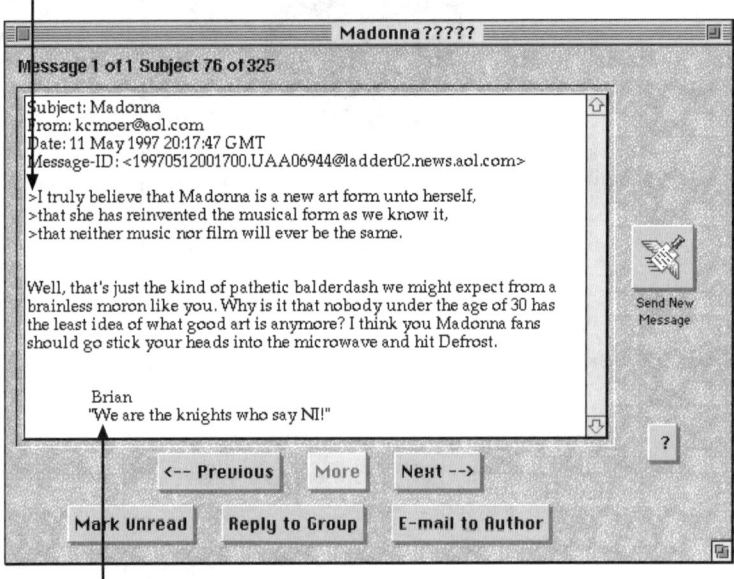

Für gewisse Leute im Internet ist es typisch, dass sie ihre Namen mit besonders anspruchsvollen Zitaten versehen. Fragen Sie mich nicht warum; mich persönlich nervt sowas eher.

Es gibt zur Zeit über 29.000 verschiedene Newsgroups zu praktisch jedem denkbaren Thema – Chemiker, die gerne Fußball spielen, linkshändige Geiger, Asterix-Fans auf Feuerland und so weiter … Wie Sie diese Newsgroups erreichen, lesen Sie hier:

✔ **Nutzen Sie bei AOL den Suchbegriff Newsgroups.** Wenn Sie dann MEINE NEWSGROUPS LESEN klicken, sehen Sie eine Themenliste. Doppelklicken Sie einfach auf die Themen, die Sie interessieren, um die aktuellsten Mitteilungen zu lesen. (Um Newsgroups Themen hinzuzufügen, klicken Sie auf ALLE NEWSGROUPS SUCHEN.)

Nachdem Sie eine Nachricht gelesen haben, können Sie darauf antworten (klicken Sie auf den Button NEUE NACHRICHT SENDEN) oder weiterlesen (klicken Sie auf den Button NÄCHSTE>>).

✔ **Bei Zugang über einen ISP**: Verwenden Sie dafür das E-Mail-Programm Outlook Express, das mit Ihrem iMac geliefert wurde. (Das ist das Programm, mit dem Sie Ihre E-Mail lesen, wie in Kapitel 8 beschrieben.)

Wenn Sie mit Outlook Express online sind, klicken Sie auf das Symbol Microsoft News Server auf Ihrem Bildschirm. Dann erhalten Sie zum Beispiel alle Newsgroups, die sich mich Windows-Software beschäftigen. Mit dem Lesen könnten Sie Tage zubringen – das ist aber für den Besitzer eines iMac eher weniger interessant. Versuchen Sie daher lieber dies:

Wählen Sie Präferenzen aus dem Menü Bearbeiten, klicken Sie auf das Symbol News Server und geben Sie Newsgroups Liste ein. Beim ersten Mal werden Sie dann aufgefordert, den Newsserver einzugeben, den Sie von Ihrem ISP erhalten haben. Dann wird die komplette Liste der vorhandenen Newsgroups geladen, was einige Minuten dauern kann.

Wenn Ihnen jetzt danach ist, können Sie jederzeit viele Millionen Nachrichten aus aller Welt über alle Themen der Welt lesen. Links im Fenster Outlook Express wurde nämlich ein neuer Begriff erzeugt: News. Wenn Sie darauf klicken, erhalten Sie die komplette Liste (ca. 29.000). Doppelklicken Sie einfach auf den Namen der Nachricht, die Sie interessiert. (Wenn Sie darauf antworten wollen – Button Antworten.)

Es ist uns klar, dass dieser Vorgang ungefähr 500 Arbeitsschritte benötigt – aber wir haben auch nie behauptet, Internet sei einfach.

Das World Wide Web

Einmal abgesehen von E-Mails ist das Tollste am Internet das World Wide Web. Deshalb haben wir dafür auch das komplette nächste Kapitel reserviert. Für jetzt nur so viel:

✔ **Mit America Online:** Ihre AOL-Software enthält einen Webbrowser. In einigen Fällen kommen Sie durch einfaches Klicken auf irgendeinen Button innerhalb dieses Browsers weiter. Wenn Sie mehr sehen wollen, geben Sie einfach die Webadresse in das Eingabefeld im Kopf des Browserfensters ein – dort wo bereits die Buchstaben `http:` stehen.

✔ **Mit einem ISP-Zugang:** Hier haben Sie die freie Auswahl zwischen zwei Webbrowsern – Netscape Navigator und Microsoft Internet Explorer –, die beide im folgenden Kapitel beschrieben werden.

Die Verbindung wieder trennen

Wenn Sie Ihre AOL-Verbindung trennen wollen, ist das keine große Sache – wählen Sie einfach Beenden aus dem Menü Datei. Und schon ist Ihr Telefonanschluss wieder frei für die übrigen Familienmitglieder.

Wenn Sie einen direkten Internetzugang (ISP) besitzen, ist das etwas trickreicher. Lassen Sie uns dafür einen Vergleich bemühen: Stellen Sie sich vor, Sie telefonieren zum Beispiel an Neujahr mit Onkel oder Tante, um Grüße auszutauschen. Sie haben angerufen und reichen dann den Telefonhörer reihum an die verschiedenen Mitglieder Ihrer Familie weiter: »Und hier ist der kleine Robert. Robert – sag was zu Onkel Paul …!«

Das Internet als gigantisches Backup-System nutzen

Wie wir bereits in Kapitel 4 beschrieben haben, bedeutet Backup nicht mehr und nicht weniger als eine Sicherheitskopie Ihrer Arbeiten. Manche iMac-Fans kaufen dafür Plattenlaufwerke – siehe Kapitel 19. Andere senden die zu sichernden Dateien als Anhang mit E-Mails an sich selbst (siehe Kapitel 8). Aber einer der preiswertesten und praktischsten Wege, um Ihre Daten zu sichern, ist der Service im Internet, wie er zum Beispiel unter `Freeback.com` oder `MyDocsOnline.com` angeboten wird. Diese speziellen Webseiten sind leicht zu nutzen und kosten keinen Pfennig.

Und so arbeitet dieser kostenlose Service. Öffnen Sie Ihren Webbrowser (siehe nächstes Kapitel) und gehen Sie auf die entsprechende Webseite (`http://www.freeback.com` oder `www.mydocsonline.com`. Wenn Sie auf den Button REGISTER klicken, müssen Sie einen Namen, ein Passwort und Ihre E-Mail-Adresse eingeben. (Freeback will außerdem noch eine Menge anderer Informationen von Ihnen und bietet Ihnen 10 Mbyte freien Speicherplatz. Das einfacher zu nutzende MyDocsOnline bietet Ihnen doppelt so viel Speicherplatz für weniger persönliche Informationen.)Wenn Sie jetzt Ihre Daten sichern wollen, brauchen Sie nur noch den Button Upload File auf der jeweiligen Webseite anzuklicken. Klicken Sie dann den Button Browse und Sie sehen den Inhalt Ihrer Festplatte als Liste. Jetzt müssen Sie nur noch auf die Dateien doppelklicken, die Sie speichern wollen. Das System meldet Ihnen, wenn eine Datei vollständig übertragen wurde und Sie können dann die nächste Datei übertragen – solange bis Sie alle wichtigen Dateien auf Ihrer eigenen privaten Internet Backup-Seite gespeichert haben. Eine Liste zeigt Ihnen Ihre gesammelten Backups, die Sie dann mit verschiedenen Befehlen wieder zurückholen oder verschwinden lassen können.

Die 20 Mbyte freier Speicherplatz, die Ihnen MyDocsOnline anbieten, sind sehr viel, wenn Sie hauptsächlich nur schreiben, Tabellenkalkulationen erstellen oder vorwiegend mit AppleWorks arbeiten. Wenn Sie jedoch Fotos einscannen, sind 20 Mbyte nicht mehr so sonderlich viel. In diesem Falle können Sie gegen Bezahlung zusätzlichen Speicherplatz mieten, zum Beispiel auf einer Webseite wie `BackJack.com` oder `iMacBackup.com`. Diese digitalen Lagerhäuser im Internet sind nicht besonders preiswert, bieten Ihnen jedoch zwei Vorteile: Erstens können Sie die Programme so einstellen, dass sie von bestimmten Ordnern auf Ihrer Festplatte zu festgelegten Zeiten automatisch Backups erstellen. Und zweitens gibt es keine Begrenzungen – Sie zahlen nicht mehr, wenn Sie mehr speichern.

Ob Sie nun ein kostenloses Internet Backup-System nutzen oder für den Service bezahlen, eins ist mal sicher: Sie können nachts ruhiger schlafen, weil Sie Ihre wichtigen Daten sicher aufgehoben wissen. Auch wenn Ihr Büro abbrennt, einer Sturmflut zum Opfer fällt oder von Einbrechern ausgeräumt wird – Ihre gesicherten Daten kann Ihnen nichts und niemand nehmen.

Im Internet funktioniert das auf ähnliche Weise. Ihr iMac baut den Anruf auf. Aber weiter tut Ihr iMac nichts, so lange Sie nicht eines der beiden oben erwähnten Programme öffnen –

entweder das E-Mail-Programm oder den Webbrowser. Jedes dieser Internetprogramme ist eines Ihrer Familienmitglieder, das dann mit Onkel Paul für einige Minuten spricht.

 Der Punkt ist folgender: Wenn Sie Ihr E-Mail-Programm oder Ihren Webbrowser beenden, bleibt die Telefonverbindung weiter erhalten. Gerade so, als wenn der kleine Robert, nachdem er doch Hallo zu Onkel Robert gesagt hat, den Hörer auf die Couch, den Esstisch oder sonstwo hin, nur nicht zurück auf den Apparat legt, und dann nach draußen spielen geht.

✔ Wählen Sie daher zum Trennen der Verbindung das Kontrollfeld REMOTE ACCESS aus dem -Menü und dann TRENNEN.

✔ Oder wählen Sie VERBINDUNG TRENNEN über das Remote Access Symbol in Ihrer Kontrolleiste.

✔ Sie können auch einfach abwarten. Wenn Sie 15 Minuten lang nichts tun – oder welche Zeitspanne Sie auch immer im Remote Access Kontrollfeld eingegeben haben – trennt der iMac die Verbindung automatisch.

Downloads, die sich nicht öffnen lassen

Ob von AOL oder aus dem Internet – es ist ganz einfach, Software herunterzuladen (download). Sie können etwas von einer Webseite herunterladen (sehen Sie dazu auch das nächste Kapitel). Oder es sendet Ihnen jemand ein neues Familienbild als Anhang zu einer E-Mail. Unglücklicherweise ist jedoch die erste Reaktion von jedem, der seinen ersten Download durchgeführt hat und nun die neue Datei auf seinem Computer sieht: »Was ...?«

Hinzu kommt, dass die meisten das gar nicht mehr finden, was sie gerade heruntergeladen haben. Hinweis: Downloads werden in einem speziellen Ordner gespeichert, von dem Sie wissen müssen, wo er sich befinden. Sie finden diesen Ordner so:

✔ **America Online:** Öffnen Sie den Internet Ordner auf der Festplatte, dann den Ordner America Online und dann den Ordner Downloads. Hier befinden sich die heruntergeladenen Dateien.

✔ **Attachements zu E-Mails:** Doppelklicken Sie in dieser Reihenfolge auf das Symbol Ihrer Festplatte, den Ordner Internet, den Ordner Internet Anwendungen, Outlook Express und schließlich den Ordner Temp. Hier sind die heruntergeladenen Dateien. (In Kapitel 8 finden Sie mehr Informationen über Outlook Express, E-Mail und Attachements.)

 Weiterer Hinweis: Wenn Sie etwas aus dem Web herunterladen, können Sie sich all diesen Umstand sparen, wenn Sie im Dialogfenster Speichern zunächst auf den den Button Schreibtisch klicken, bevor Sie die Datei auf Ihrer Festplatte speichern. Dann wartet die frisch heruntergeladene Datei auf Ihrem Schreibtisch auf Sie, wenn Sie wieder offline sind.

Hinzu kommt, dass das erste, was die meisten lesen, wenn Sie eine heruntergeladene Datei öffnen wollen, die Bemerkung »Die Datei kann nicht geöffnet werden« ist.

Das hat seinen Grund darin, dass die Dateien komprimiert versendet werden: Während Sie darauf warten, dass die Abbildung des Eifelturmes auf Ihrem iMac eintrifft, blockieren Sie Ihre Telefonleitung. Deshalb kommen alle Dateien aus dem Internet und von AOL in komprimierter Form, um die Übertragungszeit zu reduzieren.

adlatus-Jobs   adlatus-Jobs.sea

Die Sache hat nur einen Nachteil: In komprimierter Form nutzen Ihnen die Dateien nichts. Wie können Sie diese Dateien also wieder in ihren ursprünglichen Zustand versetzen?

 Jede Datei mit dem Suffix (Endung) _.sit_ wurde mit einem Programm names _Stuffit_ komprimiert. Die AOL Software dekomprimiert diese Dateien automatisch für Sie.

Aber was ist, wenn Sie (a) die Dateien direkt aus dem Internet und nicht über AOL holen oder (b) oder die Endungsbuchstaben nicht .sit sind?

StuffIt Expander: Kostenlos und ganz einfach

Die Lösung all dieser Probleme ist die die Antwort der Download-Spezialisten: StuffIt Expander. Dieses Programm ist bereits auf Ihrem iMac installiert. (Öffnen Sie nacheinander diese Symbole: Festplatte|Internet|Hilfsprogramme|Aladdin|Stuffit. Und da ist der StuffIt Expander. Wenn Sie den StuffIt Expander an einen etwas leichter zugänglichen Ort legen wollen, ziehen Sie das Symbol einfach auf Ihren Schreibtisch.)

Dieses kleine Programm entpackt für Sie jede gepackte Internet-Datei von .sit bis .cpt und .hqx und natürlich auch .gz, .z, .ARC, .ZIP sowie .uu Dateien.

Wenn Sie das Programm auf Ihren Schreibtisch gelegt haben, können Sie die gepackten Dateien, die Sie aus dem Cyberspace »ge-downloaded« haben, ganz einfach entpacken.

1. Ziehen Sie das Symbol Ihres Download einfach auf das Symbol von StuffIt Expander.

2. Ihr hilfreicher Geist bringt das Ganze dann in eine lesbare Form.

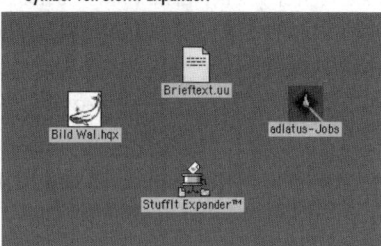

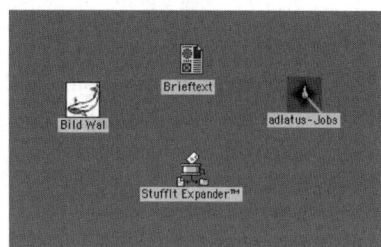

Downloads, die sich nicht öffnen lassen

Bill Gates – vielleicht haben Sie schon von ihm gehört – ist der reichste Mann aller Zeiten. Er hat diesen Erfolg mit der Windows-Software erzielt, die heute auf nahezu allen Bürocomputern der Welt installiert ist.

Glücklicherweise haben Sie etwas, das besser funktioniert: den iMac. Unglücklicherweise werden Sie aber irgendwann feststellen, dass es im Internet Dateien ausschließlich für Windows-Nutzer gibt – und Dateien, die sowohl von Macintosh als auch von Windows genutzt werden können. In beiden Fälle könnten Sie etwas verwirrt sein.

Das Erkennungsmerkmal ist Anhängsel (Suffix) von drei Buchstaben nach dem Punkt am Ende des Dateinamens. Wie bereits oben kurz erwähnt, zeigen die Suffix .sit, .hqx, zip, .uu und einige andere an, dass diese Datei gepackt ist und mit StuffIt Expander entpackt werden kann. Manchmal jedoch haben die Dateien auch nach dem Entpacken noch ein Suffix, von denen wir die gängigsten in der nachfolgenden Tabelle aufgeführt haben:

Suffix	Wie Sie es öffnen können
.exe	Eine Ausführungs-Datei – mit anderen Worten, ein Windows-Programm. Ihr iMac kann nicht mit Windows-Programmen arbeiten, ebenso wenig wie Windows-Computer mit Macintosh-Programmen. Aber es ist nicht alles verloren: Wenn Sie ein Programm wie SoftWindows oder VirtualPC kaufen und installieren, kann Ihr iMac auch mit Windows-Programmen arbeiten.
.jpg/.gif	Damit haben Sie ein Bild geladen! Wenn Sie auf das Symbol doppelklicken, zeigt Ihnen der iMac dieses Fenster:

> ⚠ **Das Erstellungsprogramm des Dokuments "Coalescor.dat" wurde nicht gefunden.**
>
> **Um das Dokument zu öffnen, wählen Sie ein passendes Programm, entweder mit oder ohne Konvertierung:**
>
> - Adobe GoLive 4.0.1 mit QuickTime Konvertierung
> - Adobe Premiere™ 4.0 mit QuickTime Konvertierung
> - AOL mit QuickTime Konvertierung
> - AOL
> - Apple DVD Player mit QuickTime Konvertierung
> - Apple DVD Player
>
> ☑ Nur empfohlene Konvertierungen zeigen
>
> [Abbrechen] [Öffnen]

Jetzt müssen Sie dem iMac sagen, mit welchem Programm dieses Bild geöffnet werden soll. Um ein Bild anzusehen, sollten Sie PageViewer aus der Liste wählen. Falls Sie das Bild aber noch bearbeiten wollen, benötigen Sie ein Bildbearbeitungsprogramm, wie zum Beispiel PhotoShop oder PhotoDeluxe. Sollte eines dieser Programme in der Liste aufgeführt sein, also auf Ihrem iMac installiert sein, klicken Sie darauf.

.pdf Bei diesem Download handelt es sich meistens um ein Handbuch oder eine Broschüre, die Sie im so genannten PDF-Format (Portable Document Format) erhalten, auch bekannt als Adobe Acrobat Datei. Um die Datei zu öffnen, benötigen Sie den Acrobat Reader, den Sie kostenlos downloaden können. Das Installationsprogramm für den Acrobat Reader liegt bereits auf Ihrem iMac, Sie finden es ganz einfach mit Sherlock (Ihrem persönlichen Detektiv), indem Sie das Suchwort Acrobat eingeben. Sollte Sherlock wider Erwarten mit leeren Händen von der Suche zurückkommen, gehen Sie einfach zur Internet-Adresse http://www.adobe.com und downloaden eine neue Kopie des Acrobat Reader Installationsprogrammes. (Sie merken schon, die Arbeit mit einem Computer ist wirklich ein Full-Time-Job.) Wenn Sie den Acrobat Reader einmal installiert haben, reicht ein Doppelklick auf die PDF-Dateien und sie öffnen sich automatisch.

.html Alle Dateien mit dem Suffix .html oder .htm sind so genannte Webseiten, die Seiten, die Ihnen im Internet gezeigt werden. Es kann vorkommen, dass Sie sich eine oder mehrere davon auf Ihren iMac geladen haben. Um Sie in Ruhe zu betrachen, öffnen sie einfach Ihren Internet-Browser (Internet Explorer oder Netscape Navigator) und wählen aus dem Menü DATEI den Befehl ÖFFNEN, bestimmen die .html- oder .htm-Datei und öffnen sie.

Zehn gute und schlechte Aspekte des Internet

Keine Frage: Das Internet hat bereits einiges verändert und es wird noch mehr verändern. Sollten Sie jetzt noch nicht online sein, so wird sich das bestimmt über kurz oder lang ändern. Hier sind einige gute Gründe dafür:

1. Gut: Jederman ist anonym, damit ist jederman gleich. Es ist völlig egal, wie Sie aussehen, riechen oder schmecken, Sie werden nur nach Ihren Worten beurteilt.

2. Schlecht: Jederman ist anonym, damit ist jederman gleich. Sie können damit mehr vorgeben, als Sie tatsächlich sind oder sich als jemand anderes ausgeben – mit dem Ziel, andere Internetnutzer zu täuschen.

3. Gut: Geringe Kosten, wenn man es so sieht.

4. Schlecht: Auch geringe Kosten sind für manch einen/eine viel.

5. Gut: Das Internet verbindet Sie mit jederman. Sie kommen Ihren Mitmenschen mit einer E-Mail bzw. Ihrer Homepage näher.

6. Schlecht: Das Internet trennt Sie von jederman. Mit der Zeit werden Sie zum Eremiten in Ihrer Höhle, der alle Zelte hinter sich abgebrochen hat.

7. Gut: Das Internet entführt die Menschen dem Fernsehen. Statistiken zeigen auf, dass der Platz vor dem Idiotenkino verwaist, wenn die Menschen das Internet entdecken.

8. Schlecht: Das Internet entführt die Menschen dem Fernsehen. Und die Fernsehanstalten beißen sich die Nägel kurz.

9. Gut: Das Internet gewährt jedem die Freiheit seiner Meinung. Keine Regierung schaut Ihnen über die Schulter, das Internet ist vollkommen unkontrolliert (obwohl sich hier in Zukunft noch so manches ändern wird).

10. Schlecht: Das Internet gewährt jedem die Freiheit seiner Meinung. Leider auch Anbietern von Pornographie, Neo-Nazis und anderen Gruppen, in deren Nähe Sie Ihre 10 Jahre alte Tochter gar nicht gerne sehen.

Web ohne Grenzen – zum Kennenlernen

In diesem Kapitel

▶ Alles über das World Wide Web

▶ Die Geheimnisse der World Wide Web Software

▶ Netscape Navigaor und Microsoft Internet Explorer

*D*er populärste Teil des Internet ist das World Wide Web – Sie können sich nicht dagegen wehren, es immer und immer wieder zu hören. Schon in der Schule werden heute die Mädchen von Ihren Verehrern zu einem »Besuch meiner Webseite/Homepage« aufgefordert. Internet-Adressen sind praktisch überall präsent – auf Visitenkarten, in Zeitungen und Zeitschriften, im Fernsehen. (Werbespots enden neuerdings mit dem Hinweis auf die Internet-Adresse – Besuchen Sie uns unter `www.geldsack.de` und so weiter.) Alles, was mit www. anfängt, ist eine Internet-Adresse.

Das Web wurde deshalb so populär, weil es für jeden leichter zugänglich ist als das übrige Internet. Es präsentiert sich den Menschen freundlich. Wenn Sie online gehen, müssen Sie sich nicht erst durch endlose Computerbefehle quälen. Informationen jeder Art lassen sich überzeugend und attraktiv in ansprechender Gestaltung und sogar interaktiv darstellen.

Surfen im Internet ist kinderleicht – mit einem Klick

Um im Internet zu surfen braucht es nicht mehr Aufwand, als bestimmte Knöpfe (Buttons) oder farbige unterstrichene Texte anzuklicken. Einiges davon zeigen wir Ihnen auf den folgenden Seiten.

Wenn Sie zum Beispiel auf einen farbigen und unterstrichenen Text (genannt Link) klicken, landen Sie automatisch auf einer anderen Seite, ohne dass Sie aufwendige Codes oder Ähnliches eingeben müssten. Wurde auf der ersten Seite zum Beispiel ein Loblied auf die Werbung gesungen, können Sie bereits auf der nächsten Seite eine Kritik über die hohen Staatsschulden finden oder die Seite eines neunjährigen Schülers aus Niederbayern mit dem Speisezettel seiner Lieblingskuh.

Allerdings beansprucht diese Fülle an Bild- und Textinformationen Ihr Modem bis zum Anschlag. Sogar über das schnelle 56 K Modem des iMac braucht es manchmal mehrere Sekunden, bis eine Webseite auf Ihrem Bildschirm komplett aufgebaut ist.

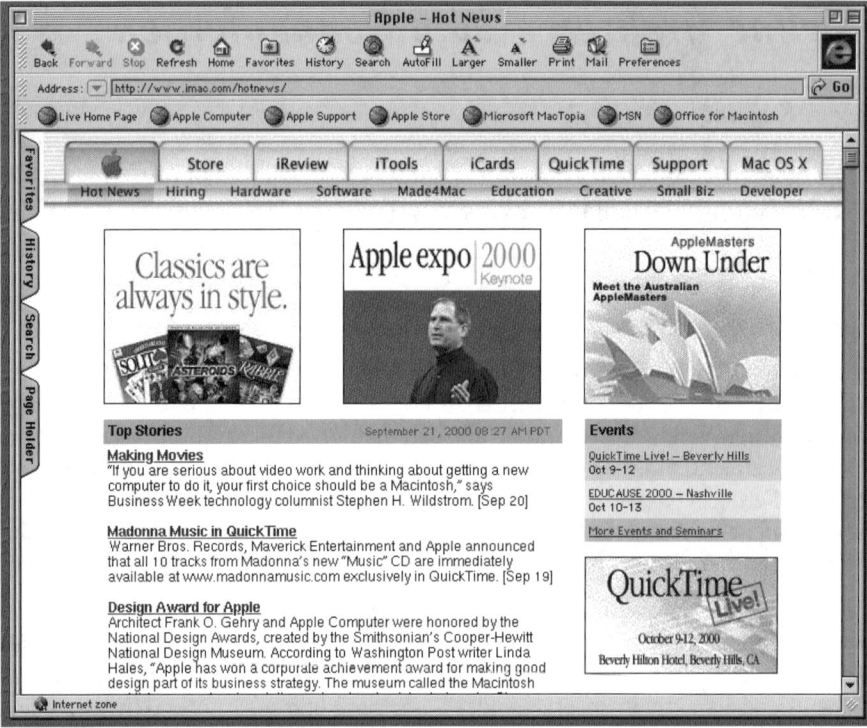

Mit AOL

Von Ihrem Internet-Provider erhalten Sie einen Web-Browser mit einer Befehlsleiste ähnlich der unten abgebildeten. Sie brauchen dann weiter nichts zu tun, als den entsprechenden Button (Knopf) anzuklicken und schon sind Sie im Web.

Wenn Sie jedoch direkt zu einer bestimmten Internet-Adresse gelangen wollen, die Sie irgendwo gelesen haben, wie zum Beispiel www.hamsterkauf.de, können Sie diese auch direkt eingeben. Der Browser öffnet dann die angegebene Adresse für Sie.

Ins Web per ISP

Auch wenn Sie sich für einen direkten Internet-Zugang entschieden haben (siehe auch Kapitel 6), benutzen Sie einen Web-Browser. Die meistbenutzten Web-Browser sind Netscape Navigator und Microsoft Internet Explorer, die beide bereits auf Ihrem iMac installiert sind (im Ordner Internet).

Und welchen Internet-Browser sollten Sie benutzen? Es gibt da einige kleine Unterschiede. Netscape Navigator ist etwas schneller, zeigt jedoch nicht immer alle Eigenschaften der Internetseiten. Internet Explorer – wie sollte es anders sein – ist etwas langsamer, zeigt dafür aber Eigenschaften, wie zum Beispiel farbige Schriften, mehr bewegte Bilder (Animationen), verschiedene Spielereien mit Schriften und ähnliches, was allerdings manchmal auch ganz schön nerven kann.

Um online zu gehen, öffnen Sie einfach Ihren Web-Browser. Einmal vorausgesetzt, Sie haben die Gebühren pünktlich bezahlt (siehe Kapitel 6), wählt der iMac automatisch die Verbindung und zeigt Ihnen schließlich eine Webseite.

Wohin im Web gehen – und was dort tun?

Wenn Sie einmal auf der ersten Seite angekommen sind, ist alles Weitere eigentlich sehr einfach. (Die folgende Abbildung zeigt das Beispielfenster des Netscape Navigator, Funktionen und Aufbau sind jedoch beim Internet Explorer vergleichbar.) Schauen Sie sich doch einfach mal im Web um und entdecken Sie die phantastischen Möglichkeiten!

A. Zurück-Button: Klicken Sie hier, wenn Sie auf die zuvor gesehene Seite zurückgehen wollen.

B. Hier können Sie eine neue Web-Adresse eingeben. Bestätigen Sie die Eingabe mit der Return-Taste oder klicken Sie auf GO (Internet-Explorer). Übrigens: Die Internet-Spezialisten nennen die Internet-Adresse oder Web-Adresse auch kurz URL.

Nebenbei bemerkt: Web-Adressen bekommen Sie zum Beispiel von einem Freund, oder aus der Zeitung, oder aus dem Fernsehen oder von wem auch immer. Wenn Sie irgendetwas lesen, was mit http://www beginnt, dann ist das eine Web-Adresse.

C. Freuen Sie sich immer wieder an dem kleinen animierten Bild in der rechten oberen Ecke des Browsers (Netscape Navigator: Kometenschauer; Internet Explorer: Drehende Weltkugel). Das Bild sagt Ihnen: »Bitte warten, ich bin gerade dabei, ein neues Bild zu zeichnen, zu malen oder was auch immer. Und so lange ich arbeite, haben Sie zu warten.«

D. Wenn Sie in dieser Menüleiste etwas anklicken, kommen Sie in der Regel zu einer anderen Seite.

E. Wenn Sie eine farbige und unterstrichene Textpassage (Link) anklicken, kommen Sie ebenfalls zu einer anderen Webseite. Diese Links dienen meistens dazu, Begriffe im Text weiter zu erläutern. Ein Hinweis dazu: Sie werden bemerken, dass sich die Farbe ändert, wenn Sie den Link einmal angeklickt haben. Das ist bewusst gemacht und soll Ihnen signalisieren, dass Sie diesen Link bereits einmal genutzt haben. Nicht, dass das mehr Geld kostet, wenn Sie es öfter tun, es ist nur, um Ihnen ein Angebot von vielen vielen Links übersichtlicher zu gestalten.

F. Wenn Sie auf einer Webseite ein Bild sehen, das Ihnen gefällt und das Sie sich gerne auf Ihrem Computer für eigene Zwecke archivieren wollen, zeigen Sie einfach mit dem Mauscursor darauf und wählen Sie dann die entsprechende Option aus dem Popup-Menü – oder ziehen Sie einfach das markierte Bild mit gedrückter Maustaste auf Ihren Schreibtisch.

G. Mit dem Scrollbalken können Sie die Ansicht der Webseite nach oben oder unten verschieben.

Mehr zu einem speziellen Thema finden

Nehmen Sie einmal an, Sie befinden sich auf der Webseite `www.haarfestiger.de` und wollen kurz einmal nachschauen, wie das Wetter in Hamburg zum geplanten verlängerten Wochenende wird, damit Sie die richtige Wahl treffen können. Da Sie ja alle Informationen irgendwo im Web finden, könnten Sie sich nun von Seite zu Seite zum Beispiel über Menüs oder die unterstrichenen Textpassagen klicken – irgendwann würden Sie die gesuchte Seite mit dem Wetter von Hamburg wahrscheinlich sogar finden.

Bei ca. 200 Millionen Webseiten ist das nur eine Frage der Zeit. Es kann dann natürlich passieren, dass Ihre Verabredung in Hamburg die paar Jahre nicht warten wollte, und Sie das Wochenende alleine – und nach so langer Zeit vermutlich sogar ohne Ihr Haarproblem – verbringen müssen. Das will keiner. Es muss also eine Lösung geben, wie Sie schnell die passende Internet-Adresse zu Ihrer drängenden Frage finden.

Zu diesem Zweck haben bereits die Urväter des Web ganz spezielle Webseiten gestaltet, die nichts anderes tun, als alle anderen Webseiten zu durchsuchen. Wenn Sie sich im Web bewegen und Sie wissen nicht, wie Sie zum Beispiel eine bestimmte Information, sagen wir mal über Schweizer Hüttenkäse, bekommen, finden Sie auf den folgenden Seiten Unterstützung (Hier sind nur drei der so genannten Suchmaschinen aufgeführt. Uns wären noch eine ganze Reihe mehr eingefallen, aber mit der Zeit finden Sie bestimmt Ihre eigene Auswahl, es sind genügend da!):

✔ `www.yahoo.de`

✔ `www.altavista.de`

✔ `www.web.de`

Alle diese Suchmaschinen arbeiten ähnlich. Am Beispiel Yahoo wollen wir Ihnen einmal zeigen, was Sie tun müssen, um endlich Ihre Information über Schweizer Hüttenkäse zu bekommen.

Nach der Bestätigung Ihrer Eingabe über den Suchen-Button zeigt Ihnen die Suchmaschine – in diesem Beispiel YAHOO! – eine neue Webseite mit den Adressen zu Ihren Suchbegriffen.

In der ersten Zeile sehen Sie, wie hilfreich eine Suchmaschine ist. Über 100.000 Adressen, die zu Ihren Suchbegriffen passen, wurden gefunden und nachstehend aufgelistet. Sie sind fast am Ziel!

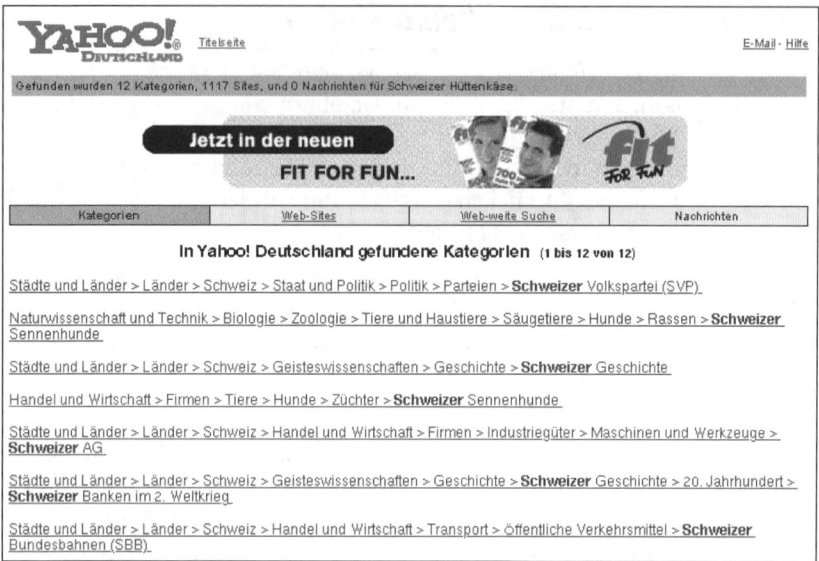

 Hier können Sie aber auch das Problem mit dem Web sehr deutlich sehen: Es gibt so wahnsinnig viele Informationen auf so unendlich vielen Seiten, dass Sie sehr viel Zeit aufwenden müssen, um exakt das zu finden, was Sie suchen. Wenn Sie also eine so große Übersicht erhalten, empfehlen wir zum Beispiel den HILFE-Button auf der YAHOO! Homepage (der Startseite). Hier finden Sie viele Informationen, Tipps und Hinweise zum Surfen im Internet und dazu, wie Sie die von Ihnen gesuchten Informationen schneller finden.

Internet und seine Fachwörter

Hier ist es unserer Meinung nach an der Zeit, Ihnen einige Fachbegriffe aus dem Internet etwas näher zu erklären:

Adresse	Eine Adresse ist eine eindeutige Kennzeichnung, die entweder für den Zugriff auf eine Internetseite oder zum Senden einer E-Mail benötigt wird.
Bandbreite	Die Bandbreite ist das Maß für die Datenmenge, die pro Zeiteinheit über eine Leitung übertragen werden kann.
Browser	Die allgemeine Bezeichnung für die Software, die es Ihnen ermöglicht, Webseiten anzusehen.
Cookie	Cookies sind kleine Informationsstückchen (Kekse), die ein Webserver an den Browser sendet. Diese Informationen werden auf Ihrem Computer gespeichert und können später durch den Server wieder abgerufen werden.

Domäne (Domain)	Ähnlich wie Dateierweiterungen bei PC's auf die Art der Datei schließen lassen, lässt auch der letzte Teil des Domainnamens einer Web-Site Rückschlüsse auf die Art der Sites zu. In den USA zum Beispiel zeigt die Endung .edu an, dass es sich dabei um die Site einer Bildungseinrichtung handelt. Außerhalb der USA gelten andere Regeln, so steht beispielsweise .de für Deutschland.
Download	Darunter versteht man das Herunterladen von Dateien aus dem Internet auf den eigenen Computer. Der Browser oder ein FTP-Server (File-Transfer Protocol) dient zum Auffinden und Übertragen der Software.
	Wenn Sie in umgekehrter Richtung arbeiten, d. h. Software von Ihrem Computer zu einem anderen Computer senden, heißt dieser Vorgang Upload.
E-Mail	E-Mail ist elektronische Post. Es handelt sich dabei um ein digitales Verfahren zur Übermittlung von Nachrichten über Telefonleitungen zu Computern von anderen Personen. Die Verbindung erfolgt über einen Online-Dienst oder einen Internet-Service-Provider.
GIF	Das ist ein Dateityp, in dem viele Graphiken im Internet dargestellt werden und der von den meisten Graphikprogrammen gelesen werden kann – der Dateiname enthält die Endung (Suffix) .gif (Graphics Interchange Format).
HTML	Die Sprache, mit der sich Hypertext darstellen lässt. Jede Seite im Web basiert auf HTML. HTML besteht aus einer Reihe von Befehlen im ASCII-Textformat, mit denen Ihr Browser Anweisungen erhält, wie er die einzelnen Seiten darzustellen hat, d. h. welche Schriftgrade oder -stile zu verwenden sind, wie Graphiken angezeigt werden sollen und wie Links erzeugt werden. Wenn Sie sich ansehen möchten, wie der HTML-Code einer Webseite aussieht, wählen Sie in Ihrem Browser-Menü Ansicht den Befehl Seitenquelltext. (HTML steht für Hypertext Markup Language.)
Hypertext	Webseiten erscheinen Ihnen zwar als Einheit, bestehen jedoch aus einer Vielzahl einzelner Elemente. Als Hypertext werden die Verbindungen bezeichnet, die diese einzelnen Bausteine zusammenfügen.
Internet	Die weltweite Verbindung einzelner Computer, mit denen diese untereinander Informationen austauschen können.
IP-Adresse	Die Adresse eines beliebigen Servers. Sie besteht in der Regel nur aus Ziffern und Punkten. Da wir uns alle aber lange Zahlenkolonnen so schlecht merken können, wird jede IP-Adresse zusätzlich zur numerischen Form auch noch in einer Textform angegeben.
Java	Java ist eine Programmiersprache, die auf jedem Computer (Macintosh, PC, Unix etc,) laufen kann. Bei Webdesignern ist diese Sprache deshalb sehr beliebt. Im Web finden sich heute meist so genannte Java-Applets, worunter ein kleines Java-Programm verstanden wird.
JPEG	Neben dem .gif-Format finden Sie auf den Webseiten zunehmend auch Bilder im .jpg-Format (Joint Photographic Experts Group). Der Vorteil des .jpg-Formates besteht darin, dass durch eine spezielle Kompression die Bilder und Graphiken sehr klein werden – allerdings zu Lasten der Bildqualität.
Lesezeichen	In Ihrem Internet-Browser können Sie mit einem Lesezeichen eine spezielle Webseite markieren, wenn Sie diese später wieder einmal besuchen möchten.

Link	Die Verbindungselemente zwischen Webseiten. Immer, wenn Sie auf einen farbigen und unterstrichenen Text klicken, um zu einer anderen Webseite zu gelangen, folgen Sie einem Link.
Modem	Ein Modem ist Teil der Computer-Hardware – manchmal ein kleiner Kasten mit blinkenden Diodenanzeigen, manchmal – wie beim iMac – im Inneren des Computers versteckt. Das Modem wird an die Telefonleitung angeschlossen und übernimmt die Verbindung mit anderen Computern.
Netzwerk	Als Netzwerk wird jede Verbindung zwischen mindestens zwei Computern bezeichnet, die auf eine gemeinsame Nutzung von Ressourcen abzielt.
Online	Online zu sein bedeutet, mit einem anderen Computer verbunden zu sein.
Plugin	Mit den so genannten Plugins (vom englischen plugging in = Einstöpseln) wird die Funktionalität Ihres Browsers erweitert, damit Sie zum Beispiel andere Dateiformate sehen oder hören können.
Server	Ein Server ist ein an ein Netzwerk angeschlossener Computer oder auch eine Software, die einen Computer bei bestimmten Aufgaben unterstützt. Server senden Dateien über das Netzwerk zum Client (Kunden), der diese Dateien liest und verarbeitet. Im Internet sind Server in der Regel ununterbrochen im Netz, d.h. immer zu Ihren Diensten.
Service Provider	Internet Service Provider (ISP) sind Unternehmen, die eine Verbindung zwischen Ihnen und dem Internet herstellen. Wenn Sie z.B. T-Online als Startrampe für das Internet benutzen, ist dieser Onlinedienst Ihr Internet Service Provider.
Smileys	Smileys sind kleine Gesichter, die in vielen E-Mails und Forenbeiträgen zu finden sind.
TCP/IP	Egal, in welcher Sprache sich eine Webseite präsentiert, die Computer verständigen sich immer nur in einer Sprache – und das ist TCP/IP. Ein gemeinsames Regelwerk, auf dem die gesamte Kommunikation im Internet basiert. Wenn Ihr Computer am Internet angeschlossen werden soll, muss er auch TCP/IP beherrschen. TCP/IP steht für Transmission Control Protocol/Internet Protocol.
URL	Jede Datei und jede Seite im Web hat eine eindeutige URL – die Adresse der Webseite. Die Adresse der jeweiligen Webseite wird im weißen Textfeld in der Titelleiste des Browser angezeigt. Der erste Teil der URL (http) teilt dem Browser mit, dass er nach einer Webseite suchen soll, danach folgt der Name des Computers, auf dem sich die Seite befindet (`www.geldsack.de`). URL ist die Abkürzung für Uniform Resource Locator, HTTP steht für Hypertext Transfer Protocol.
Virus	Computerviren sind eine besonders große und unschöne Plage. Ein Virus ist ein Programm, das sich überall dort verstecken kann, wo im Computer Informationen gespeichert werden: auf einer Diskette, einer Steckkarte, einer Festplatte, im Netzwerk oder anderen Bereichen des Speichers. Viren können über alle möglichen Übertragungswege andere Computer infizieren und dort mehr oder weniger großen Schaden anrichten.
World Wide Web	Andere Bezeichnungen sind WWW, W3 oder einfach Web. Darunter wird die Gesamtheit der Hypertext-Server verstanden, mit denen mittels HTML virtuelle Seiten dargestellt werden können.

Suchen von verschiedenen Ausgangspunkten

Eines steht fest: Keine der Internet-Suchmaschinen bietet Ihnen einen kompletten Überblick über das gesamte Web. Gehen Sie einmal davon aus, dass eine der größten Suchmaschinen, YAHOO!, Ihnen nur einen Überblick über ca. 10 Prozent bietet. Es ist einfach nicht möglich, alles zu erfassen, besonders, wenn Sie berücksichtigen, dass täglich Hunderttausende von Seiten neu dazukommen bzw. gelöscht werden.

Wenn Sie also bei Ihrer ersten Suche einmal kein Glück gehabt haben sollten, versuchen Sie es doch einmal mit einer anderen Suchmaschine – im deutschsprachigen Raum tummeln sich etwa 45 davon. Einige davon verweisen Sie auch wieder auf andere Suchmaschinen. Oder beauftragen Sie Ihren persönlichen Detektiv Sherlock mit der Suche.

Suchen mit Sherlock

Die meisten der Internetsurfer nutzen eine der großen Suchmaschinen, um bestimmte Informationen im World Wide Web zu finden. Als iMac-Besitzer sind Sie da um einiges besser dran. Sie können das Web genauso einfach und effizient durchsuchen wie den Inhalt Ihrer Festplatte: mit Ihrer eigenen eingebauten Suchmaschine Sherlock.

Sherlock arbeitet genau so, wie Sie es von einem Macintosh-Programm erwarten können: Wählen Sie SHERLOCK aus dem -Menü, klicken Sie auf SUCHEN IM INTERNET und geben Sie einfach den von Ihnen gesuchten Begriff ein:

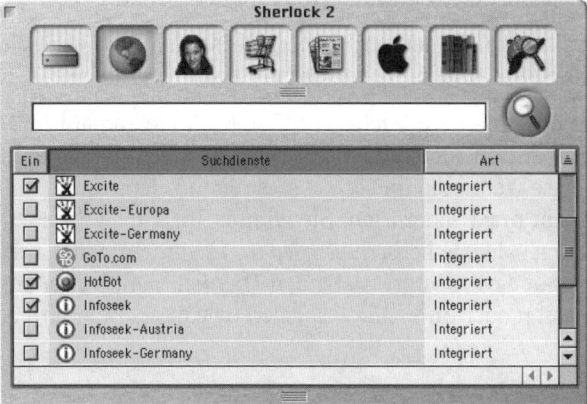

In der Liste sehen Sie eine Reihe von Suchmaschinen. Markieren Sie davon einfach diejenigen, in denen Sherlock sich umsehen soll. Sherlock macht sich dann in allen markierten Suchmaschinen auf die Suche nach dem von Ihnen eingegeben Begriff und zeigt Ihnen die Ergebnisse der Suche als Liste von Web-Adressen an:

Wie Sie bereits bemerkt haben, erscheint zusätzlich zu den Suchergebnissen auch eine Anzeige im Fenster. Einerseits mag Sie das vielleicht stören, andererseits ist das der Preis dafür, dass Sie die Dienste von Sherlock kostenlos nutzen können.

Jetzt können Sie auf verschiedenen Wegen zu Ihrem Ziel kommen:

✔ Wenn Sie eines der Suchergebnisse anklicken, erhalten Sie im unteren Teil des Fensters eine kurze Inhaltsübersicht der jeweiligen Webseite, aus der Sie in der Regel schon ersehen können, ob Sie dort die von Ihnen gesuchten Informationen auch wirklich finden.

✔ Mit einem Doppelklick auf eines der Suchergebnisse öffnen Sie die die Webseite über Ihren Internet-Browser (Netscape Navigator oder Internet Explorer).

✔ Sie können eine oder mehrere Suchergebnisse auch einfach auf Ihren Schreibtisch ziehen, um später zu entscheiden, was Sie damit tun wollen. Der iMac erstellt automatisch ein Symbol für diese Webseiten und öffnet diese dann jederzeit nach einem Doppelklick in Ihrem Browser. Ein praktischer Tipp: Sie können Ihre Auswahl auch in einem eigenen Ordner (zum Beispiel »Meine liebsten Webseiten«) sammeln und haben dann immer einen schnellen Zugriff auf die Sie interessierenden Themen. Den Ordner können Sie auf Ihrem Schreibtisch belassen oder im —-*Menü* ablegen (wie das geht erfahren Sie in Kapitel 13).

Ein noch einsatzfreudigerer Sherlock

Jahr für Jahr verbessert Apple die Macintosh Betriebssoftware (die Software im Hintergrund, die es Ihnen ermöglicht, Symbole oder Dateien zu bewegen, Menüs zu öffnen, Fenster zu benutzen und so weiter). Die Original iMacs wurden noch mit der Version Mac OS 8.1 ausgeliefert, kurze Zeit später kam dann Mac OS 8.5 und heute sind wir bereits bei der Version Mac OS 9. Wir wissen jetzt nicht, mit welcher Version Ihr iMac ausgeliefert wurde, aber Sie können Ihre derzeitige Version natürlich jederzeit aktualisieren. (Sehen Sie dazu auch die Hinweise im Kapitel 18.)

Wenn Sie eine der früheren Versionen benutzen, werden Sie in Mac OS9 einige dramatische Veränderungen finden. Eine davon ist, dass Sie Ihren Computer mit mehreren Personen teilen können, wobei dann jeder Benutzer immer nur diejenigen Dateien bzw. Dokumente bearbeiten bzw. sehen kann, die er auch selbst erstellt hat. Weitere Einzelheiten zu dieser Multinutzer-Funktion finden Sie in Kapitel 13.

Die andere hauptsächliche Neuerung in Mac OS9 ist Sherlock 2, eine Überarbeitung der bereits beschriebenen Suchfunktionalität für das Internet. Sherlock 2 arbeitet grundsätzlich so wie bereits beschrieben. Mit zwei Ausnahmen. Erstens: Sherlock 2 hat ein anderes Outfit erhalten und kommt Ihnen etwas eleganter entgegen:

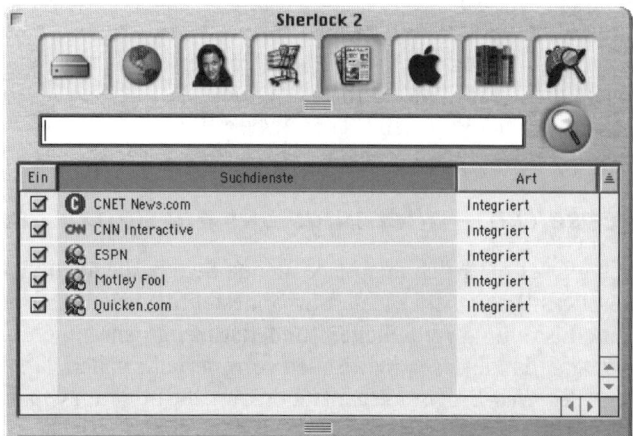

Zweitens: Mit den einzelnen Buttons in der Titelleiste können Sie gezielt nach bestimmten Themen im Internet suchen. (Apple nennt diese Buttons jetzt Rubriken; wir werden diese Symbole weiterhin als Buttons bezeichnen.) Wenn Sie also zum Beispiel den Kopf der jungen Dame anklicken, können Sie den Namen einer Person als Suchbegriff eingeben – Sherlock sucht dann im Internet nach der E-Mail-Adresse oder Telefonnummer dieser Person. (In der Theorie hört sich das gut an, in der Praxis kommt Sherlock allerdings öfter mit leeren Händen zurück.)

Ein anderes Beispiel: Ein Klick auf das Symbol des Einkaufswagens veranlasst Sherlock zur Suche nach Shopseiten im Web. Beachten Sie auch, dass die Suchergebnisse je nach Themenbereich variieren. Wenn Sie Sherlock nach Internet-Shops suchen lassen, wird Ihnen zum Beispiel auch eine Preisspalte angezeigt.

Sherlock 2 bietet so der ganzen Familie viele Stunden glücklicher Entspannung. Und hier zeigen wir Ihnen die verschiedenen Themen, die den Buttons zugeordnet wurden:

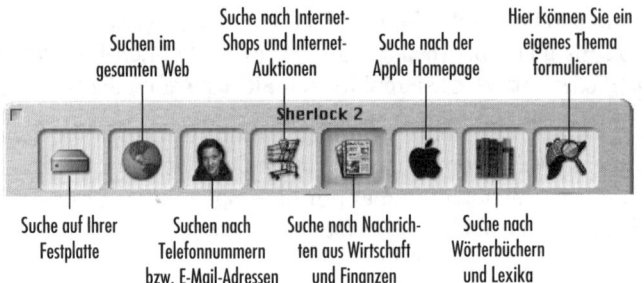

Suchen im gesamten Web

Suche nach Internet-Shops und Internet-Auktionen

Suche nach der Apple Homepage

Hier können Sie ein eigenes Thema formulieren

Sherlock 2

Suche auf Ihrer Festplatte

Suchen nach Telefonnummern bzw. E-Mail-Adressen

Suche nach Nachrichten aus Wirtschaft und Finanzen

Suche nach Wörterbüchern und Lexika

Wenn Sie auf den Button rechts außen klicken (eigenes Thema) erhalten Sie eine leere Liste, in die Sie ein eigenes Suchmuster zusammenstellen, indem Sie Symbole aus den anderen Themenbereichen einfach in Ihren eigenen Themenbereich ziehen.

 Sie sind natürlich nicht auf die Suchmöglichkeiten beschränkt, die Ihnen Sherlock standardmäßig bietet. Wenn Sie mit Ihrem Web-Browser die Internetseite `www.apple.com/sherlock/plugins.html` öffnen, finden Sie vieles mehr für die ganz persönliche Einrichtung Ihres Sherlock. Hier finden Sie auch alle Hinweise für die Installation der neuen Eigenschaften (Plugins).

Nützliche Webseiten – allerdings nur die Spitze des Eisberges

Im World Wide Web gibt es natürlich auch jede Menge Seiten, die auch viel Spaß und nicht nur Arbeit bedeuten (was Ihnen sicher viele Büroangestellte gerne bestätigen). Nachfolgend geben wir Ihnen eine Liste für vergnügliche Stunden. Streng genommen beginnen all diese Adressen mit http://, aber da Sie das ja inzwischen verinnerlicht haben, lassen wir das bei der Angabe einfach weg – Ihr Web-Browser ergänzt diese Angabe ohnehin von ganz alleine.

(Noch ein Hinweis: Webseiten kommen und gehen wie Ebbe und Flut. Wir können daher nicht garantieren, dass die hier angegeben Adressen alle noch aktuell sind, wenn Sie dieses Buch lesen.)

✔ `mistral.culture.fr/louvre` – Die Homepage des Louvre in Paris. Hier finden Sie in Bild und Text alle Informationen über alle ausgestellten Bilder.

✔ `www.amazon.de` – Ein riesiger Buchladen im Internet. Über 3 Millionen Bücher, CD's und mehr stehen zur Auswahl.

✔ `www.apple.de` – Die deutschsprachige HomePage von Apple Deutschland

✔ `www.macnews.de` – Die neuesten Information rund um die Macintosh Hardware und Software Welt

✔ `www.Versiontracker.com` – Liste der neuesten und aktuellen Macintosh Software, inkl. Links zum Downloaden

✔ `www.hr3.de` – Die Homepage vom Hessischen Radiosender mit vielen Informationen zum täglichen Verkehrsstau auf unseren Autobahnen, nette Chats usw.

✔ `www.de` – Füllen Sie einfach die Leerzeile mit den Namen ihrer Lieblings, -TV-Sender, Radiosender, Zeitungen, Magazine, Fussball-Vereine usw. Versuchen Sie es – Sie werden es mögen, weil es sehr oft funktioniert.

Navigator gegen Explorer – wer ist besser?

Netscape und Microsoft, die Hersteller der beiden konkurrierenden Internetbrowser Navigator und Explorer, führen seit vielen Jahren einen harten Kampf um die Vorherrschaft auf diesem Gebiet. Für welchen Sie sich entscheiden, hängt ganz davon ab, wie Sie den Browser nutzen. Wir geben Ihnen einige Hinweise für Ihre Entscheidung.

Wählen Sie Ihre Waffe

Haben Sie sich eigentlich noch nicht über den Hinweis »Internetverbindung« auf Ihrem Schreibtisch gewundert? Dieses Symbol liegt dort, seit Sie den iMac eingeschaltet haben.

Wenn Sie auf dieses Symbol doppelklicken, öffnet der iMac den von Ihnen ausgewählten Web-Browser. Die Frage ist nur, welchen? Ist es Navigator oder doch Explorer? So können Sie dem iMac mitteilen, welchen davon Sie bevorzugen.

 Wählen Sie Kontrollfelder aus dem &-Menü, dann INTERNET und aktivieren Sie den von Ihnen bevorzugten Browser aus dem Popup-Menü. Schließen Sie das Fenster, sichern Sie Ihre Eingaben und danken Sie uns später.

Einfach den Namen eingeben

Sie haben bereits gelesen, dass Web-Adressen in der Regel wie folgt geschrieben werden: `http://www.geldsack.de`. Aber keine Angst, Sie müssen Web-Adressen nicht in dieser Form angeben, es reicht aus, wenn Sie im Adressfeld den Firmen- oder Produktnamen eintippen – zum Beispiel Apple, Macintosh und so weiter. Der Web-Browser ergänzt dann die Standardelemente automatisch.

So bekommen Sie Plugins

Web-Browser zeigen Ihnen Texte und Bilder. Aber es gibt viele Seiten, die Sie auch mit Videos, animierten Graphiken oder Sound verwöhnen wollen. Navigator und Explorer können diese Elemente eigentlich nicht abspielen – aber beide kennen jemand, der es kann!

Wir reden über so genannte Plugins, kleine Programme, mit denen Sie nach der Installation im Plugin-Ordner auf Ihrer Festplatte Navigator und Explorer Videos oder Sounds abspielen können – wenn Sie Videos oder Sounds mögen. Diese Plugins erhalten Sie kostenlos, Sie müssen nur wissen, wo Sie sie im Web finden. Und da haben Sie jetzt aber Glück: Wir erzählen es Ihnen.

Gehen Sie einfach zur Web-Adresse `www.plugins.com` oder `http://home.netscape.com/plugins/index.html`, wenn Sie unbedingt viel schreiben wollen. Hier finden Sie all die lieben kleinen Plugins, die Sie dann auf Ihrem iMac installieren können.

Wir wollen jetzt nicht sagen, dass Sie nicht auch ein langes, erfülltes und glückliches Leben ohne diese kleinen Helfer erleben können. Das ist nur für den Fall, dass Sie eine Webseite öffnen und dann nichts anderes erhalten als Fehlermeldungen, in denen Ihnen mitgeteilt wird »Um diese Seite in Ihrer vollen Schönheit zu sehen, müssen Sie erst einmal ein paar Stunden lang diese und diese Plugins installieren.«

Und wo sind Sie zu Hause?

Sicher ist es Ihnen schon aufgefallen – wenn nicht, dann kommt das noch –, dass Ihr Web-Browser jedesmal mit ein und derselben Seite startet. Und unglücklicherweise noch mit einer sehr komplizierten Seite, die sehr lange für den Aufbau braucht und mit der Sie eigentlich gar nichts anfangen können, sondern sie eigentlich so schnell wie möglich wieder verlassen. Wäre es nicht toll, wenn Sie gleich mit einer Seite starten würden, die Ihnen mehr Freude macht?

Das geht! Wählen Sie einfach EINSTELLUNGEN aus dem Menü BEARBEITEN und klicken Sie links auf den Punkt Netscape Communicator (oder HOME/SUCHEN beim Internet Explorer).

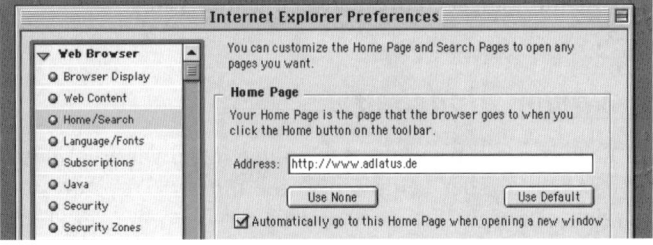

Als Startadresse können Sie jetzt eine Webadresse Ihrer Wahl angeben.

Schneller – bitte, das muss doch schneller gehen!

Wenn Sie wieder einmal die halbe Nacht darauf gewartet haben, bis sich eine von Ihnen angewählte Web-Adresse endlich aufgebaut hat, gibt es eine Lösung, mit der Sie den Aufbau beschleunigen können – verzichten Sie einfach auf die Bilder!

Natürlich wissen wir, dass erst die Bilder eine Webseite zu dem machen, was wir davon erwarten. Aber gerade die Bilder sind es, die den Aufbau einer Webseite so verlangsamen (durchschnittlich beträgt der Anteil der Bilder an einer Webseite etwa 90 Prozent). Sie können es ja einfach einmal ausprobieren und die Abbildungen ausschalten. Sie erhalten dann die komplette Webseite mit allen Texten und Überschriften. An Stelle der Abbildungen werden jedoch nur leere Rahmen angezeigt mit dem Informationstext, dass dort eigentlich ein Bild sein sollte. Das unten abgebildete Beispiel zeigt, wie das dann etwa aussehen wird.

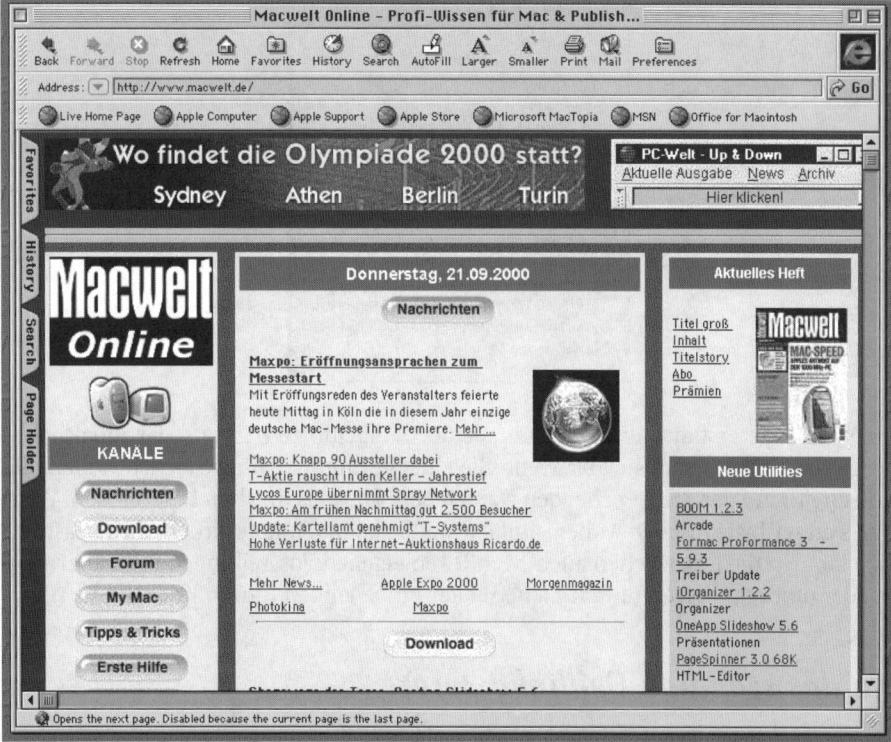

Wenn Sie diese Darstellung mögen, können Sie es so einstellen:

✔ **Netscape Navigator:** Wählen Sie EINSTELLUNGEN aus dem Menü BEARBEITEN und deaktivieren Sie im Fenster ADVANCED die Funktion BILDER AUTOMATISCH LADEN.

✔ **Internet Explorer:** Wählen Sie Einstellungen aus dem Menü Bearbeiten und deaktivieren Sie im Fenster Inhalt die Funktion »Bilder zeigen«.

Der Geschwindigkeitszuwachs ist ganz enorm. Und wenn Ihnen dann doch die eine oder andere Seite ohne die Bilder etwas kahl und uninformativ erscheinen sollte, könnten Sie sich die Bilder auch nachträglich immer noch zeigen lassen. Dazu wählen Sie einfach den Befehl BILDER ZEIGEN aus dem Menü ANSICHT.

Lesezeichen setzen

Es gibt sicherlich im Laufe der Zeit einige Webseiten, die Sie sich öfter ansehen wollen. Ganz ideal wäre es nun, wenn das ginge, ohne dass Sie immer wieder lange nach der Adresse suchen müssen. Einmal abgesehen davon, dass rund um Ihren Bildschirm gar nicht so viel Platz für die nötigen Notizzettel wäre. Notieren Sie diese Seiten deshalb ganz einfach im Menü Lesezei-chen (Navigator) bzw. Favoriten (Internet Explorer).

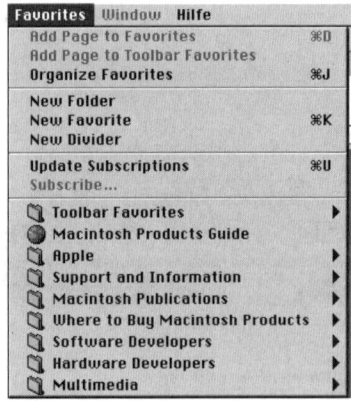

Vielleicht sind Sie erstaunt darüber, dass die dort aufgeführten Texte sogar inhaltlich einen Sinn ergeben. Und das nächste Mal, wenn Sie eine bestimmte Seite besuchen wollen, klicken Sie einfach nur auf den entsprechenden Namen oder Hinweis in Ihren Lesezeichen. Wenn Sie etwas aus dieser Liste löschen wollen, einfach anklicken und mit der Rückschritt-Taste entfer-nen. Sie können die Lesezeichen auch nach Ihren eigenen Vorstellungen in Ordnern organi-sieren oder umorganisieren (durch Ziehen) oder umbenennen (durch Klicken).

Wenn das ständige Geblinke nervt

Alle Teilnehmer im Internet haben sich inzwischen mehr oder weniger zähneknirschend an die vielen Werbebanner gewöhnt, die immer öfter die Titel vieler Webseiten verzieren. Klar, diese Werbebanner sorgen dafür, dass wir kostenlos Fernsehen können, unsere kostenlose Ta-geszeitung erhalten, kostenlosen Internet-Zugang haben und vieles mehr …

Aber da besteht ein riesiger Unterschied zwischen einem stehenden Banner und einem wie verückt blinkenden, hin- und herzuckenden, sich drehenden und immer wieder die Farbe wechselnden Irrwisch! Manchmal sind die animierten Werbebanner so aufdringlich, dass man sich praktisch nicht mehr auf den eigentlichen Inhalt der Webseite konzentrieren kann – je-der so, wie er es mag!

Falls solche aufdringlichen Werbebanner Sie in Ihrer Konzentration stören, ist eigentlich der Internet Explorer der richtige Web-Browser für Sie. Denn hier können Sie animierte GIFs (darum handelt es sich bei den blinkenden Dingern nämlich) ganz oder teilweise lahmlegen.

Wählen Sie Einstellungen aus dem Menü Bearbeiten, klicken Sie auf das Symbol Inhalt und Sie sehen rechts die Optionen für animierte GIFs, wo Sie nun einstellen können, wie oft die Animation gezeigt werden soll bzw. ob überhaupt animierte GIFs gezeigt werden sollen.

Den Zugang ins Internet teilweise für Kinder verschlossen halten

Wenn Sie glauben, dass einige Inhalte des Internet nicht unbedingt für alle Menschen, die Ihren iMac benutzen, geeignet sind, bleiben Sie ganz gelassen. Durch die Großzügigkeit von Apple ist Ihr iMac mit einem EdView Internet Safety Kit – Familienausführung – ausgestattet. Es handelt sich dabei um eine kleine Software, die Ihren iMac von verschiedenen voreinge-stellten Seiten fernhält. Auch E-Mails mit bestimmten Inhalten werden gar nicht erst ange-nommen. (Sie selbst können diese Blockaden natürlich umgehen, wann immer Sie wollen.) Die Beschreibung dazu finden Sie in Kapitel 9.

(Anmerkung: Ironischerweise kollidieren einige Versionen des Internet Safety Kit mit Sherlock, Ihrer persönlichen Internet-Suchmaschine, die wir bereits beschrieben haben. Wenn also auf Ihrem Monitor eine Bombe gezeigt wird, wenn Sie Sherlock benutzen, sollten Sie das Safety Kit nur bei Bedarf einschalten.)

Mac OS ROM – Was auch immer Sie tun, rühren Sie nie dieses Dokument an. Wenn Sie sie einmal löschen, haben Sie einen der teuersten Türstopper überhaupt. (Allerdings kann eine Neuinstallationen wie in Kapitel 16 beschrieben auch einen derart stillgelegten iMac wieder zum Leben erwecken.)

E-Mail für Sie und Ihn

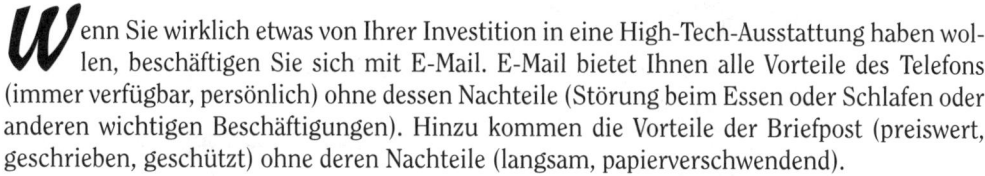

In diesem Kapitel

▶ Wie Sie E-Mails bekommen, lesen und schreiben

▶ Wie Sie mehr Freude daran haben, E-Mails zu bekommen, zu lesen und zu schreiben

▶ Alles über das Handbuch gegen Müll-Mails

---

*W*enn Sie wirklich etwas von Ihrer Investition in eine High-Tech-Ausstattung haben wollen, beschäftigen Sie sich mit E-Mail. E-Mail bietet Ihnen alle Vorteile des Telefons (immer verfügbar, persönlich) ohne dessen Nachteile (Störung beim Essen oder Schlafen oder anderen wichtigen Beschäftigungen). Hinzu kommen die Vorteile der Briefpost (preiswert, geschrieben, geschützt) ohne deren Nachteile (langsam, papierverschwendend).

In Kapitel 6 haben wir Ihnen bereits die schöne Welt der Online-Dienste vorgestellt.

Ihr Zugang zu E-Mail

Um die elektronische Post zu lesen und zu schreiben, benötigen Sie ein E-Mail Programm. Ihr iMac bringt mit Microsoft Outlook Express ein solches Programm gleich mit (Sie finden es im Ordner INTERNET auf Ihrer Festplatte). Zwar bieten auch die Web-Browser (z.B. Netscape) Mailprogramme (siehe Kapitel 7), aber Outlook Express ist wirklich besonders komfortabel. Es liegt bereits auf Ihrem Schreibtisch, wenn Sie den iMac das erste Mal einschalten – Sie brauchen es nur mit einem Doppelklick zu starten.

 Der scheußlichste Teil beim e-mailen ist ohne Zweifel die Einrichtung des Zuganges. Glücklicherweise erledigt der Internet Setup Assistent (siehe Kapitel 6) diese notwendige Arbeit für Sie und es ist alles für Sie bereit. (Wenn Sie den Setup Assistenten nicht nutzen, bevor Sie Outlook Express starten, verlangt das Programm von Ihnen eine schier unübersehbare Fülle von Antworten in kleinen weißen Kästchen. Sagen Sie nicht, wir hätten Sie nicht gewarnt. Rufen Sie jetzt einfach Ihren Internet Provider an und bitten Sie um entsprechende Unterstützung beim Ausfüllen – oder starten Sie den Internet Setup Assistenten.)

Eine E-Mail verschicken

Wenn Sie eine E-Mail schreiben wollen, wählen Sie aus dem Menü DATEI den Befehl NEUE NACH-RICHT. Schon erscheint ein leeres Nachrichtenfenster wie das unten abgebildete, in das Sie nur noch Ihre Nachricht eingeben müssen – dabei sind nur die Felder »An«, »Betreff« und »Nachricht« obligatorisch. Und so könnte Ihre erste E-Mail aussehen:

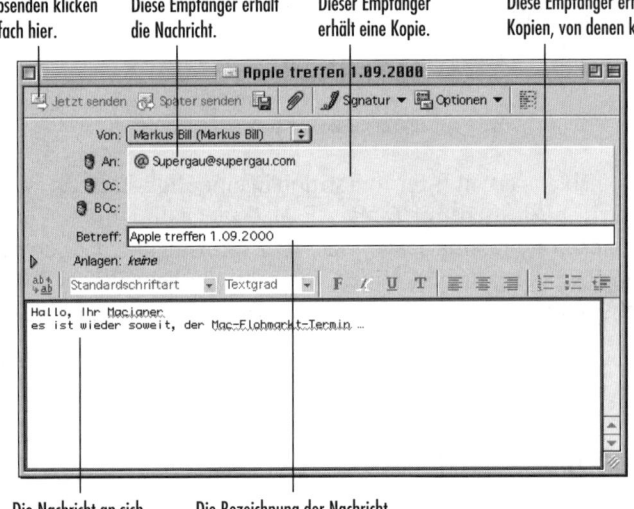

Zum Absenden klicken Sie einfach hier.   Diese Empfänger erhält die Nachricht.   Dieser Empfänger erhält eine Kopie.   Diese Empfänger erhalten Kopien, von denen keiner weiß.

Die Nachricht an sich.   Die Bezeichnung der Nachricht.

Wie Sie sicher bereits entdeckt haben, enthalten E-Mail-Adressen keine Leer-zeichen (Wortzwischenräume) und es taucht immer das @-Zeichen darin auf. Vor allem aber müssen die E-Mail-Adressen immer vollkommen exakt geschrieben werden, sogar, wenn sie etwa so aussehen: `cc293fgg.person@univ_amx.intermp.de` – Großschreibung wird einfach ignoriert.

Wenn Sie Ihre Nachricht geschrieben haben, klicken Sie einfach auf einen der folgenden Buttons in der Kopfleiste:

✔ **Jetzt senden:** Klicken Sie hier, um die Nachricht sofort zu versenden. Wenn alles richtig läuft, wird Ihr Modem wählen, die Verbindung zum Internet herstellen und die E-Mail-Nachricht versenden.

✔ **Später senden:** Klicken Sie hier, wenn Sie noch weitere Nachrichten verfassen und dann alle zusammen versenden wollen. Das Programm legt die gerade geschriebene Nachricht dann in die Ausgangspost. Wenn Sie dann wirklich die Nachrichten senden wollen, brau-chen Sie nur den Button SENDEN & EMPFANGEN in der Titelleiste von Outlook Express anzu-klicken. (Wenn Sie das SENDEN & EMPFANGEN Symbol nicht sehen, öffnen Sie zunächst ein-mal Outlook Express.)

Drei Tipps, mit denen Sie online gerne gesehen sind

Wie zum Beispiel in einem fremden Land haben sich auch im Internet inzwischen einige Verhaltensregeln gebildet (E-Mail-Etikette), an die man sich einfach halten sollte, wenn Sie »online gehen«.

✔ Schreiben Sie nicht alles in Versalien (Groß-Buchstaben). Das ist nicht besonders gut lesbar.

✔ Fragen Sie nicht (hier sollten jetzt einige bei uns gebräuchliche Kürzel kommen, ich weiß leider im Moment keine).

✔ Bestätigen Sie, worauf Sie antworten. Wenn Ihnen jemand eine E-Mail mit einer Frage schickt, antworten Sie nicht einfach: »Nein, das sehe ich ganz anders.» Gehen Sie davon aus, dass der Fragesteller seine Frage vergessen hat. Beginnen Sie Ihre Antwort einfach mit der gestellten Frage (diese stellen Sie einfach in diese <Anführungszeichen>). Und dann beginnen Sie mit Ihrer Antwort.

Oh – und noch etwas: Vielleicht sehen Sie überall diesen kleinen Kerl :-)

Drehen Sie Ihren Kopf einfach um 90 Grad nach links und Sie erkennen ein kleines lächelndes Gesicht. Das soll Ihnen den Gemütszustand des Verfassers signalisieren – weil Sie ihn ja nicht sehen können. Es gibt Tausende von Varianten dieser kleinen »Punkt-Punkt-Komma-Strich«-Gesichter – und bestimmt genau so viele Menschen, die sie absolut nicht ausstehen können. Alles Geschmackssache!

Eine E-Mail erhalten

Wenn die erste E-Mail, die Sie nun einem Freund, einer Freundin oder sonstwem geschickt haben, recht freundlich war, kann es passieren, dass dieser Freund, diese Freundin … Ihnen antwortet.

Das bedeutet, dass Sie hin und wieder prüfen müssen, ob eine E-Mail bei Ihnen eingegangen ist (einfach den SENDEN & EMPFANGEN-Button in Outlook Express klicken). Sie können ihn nicht finden? Dann müssen Sie das Fenster neu aufbauen. Wählen Sie Outlook Express aus dem Menü Fenster und die Standardeinstellung wird wieder hergestellt.) Wenn Sie geklickt haben, wählt Ihr Modem, checkt Ihren Posteingang und zeigt Ihnen alle eingegangenen Mails in einer Liste, die so aussieht wie hier gezeigt:

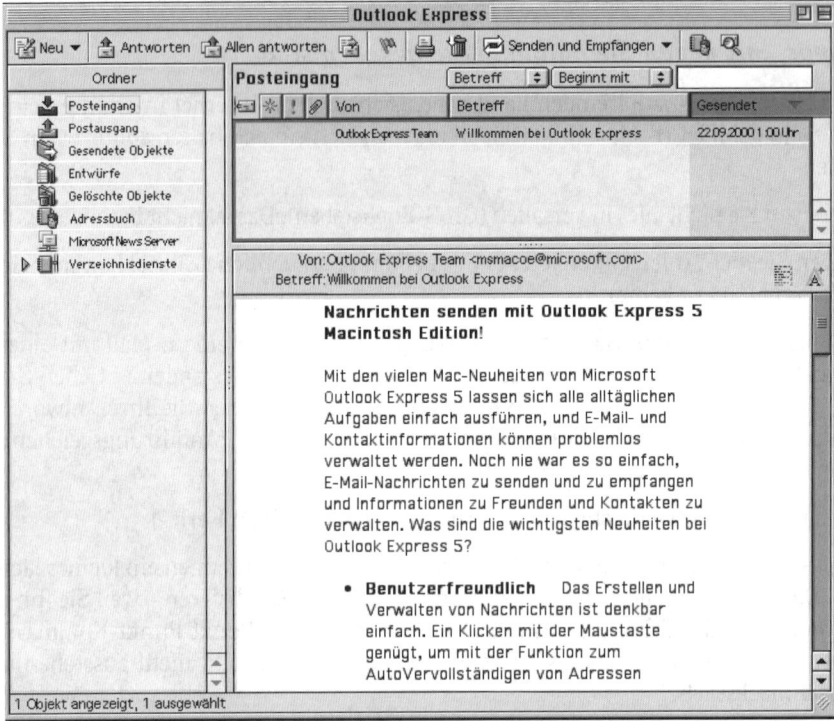

Klicken Sie einmal auf eine Mail, wird der Text im unteren Feld angezeigt, bei zweimaligem Klicken in einem eigenen größeren Fenster.

Eine erhaltene E-Mail gelesen – was nun?

Wenn Sie eine E-Mail gelesen haben, haben Sie fünf Möglichkeiten:

✔ **Sie beantworten**. Dafür klicken Sie einfach auf den ANTWORTEN-Button in der Kopfleiste und sind sofort im »Ich-schreibe-eine-E-Mail-Nachricht«-Modus, den wir bereits beschrieben haben. Das E-Mail-Programm trägt Ihnen dabei übrigens dankenswerterweise gleich die Empfängeradresse der Person, der Sie antworten wollen, ein – mit dem Datum, der Zeit und dem Betreff der Nachricht.

Sie können auch ganz einfach Textelemente der empfangenen Nachricht in das Antwortfeld kopieren, indem Sie mit der Maus die entsprechende Textpassage markieren, bevor Sie auf den ANTWORTEN-Button klicken.

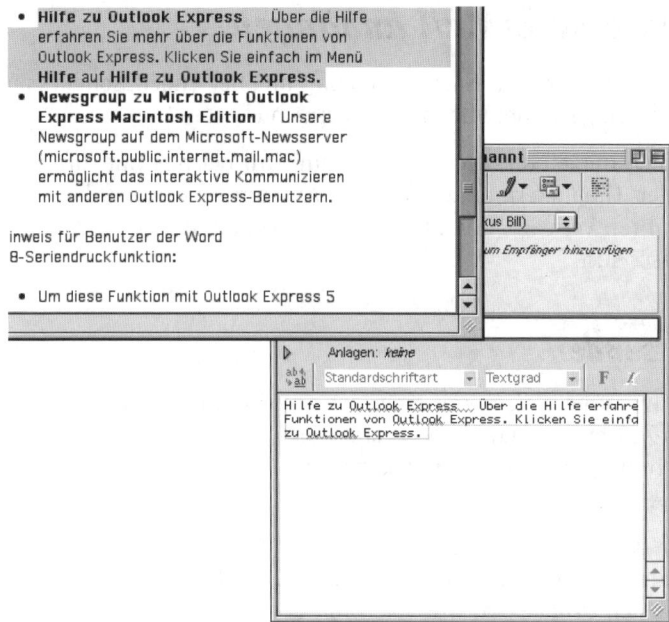

Diese Internettechnik gibt dem Empfänger/der Empfängerin einen Hinweis darauf, zu welchem Thema bzw. zu welcher Nachricht Sie ihm/ihr nun antworten. Sie können so zum Beispiel auch Ihre Antworten auf verschiedene Fragen bei der Antwort besser zuordnen usw.

✔ **Weiterleiten.** Wenn Sie denken, dass die gerade erhaltene Nachricht auch für Ihre Bekannten interessant sein könnte, klicken Sie einfach den WEITERLEITEN-Button. In dem neuen Fenster, das die gesamte Nachricht enthält, geben Sie einfach nur die Adresse ein, an die diese Nachricht weitergeleitet werden soll. Sie haben auch die Möglichkeit, über der eigentlichen Nachricht noch eigene Bemerkungen hinzuzufügen, bevor Sie dann auf den SENDEN- oder SPÄTER SENDEN-Button klicken.

✔ **Wegwerfen.** Klicken Sie einfach auf den LÖSCHEN-Button und die Nachricht verschwindet in der großen Ablage.

✔ **Drucken.** Wählen Sie aus dem Menü DATEI den Befehl DRUCKEN oder klicken Sie auf den DRUCKEN-Button.

✔ **Speichern für spätere Bearbeitungen.** Schließen Sie das Nachrichtenfenster und ziehen Sie die Nachricht, die Sie speichern wollen, in einen der Ordner auf der linken Seite. Übrigens: Sie können hier eigene Ordner anlegen, indem Sie im Menü DATEI einfach den Befehl NEUER ORDNER wählen.

Dateien an eine E-Mail anhängen

Per E-Mail können Sie nicht nur Nachrichten hin- und hersenden, sondern auch Dateien von Ihrer Festplatte als so genannte Attachements verschicken.

Viele Unternehmen nutzen diese Möglichkeit, um zum Beispiel Entwürfe für Anzeigen oder Prospekte mit den Graphikern auszutauschen, Autoren senden auf diese Weise ihre neuen Buchkapitel an ihren Verleger. Und Familien tauschen auf diesem Wege die neuesten Fotos ihres Nachwuchses aus.

Eine Datei senden

Beginnen Sie einfach mit einer ganz normalen E-Mail-Nachricht. Vielleicht mit dem Zusatz « ... und übrigens, angefügt ist eine AppleWorks-Datei mit einer neuen Zeichnung unserer Katze Maja zur Qualität ihres neuen Futters. »Oder so ähnlich«.

Jetzt suchen Sie das Symbol der Datei, die Sie als Attachement versenden wollen (das kann bedeuten, dass Sie einige Ordner öffnen und anschließend Ihren Bildschirm aufräumen müssen). Ordnen Sie den Ordner (ha, Wortspiel) mit der zu sendenden Datei so an, dass Sie ihn gleichzeitig mit dem Nachrichtenfenster sehen. So etwa wie hier:

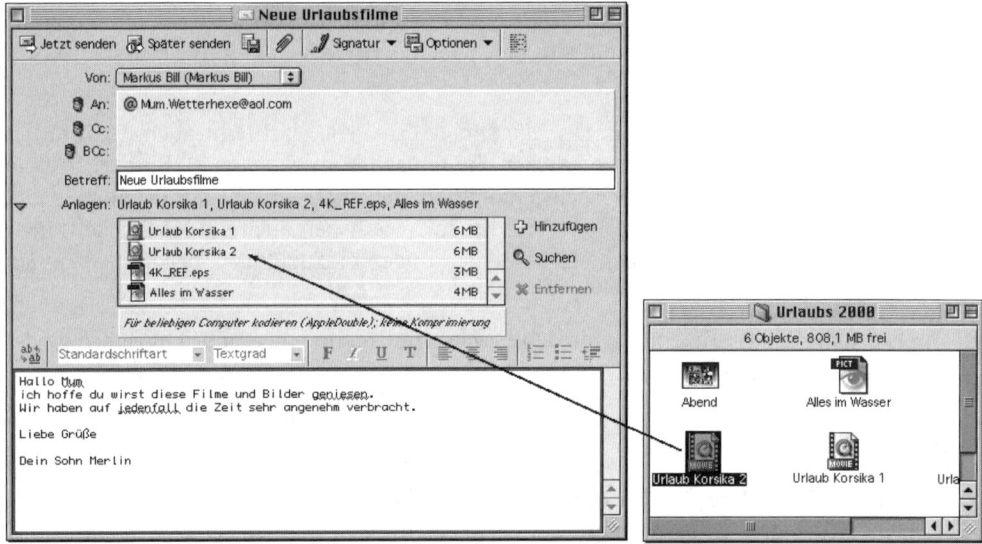

Ziehen Sie jetzt das Symbol der Datei einfach in das Nachrichtenfenster der E-Mail. Erscheint das Symbol wie in der Abbildung am Fuß Ihrer Nachricht, waren Sie erfolgreich. Und das war's! Wenn Sie nun Ihre Nachricht senden, wird die Datei mit übertragen.

Eine Datei an jemanden senden, der einen Windows-Rechner hat

Wenn ein Aspekt des E-Mailens hilfloses Zähneknirschen verursacht, dann ist es das Versenden von Attachements an Windows-Computer.

Warnung: Es kann sein, dass Sie von irgend jemand gehört haben, dass Windows-Computer technisch ausgereifter sind als Macintosh-Computer. Nur deshalb geben wir Ihnen jetzt einen wirklich technischen Einblick. Aber keine Bange, diese Seite zerstört sich nach dem Lesen von selbst.

Wenn Sie eine Datei an einen Windows PC senden, müssen Sie drei Dinge beachten:

✔ *Sie müssen eine Datei senden, die Windows öffnen kann.* So wie ein Betamax Videorecorder keine VHS-Bänder abspielen kann, können Windows-Programme nicht alle Dateien Ihres iMac öffnen. Hier einige Arten von Dateien, die Windows öffnen kann: Dokumente aus Microsoft Word, Exel und PowerPoint; Graphiken in JPEG- oder GIF-Format; von Ihnen gestaltete oder heruntergeladene Webseiten; mit FileMaker oder PhotoShop erstellte Dateien und andere Dateien, die mit Programmen erstellt wurden, die es sowohl für Macintosh als auch für Windows gibt.

Windows PCs können jedoch keine AppleWorks-Dateien öffnen. Wenn Sie so ein Dokument versenden wollen, müssen Sie es in das Microsoft Word-Format konvertieren, indem Sie im Menü DATEI den Befehl SICHERN ALS und dann MICROSOFT WINWORD auswählen. So einfach ist das mit einem Mac!

Auch wenn Sie zum Beispiel ein Bild – ein eingescanntes Foto – an einen Windows-Nutzer senden wollen, müssen Sie das Bild in einem Format abspeichern, das Windows versteht (JPEG oder GIF).

✔ *Sie müssen ein Suffix (Endung) aus drei Buchstaben an den Dateinamen anhängen.* Jede Datei auf jedem Windows-Computer hat ein Suffix, das dem Computer mitteilt, um welche Art Datei es sich handelt. Ohne diesen Code kann Ihr armer Windows-Freund nicht öffnen, was Sie ihm senden. Die nachstehende Tabelle zeigt Ihnen eine Aufstellung der gebräuchlichsten Endungen:

Dateiart	Code	Beispiel
Microsoft Word	.doc	Thesen.doc
Microsoft Exel	.xls	Vierteljahresbericht.xls
FileMaker Pro	.fp3	Datenbank.fp3
ein JPEG Foto	.jpg	Kinderbild.jpg
ein GIF Foto	.gif	Fahnen.gif
eine Webseite	.htm	Urlaub.htm

✔ *Sie müssen ein Dateiformat senden, das das Windows-E-Mail-Programm versteht.* Denn im Internet wird statt der Dateien immer nur reiner Text übertragen. Ohne dass Sie es merken, wird alles, was Sie senden, auch Bilder und Graphiken oder AppleWorks-Dokumente, zunächst in eine endlose Kette von Textzeichen verwandelt, die dann beim Empfänger wieder rekonstruiert werden. Jedes E-Mail-Programm – Mac oder Windows – nutzt dabei verschiedene Codes, mit denen die Daten vor der Übertragung konvertiert werden. Unglücklicherweise nutzt Macintosh – und damit natürlich auch Ihr iMac – das Format StuffIt oder BinHex und Windows andere Formate wie AppleDouble, MIME oder Base64. (Wir verstehen, wenn Ihnen bei diesen technischen Einzelheiten der Kopf schwirrt – es geht uns genauso. Aber es ist für einen guten Zweck , also machen Sie gefälligst eine gute Miene zum ...

Wo Sie diese ganzen Einstellungen vornehmen hängt von dem E-Mail-Programm ab, das Sie nutzen. So nutzt Outlook Express automatisch das richtige Format. (Das können Sie nachprüfen, indem Sie im Menü BEARBEITEN die Einstellungen und dort die Option Message Composition wählen. Wenn im Popup-Menü im unteren Bereich des rechten Informationsfensters AppleDouble angegeben ist, können Sie Ihre Dateien sowohl an Mac's als auch an Windows PCs senden.

Eine Datei empfangen

Natürlich können Sie auch Dateien als Attachements empfangen. Dass eine E-Mail-Nachricht ein Attachement enthält erkennen Sie an der kleinen Büroklammer neben der Nachricht im Posteingangsfeld.

Sie können die Nachricht mit einem Doppelklick in einem eigenen Fenster öffnen. Am Fuß des Fensters sehen Sie dann das Attachement wie in der Abbildung

Manchmal lässt sich das Attachement mit einem Doppelklick öffnen. Sie können es aber auch aus dem Fenster einfach auf Ihren Schreibtisch ziehen. Sollte es sich nicht öffnen lassen, finden Sie eine Anweisung in Kapitel 7 im Abschnitt »Wenn Sie heruntergeladene Goodies nicht öffnen können«.

Das Anti-Müll-Mail-Handbuch

Es besteht kein Zweifel darüber: Unverlangt zugesendete E-Mails, Müll-Mails oder englisch Spam, sind der Wermutstropfen im E-Mail-Paradies. Sie werden Sie sehr schnell erkennen, wenn Sie die ersten erhalten. Welle auf Welle schwappen Sie tagtäglich über Sie nieder: »Verdienen Sie sich etwas zusätzlich durch einen Klick!« oder »Sexxxy Tellerwäscher wartet auf Ihren Anruf!«

Unglücklicherweise können wir gegen die Absender dieser Millionen täglicher Müll-Mails nichts tun. Die Müll-Mails enthalten in der Regel keine Telefonnummer oder Adresse, Sie werden aufgefordert, eine Webseite zu besuchen oder per E-Mail zu antworten. Und Sie haben Schwierigkeiten, unter all dem Müll die Nachrichten zu finden, die für Sie wirklich wichtig sind.

 Wichtig ist, dass Sie nie auf eine solche E-Mail antworten – auch wenn in der Nachricht eine Mitteilung enthalten ist, dass Sie dadurch Ihre Adresse von der E-Mail-Liste streichen können! Denn ironischerweise erreichen Sie dadurch genau das Gegenteil, Sie geben Ihre Anschrift preis und damit weiteren Gruppen von Müll-Mailern die Gelegenheit, Sie mit neuen unverlangten Nachrichten zu bombardieren.

 Sie wundern sich vielleicht, wie Sie überhaupt auf eine solche Liste gekommen sind. Die Antwort: Die E-Mail-Adresse haben die Absender von Ihnen. Jedesmal, wenn Sie eine Nachricht an ein Online-Pinboard senden, in einem Chatroom chatten oder auch nur Ihre E-Mail in Ihre Webseite aufnehmen, machen Sie Ihre E-Mail-Adresse den Suchrobotern der Müll-Mailer zugänglich. Diese kleinen Programme durchstöbern ständig das ganze Web und sammeln E-Mail-Adressen.

»Aber wenn ich keine Nachrichten mehr online versenden kann,« werden Sie sich jetzt fragen, »habe ich ja nur den halben Spaß.«

Nicht unbedingt. Lassen Sie sich von Ihrem Internet Provider einfach eine zweite E-Mail-Adresse geben. (Wie das in Ihrem Falle und bei Ihrem Internet Provider geht, kann man Ihnen dort genau sagen.) Dann nutzen Sie eine E-Mail-Adresse im öffentlichen Bereich, zum Beispiel zum chatten, und die zweite nur für Ihre private Post, die dann von den Müll-Mailern verschont bleibt, weil sie einfach nicht bekannt ist.

Teil III

Software Wissen

The 5th Wave — By Rich Tennant

»Großartig, da ist auch Quicken dabei. Jetzt werden wir endlich herausfinden, wo unser Geld bleibt!«

In diesem Teil...

Die folgenden vier Kapitel stellen Ihnen die Software, die bereits auf Ihrem iMac installiert ist bzw. installiert werden kann, vor. Wir sprechen nicht nur über AppleWorks, Palm Desktop, Spiele und solche Sachen, sondern auch über die Betriebssoftware, das Nervenzentrum Ihres Computers.

Denn wenn Ihr neuer iMac fast wie ein Kunstwerk in seiner eleganten Transparenz wirkt – ohne Software ist er überhaupt keine Hilfe, wenn Sie damit einen Brief schreiben wollen.

Ihr Weg durch die kostenlose Software

In diesem Kapitel

▶ Als würden Sie AppleWorks und Palm Desktop bereits beherrschen

▶ Kid Pix, Bugdom und Nanosaur versprechen viel Spielspaß

▶ Die World Book Enzyklopädie CD-ROM bringt Ihnen mehr Wissen

▶ Was Sie mit PageMill und dem Internet Safety Kit anstellen können

Ihr persönlicher Software-Laden

Ihr neuer iMac kommt mit einer wahren Goldmine an Programmen zu Ihnen, die Sie, wollten Sie alle einzeln kaufen, eine Menge Geld kosten würden. Der mitgelieferte Umfang hängt jedoch davon ab, für welches iMac-Modell Sie sich entschieden haben.

Das bringt der iMac mit

✔ **AppleWorks** – vielseitig wie ein Schweizer Armeemesser. (AppleWorks, nebenbei gesagt, war früher unter dem Namen ClarisWorks bekannt – das können Sie das nächste Mal vor Mac-Oldtimern einfach mal nebenbei erwähnen.) Sehen Sie sich jetzt einmal an, was Sie da alles bekommen, auch wenn Sie es noch nicht zuordnen können: Ein Textverarbeitungsprogramm, eine Datenbank und ein Tabellenkalkulations-Programm. Und noch mehr: Sie erhalten zudem auch noch ein Mal- und Zeichenprogramm, das Sie zudem auch für Seitenlayouts benutzen können. Und wenn Sie jetzt bestellen, erhalten Sie außerdem noch ein kleines Telekommunikationsprogramm – alles kostenlos!

Alle diese Funktionen finden Sie in einem Programm, das bereits ohne zusätzliche Kosten auf der Festplatte Ihres iMac installiert ist. Sie können damit einen Brief schreiben und ein Bild einfügen, eine Broschüre mit einer kleinen Tabelle gestalten und so weiter und so weiter. Die Chancen stehen wirklich gut, dass Sie und AppleWorks sich im Laufe der Zeit immer besser verstehen werden.

✔ **Bugdom** – ein Computerspiel. Sie sind ein nobler Käferritter, der auf dem Weg durch das Reich der roten Ameisen hilflose Käferfräuleins befreit. (Oder wenigstens so ungefähr.)

✔ **Nanosaur** – wenn Ihnen Bugdom zu kindisch ist, versuchen Sie sich doch einmal als kleiner Saurier im Kampf gegen große Saurier.

✔ **PageMill** – es gibt hundert gute Gründe und noch mehr für das Internet, der wichtigste aber ist, dass es jedermann möglich ist, eine Webseite zu erstellen. Sie können Ihr Hobby, Ihr Geschäft, Ihre Leidenschaft und vieles mehr online darstellen. Alles, was Sie dazu brauchen, ist das richtige Programm – eben Adobe PageMill!

Software nur für neue SlotIn iMacs

✔ **EdView Internet Safety Kit, Familienausführung** – das ist ein Programm, mit dem Sie Ihrem iMac für einzelne Benutzer (wenn es mehrere Benutzer geben sollte) den Zugang zu Internetseiten sperren. Seiten, vor denen Sie Ihre Familienmitglieder schützen wollen.

✔ **Palm Desktop** – ein Kalender- und Adressbuch-Programm.

✔ **World Book Enzyklopädie** – Die geballte Wissensladung von 26 Bänden elektronisch auf CD-ROM gespeichert. In mancher Hinsicht besser als die gedruckte Version – wiegt wesentlich weniger, beinhaltet zu einigen Themen Filme und Ton – und ist kostenlos bei Ihrem iMac dabei.

Was nur bei älteren iMac-Modellen dabei war

✔ **Williams-Sonoma Kochbuch, Kai's Photo Soap, MDK** – bei diesen drei Programmen handelt es sich um eine Anleitung für gutes Kochen, eine Bildbearbeitungs-Software und ein futuristisches Spiel.

Wie Sie vielleicht bereits beim Auspacken gemerkt haben, liegt keinem dieser Programme ein gedrucktes Handbuch bei. Dieses alphabetisch geordnete Kapitel können Sie jedoch sehr gut als Führer nutzen.

AppleWorks

Um AppleWorks zu starten *doppelklicken* Sie auf das Symbol auf Ihrer Festplatte und öffnen den Ordner Anwendungen. Darin finden Sie den Ordner AppleWorks und in diesem Ordner das AppleWorks Symbol, auf das Sie einfach doppelklicken. (Von jetzt an können Sie AppleWorks wesentlich einfacher über das ⌘-Menü öffnen. Oder noch einfacher: Ordnen Sie AppleWorks einfach einer der *F-Tasten* am oberen Rand Ihrer Tastatur zu. Wie das geht, lesen Sie in Kapitel 13.)

Es öffnet sich ein Dialogfenster wie unten abgebildet, in dem Sie gefragt werden, was Sie denn nun tun wollen. Diese Auswahlmöglichkeit präsentiert Ihnen das Programm jedes Mal, wenn Sie es öffnen. Hier geben wir Ihnen zunächst eine kurze Übersicht, was sich hinter den einzelnen Begriffen verbirgt, bevor wir mit der detaillierten Beschreibung beginnen.

Textverarbeitung: Sie wissen doch, was man unter dem Dokument einer Textverarbeitung versteht – einen Brief, ein Buch, eine Lösegeldforderung.

Zeichnung: Das ist ein Zeichenprogramm, mit dessen Hilfe Sie durch Linien, Kreise, Rechtecke und Farben so wichtigen Graphiken wie Logos, Landkarten und Strichmännchen anfertigen können.

Malumgebung: Darunter verstehen Sie bitte eine andere Art des Zeichnens. Sie können hier auch Kreise, Linien und Rechtecke bzw. mit den verschiedenen Werkzeugen Schraffuren, freie Formen und anderes anlegen. Und Sie können zum Beispiel auch eingescannte (digitalisierte) Bilder mit diesem Programm bearbeiten.

Tabellenkalkulation: Ein elektronisch verwaltetes Hauptbuch, mit dem Sie Zahlen verwalten und berechnen können: Zum Beispiel in einem Fahrtenbuch für Ihr Auto, das Ihnen automatisch die Kosten pro Kilometer errechnet, Ihren Bankstatus, die Telefonkosten Ihrer Tochter oder was Ihnen sonst wichtig ist.

Datenbank: Ein elektronisches Indexverzeichnis. Sie geben einfach Ihre Listen ein – Wohnungsausstattung; Ihre CD-Sammlung oder die Vorbestellungen für die Regina & Kathrin Faust Wochenzeitschrift. – Das Programm sortiert Ihre Listen, druckt die Listen und findet für Sie schnell die gesuchten Informationen.

Präsentation: Hier bietet Ihnen AppleWorks 6 eine ganz neue Umgebung. Sie können aus Diavorlagen eigene Präsentationen herstellen, selbst *Diavorlagen* erstellen und natürlich diese Dia-Show auch vorführen. Dafür erhalten Sie verschiedene optische Effekte für die Übergänge zwischen den Dias und können sogar Musik oder Sprechertexte hinzufügen. Tolle Sache ist das!

Wie AppleWorks arbeitet, zeigen wir Ihnen jetzt anhand eines kleinen Dankeschön-Briefes. Aber natürlich nicht irgendein Dankeschön-Brief, sondern der schönste Dankeschön-Brief, den Sie jemals gesehen haben. Und wir werden den Dankeschön-Brief auch mit einer persönlichen Anrede für verschiedene Empfänger vorbereiten. Sie legen dafür ein Adressenverzeichnis an und komponieren die verschiedenen Inhalte der individuellen Briefe, und weil hier verschiedene Daten ausgetauscht werden, nennt man das mail merge oder *Serienbriefe*.

Auch wenn das Briefschreiben jetzt nicht gerade der Hauptgrund war, warum Sie sich einen Computer angeschafft haben – warten Sie ab. Diese Übung zeigt Ihnen schon die meisten

Funktionen von AppleWorks und die eine oder andere davon ist Ihnen später sicher einmal für andere Arbeiten sehr nützlich.

Ihre erste Datenbank

Nehmen Sie einmal an, Sie hätten gerade geheiratet. Und zu diesem Anlass wurden Sie mit Geschenken überschüttet. Und jetzt ist es Ihre Aufgabe, einen charmanten Brief zu schreiben, in dem Sie sich bei allen für die Geschenke bedanken. Am besten beginnen Sie diese Aufgabe mit einer Liste der Geschenkgeber. Die ideale Software dafür ist die Datenbank. Doppelklicken Sie also auf Datenbank und Sie erhalten das nachstehend abgebildete Fenster:

Bitte erschrecken Sie nicht, dieses Fenster sieht viel komplizierter aus, als es tatsächlich ist. Sie sollen nur angeben, welche und wie viele Felder Sie für jeden Namen anlegen wollen (also Vorname, Name, Geschenk, Adresse und so weiter).

Sie dürfen im Augenblick nur den einzelnen Feldern Namen geben (das Programm nennt das Feldname). Und wie immer: Wenn Sie sich einmal vertippt haben, können Sie die falsche Eingabe mit der Rückschritt-Taste löschen. Fangen wir also an:

1. **Geben Sie *Vorname* ein und bestätigen Sie mit der Return-Taste.**

    Die Return-Taste hat dieselbe Funktion wie ein Mausklick auf den Button Anlegen.

2. **Geben Sie *Name* ein und bestätigen Sie mit der Return-Taste.**

3. **Geben Sie *Adresse* ein und bestätigen Sie mit der Return-Taste.**

    Sehen Sie, wie sich die Liste aufbaut?

4. **Geben Sie *Geschenk* ein und bestätigen Sie mit der Return-Taste.**

5. **Geben Sie *Bemerkung* ein und bestätigen Sie mit der Return-Taste.**

    Damit haben Sie ein Feld angelegt, in dem Sie später vielleicht einige Anmerkungen zu dem Geschenk oder der Person, die es Ihnen geschenkt hat, aufnehmen wollen.

6. **Zum Schluss geben Sie noch das Wort *Wohnbereich* (warum sehen Sie gleich) ein und bestätigen mit der Return-Taste.**

Ihr Meisterwerk müsste jetzt eigentlich so aussehen:

```
┌─────────────────────────────────────────────────────────────┐
│                 Datenbankfelder definieren                   │
│                                                               │
│  Feldname:                        Feldtyp:                    │
│  Uorname                          Text                     ▲  │
│  Nachname                         Text                        │
│  Adresse                          Text                        │
│  Geschenk                         Text                        │
│  Bemerkung                        Text                        │
│  Wohnbereich                      Text                     ▲  │
│                                                            ▼  │
│                                                               │
│  Feldname:  [ Wohnbereich ]       Feldtyp: [ Text ▼ ]         │
│                                                               │
│  [ Erstellen ⌘R ]  [ Ändern ⌘M ]  [ Löschen ⌘E ] [ Optionen... ⌘O ] │
│  ⓘ  Um Attribute zu ändern, wählen Sie ein Feld und klicken Sie in │
│     "Optionen" oder ändern Sie Name oder Feldtyp und klicken Sie dann │
│     in "Ändern".                              [ Fertig ⌘D ]   │
└─────────────────────────────────────────────────────────────┘
```

7. **Klicken Sie nun auf FERTIG unten rechts.**

Das Dialogfenster verschwindet.

Vielleicht verstehen Sie besser, was Sie jetzt eigentlich getan haben, wenn Sie es sehen. Sie haben eine Reihe von Feldern angelegt, in die Sie für jeden Empfänger auf Ihrer Liste persönliche Daten eingeben können.

```
Vorname      [                              ]
Nachname     [                              ]
Adresse      [                              ]
Geschenk     [                              ]
Bemerkung    [                              ]
Wohnbereich  [                              ]
```

Im Sonderzeichen-Himmel

Ah, mais oui, mon ami. C'est vrai, c'est la vie, c'est le résumé.

Denken Sie jetzt nicht, dass wir Sie unbedingt mit unseren mehr oder weniger exzellenten Französisch-Kenntnissen verblüffen wollen. Vielmehr sollten Sie sich fragen, wo denn die ganzen Anführungszeichen – wobei diese hier noch von der einfachen Sorte sind – herkommen. Das ist ganz einfach und Sie können das auch – immerhin waren Sie ja so klug, sich für einen iMac zu entscheiden.

Der iMac verfügt über eine nahezu unbegrenzte Vielfalt an Sonderzeichen auf der Tastatur, die Sie sich jetzt bitte einmal etwas genauer ansehen. Sehen Sie das Zeichen ©, oder ™, ç, ¢, ¡, £, •, ®, †? Auf den Tasten nicht – aber Sie sind da und werden täglich von Tausenden benutzt. Sie sind versteckt, aber die *Options-Taste* lockt sie hervor.

Das funktioniert wie bei den Großbuchstaben mit der *Shift-Taste*: Drücken Sie die *Options-Taste* und geben Sie dann den Buchstaben ein. Eine Übersicht der gebräuchlichsten Sonderzeichen haben wir Ihnen hier aufgeführt:

Für dieses Zeichen	drücken Sie die Options-Taste und ...
©	g
™	e
ç	c
¢	4
¡	1
•	ü
±	+
®	r
†	t

Für dieses Zeichen	drücken Sie Shift und Options-Taste und ...
£	4

Und was das Tolle daran ist, Sie verfügen auch über einen kompletten Katalog dieser Sonderzeichen, der Ihnen die Kombination auf der Tastatur auch anzeigt: Wählen Sie aus dem -Menü Tastatur und probieren Sie es einfach einmal aus: Drücken Sie die *Options-Taste*:

Und hier haben Sie die Ebene, auf der sich all die lieben kleinen Sonderzeichen tummeln!

Es gibt noch ein paar Besonderheiten bei den Buchstaben mit Akzent, wie bei á, à, é, è, ü, ñ, ï, und anderen. Da es hier aber so viele Möglichkeiten gibt, brauchen Sie zwei Schritte:

1. Drücken Sie die *Options-Taste* und geben Sie ein *Zeichen* ein.

Für dieses Zeichen	drücken Sie die Options-Taste und ...
å	a
ü	u
ñ	n

Wenn Sie den Buchstaben bei gedrückter Optionstaste eingeben, geschieht zunächst nichts, bis Sie ...

2. den Buchstaben eingeben, den Sie unter dem Akzent sehen wollen.

Erst dann erscheint das komplette Zeichen. Und jetzt versuchen Sie das doch noch ein bisschen, zum Beispiel an diesem Wort: résumé. Für 6 Buchstaben haben Sie 8 Anschläge gebraucht. C'est formidable, ça!

Es wird Zeit, Daten einzugeben

Das ist wichtig: Wenn Sie die Felder einer Datenbank ausfüllen, sollten Sie ganz normal schreiben. Von einem Feld zum nächsten, zum Beispiel von Vorname zu Name, gelangen Sie einfach mit dem Tabulator. Benutzen Sie nicht die *Return-Taste*, auch wenn Ihnen das Ihr Gefühl immer wieder sagt, Sie werden gleich sehen, warum. (Natürlich können Sie auch jedesmal das neue Feld mit der Maus eingeben, aber mit dem Tabulator geht es einfach schneller.)

Und so funktioniert es:

1. **Überzeugen Sie sich davon, dass der gepunktete Rahmen um jedes Feld angezeigt wird. Falls nicht, drücken Sie die *Tabulator-Taste*.**

   Der kleine blinkende Textcursor sollte im Feld Vorname stehen (falls nicht, klicken Sie mit der Maus in dieses Feld).

2. **Geben Sie *Josephine* ein und drücken Sie die *Tabulator-Taste*, um zum Feld Name zu gelangen.**

Vorname	Josephine
Nachname	
Adresse	
Geschenk	
Bemerkung	
Wohnbereich	

3. **Schreiben Sie *Flombébé* und drücken Sie *Tabulator*.**

   (Wenn Sie nicht wissen, wie Sie die Akzente auf die e's setzen, lesen Sie es einfach im nebenstehenden Kasten noch einmal nach.) Jetzt sind Sie im Feld Adresse.

4. **Geben Sie ein *Bockenheimer Strasse 40*.**

Jetzt werden Sie gleich herausfinden, was ein Return in so einem Eingabefeld tut. Also drücken Sie die *Return-Taste* und Sie sehen, dass Sie nicht im nächsten Feld gelandet sind, sondern dass das Feld Adresse größer geworden ist, so dass Sie nun noch die zweite Zeile der Adresse eingeben können.

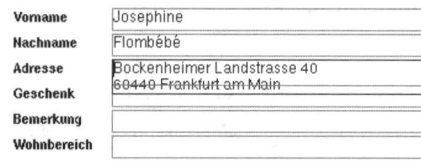

Sollten Sie je einen Return in ein Feld eingegeben haben, wo Sie gar keinen haben wollten, können Sie ihn einfach mit der *Rückschritt-Taste* löschen.

5. **Geben Sie jetzt in die zweite Zeile die Postleitzahl und den Ort ein *60400 Frankfurt am Main* und drücken Sie die *Tabulator-Taste*.**

Und keine Angst, wenn die zweite Zeile der Adresse verschwindet, Ihr Text ist nach wie vor da.

6. **Geben Sie *Sofaschondecke* (Tabulator); *sehr praktisch* (Tabulator); *Wohnzimmer* (und Halt).**

Jetzt haben Sie alle Informationen über die erste Person ausgefüllt. Damit das nicht den ganzen Tag dauert, lassen Sie uns einfach annehmen, dass das eine sehr intime Hochzeit war und Sie nur drei Gäste hatten.

Jetzt brauchen wir neue Felder. Und natürlich gibt es für die Reihe von Feldern für einen Namen auch wieder einen neuen Fachausdruck, nämlich Datensatz. Das geht dann so:

1. **Wählen Sie aus dem Menü BEARBEITEN NEUER DATENSATZ.**

Ein neuer Datensatz (Anzahl von Feldern) erscheint und Sie können wie bereits beschrieben die Daten für die nächste Person eingeben.

2. **Schreiben Sie einfach, was Ihnen jetzt einfällt oder kopieren Sie das erste Beispiel – aber denken Sie daran, dass Sie nach jeder Eingabe mit dem Tabulator in das nächste Feld wechseln.**

(Fast vergessen – und wenn Sie eine zweite Zeile für die Adresse benötigen, Return-Taste drücken. Seien Sie einfach mal kreativ!)

3. Wählen Sie NEUER DATENSATZ aus dem Menü BEARBEITEN und geben Sie die Daten für die dritte Person ein. Vielleicht diesmal *Ming Vase* als Geschenk?

    Hervorragend – das haben Sie aber wirklich schnell begriffen!

4. Als letzten Schritt empfehlen wir Ihnen, Ihre Arbeit zu sichern. Wählen Sie SICHERN ALS aus dem Menü ABLAGE und geben Sie Geschenkliste als Namen Ihrer Datenbank ein.

5. Klicken Sie auf den Button SCHREIBTISCH und dann den Button SICHERN, um Ihre Datenbank auf der Festplatte zu speichern.

Jetzt haben Sie Ihre erste Datenbank angelegt. In den Feldern haben Sie die Informationen so eingegeben, wie es der iMac braucht, damit Sie sie später auch weiterverarbeiten können. Eine Riesenleistung, Ihre Großeltern wären stolz auf Sie. Sie könnten jetzt zum Beispiel Ihren iMac bitten, Ihnen alle Namen zu zeigen, die mit einem Z beginnen. Oder jene Personen aufzulisten, die in Frankfurt wohnen. Oder jene, deren Geschenke Sie als besonders toll bezeichnet haben. Sehen Sie dazu auch den Kasten »*Finden und Sortieren* in einer AppleWorks Datenbank«.

Finden und Sortieren in einer AppleWorks Datenbank

Wenn Sie Daten in eine AppleWorks Datenbank eingegeben haben, können Sie diese Daten in jeder Art und Weise bearbeiten. Der Befehl SUCHEN aus dem Menü LAYOUT zeigt Ihnen die Felder an. Geben Sie jetzt einfach an, in welchem Feld Sie wonach suchen wollen. Wenn Sie zum Beispiel jemand finden wollen, der in einem Ort mit der Postleitzahl 60400 wohnt, geben Sie diese Zahl im Feld Adresse ein (siehe Abbildung).

Dann klicken Sie auf den Button SUCHEN und der iMac liefert Ihnen das Ergebnis. Das ist wichtig – AppleWorks ignoriert zwar alle Datenätze, die nicht auf Ihre Anfrage zutreffen, diese Datensätze existieren aber natürlich trotzdem noch. Mit dem Befehl ALLE DATENSÄTZE aus dem Menü ORGANISATION können Sie sie wieder sichtbar machen. Sie können das selbst in dem kleinen Buch links auf Ihrem Bildschirm nachprüfen. Dort steht »Datenssätze: 2 (1)«. Das bedeutet, dass in Ihrer Adressliste 2 Datensätze vorhanden sind und auf einen davon Ihr Suchbegriff 60400 zutrifft (... die attraktive junge Schauspielerin!).

Den Formbrief gestalten

Jetzt gehen Sie daran, Ihren Dankeschön-Brief zu schreiben. Und die Stellen, wo Sie die persönliche Ansprache bzw. den Hinweis auf das tolle Geschenk einsetzen wollen, teilen Sie AppleWorks mit.

1. **Wählen Sie NEU aus dem Menü ABLAGE.**

   Jetzt werden Sie gefragt, was für ein Dokument Sie gestalten wollen.

2. **Klicken Sie auf TEXTVERARBEITUNG.**

   Und Sie erhalten ein sauberes neues elektronischen Blatt Papier. Am besten beginnen Sie den Brief mit der Anschrift. Aber die ist ja auf jedem Brief verschieden! Und genau hier wird der Serienbrief interessant.

3. **Wählen Sie *Serienbrief* aus dem Menü ABLAGE.**

   In dem kleinen Fenster sehen Sie den Namen Ihrer Datenbank – Geschenkliste.

4. **Durch einen *Doppelklick* auf *Geschenkliste* teilen Sie AppleWorks mit, dass dies die Datenbank ist, mit der Sie arbeiten wollen.**

   Ein neues Fenster erscheint:

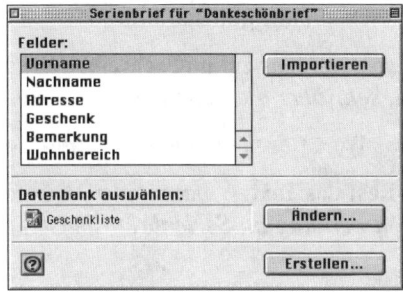

In der Liste auf der linken Seite sehen Sie die von Ihnen angelegten Feldnamen.

5. **Zeigen Sie auf *Vorname* und *doppelklicken* Sie.**

6. **Jetzt platziert das Programm einen Platzhalter für den Vornamen in Ihrem Brief. Im gedruckten Brief erscheint dann anstelle <Vorname> zum Beispiel Josephine.**

Geben Sie einen *Zwischenraum* ein, zeigen Sie auf Name und *doppelklicken* Sie wieder; drücken Sie die *Returntaste*, um eine neue Zeile zu beginnen und wählen Sie nun aus dem Fenster SERIENBRIEF ADRESSE.

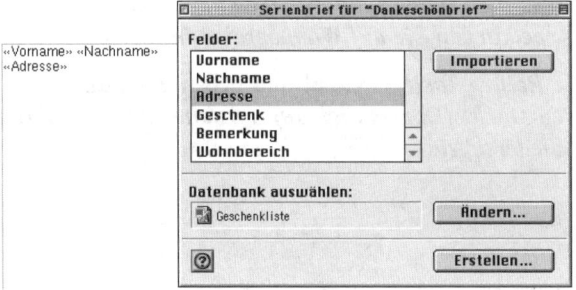

Bevor Sie weiterschreiben, sollten Sie das kleine Fenster Serienbrief so auf dem Bildschirm anordnen, dass Sie es gleichzeitig mit Ihrem Dokumentenfenster sehen können.

7. **Geben Sie jetzt zwei *Returns* ein und schreiben Sie dann *Liebe* und eine *Leertaste*.**

8. **Zeigen Sie auf *Vorname* im Serienbrief-Fenster, *doppelklicken* Sie und geben Sie noch ein Komma ein.**

Ihr Brief sollte nun ungefähr so aussehen:

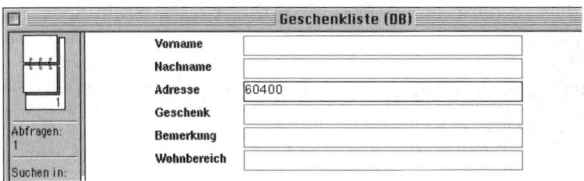

Dann sieht das doch alles schon ganz gut aus.

9. **Geben Sie noch einmal** *zwei Returns* **ein und schreiben Sie dann den Text, zum Beispiel** *»ich habe mich wirklich sehr über die«* **und eine** *Leertaste.*

10. *Doppelklicken* **Sie auf das Wort** *Geschenk* **im Serienbrief-Fenster.**

11. **Schreiben Sie jetzt den Rest des Textes:** *»zu meiner Hochzeit gefreut. Das ist ein sehr (doppelklicken Sie auf Anmerkung im Serienbrief-Fenster) Geschenk,«.*

> «Vorname» «Nachname»
> «Adresse»
>
> Liebe «Vorname»,
>
> ich habe mich wirklich sehr über die «Geschenk» zu meiner Hochzeit gefreut. Das
> ist ein «Bemerkung» Geschenk, was man immer wieder gut brauchen kann und
> das sicher auch viel Freude macht.

Sie sehen, was wir hier gemeinsam tun? Mit den Platzhaltern fügen wir in dem Brieftext an verschiedenen Stellen die entsprechenden Inhalte aus der Datenbank ein.

Um den letzten Platzhalter sehen zu können, müssen Sie eventuell den Brief mit der *Scroll-Leiste* nach oben scrollen. Jetzt können Sie den Brief beenden.

12. **Schreiben Sie** *»was man immer gut brauchen kann und es wird sich besonders gut in unser neues (doppelklicken Sie auf Wohnbereich im Serienbrief-Fenster) passen.«*

13. **Drücken Sie die** *Return-Taste* **zweimal und geben Sie nun den Rest des Briefes ein:** *»Nochmals vielen Dank, (Doppelklick auf Vorname im Serienbrief-Fenster), und bis zum nächsten Wiedersehen.«*

> «Vorname» «Nachname»
> «Adresse»
>
> Liebe «Vorname»,
>
> ich habe mich wirklich sehr über die «Geschenk» zu meiner Hochzeit gefreut. Das
> ist ein «Bemerkung» Geschenk, was man immer wieder gut brauchen kann und
> das sicher auch viel Freude macht. Es wird wird besonders gut in unser neues
> «Wohnbereich» passen. Nochmals vielen Dank, liebe «Vorname», und bis zu
> nächsten Wiedersehen.
>
> Deine Erika

Der Redakteur vom Briefsteller für die Dame von Welt würde sich zwar die Haare raufen, wenn er sähe, dass Sie an Liebe Vorname schreiben. Aber durch die Wunderkraft der Computer erscheinen nachher bei dem gedruckten Brief doch tatsächlich die Namen, Adressen und die anderen Angaben, die Sie zu jeder Person in Ihre Datenbank eingegeben haben, an der Stelle der Platzhalter. Und es ist dann eigentlich nicht mehr festzustellen, ob nicht tatsächlich jeder Brief einzeln geschrieben wurde.

Wählen Sie SPEICHERN aus dem Menü ABLAGE, geben Sie den Namen *»Dankeschönbrief«* ein und klicken Sie auf SICHERN.

Legen Sie Ihre bevorzugte Schrift fest

Wo auch immer das Intergalaktische Komitee für die am häufigsten gestellten Fragen seine Liste aufbewahrt, wir könnten fast wetten, dass der erste Punkt auf dieser Liste die Frage ist: »*Ich hasse es, wenn ich jedesmal wieder die Schrift und die Schriftgröße auswählen muss, wenn ich ein neues AppleWorks Textverarbeitungs-Dokument öffne. Kann man das denn nicht ein für allemal machen?*«

Die Antwort ist einfach und vielleicht haben Sie sie ja auch schon selbst herausgefunden.

Gestalten Sie jetzt noch einen Briefkopf

Damit Sie auch sehen, wie AppleWorks die verschiedenen Elemente zusammenführt, zeichnen wir jetzt noch schnell gemeinsam einen Briefkopf im Zeichnung-Modul.

Wählen Sie entweder aus dem *Startfenster* den Bereich ZEICHNUNG oder aus dem Menü ABLAGE den Begriff NEU und dann das Wort ZEICHNUNG.

AppleWorks zeigt Ihnen jetzt das *Zeichnenfenster*. Das Raster der gepunkteten Linien hilft Ihnen bei der Anordnung der verschiedenen Elemente, beim späteren Druck sind diese Hilfslinien nicht zu sehen.

1. **Klicken Sie auf das Textwerkzeug – Buchstabe A –, lassen Sie die Maustaste los, bewegen Sie den Cursor in den Zeichenbereich und ziehen Sie einen Rahmen auf.**

2. **Wählen Sie *Times* aus dem Menü FORMAT, Schrift und den Schriftgrad 24 Punkt.**

3. **Geben Sie einen *langen Gedankenstrich* (Shift- und Optionstaste und -) ein, Leertaste, schreiben Sie »*Eine ganz persönliche Mitteilung*«, Leertaste und wieder einen langen Gedankenstrich.**

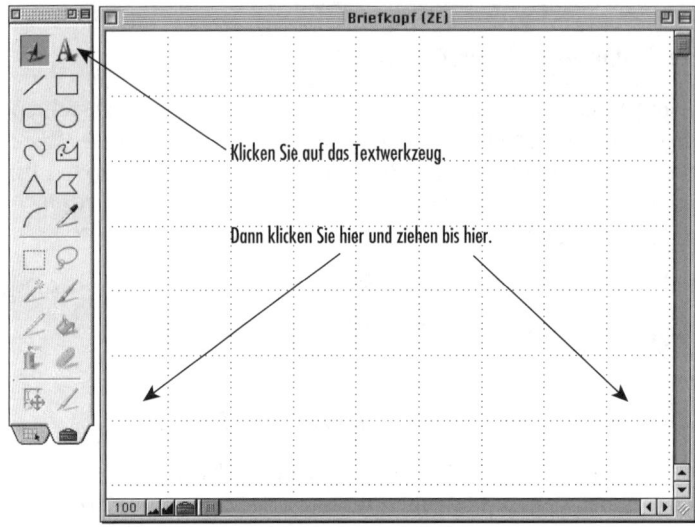

4. **Wenn Sie auf den Pfeil in der Werkzeugleiste und dann auf Ihren Text klicken erschei-
nen die Formatmarkierungen; wählen Sie danach aus dem Menü FORMAT|AUSRICHTUNG
den Befehl ZENTRIEREN.**

Schließlich können Sie auch noch die Schriftfarbe bzw. die Farbe des Feldrahmen und des
Feldinhaltes mit dem *Akzente-Fenster* verändern. Wählen Sie einfach für die einzelnen
Punkte die Farben aus.

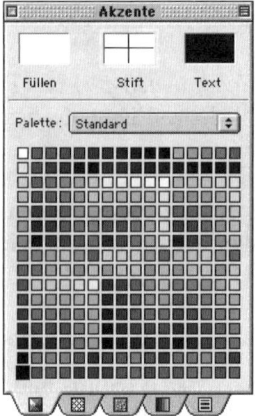

5. Wählen Sie aus der Farbtabelle für die Füllung und den Rahmen die Farbe schwarz. Aus der Textzeile ist jetzt ein solides schwarzes Rechteck geworden.

6. Wählen Sie jetzt für den Text die Farbe weiß und schon haben Sie einen wunderschönen schwarzen Kasten mit negativ weißem Text.

— Eine ganz persönliche Mitteilung —

Natürlich können Sie jetzt auch Graphiken anlegen, wenn Sie das wollen – nutzen Sie dafür einfach eines der vielen angebotenen Graphik-Werkzeuge. Sie können u. a. einen zusätzlichen Rahmen um diese Überschrift anlegen oder den Block um 90 Grad drehen. Sie können auch verschiedene Muster für die Füllung auswählen. (Klicken Sie doch einfach einmal auf die Tabs am unteren Rand der Farbtabelle!) Oder Sie dekorieren Ihren Brief mit einer fertigen Zeichnung aus der Clip-Bibliothek (Menü ABLAGE|CLIPS EINBLENDEN). Schauen Sie sich diese Funktionen in aller Ruhe an und spielen Sie mit den vielen Möglichkeiten der Werkzeuge und Farben.

Für diejenigen, die gerne alles unter Kontrolle haben

Bevor Sie das Zeichenfenster wieder schließen, schauen Sie doch einmal in die untere linke Ecke. Dort finden Sie die abgebildeten kleine Kontrollfenster, mit denen Sie sich die Arbeit ein wenig erleichtern können.

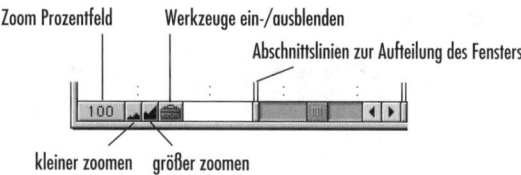

Wenn Sie das wollen, stellt AppleWorks Ihre Arbeit natürlich auch riesengroß dar. Ein rascher Klick auf einen der beiden kleinen Berg-und-Tal-Buttons macht Ihre Zeichnung größer oder kleiner. Oder Sie wählen einen exakten Vergrößerungsfaktor aus dem linken Popup-Menü. Bitte beachten Sie, dass dieser Vergrößerungsfaktor keinen Einfluss auf den Druck hat, sondern nur für die Bildschirmdarstellung gilt.

Die Wiederkehr von Kopieren und Einfügen

Jetzt muss der von Ihnen gezeichnete Briefkopf nur noch in Ihren Serienbrief eingefügt werden:

1. **Wählen Sie das *Pfeil-Werkzeug* und klicken Sie auf die *Überschrift*, wählen Sie dann KOPIEREN aus dem Menü BEARBEITEN.**

   Jetzt müssen Sie zu Ihrem Textverarbeitungs-Dokument zurückkehren. Hier ist ein schneller Weg, mit dem Sie es in den Vordergrund holen.

2. **Wählen Sie einfach aus dem Menü FENSTER den Dankeschön-Brief (TV).**

   TV bedeutet Textverarbeitungs-Dokument; DB steht für Datenbank; ZE für Zeichnung, MA für Malen und TK für Tabellenkalkulation.

   Ihr Brief ist wieder im Vordergrund.

3. **Wählen Sie KOPFZEILE EINFÜGEN aus dem Menü FORMAT.**

   (Unter Kopfzeile versteht man den oberen Bereich jeder Seite über dem Text, den Sie eingeben. In diesem Fall sieht es wie ein leeres Textfeld aus.)

4. **Wählen Sie EINFÜGEN aus dem Menü BEARBEITEN.**

   Et voilá … Ihre Graphik erscheint als Kopf des Serienbriefes.

Ist es nicht erstaunlich, was Sie inzwischen alles vollbracht haben: Sie haben ein Datenbank-, ein Textverarbeitungs- und ein Zeichenprogramm in einem einzigen Dokument miteinander verknüpft. Aber der absolute Kick kommt ja erst noch, wenn Sie jetzt im SERIENBRIEF-*Fenster* den Button ERSTELLEN anklicken. Dann können Sie beobachten, wie das Programm die verschiedenen Platzhalter durch die Textelemente aus der Datenbank ersetzt.

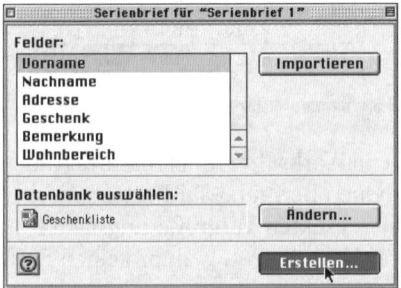

AppleWorks – die etwas andere Tabellenkalkulation

Die meisten Menschen, die von einem Tabellenkalkulations-Programm sprechen, meinen damit Microsoft Exel, ein unverselles, aber auch relativ teures Programm (universell für Windows-PCs). AppleWorks bietet Ihnen eine einfach zu handhabende Tabellenkalkulation, die fast ebenso viel kann, jedoch einfacher zu beherrschen ist und vor allem nichts zusätzlich kostet.

Ein Tabellenkalkulations-Programm nutzt man in der Regel für mathematische Berechnungen, zum Beispiel zu einem Vergleich zwischen zwei Hypotheken-Alternativen, eben alles, was sich mit Zahlen machen lässt.

In der Summe gesehen ging's noch

Spinnen wir doch einfach mal den Faden mit der Hochzeit, für die Sie gerade die tollen Dankeschön-Briefe geschrieben haben, weiter. Nach den wundervollen Flitterwochen im sonnigen Süden kommen sie wieder nach Hause und finden eine Unzahl von Rechnungen vor, die aufeinandergestapelt bis zum Mond und wieder zurück reichen: Vom Restaurant, in dem die Feier stattfand, vom Modeatelier Ihrer Angetrauten, von Ihrem Maß-Schneider, vom Blumengeschäft, vom Hochzeits-Fotografen, vom Verleih der weißen Kutsche mit den 6 weißen Pferden – und was halt sonst noch so alles angefallen ist. Aus der Frage »Ist das der Mensch, mit dem ich eine Ewigkeit zusammenleben möchte?« wird die Frage »Wird die Ewigkeit ausreichen, um all diese Rechnungen zu bezahlen?«

 Wie so oft im Leben, kann Ihnen die richtige Software die Antwort geben. Öffnen Sie AppleWorks wie bereits zu Beginn dieses Kapitels. Wenn Sie die Bezeichnung AppleWorks in der rechten oberen Ecke Ihres Bildschirms bereits sehen, befinden Sie sich bereits in dem Programm und brauchen es natürlich nicht mehr zu starten. In diesem Falle wählen Sie Neu aus dem Menü Ablage. Aus der Dialogbox wählen Sie Tabellenkalkulation.

Sie erhalten eine leere Tabelle aus Spalten und Zeilen. Die Spalten sind mit Buchstaben gekennzeichnet, die Zeilen sind nummeriert. Die sich ergebenden kleinen Rechtecke werden Zellen genannt und lassen sich eindeutig den Buchstaben bzw. Zahlen zuordnen: A1, wie zum Beispiel beim Schiffe-Versenken. Und jetzt zeigen wir Ihnen, wie Sie ausrechnen können, was Ihnen nach der Begleichung aller Rechnungen für die Hochzeit noch zum Leben bleibt.

1. **Klicken Sie in *Zelle A3* und schreiben Sie *Ausgaben* (Return-Taste).**

   Sie haben dabei sicher bemerkt, dass sie nicht direkt in die Zelle, sondern in das Schreibfeld im Kopf des Formulares schreiben. Erst, wenn Sie die Return-Taste gedrückt haben, erscheint der Text in der Zelle.

Gleichzeitig sehen Sie, dass nun die Zelle darunter, A4, markiert ist und auf Ihre nächste Eingabe wartet.

2. **Geben Sie jetzt nacheinander die verschiedenen Ausgaben ein (*Restaurant, Fotograf* und so weiter) und vergessen Sie nicht, nach jeder einzelnen Eingabe die Return-Taste zu drücken. In die letzte Zelle schreiben Sie *Gesamt* (Return!).**

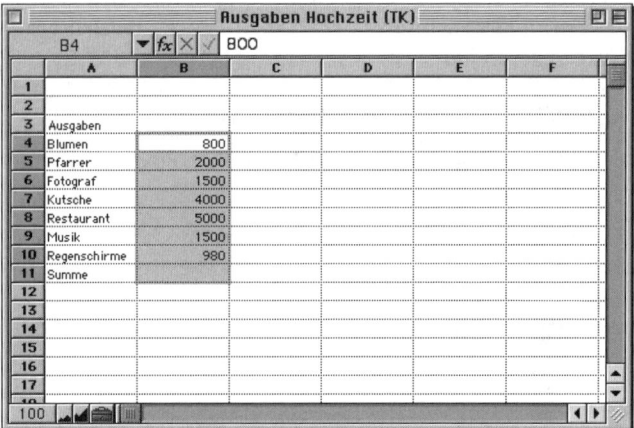

Nachdem Sie jeden aufgeschrieben haben, der an Ihrer Hochzeit verdient hat, fühlen Sie sich sicher schon wesentlich beser.

3. **Klicken Sie jetzt in *Zelle B4* rechts neben Blumen und geben Sie nacheinander die einzelnen Beträge ein. Auch hier bestätigen Sie jede Eingabe mit der Return-Taste.**

AppleWorks kann natürlich noch wesentlich mehr, als einfach nur Texte und Zahlen nebeneinander zu zeigen.

4. **Fahren Sie jetzt mit dem Maus-Cursor über die Zahlenspalte – beginnen Sie mit der Zelle B4 und schließen Sie auch die Zelle neben dem Wort Gesamt mit ein. Die Zellen werden vom Programm markiert.**

Sie haben damit AppleWorks mitgeteilt, welche Zahlen addiert werden sollen und dadurch, dass Sie eine leere Zelle am Ende mit eingeschlossen haben, auch, wohin das Ergebnis geschrieben werden soll.

5. **Klicken Sie jetzt auf das *Summenzeichen* Σ in der *Symbolleiste*.**

Sollten Sie die Symbolleiste nicht sehen, wählen Sie SYMBOLLEISTE EINBLENDEN aus dem Menü Fenster. Wenn Sie das Σ-Zeichen nicht sehen, ändern Sie einfach die Anzeige des Fensters, indem Sie auf den schwarzen Pfeil rechts bzw. links klicken.

Wenn Sie das Summenzeichen Σ anklicken, addiert AppleWorks die markierten Zahlen und schreibt das Ergebnis in die leere Zelle am Ende der Kolonne.

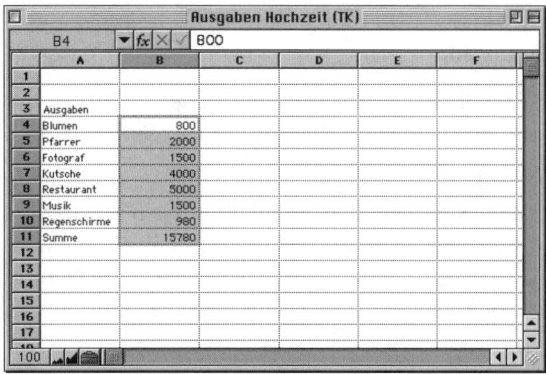

Und was noch beeindruckender ist – diese Zahl lebt und wird ständig geprüft. Wenn Sie einen der Beträge in der Kolonne ändern, ändert sich auch die Summe. Probieren Sie es einfach mal aus:

6. **Klicken Sie in die Zelle neben Blumen (den Betrag, den der Blumenhändler noch von Ihnen zu erhalten hat) und geben Sie einen anderen Betrag ein (Return drücken).**

Es dauert nur ein Augenzwinkern des iMac und in der Zelle *Gesamt* erscheint die neue Summe.

Der fette Betrag

Ihre Tabellenkalkulationen sind selbstverständlich nicht auf die dünnen Schriften beschränkt, die Sie hier sehen. Sie können Ihre Zahlen in jeder gewünschten Weise formatieren – fett, kursiv, verschiedene Größen und Farben und mehr.

So könnten Sie sich zum Beispiel überlegen, ob Sie bei dem Beispiel der Hochzeitsab-rechnung den eingenommenen Betrag in Rot darstellen. Das geht ganz einfach, klicken Sie einfach die Zelle an, in der die Zahl steht, und nutzen Sie dann die Befehle im FORMAT-Menü, wie Schriftschnitt (um zum Beispiel die Schrift fett zu machen) oder Schriftfarbe (eben rot). AppleWorks fügt auch die Währung an die Zahlen an. Wählen Sie dazu das Menü FORMAT| ZAHLENFORMAT und nehmen Sie in dem Fenster die entsprechenden Einstellungen vor. Wenn die Symbolleiste sichtbar ist, können Sie diese Einstellungen auch dort vornehmen. All diese automatischen Additionen funktionieren – aber ob die Zahl in der Endabrechnung nun rot oder schwarz geschrieben wird, sie zeigt immer nur Ihre fatale finanzielle Situation an.

Die guten Nachrichten

Ihre Tabellenkalkulation setzt Ihnen keine Grenzen in der Schriftwahl und Schriftgestaltung. Sie können Ihre Zahlen in jeder Weise bearbeiten – farbig, fett, kursiv, verschiedene Größen etc.

1. **Klicken Sie jetzt in die *Zelle D3* und geben Sie *Einnahmen* ein – Return. Damit legen Sie eine neue Kolonne an.**

2. **Schreiben Sie *Sofaschoner* – Return; *Aschenbecher* – Return; *Kaffeeservice* – Return; *Uhr* – Return; *Ming Vase* – Return; *Reise* – Return; *Summe* – Return.**

 Die hier gewählten Worte passen alle zufällig sehr gut in die Zellen. Es kann aber auch einmal vorkommen, dass plötzlich nur ein Teil der Eintragung sichtbar ist. Dann ist die Zelle zu schmal. Aber das ist kein Problem, machen Sie die Spalte einfach größer. Positionieren Sie den Cursor auf die Trennlinie zwischen den bei-den Spalten im Tabellenkopf und ziehen Sie die Trennlinie einfach nach rechts, bis der Platz ausreicht.

Jetzt können Sie noch die Werte der einzelnen Geschenke eingeben.

3. **Klicken Sie in die Zelle neben Sofaschonbezug und geben Sie nacheinander die Werte für die einzelnen Geschenke ein – immer mit der Return-Taste bestätigen. Das Ergebnis sollte dann ungefähr so aussehen:**

	Ausgaben Hochzeit (TK)					
E18						
	A	B	C	D	E	F
1						
2						
3	Ausgaben			Einnahmen		
4	Blumen	800		Sofaschoner	450	
5	Pfarrer	2000		Aschenbecher	48	
6	Fotograf	1500		Kaffeeservice	96	
7	Kutsche	4000		Uhr	120	
8	Restaurant	5000		Ming Vase	2400	
9	Musik	1500		Reise	6000	
10	Regenschirme	980		Summe		
11	Summe	15780				
12						
13						
14						
15						
16						

4. **Markieren Sie mit der Maus nun die Beträge und achten Sie darauf, dass Sie auch die leere Zelle unten (neben Gesamt) mit einschließen. Klicken Sie auf das Summenzeichen Σ in der Werkzeugleiste.**

Wie Sie sicher bereits erwartet haben, hat AppleWorks die neuen Zahlen addiert und das Ergebnis in die leere Zelle geschrieben. Auch dieses Ergebnis »lebt« und wird immer wieder aktualisiert, wenn Sie einen der Additionsbeträge ändern.

Das endgültige Ergebnis

Diese automatische Addition, die Sie jetzt eingerichtet haben, ist besonders nützlich, wenn Sie zum Beispiel ohne Taschenrechner auf einer einsamen Insel stranden. Wahre Tabellenkalkulationen geben sich natürlich nicht damit zufrieden, einfach nur irgendwelche Zahlenkolonnen zu addieren. In der wirklichen Welt nutzen die Menschen Tabellenkalkulationen, um zum Beispiel Summen von Summen zu erhalten, wie hier:

1. **Schreiben Sie jetzt in eine leere Zelle neben all den Zahlen – z.B. C14 – das Wort *Total* und drücken Sie dann die Tabulator-Taste.**

   Die Tabulatortaste hat eine ähnliche Funktion wie die Return-Taste – mit der Tabulatortaste wird die Zelle rechts neben der gerade aktualisierten Zelle markiert.

   Die Idee des Ganzen ist nun, AppleWorks zu veranlassen, das Ergebnis der beiden Zwischensummen zu errechnen – die Summe Ihrer Ausgaben von der Summe Ihrer Einnahmen abzuziehen – damit Sie sehen können, ob Sie bei dieser Hochzeit draufgezahlt haben oder nicht. Dafür erstellen Sie nun eine einfache Formel. Übrigens: Formeln in Tabellenkalkulationen beginnen immer mit einem Gleichheitszeichen (=).

2. **Geben Sie ein *Gleichheitszeichen (=)* ein und klicken Sie in die Zelle mit der Summe Ihrer Einnahmen (Zelle E10 in der Illustration).**

   AppleWorks schreibt automatisch den Namen der Zelle in die Formel.

3. **Geben Sie ein *Minuszeichen oder Gedankenstrich* (-) ein und klicken Sie in die Summe Ihrer Aufwendungen (Zelle B11 in der Illustration) – Return.**

AppleWorks subtrahiert die zweite Zelle von der ersten Zelle und zeigt das Ergebnis an. Pech gehabt, bei dieser Hochzeit haben Sie einiges draufgelegt. Auch dieses Ergebnis ist ebenso lebendig wie die anderen Summen. Wenn Sie einzelne Beträge verändern, ändert sich automatisch auch diese Gesamtsumme.

 In der Praxis hat es sich als besonders nützlich erwiesen, beim Anlegen von Formeln die einzelnen Schritte laut zu sprechen, zum Beispiel »Die Nummer in dieser Zelle ...« (Klick in die Zelle, wo Sie das Gesamtergebnis sehen wollen.) »ergibt sich« (Tippen Sie das =-Zeichen) »aus dieser Zahl« (klicken Sie in die Summe der Einnahmen) »weniger/minus« (Tippen Sie das -) »dieser Zahl« (klicken Sie in die Summe der Ausgaben). Wenn es sich auch nicht gerade danach anhört, als wären Sie ein außergewöhnliches mathematisches Genie – eher im Gegenteil –, hilft Ihnen diese Eselsbrücke ganz sicher bei der exakten Formulierung Ihrer Formeln.

Und was AppleWorks sonst noch kann

Das Hochzeits-Nachbereitungs-Szenario zeigt wirklich nur einen kleinen Teil der Fähigkeiten von AppleWorks. Da gibt es noch viel mehr Möglichkeiten, die im Verborgenen schlummern, wie zum Beispiel ...

Kleine Kunstwerke ...

Bis jetzt haben Sie das Malenfenster noch gar nicht kennengelernt – also dann. Wir setzen voraus, dass Sie wissen, wie Sie es öffnen können: Wählen Sie Neu aus dem Menü Ablage und doppelklicken Sie auf Malumgebung.

Und schon sind Sie in einem Pixel-Wunderland, in dem Sie eigene Kunstwerke erstellen können. Für diese Kunstwerke spricht, dass Sie die Farbe jedes einzelnen Pixels auf dem Bildschirm jederzeit ändern können – anstatt nur einfach Kreise, Rechtecke, Quadrate, Linien und Textelemente anzulegen wie im Zeichnen-Fenster. Sie sollten allerdings auch wissen, dass Sie etwas, das Sie gemalt haben, später weder verschieben noch dessen Größe skalieren können (was im Zeichnenfenster problemlos geht).

Eine kleine Dia-Show

Eines der schönsten Dinge, die man mit einem iMac herstellen kann, ist eine Dia-Show, die entweder von ganz alleine läuft – dabei wird alle paar Sekunden automatisch ein neues Bild (Dia) gezeigt – oder über die Maustaste gesteuert wird.

Alles, was Sie daür brauchen ist ein neues Dokument – wählen Sie dazu Neu aus dem Menü Ablage und klicken Sie dann auf den Assistenten. AppleWorks stellt Ihnen jetzt einige Fragen, zum Beispiel zur Art der Präsentation, zum Hintergrund der Dia-Show und so weiter. Wenn Sie alle Fragen beantwortet haben, erhalten Sie eine außerirdisch schöne Dia-Show auf Ihrem

Monitor. Mit der Scroll-Leiste können sie zwischen den einzelnen Bildern hin- und hergehen und Sie können Texte zu den einzelnen Bildern platzieren.

Adressetiketten

Mit AppleWorks können Sie zum Beispiel auch Adressetiketten bedrucken. Starten Sie dazu im Menü HILFE den Punkt DRUCKEN VON ADRESSETIKETTEN.

Andere Assistenten

Da wir gerade über Assistenten sprechen, erinnern Sie sich daran, dass AppleWorks den meisten anderen Programmen überlegen ist, wenn es um die Gestaltung von Handzetteln, Zertifikaten, Presse-Informationen, Adressbüchern etc. geht. Sie finden dazu jede Menge Vorlagen, die Sie nach Lust und Laune nutzen und verändern können.

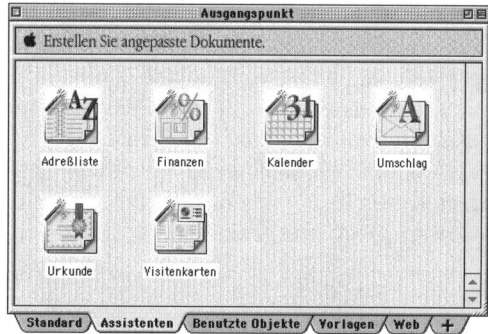

Experimentieren Sie doch einmal mit diesen Assistenten. Hier finden Sie u. a. eine reichhaltige Bibliothek bereits vorbereiteter Dokumente für die verschiedensten Aufgaben und mehr – viel Spaß dabei.

Bugdom

Wenn man dieses Computerspiel, das Sie mit Ihrem iMac erhalten, mit kurzen Worten beschreiben sollte, könnte man sagen: »Ein Käfer trifft Dracula ...«.

Wenn Sie das Spiel öffnen (im Ordner Anwendungen) sehen Sie eine farbige, dreidimensionale und stark vergrößerte Darstellung der Käferwelt, jedenfalls stellten sich die Zeichner des Spiels diese so vor. Sie sind ein gerissener gezeichneter Käfer in einer Welt voll mit anderen gerissenen gezeichneten Käfern – abgesehen davon, dass diese Käfer stark und rücksichtslos sind. Die Käferwelt wurde von bösen roten Ameisen überrannt, die all die niedlichen Käferfräuleins in Käfige gesperrt haben und nun versuchen, Sie zu erwischen.

Glücklicherweise wissen Sie, nachdem Sie die mitgelieferte Anleitung (leider nur auf englisch) gelesen haben, dass Sie nicht vollkommen hilflos sind. Sie bewegen sich durch 10 Spielebenen, bestehen zahleiche Käferabenteuer, treten rote Ameisen und retten die Käferfräuleins. Ihre Bewegungen können Sie mit den folgenden Tasten steuern:

Diese Taste	bewirkt
Shift-Taste	vorwärts
Maus	drehen nach rechts oder links
Leertaste	der Käfer rollt sich zusammen – man könnte auch den Namen ändern, zum Beispiel in Rollie
Options-Taste	Funktion wie die Maus
Tabulator	Manchmal entdecken Sie, dass ein kleiner Käferengel Sie auf Schritt und Tritt überwacht, den Sie mit der Tabulatortaste auf Ihre Gegner hetzen können.

Sie vertreiben die Roten Ameisen durch Treten oder Überrollen (Mausklick bzw. Optionstaste). Zunächst knacken Sie jedoch Walnüsse: Wenn Sie auf Ihrem Weg eine finden, öffnen Sie diese. Sie finden darin wichtige Hilfen, die Ihr Leben schützen können. (Nachdem Sie die Nuss geöffnet haben, gehen Sie zunächst vorwärts, um den Inhalt einzusammeln.) Als Zweites öffnen Sie Käfige. Wenn Sie ein Käferfräulein entdeckt haben, kicken Sie oder rollen Sie sich in den Käfig, um ihn zu sprengen, wodurch die Gefangene befreit wird. Es versteht sich von selbst, dass Sie mit jedem Erfolg eine weitere Spielebene erklimmen. Das ist sicher kein HighTech-Spiel, aber was haben Sie erwartet, Sie sind ja ein Kampfkäfer.

EdView Internet Safety Kit – Familienausführung

Nicht nur Nachrichten, Sport, Spiele und die Speisekarten guter Restaurant lassen sich im Internet finden, sondern leider auch die Schattenseiten des Lebens: Gewalt, Sex und anderes, von dem Sie eigentlich nicht wollen, dass Ihre acht Jahre alte Tochter es entdeckt. Das EdView Internet Safety Kit (Ausstattung von iMacs mit DVD-Laufwerk) ist das Werkzeug, mit dem Sie diese Teile des Internet vor den Mitnutzern Ihres iMac verschließen können. Sie geben dem iMac eine Liste geprüfter und sauberer Webseiten und er verbindet nur zu diesen Seiten. Seiten, die nicht auf dieser Liste stehen, werden ignoriert.

Das Safety Kit installieren

Legen Sie die Installations-CD ein. Den EdView Ordner finden Sie im Ordner Internet. Doppelklicken Sie auf das Symbol Installieren EdView Family und in den folgenden Fenstern Weiter, Zustimmen, Installieren, Weiter und schließlich Neustart. Ihr iMac schaltet sich aus und dann wieder ein.

Während der Installation werden Sie aufgefordert, ein Passwort einzugeben. (Wir setzen hier voraus, dass Sie, lieber Leser, der Verantwortliche sind. Sollten Sie dagegen der junge Mensch sein, der vor diesen Internetseiten geschützt werden soll, können Sie jetzt Ihre Eltern oder Lehrer bei der Eingabe des Passwortes unterstützen.)

Das Safety Kit wird zusätzlich durch ein kleines Symbol (EV) in der rechten oberen Bildschirmecke angezeigt:

Dazu kommen wir gleich. Jetzt jedoch sind noch einige weitere Schritte erforderlich. Wählen Sie KONTROLLFELDER aus dem ❤-Menü, dann Internet und klicken Sie dann auf die WEB-TABELLE im Kontrollfenster. In das Eingabefeld für Homepage schreiben Sie `http://home.edview.com` – bitte exakt so. Schließen Sie das Fenster und sichern Sie diese Änderung.

Wie das Safety Kit benutzt wird

Öffnen Sie Ihren Web-Browser (Internet Explorer oder Netscape Navigator) und los gehts. Zunächst werden Sie feststellen, dass Sie automatisch der EdView-Webseite mit einer Themenliste verbunden wurden:

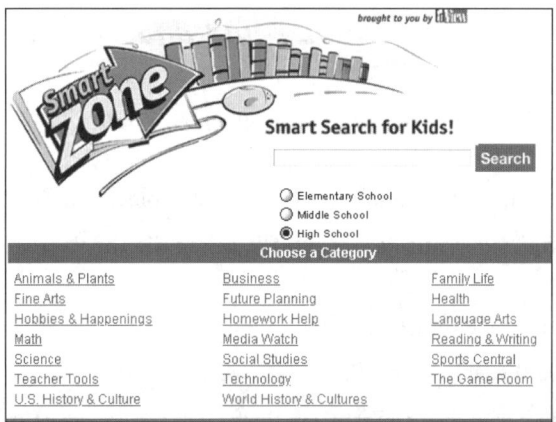

Um zum Beispiel die Webseiten zum Thema Basketball anzusehen, aktivieren Sie zunächst eine der drei Angaben über der Liste (Elementary School – Grundschule, Middle School – Mittelschule, High School – Gymnasium). Auf den folgenden Ansichten klicken Sie dann Sport, Basketball und schließlich die Webseite, die Sie zu diesem Thema interessiert. Sollte der iMac nun aufgefordert werden, eine Verbindung zu einer Webseite herzustellen, die nicht auf Ihrer Liste aufgeführt ist, erscheint die folgende Meldung:

Sorry, the requested site
is not in the
EdView Smart Zone +

Da hilft nur noch Schimpfen – oder Sie gehen über den Link (unterstrichener Text) zur Liste der Webseiten und nehmen die neue Seite auch noch auf.

Das Safety Kit umgehen

Daran haben Sie gemerkt, dass das Safety Kit aufpasst. Aber was ist mit Ihnen, die Sie ja die Kontrolle haben sollten? Was ist, wenn Sie eine Webseite ansehen wollen, die nicht auf der Liste steht, zum Beispiel die Webseite der FAZ oder amazon.de?

In diesem Falle haben Sie zwei Möglichkeiten: Sie können die Webseiten-Sperre aufheben – wählen Sie aus dem Menü EV rechts oben auf dem Bildschirm den Befehl SPERRE AUFHEBEN, geben Sie Ihr Passwort ein und bestätigen Sie mit OK. Jetzt können Sie Ihren Web-Browser ohne Einschränkungen benutzen. (Sie sollten nur daran denken, die Sperre danach wieder einzuschalten!)

Sie können aber die neue Webseite auch in die Liste aufnehmen. Das braucht zwar einige Eingabeschritte, ist dafür aber Charakter bildend. Sie finden die Beschreibung dieser Schritte im Handbuch auf der iMac Installations-CD.

E-Mail, Amerika Online (AOL) und andere Sperren

Das Safety Kit kann nicht nur unerwünschte Webseiten von Ihrem iMac aussperren. Sie können damit auch E-Mail-Nachrichten oder den Zugang zu Ihrem Online-Dienst, zum Beispiel AOL oder T-Online, blockieren.

Sollten Sie sich dazu entschließen, nehmen Sie bitte die folgenden Einstellungen vor:

1. **Wählen Sie EINSTELLUNGEN aus dem Menü EV, geben Sie Ihr Passwort ein und bestätigen Sie mit OK.**

   Das Dialogfenster Einstellungen erscheint.

2. **Markieren Sie die Webseiten Tabelle.**

   Jetzt sehen Sie eine fremdartige Liste von Ports, von denen jeder für eine Internet-Eigenschaft steht, die Sie mit Safety Kit abschalten können.

3. **Schalten Sie die von Ihnen gewünschten Optionen ab.**

 Der Port 25 verbietet Ihrem iMac zum Beispiel, E-Mails zu versenden; die Ports 109, 110, 143 und 220 erlauben, E-Mails zu empfangen; Port 5190 sperrt die Verbindung zu AOL (und natürlich auch den entsprechenden Chatrooms).

4. **Bestätigen Sie mit OK.**

Damit haben Sie Ihre persönlichen Einstellungen für die Internet-Verbindungen vorgenommen.

Kid Pix Deluxe

Wenn Sie Kinder haben oder manchmal wieder Kind sein wollen, dann werden Sie Kid Pix als ein wirkliches Juwel unter der Software für den iMac mit DVD-Laufwerk empfinden. Legen Sie die Kid Pix CD-ROM ein, doppelklicken Sie auf INSTALLIEREN KID PIX STUDIO DELUXE und fahren Sie mit OK und Installieren fort, bis alles erledigt ist. Danach sehen Sie den Ordner Kid Pix Studio Deluxe auf Ihrer Festplatte.

Wenn Sie das Programm öffnen, befinden Sie sich in einer Wunderwelt aus Farben-, Ton- und Animations-Werkzeugen. Die Startseite bietet Ihnen die folgenden Möglichkeiten:

✔ **Kid Pix** – das einzige und unverwechselbare. Wählen Sie ein Werkzeug von der linken Seite – zum Beispiel die Sprühdose oder den Gummistempel – klicken Sie und ziehen Sie das Werkzeug in den Arbeitsbereich. Mit den Symbolen am Fuß des Arbeitsbereiches können Sie bestimmen, was die Sprühdose sprüht und der Stempel stempelt. Und Sie können Ihr Kunstwerk auch noch mit Ton unterlegen und – wenn Sie wollen – auch abspeichern.

✔ **Moopies** – funktioniert ähnlich wie Kid Pix, jedoch bewegen sich alle Elemente als wären sie lebendig oder Marionetten.

✔ **Stampinator** – dieses Fenster bietet exakt dieselben Bearbeitungswerkzeuge wie Kid Pix. Mit einer Ausnahme: Der Gummistempel erzeugt Animationen. Klicken Sie auf eine der Zeichnungen am unteren Bildschirmrand und ziehen Sie dann die Maus über den Bildschirm. Wenn Sie die Maustaste loslassen, folgt das von Ihnen ausgewählte Tier den Bewegungen – und zwar in einer endlosen Schleife. Auf diese Weise können Sie vier verschiedene Figuren animieren.

✔ **Wacky TV** – öffnen Sie einen der vielen Dutzend 10-Sekunden-Videos. Nicht interessant genug? Mit dem Ei-Symbol über dem TV-Bildschirm können Sie es spannender machen.

✔ **Dia-Show** – nachdem Sie einige Animationen, Bilder und andere eigene Entwürfe gespeichert haben, können Sie diese so in eine Dia-Show einbinden:

1. Wählen Sie ein Kid Pix-Bild für diesen Rahmen.
2. Wählen Sie die Hintergrundmusik für den Rahmen.
3. Wählen Sie den Übergangsmodus zum nächsten Rahmen.
4. Wählen Sie über diesen Regler die Standzeit des Bildes aus.

Klicken Sie auf jeden einzelnen Rahmen und geben Sie die von Ihnen gewünschten Inhalte ein. Nachdem Sie für jeden Rahmen die Standzeit angegeben haben, klicken Sie auf das große Dreieck am unteren Bildschirmrand, um die Dia-Show zu starten.

✔ **Digitale Puppen** – wählen Sie eine Person aus dem DARSTELLER-Menü und bewegen Sie sie mit den Anfassern. Ideal für Kinder unter zwei Jahren oder solche, die nur zwei Stunden geschlafen haben.

Nanosaur

Diese aufwendige 3D-Dinosaurierjagd kommt laut und gefahrvoll daher – Kinder lieben das.

 Keine Panik, wenn Sie Nanosaur nicht zwischen Ihren anderen Programmen im Ordner Programme oder Apple Extras finden können. Es liegt noch auf der Installations-CD und wartet darauf, dass Sie es installieren (Ordner Programme, Ordner Nanosaur). Starten Sie einfach das Installationsprogramm, indem Sie den kleinen Saurierkopf auf das Symbol Ihrer Festplatte ziehen. Nach der Installation finden Sie den Ordner Nanosaur auf Ihrer Festplatte. Öffnen Sie ihn und doppelklicken Sie auf das Nanosaur-Symbol, wenn Sie wirklich spielen wollen – ansonsten nehmen Sie sich doch lieber einen Tag frei.

Mit den Pfeiltasten können Sie Ihren kleinen Dinosaurier bewegen und mit der Leertaste kleine Dino-Kugeln verschießen. In der Programmhilfe, die sofort nach dem Öffnen des Programms angezeigt wird, finden Sie die komplette Aufstellung der Tastaturbefehle. Den Ton können Sie abstellen bzw. die Lautstärke verändern (Tasten $\boxed{+}$ bzw. $\boxed{-}$) – eine besonders gute Idee, wenn Sie Nanosaur z.B. während einer geschäftlichen Besprechung spielen wollen.

PageMill

Das Programm Adobe PageMill wird seit 1998 mit den iMac ausgeliefert (anstelle von MDK) und befindet sich auf einer eigenen CD. Legen Sie die CD ein, starten Sie das Installationsprogramm und Ihrer Kreativität stehen alle Türen offen.

Und was, werden Sie sich sicher fragen, ist PageMill? Das ist ein Programm, mit dem Sie Ihre eigene Webseiten gestalten können – etwa so, wie es in Kapitel 7 gezeigt ist. Das ist ja das Schöne am Internet: Hier kann sich jeder präsentieren, wie es ihm gefällt. Ihre persönliche Webseite hat dabei praktisch denselben Stellenwert wie die Seite eines großen Unternehmens – und manchmal sogar einen höheren Unterhaltungswert. Wenn Sie ein kleines Unternehmen haben, können Sie dafür im Internet werben; Sie können die aktuellen Fotos Ihres jüngsten Babies veröffentlichen oder das Rezept eines Erdbeerkuchens. Mit Programmen wie Adobe PageMill brauchen Sie für die Gestaltung Ihrer Webseite keine speziellen Programmierkenntnisse, Sie können sich einfach der ganzen Welt über der Daten-Autobahn mitteilen.

So wird's gemacht

Eine Webseite besteht aus vielen verschiedenen Komponenten: Bildern und Texten. Bevor Sie anfangen, sollten Sie alle diese Gestaltungselemente in einem gemeinsamen Ordner auf Ihrer Festplatte sammeln.

 Sind Sie bereit für Ihr Web-Experiment? Dann legen Sie zunächst einen neuen Ordner auf Ihrer Festplatte an und nennen Sie ihn »Webseite« oder so.

Bevor Sie nun mit der eigentlichen Gestaltung beginnen, sollten Sie sich zunächst einmal den Inhalt überlegen. Wenn Graphiken oder Zeichnungen enthalten sein sollen – und das sollte schon sein, denn das macht die Webseiten ja so schön lebendig und informativ – erstellen Sie diese zunächst in einem Graphikprogramm, wie zum Beispiel AppleWorks. Oder nehmen Sie sie mit einer Videokamera oder einem Scanner auf (siehe Kapitel 11). Zum Speichern der endgültigen Version Ihrer Graphik/Zeichnung gibt Ihnen der iMac mehrere Optionen – wählen Sie daraus JPEG für Fotos und GIF z.B. für Zeichnungen wie Logos oder Strichmännchen.

Bedenken Sie bei der Gestaltung, dass große Graphiken und Fotos den Aufbau Ihrer Webseite sehr verlangsamen – gehen Sie also vorsichtig damit um. Legen Sie die endgültigen Versionen Ihrer Graphiken, Zeichnungen und Fotos in den Ordner Webseite.

Erstellen Sie eine neue Seite

Wenn Sie PageMill öffnen, erhalten Sie eine neue freie Seite, auf der Sie sich der Welt präsentieren können. Geben Sie zunächst im Eingabefeld in der Titelleiste den Namen Ihrer Seite ein, zum Beispiel »Das Erdbeerkuchen-Paradies«. Wird die Seite später über den Web-Browser aufgerufen, erscheint dieser Name oben auf dem Bildschirm des Besuchers. Wählen Sie Sichern aus dem Menü Datei und geben Sie dem PageMill Dokument einen Namen. Das ist alles, Sie finden das Symbol des Dokumentes auf Ihrer Festplatte.

 PageMill ergänzt den von Ihnen eingegebenen Namen des Dokumentes automatisch um das Suffix (Endung) .html. Herzlich willkommen im World Wide Web, in dem die Fairness sogar Nicht-Mac-Nutzern Zutritt erlaubt. Und da einige dieser Computer sehr feinfühlig sind, gelten für die Dokumentennamen sehr enge Grenzen:

✔ Es dürfen keine Leerzeichen in den Bezeichnungen sein. Sollten Sie trotzdem den unwiderstehlichen Drang nach einem Wortzwischenraum verspüren, nutzen Sie dafür die Unterstreichung, wie zum Beispiel bei »Erdbeer_Traum .gif« oder »Die_endgültige_Seite.html«.

✔ Jeder Name muss mit einem Suffix enden. Mit anderen Worten, ein GIF-Bild trägt immer das Suffix .gif, ein JPEG-Bild immer das Suffix .jpg und eine Webseite (das mit PageMill erstellte Dokument) immer das Suffix .html bzw. .htm.

Ein Beispiel für HTML

Im Hintergrund sieht eine Webseite gar nicht wie eine Webseite aus. Wenn Sie eine Webseite einmal in einem Textverarbeitungsprogramm öffnen, sieht das etwa wie folgt aus – sogar eine völlig neue Seite hat schon jede Menge dieser Codes.

```
<HTML> <HEAD>
<META NAME="GENERATOR" CONTENT="Adobe PageMill 3.0 Mac">
<TITLE>Untitled Document </TITLE> </HEAD>
<P></P>
</BODY>
</HTML>
```

Was Sie hier lesen, ist die Computersprache HTML (Hyper Text Markup Language), die PageMill jedoch glücklicherweise von Ihnen fernhält. Wir haben darauf nur hingewiesen, damit Sie Bescheid wissen, falls Sie einmal damit konfrontiert werden.

Greifen Sie tief in die Werkzeugkiste

Die Werkzeugleiste von PageMill bietet viele nützliche Funktionen, die meisten davon sind allerdings Kurzversionen von Menübefehlen. Wenn Sie auf einen der Kontroll-Buttons zeigen (ohne zu klicken), erscheint eine Nachricht, die Ihnen die Funktion erläutert. Probieren Sie das doch zunächst am besten einmal selbst aus:

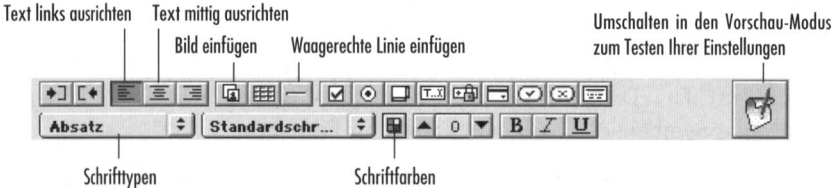

Text einfügen

Im Moment sieht Ihr leeres Dokument nicht gerade sehr konkurrenzfähig für die bunte Welt des Internet aus. Anstelle des tristen grauen Hintergrundes wollen wir daher zunächst etwas auswählen, das nicht gerade wie eine Gefängniszelle aussieht. Sehen Sie das Inspektorfenster rechts auf Ihrem Bildschirm? Wählen Sie hier aus dem Menü HINTERGRUND die Farbe Weiß. So sieht das doch schon viel besser aus!

Die meisten Webseiten beginnen mit einer Überschrift. Öffnen Sie jetzt das Popup-Menü Schriftarten in der Werkzeugleiste und wählen Sie eine Überschrift aus der Liste. Für den Moment am besten die größte Überschrift. Klicken Sie in das Symbol ZENTRIEREN und schreiben Sie die Überschrift für Ihre Webseite.

Der Hintergrund ist übrigens nicht das einzige Element, das Farbe in Ihre Webseite bringt. Sie können auch Ihren Texten Farbe geben, indem Sie die entsprechenden Worte oder Buchstaben markieren und eine Farbe aus dem Menü TEXTFARBE wählen.

Bilder einfügen

Das Einfügen von Bildern in Ihre Webseite ist ebenfalls ganz einfach. Klicken Sie einfach auf den Button BILD EINFÜGEN und doppelklicken Sie dann im Dialogfenster auf den Namen des Bildes, der Graphik. (Sie können auch ein Bild einfügen, das Sie aus einer anderen Anwendung herauskopiert haben, zum Beispiel aus AppleWorks.) Das Bild erscheint dann so wie hier auf Ihrer Webseite:

Wenn Sie das Bild anklicken, erscheinen kleine Anfasser, mit denen Sie die Darstellungsgröße verändern können. Wenn Sie dabei die Shift-Taste drücken, wird proportional vergrößert bzw. verkleinert.

Eine kleine Auswahl

Zurück zu unserer Webseiten-Gestaltung: Geben Sie einige Returns ein. Klicken Sie auf den Button LINKS AUSRICHTEN in der Werkzeugleiste und geben Sie nun weiteren Text ein – hier ist Ihre Chance, 200 Millionen Menschen anzusprechen. Die Worte sollten also entsprechend klug gewählt sein.

Wenn Sie einen neuen Absatz oder Gedanken anfangen, können Sie Ihren Text zum Beispiel durch eine horizontale Linie trennen, indem Sie einfach auf den Button LINIE EINFÜGEN klicken und sofort erscheint eine dreidimensionale Linie.

Links erstellen

Das war nun wirklich genug für einen Nachmittag. Jetzt können Sie die Kreativität einmal anderen überlassen, indem Sie mit geschickten Links auf andere Webseiten verweisen. Links sind die Elemente, die dem World Wide Web seine große Attraktivität verleihen.

Stellen Sie sich einmal vor, in Ihrer Webseite steht der Satz: »Wenn Ihnen diese Webseite gefällt, so ist das einzig und allein das Verdienst von *iMac für Dummies*, wo ich gelernt habe, wie es gemacht wird. Klicken Sie hier, um mehr über das Buch zu erfahren.«

Markieren Sie den Text, der als Link dienen soll. Er soll blau und unterstrichen werden wie alle Links auf den Millionen von Webseiten überall auf der Welt. Ein blauer und unterstrichener Text zeigt dem Besucher an: Wer hier klickt, bekommt mehr Informationen!

Dann schreiben Sie in das »Link zu«-Feld am Fuß des Fensters die Webadresse, zu der verlinkt werden soll:

Markieren Sie den Text, der als Link dienen soll.

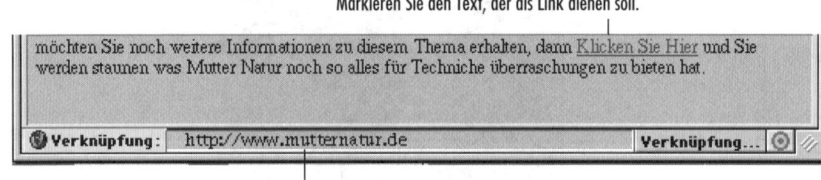

Geben Sie die Adresse der Webseite an, zu der verlinkt werden soll.

Nachdem Sie die Adresse eingegeben haben, bestätigen Sie die Eingabe mit der Return-Taste – Sie haben Ihren ersten Internetlink erzeugt. Wenn jetzt jemand auf Ihre Webseite den Text »Klicken Sie hier« anklickt, bekommt er die Seite mit den Informationen über das Buch *iMac für Dummies* gezeigt.

Die Seite veröffentlichen

Unglücklicherweise ist der Aufwand für die Veröffentlichung der Seite im World Wide Web fast ebenso groß wie das Gestalten der Seite. Um Ihre Seite zu veröffentlichen, müssen Sie sich nämlich auch noch mit Begriffen wie FTP und Server quälen.

Wenn Sie Ihren Internet-Zugang bei einem Online-Dienst (AOL oder T-Online) haben, finden Sie dort die ausführlichen Beschreibungen, wie Sie Ihre Webseite ins Netz stellen können. Was Ihnen dann noch zu tun bleibt: Informieren Sie sofort alle Ihre Freunde und Bekannten über Ihre Webadresse.

Wenn Sie einen direkten Internet-Zugang über einen Internet-Provider haben, gibt man Ihnen auch dort gerne alle Infomationen über die notwendige Prozedur. (Mit PageMill können Sie die Seiten dann einfach übertragen. Sie finden den entsprechenden Befehl im Menü Datei.)

Wenn alles erledigt ist, können Sie sich als Web-Verleger fühlen – mit einer Verbreitung an über 200 Millionen Menschen.

Palm Desktop

Stören Sie sich nicht an Ihren Freunden, die vielleicht sagen: »Warum arbeitest Du denn mit diesem Programm? Das ist doch nur für PalmOrganizer.«

Solche Bemerkungen kommen daher, weil die selbe Software auch auf dem PalmOrganizer installiert ist, einem kleinen und preiswerten Computer, der nicht größer ist als eine Audiokassette (siehe Foto Kapitel 18). Wenn Sie zum Beispiel diesen Organizer an Ihren iMac anschließen, werden Ihre gesamten Notizen (Namen, Adressen, Termine, Bemerkungen etc.) automatisch auf den kleinen Computer überspielt. Den kleinen Organizer können Sie überall hin mitnehmen und haben damit Ihr komplettes Adress- und Terminbuch immer dabei.

Das heißt natürlich nicht, dass Sie sich jetzt unbedingt einen Organizer anschaffen müssen. Auch wenn Sie niemals einen besitzen werden, Sie haben ja die Software, mit der sich Ihr Privat- und Berufsleben sehr gut und überschaubar organisieren lässt, auf Ihrem iMac. Es wählt automatisch Telefonnummern, erinnert Sie an Termine und Verabredungen zu vorgegebenen Zeiten, druckt Adress-Aufkleber und Ihr persönliches Telefonbuch und spart Ihnen so eine ganze Menge Zeit.

Palm Desktop installieren

Apple geht davon aus, dass niemand ein Terminkalender- bzw. Notizbuch-Programm braucht, daher ist PalmDesktop nicht gleich auf Ihrem iMac installiert. Es befindet sich auf der Software CD-ROM im Ordner Programme.

Zum Installieren doppelklicken Sie einfach auf das Symbol Palm Desktop installieren. Bestätigen Sie jedes Fortfahren, Installieren, Einverstanden und was Sie sonst so gezeigt bekommen. (Die Frage, ob Sie Palm Desktop mit einem Palm Organizer verbinden wollen, beantworten Sie mit später.) Zum Abschluss startet der iMac neu und Sie sind im Geschäft.

Der Kalender

Wenn Sie Palm Desktop das erste Mal öffnen, können Sie sich registrieren lassen. Da das aber für die Zukunft eine Menge unwichtiger E-Mails nach sich zieht, raten wir davon ab.

Als erstes erhalten Sie einen leeren Tageskalender. Wenn Sie nicht gerade der Inhaber einer Wettannahmestelle sind, wird es für Sie jedoch kaum notwendig sein, Ihren Tagesablauf in Stundenabschnitten zu organisieren. Glücklicherweise können Sie mit den Tabs an der rechten Seite auch eine andere Aufteilung wählen (Woche oder Monat).

Eintragungen in die Wochen- oder Tagesübersicht vornehmen

Tragen Sie wichtige Daten wie folgt ein:

1. Suchen Sie den Tag und die Zeit des wichtigen Ereignisses.

Um einen anderen Tag oder eine andere Woche anzuzeigen, klicken Sie einfach in die Pfeilbuttons oben rechts in der Ecke. Um eine andere Uhrzeit anzuzeigen, benutzen Sie die Scroll-Leiste.

2 Ziehen Sie den Mauscursor senkrecht über die Felder hinter der jeweiligen Zeit, um ein Zeitfenster zu erstellen.

Wenn Sie zum Beispiel von 13.00 bis 15.00 Uhr eine Verabredung eintragen wollen, beginnen Sie bei 13.00 Uhr und ziehen den Cursor bis auf den Balken neben 15.00 Uhr.

Jetzt haben Sie ein Zeitfenster angelegt.

3. In dieses Zeitfenster schreiben Sie einfach den Inhalt der Verabredung, den Ort, die Person, mit der Sie sich treffen wollen, und bestätigen Sie die Eingabe mit der Return-Taste.

Und das ist alles: Sie haben eine Verabredung notiert. Wenn Sie dafür später noch Änderungen eingeben wollen, gibt es dafür mehrere Möglichkeiten:

✔ Klicken Sie auf die Notiz und entfernen Sie sie mit der ⟵ -Taste.

✔ Sie können das Zeitfenster zu einem anderen Zeitpunkt am gleichen Tag verschieben, indem Sie es einfach nach oben oder unten schieben. In der Wochenansicht können Sie die verschiedenen Eintragungen ebenfalls ganz leicht durch Ziehen auf einen anderen Tag legen.

 Wenn das vereinbarte Treffen kürzer oder länger dauern soll, klicken Sie das Zeitfenster an und verändern Sie die Zeiteinstellung mit den Anfassern am oberen und unteren Rand.

✔ Sie können das Ereignis auch auf einen anderen Tag, in eine andere Woche oder einen anderen Monat verschieben. Doppelklicken Sie auf das Zeitfenster und geben Sie dann im Dialogfenster die entsprechenden Daten ein:

Sie werden dieses Dialogfenster sicher noch oft sehen, daher sollten Sie am besten jetzt gleich Frieden schließen. Wenn Sie auf den kleinen Pfeil klicken (wo wir auch den Cursor platziert haben), erhalten Sie einen Monatskalender, auf dem Sie einfach nur das neue Datum anklicken müssen. (Sie können hier auch die Uhrzeit der Verabredung verändern.) Bestätigen Sie die Eingabe mit OK.

✔ Sie können die Beschreibung der Verabredung verändern, indem Sie einfach in das Zeitfenster klicken oder mit Doppelklick das Dialogfenster öffnen.

✔ Wenn es sich dabei um regelmäßige Verabredungen, zum Beispiel mit Ihrem Coiffeur, handelt, können Sie diese Termine über die Wiederholfunktion im Dialogfenster einstellen. Und Sie können Ihren iMac auffordern, Sie an diese wichtigen Termine zu erinnern, indem Sie ihm einfach eine Weckzeit eingeben. Einige erläuternde Hinweise zu diesen beiden Punkten geben wir Ihnen etwas später in diesem Abschnitt.

Termine in der monatlichen Übersicht eintragen

Wenn Sie es gewohnt sind, mit Terminkalendern zu arbeiten, wird Ihnen die Monatsübersicht von Palm Desktop sofort gefallen. (Klicken Sie auf den Tab Monthly am rechten Rand des Fensters.)

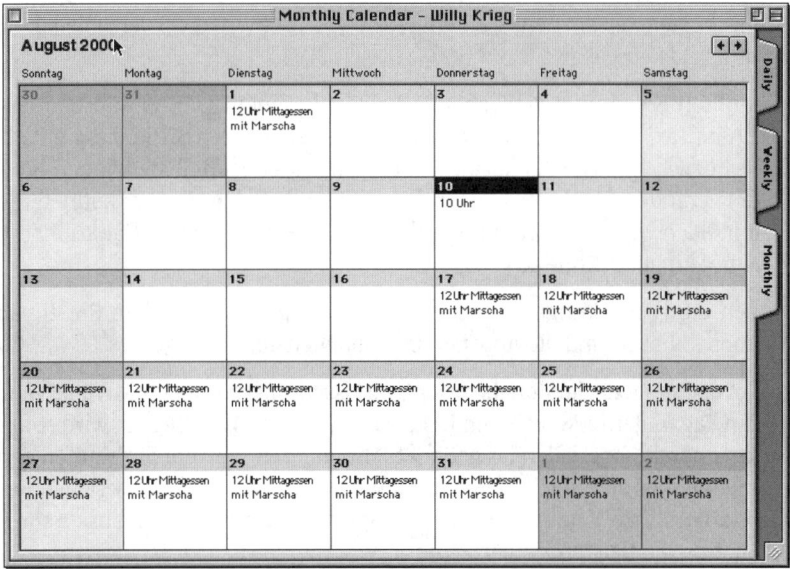

Die Rechtecke in der Monatsübersicht sind etwas klein, um neue Verabredungen durch Ziehen einzutragen, wie das in der Tages- bzw. Wochenübersicht so schön geht. Wenn Sie diese Ansicht für die Eintragungen nutzen wollen, doppelklicken Sie einfach in ein Kalenderfeld und ein lustiges kleines Dialogfenster fragt nach Ihren Wünschen:

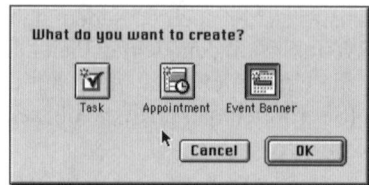

Der iMac fragt Sie, was Sie in das Kalenderfeld, das Sie angeklickt haben, eintragen wollen? Um zum Beispiel eine Verabredung auf dem Flughafen zu notieren, klicken Sie einfach auf Appointment. (Mehr über Tasks und Banner erfahren Sie weiter hinten.)

Jetzt erscheint das APPOINTEMENT-Dialogfenster. Geben Sie den Namen des Termins ein und bestätigen Sie mit der Return-Taste (oder mit OK), um das Fenster wieder zu schließen. Wie durch Zauberhand erscheint Ihr neuer Termin in dem Kalenderfeld.

Solche Monatseintragungen können Sie ebenfalls nachträglich ändern:

✔ Klicken Sie auf den Namen des Termins und löschen Sie ihn mit der ⬅-Taste.

✔ Legen Sie den Termin auf einen anderen Tage, indem Sie in einfach in das entsprechende Kalenderfeld ziehen.

✔ Die Uhrzeit können Sie ändern, indem Sie einfach auf den Termin doppelklicken und dann im Dialogfenster die neue Zeit eingeben – Sie sollten dabei verschiedene Zeiten für Beginn und Ende eingeben.

(Sollten Sie einmal versuchen, eine Zeit in einem Laptop während der Fahrt in einem Taxi zu verändern – vergessen Sie's und nutzen Sie in diesem Fall lieber die ⊞ bzw. ⊟-Taste der Tastatur (bei gedrückter Shift-Taste können Sie die Minuten verändern). Mit der kleinen Pfeiltaste neben dem Datum können Sie den Termin auch weit in die Zukunft verlegen. Probieren Sie diese Funktionen am besten einmal in aller Ruhe aus.

✔ Sie können die Bemerkungen zu Ihrer Verabredung ändern, indem Sie einfach in den Termin doppelklicken und die Angaben im Dialogfenster eintragen.

Bevor Sie jetzt die Monatsansicht verlassen, hierzu noch ein Tipp. Wenn Sie auf den Tag in der linken oberen Ecke des Kalenderfeldes klicken, wird sofort der entsprechende Tageskalender geöffnet. Mit anderen Worten: Sie können den Monatskalender als ständige Übersicht benutzen, einfach in den Tageskalender springen und dort Ihre Verabredungen eintragen (indem Sie den Mauscursor senkrecht über die Zeitleisten ziehen).

Banner

Termine – Appointements in der Palm Desktop Terminologie – sind gut und schön. Aber um welche Zeit wollen Sie zum Beispiel den Geburtstag Ihrer Freundin oder Gattin eintragen? Das wäre schon ein bisschen komisch, hier eine Anfangs- und Endzeit anzugeben. Glücklicherweise hält Palm Desktop auch dafür einige Spezialitäten bereit, mit denen Sie diesen oder ähnliche Termine wunderbar ohne Zeitangabe markieren können. Zum Beispiel ein Banner. Ein Banner erscheint auf einem oder mehreren Kalenderfeldern als waagerechter farbiger Balken.

In der Monatsübersicht erstellen Sie ein Banner durch Doppelklick in das entsprechende Kalenderfeld und AUSWAHL BANNER im Dialogfenster. In der Wochen- oder Tagesübersicht legen Sie ein Banner an, indem Sie einfach auf das Tagesdatum doppelklicken.

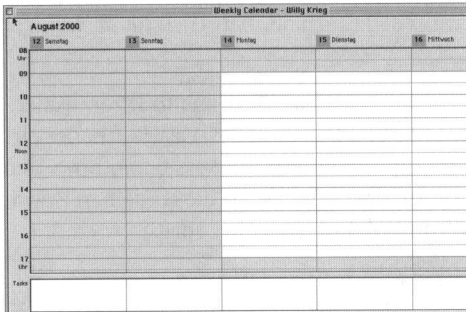 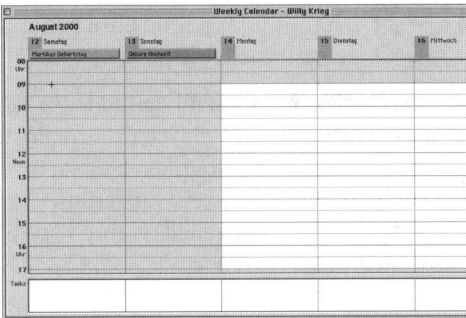

Bei jeder Ansicht erscheint das Banner Dialogfenster, in dem Sie die Beschreibung für diesen Jubeltag eingeben können. Wenn Sie mehrere Tage angeben, wird das Banner über diesen Zeitraum gezogen. Das bietet sich zum Beispiel an, um Urlaubstage o.ä. einzutragen. Sie könnten zum Beispiel ein Banner für 7 Tage für »Messe Frankfurt« anlegen oder »Schulung iMac« …

Klicken Sie auf OK und das Banner erscheint auf Ihrem Kalender.

Sie können die Bannereintragungen ähnlich verändern wie bereits für die anderen Eintragungen beschrieben – Sie können es löschen (anklicken und Zurück-Taste), durch Ziehen auf einen anderen Tag legen oder den Namen ändern (Doppelklick).

Kleine Tricks für die Terminliste

Ihr fruchtfarbener HighTech Computer wäre nicht vollständig, wenn er Ihnen nicht noch etwas mehr bieten würde, als einfach nur Ihre Termine zu notieren. Er kann Sie auch an die Termine erinnern. Dabei ist Popup-Alarm nur eine der Möglichkeiten von PalmDesktop, die Ihren persönlicher Kalender so attraktiv machen.

Und so können Sie drei weitere Termineigenschaften einstellen: Doppelklicken Sie zunächst auf einen Termin in Ihrem Kalender. Das Dialogfenster bietet Ihnen diese Auswahl:

✔ **Repeat Appointment.** Wenn Sie diese Funktion aktivieren, erscheint ein neues Popup-Menü, mit dessen Hilfe Sie die Wiederholtermine leicht festlegen können. Der iMac überträgt die Wiederholtermine dann automatisch in Ihren Kalender, wenn es sein muss bis in alle Ewigkeit.

✔ **Set Alam.** Mit dieser Funktion können Sie sich rechtzeitig an den Termin erinnern lassen – entweder Minuten oder Stunden vorher (eintragen müssen Sie die Zeitspanne selbst). Wenn der gewünschte Zeitpunkt gekommen ist, piept Ihr iMac und zeigt Ihnen auf dem Bildschirm eine Nachricht, die Sie auf den Termin hinweist. (Mit der Schlaftaste im Nachrichtenfenster können Sie den Alarm ausschalten, wenn Sie nicht geweckt werden wollen.)

 Mit dieser Alarmfunktion können Sie Ihren iMac zum Beispiel auch als Wecker benutzen – Sie wären nicht der erste, der das tut. (Der iMac piept und zeigt die Termininformation übrigens auch, wenn er selbst schläft, natürlich nicht, wenn er ausgeschaltet ist.)

✔ **Categories.** Mit diesen Popup-Menüs können Sie die einzelnen Termine in Ihrem Kalender verschiedenen Rubriken zuordnen, wie zum Beispiel Persönliches, Geschäftliches etc. (Sie können diese Rubriken einfach über den Menüpunkt EDIT CATEGORIES erweitern.) Und wenn Sie erst einmal ein versierter PalmDesktopper sind, können Sie die einzelnen Rubriken so verklausulieren, dass Ihre Freunde bestimmt nicht hinter Ihre sorgsam gehüteten Geheimnisse kommen.

Einen eigenen Kalender drucken

PalmDesktop ist ungeheuer flexibel, wenn Sie damit Ihren persönlichen Kalender drucken wollen. Sie können angeben, wie viele Seiten auf jedem Blatt gedruckt werden sollen; ob Sie einfache oder Doppelseiten wollen; Sie können die Schriftart und den Schriftgrad für den Druck wählen und selbstverständlich angeben, ob es sich um einen Tages-, Wochen- oder Monatskalender handeln soll.

All das finden Sie in der PalmDesktop-Anleitung. Wählen Sie dazu aus dem Menü HILFE den Punkt SEARCH INDEX FOR … und suchen Sie nach PRINTING. Sie erhalten dann die ausführlichen Beschreibungen – leider jedoch nur in Englisch.

Das Adress-Buch

In dem Maße, in dem Ihr Bekanntheitsgrad als iMac-Besitzer steigt, nimmt auch die Zahl Ihrer Freunde zu. Irgendwann werden Sie es dann sicherlich sehr nützlich finden, wenn Sie auf Anhieb diese wichtigen Adressen in PalmDesktop finden. Das Programm bietet Ihnen dafür zahlreiche zeitsparende Eintragungshilfen. (Was Sie alles einstellen können, finden Sie im Menü Edit unter dem Punkt Preferences.)

Und sollten Sie bereits in einem anderen Programm ein Telefonbuch gespeichert haben, können Sie dieses einfach in PalmDesktop importieren. Die näheren Anweisungen dazu finden Sie im Menü HILFE (Search Index for …), wenn Sie den Begriff Import suchen lassen.

Eingabe von Namen und Adressen

Um eine neue Adresskarte anzulegen, klicken Sie einfach in das linke Symbol der Werkzeugleiste oder wählen Sie aus dem Menü CREATE den Befehl CONTACT und füllen Sie die Angaben in dem Dialogfenster aus.

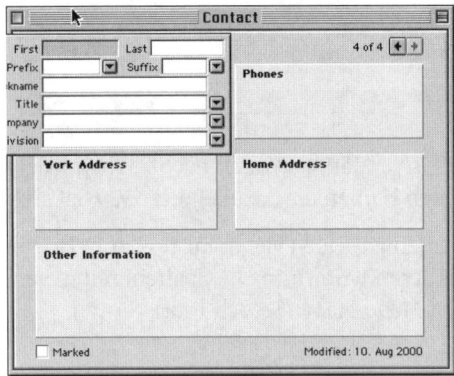

Jetzt können Sie die Namen und Adressen eingeben. Dabei sollten Sie die folgenden Punkte berücksichtigen:

Mit dem Tabulator können Sie von Eingabefeld zu Eingabefeld wechseln (z.B. vom Vornamen zum Nachnamen). Wenn Sie gleichzeitig die Shift-Taste drücken, landen Sie wieder im vorigen Feld. Das geht viel schneller, als die Felder immer wieder mit dem Mauscursor anzuklicken.

✔ Um zwischen den einzelnen Informationsblocks zu wechseln, drücken Sie einfach zweimal die Return-Taste. Wenn Sie zum Beispiel bei einem Freund nur den Vor- und Nachnamen und die Telefonnummern eingeben wollen, drücken Sie nach der Eingabe des Nachnamens einfach zweimal die Return-Taste und schon sind Sie im Eingabebereich für die Telefonnummern.

✔ Wenn Sie alle Eingaben für eine Person (oder eine Firma) beendet haben, klicken Sie einfach in das linke Symbol der Werkzeugleiste und Sie erhalten eine leere neue Adresskarte. Wenn Sie alle Adressen erfasst haben, schließen Sie das Fenster (in das Schließfeld klicken).

So finden Sie eine Telefonnummer

PalmDesktop zeigt Ihnen Ihre Adressen und Telefonnummern in einer Liste. Wählen Sie dazu aus dem Menü VIEW den Befehl CONTACT LIST – oder klicken Sie einfach auf das zweite Symbol von links in der Werkzeugleiste.

Egal, wie viele Namen Sie aufgenommen haben, wenn Sie die Anfangsbuchstaben des Nachnamens eingeben, springt PalmDesktop automatisch zu dem von Ihnen gesuchten Namen.

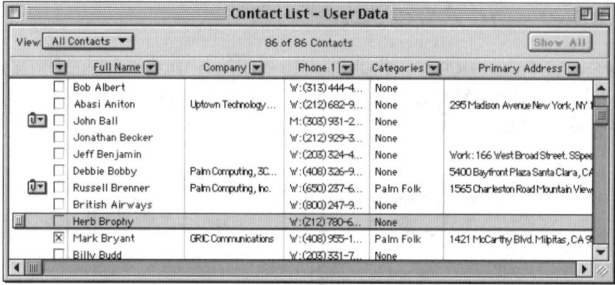

Sie können die Angaben selbstverständlich auch nachträglich jederzeit wieder ändern, indem Sie durch Doppelklick auf den Namen die dazugehörige Karteikarte öffnen.

Sie können mit dieser Adressenliste noch viel mehr tun, zum Beispiel Sortieren nach Namen, Stadt, Firma oder jedem anderen Kriterium, die Spaltenbreiten verändern und so weiter. Wie das geht, finden Sie alles im Menü HILFE (Search Index for …).

Die Task-Liste

Wenn Sie auf das vierte Symbol von Links auf der Werkzeugleiste klicken, öffnet Ihnen PalmDesktop eine Task- oder ToDo-Liste (oder wählen Sie aus dem Menü VIEW den Befehl TASK LIST. Eine Liste wie diese erscheint:

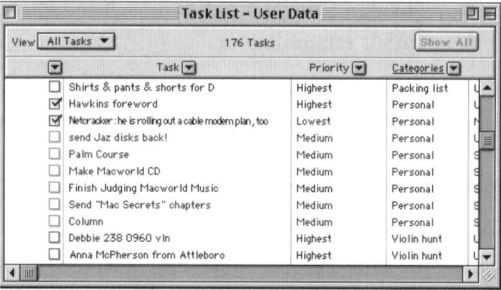

Wenn Sie eine Aufgabe beendet haben, markieren Sie die entsprechende Checkbox – oder löschen Sie die Aufgabe, indem Sie sie anklicken und die Zurück-Taste drücken. Sie können auch die Aufgaben in der Liste in jeder gewünschten Weise bearbeiten – sortieren, Reihenfolge der Spalten ändern etc. – wie bereits im vorigen Abschnitt beschrieben.

Eine neue Aufgabe erstellen Sie wie folgt:

✔ Wählen Sie aus dem Menü VIEW den Befehl NEW TASK (oder klicken Sie auf das dritte Symbol von links in der Werkzeugleiste) und geben Sie im Dialogfenster die notwendigen Angaben ein:

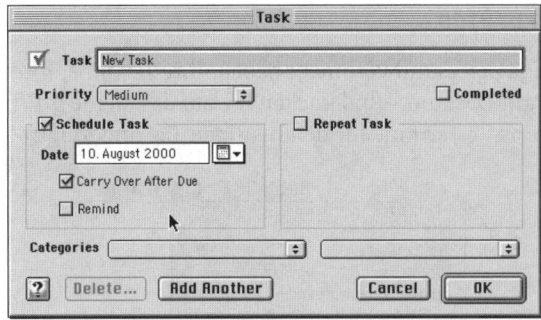

✔ Sie können auch eine ToDo-Liste mit Hilfe Ihres Kalenders erstellen. In der Monatsübersicht doppelklicken Sie dazu einfach in das Kalenderfeld, an dem die Tätigkeit abgeschlossen sein soll, klicken im folgenden Dialogfenster Task und geben die Beschreibung ein.

In der Wochen- oder Tagesübersicht doppelklicken Sie einfach in den leeren Bereich unten bzw. links, um das Task-Dialogfenster zu öffnen.

Das Notizbuch

PalmDesktop können Sie auch hervorragend als Notizbuch einsetzen. Um eine Notiz zu erstellen, klicken Sie einfach in das 5. Symbol von links in der Werkzeugleiste – oder wählen Sie NOTE aus dem Menü CREATE. Geben Sie der Notiz eine Überschrift, drücken Sie Tabulator und Sie befinden sich schon im großen weißen Textfeld – fertig für die Eingabe Ihrer Notiz.

Nachdem Sie Ihre Notiz fertig geschrieben – oder aus einem anderen Programm einfach kopiert haben – schließen Sie das Fenster, klicken das sechste Symbol von links in der Werkzeugleiste und Sie erhalten eine Aufstellung all Ihrer Notizen. Natürlich können Sie auch diese Liste so bearbeiten, wie Sie es wollen und wir es bereits beschrieben haben.

Der Zauber von Instant Palm Desktop

Instant Palm Desktop heißt das kleine grüne Symbol rechts oben in der Ecke Ihres Monitors. Sie sehen es nicht? Das haben wir gewusst. Sie müssen es erst sichtbar machen.

Öffen Sie dazu PalmDesktop und wählen Sie PREFERENCES aus dem Menü EDIT, klicken Sie auf das Symbol GENERAL und dann das SHOW INSTANT PALM DESKTOP-Menü. Nach dem nächsten Neustart Ihres iMac erscheint das Symbol.

 Dieses kleine Symbol ist das schnellste Menü, mit dem Sie sich Ihre Adressen und Telefonnummern jederzeit anzeigen lassen können, ohne dass Sie PalmDesktop öffnen müssen.

Ihre Termine überprüfen

Nachdem Sie nun einige Zeit damit verbracht haben, Ihre Termine, Ihre ToDo-Liste etc. anzulegen, schließen Sie PalmDesktop – und klicken Sie auf das kleine grüne Symbol und in einer Übersicht werden Ihnen alle Termine für den heutigen Tag angezeigt:

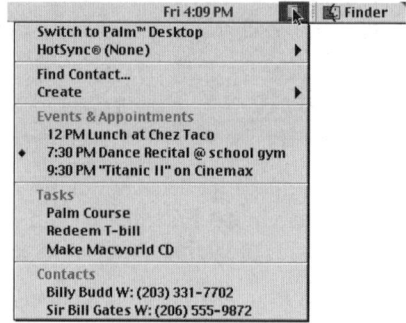

Diese Liste ist immer verfügbar, egal welches Programm Sie gerade benutzen oder was auch immer Sie mit Ihrem iMac veranstalten.

Eine Telefonnummer suchen und wählen

Wenn Sie auch bereits einige Telefonnummern in PalmDesktop eingegeben haben, können Sie eine weitere sehr nützliche Eigenschaft nutzen: den FIND CONTACT Befehl. Geben Sie einfach einige Buchstaben eines Namens ein, drücken Sie die Return-Taste und Sie erhalten eine Namensliste mit diesen Anfangsbuchstaben.

Ja, der iMac kann für Sie sogar die entsprechende Telefonnumer anwählen. Doppelklicken Sie zuerst auf den Namen und dann einmal auf das kleine Telefon neben dem Namen und PalmDesktop erzeugt die korrekten Wähltöne über den iMac-Lautsprecher. Halten Sie einfach den Telefonhörer vor den Lautsprecher und Sie werden verbunden!

Wählen mit dem Modem

Die automatische Wählfunktion von PalmDesktop ist noch schneller und effizienter, wenn Sie den iMac mit dem eingebauten Modem wählen lassen statt mit den Lautsprechern. Das erfordert jedoch zwei Einrichtungsschritte.

Zunächst einmal benötigen Sie einen Zweitanschluss an das Telefon für Ihren iMac (Telecom fragen!). Als zweites öffnen Sie bitte PalmDesktop und wählen PREFERENCES aus dem Menü EDIT. Klicken Sie auf das Symbol DIALING und stellen Sie im Popup-Menü die Funktion MODEMANSCHLUSS ein. Bestätigen Sie die Eingabe mit OK.

Wenn Sie jetzt eine Telefonnummer wählen wollen, nehmen Sie den Telefonhörer ab, wenn Sie hören, dass der iMac die Nummer gewählt hat. Sie sind bereits verbunden und konnten während der ganzen Zeit Ihren Zeigefinger dazu nutzen, um Ihre Katze oder Ihren Hund zu streicheln.

World Book Lexikon

Sie haben sicher auch ein Lexikon in Ihrem Bücherschrank. Und Sie kennen sicher auch die Vorteile, die eine solche Wissenssammlung in den unterschiedlichsten Situationen bietet. Aber es gibt auch Nachteile der gedruckten Ausgaben: Sie sind in der Regel teuer, recht schnell veraltet und vor allem, man schreibt ungern hinein oder reißt gar eine Seite oder ein Bild heraus.

Die neuen iMacs mit DVD-Laufwerk kommen daher mit einer besonderen Überraschung zu Ihnen nach Hause: Mit einem auf 2 CD's gespeicherten elektronischen Lexikon – leider nur in englischer Fassung. Aber das tut der Freude eigentlich keinen Abbruch, denn dafür werden Sie reichlich entschädigt mit Sound und Videos und einer elektronischen Suchfunktion. Und Sie können in diesem Lexikon auch die Ihnen wichtigen Stellen problemlos mit elektronischen Merkzetteln oder einem gelben Stift markieren.

Das Lexikon-Programm installieren

 Legen Sie zunächst die CD Nr. 1 in das Laufwerk Ihres iMac ein und doppelklicken Sie in dem Lexikonfenster auf World Book Installer. In den folgenden Fenstern klicken Sie dann CONTINUE und AGREE und geben Sie dann die Seriennummer für Ihr persönliches Exemplar ein (auf der Rückseite der CD-Hülle) und klicken Sie OK. Im nächsten Fenster bestätigen Sie INSTALL, den DESKTOP Button und INSTALL.

Wenn der Installationsvorgang abgeschlossen ist, finden Sie einen neuen Ordner auf dem Schreibtisch Ihres iMac – World Book. Darin ist das aktuelle World Book Programm. Doppelklicken Sie einfach darauf, wenn Sie etwas nachsehen wollen.

Bitte beachten Sie, dass natürlich die World Book CD eingelegt sein muss, wenn Sie etwas nachschlagen wollen.

Nach einem Begriff suchen

Wie Sie sicher sehr schnell mitbekommen, können Sie im World Book Lexikon auf die verschiedensten Arten suchen bzw. nachschlagen. Auf der Hauptseite finden Sie dafür zwei verschiedene Buttons: BROWSE für das Anzeigen der verschiedenen Erklärungen, Bilder, Töne und Videos auf der CD-ROM, und SEARCH, womit Sie einen bestimmten Begriff, den Sie eingegeben haben, suchen können.

Wenn Sie den Umgang mit einem tradionellen Lexikon gewöhnt sind, mögen Sie vielleicht lieber das Stichwortverzeichnis:

1. **Klicken Sie auf den WORLD BOOK Button** (in der Browse Spalte) und Sie erhalten das unten abgebildete Auswahlfenster.

2. **Wenn Sie zu einem bestimmten Begriff gehen wollen, geben Sie einfach die Anfangsbuchstaben in das Eingabefeld ein.** Hier ein Beispiel: Geben Sie die Buchstaben »ROD« ein und es erscheint Rodents.

3. **Mit dem Scrollbalken können Sie sich alle Stichwörter im World Book Lexikon anzeigen lassen** – Klicken Sie dazu einfach auf den Popup-Pfeil rechts neben dem Eingabefeld und die Liste erscheint.

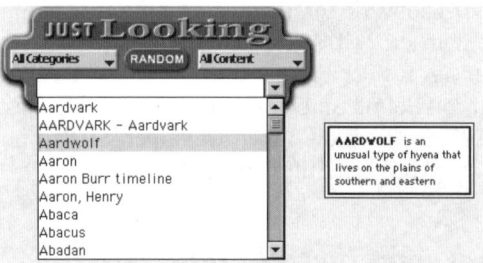

4. **Wenn Sie die ausführlichen Informationen zu einem Stichwort haben wollen**, klicken Sie es einmal an.

   Es erscheint ein kleiner Notizzettel mit einer Kurzfassung.

5. **Klicken Sie auf den Notizzettel, um die gesamte Beschreibung zu erhalten.**

Manche Erläuterungen sind noch mit einem Article Media Symbol versehen (links neben dem Text). Dieses Symbol zeigt an, dass es zu dem Begriff auch ein Video, einen Sound, ein Bild oder eine Karte gibt. Manche davon sind sehr schön. So können Sie zum Beispiel bei dem Bild unter dem Stichwort Colosseum die Kameraposition einfach mit der Maus verändern und sich so Ihren eigenen Eindruck verschaffen.

Mehr Unterstützung bei der Nutzung

Wenn Sie einmal nicht weiter wissen, finden Sie mehr Informationen im Menü HELP und auf der CD-ROM. Aber Sie werden sehen, Sie kommen sicher ganz alleine damit zurecht – Sie müssen nur lange genug klicken.

Photo Soap, ein Kochbuch und MDK

Wenn Sie einen älteren iMac besitzen, sollten Sie sich nicht grämen, dass Sie nicht so schöne Dinge mitgeliefert bekamen. Sie haben dafür vielleicht das Kochbuch, Kai's Photo Soap und MDK.

Hier eine kurze Beschreibung dieser Programme, die Sie im Ordner Programme auf Ihrer Festplatte finden. Bitte beachten Sie: Außer Nanosaur müssen alle anderen Programme immer auf Ihrem iMac installiert sein, wenn Sie sie nutzen wollen. Sie können zum Beispiel Photo Soap nicht öffnen, wenn die Photo Soap CD nicht geladen ist.

Williams Sonoma Führer für gutes Kochen

Diese CD enthält 1.000 reich illustrierte Rezepte und eine elektronische Suchfunktion.

Die Hauptseite zeigt Ihnen ein Bild mit verschiedenen Büchern: Glossar, Rezepte, Menüplaner, Index Rezepte und Lieblingsrezepte. Versuchen Sie zunächst einmal die Suchfunktion Recipe Finder.

Die Besonderheit an dieser CD ist das Glossar – nicht nur als Augenschmaus dienen dabei die verschiedenen Videos, man kann auch einiges über Vorbereitungstechniken etc. lernen.

MDK

Wir wissen auch nicht, wofür diese Kurzbezeichnung steh. Es handelt sich dabei um ein 3D-Spiel, das mit den ersten iMacs ausgeliefert wurde.

Sie steuern die Spielfigur Kurt mit Tasten auf der Tastatur – sehr originell! – und lassen ihn durch Stadien, Korridore wandern.

Kai's Photo Soap

Mit dieser Software können Sie Fotos bearbeiten: Kratzer, rote Augen, Flecken oder verblasste Farben auf Ihren Fotos gehören ab sofort der Vergangenheit an und was sonst noch so stört, natürlich auch. Sollten Sie keine Digitalkamera oder einen Scanner besitzen, um Ihre eigenen Fotos für die verschiedenen Programmfunktionen zu nutzen, auf der CD sind jede Menge Bilder, mit denen Sie endlos üben können.

Und so funktioniert das: Sie laden ein Foto in das Programm und reparieren es in verschiedenen Räumen. Soap bietet verschiedene Funktionen und bestimmte Räume oder Zimmer, in denen man damit arbeiten kann. In jedem Raum gibt es genau die Funktionen, die dafür vorgesehen sind. Ein »Raum« nimmt jeweils den ganzen Bildschirm für sich in Anspruch. Innerhalb von Soap gibt es acht Räume. Die Räume sind in einer Reihenfolge angelegt, die sinnvoll schrittweises Arbeiten ermöglicht. Wenn Sie mit der Maus über die obere Bildschirmleiste fahren, erscheinen die anderen Räume als Knöpfe – ein einfacher Klick bringt Sie schnell in den gewünschten Raum.

✔ Eine typische Tour beginnt im **Eingangs-Raum** und endet im **Ausgangs-Raum.**

✔ Neben dem Eingang gibt es den **Vorbereitungs-Raum**, in dem man ein Bild zurechtschneiden, drehen und automatisch Farben korrigieren kann. Direkt vor dem Ausgang befindet sich der

✔ **Montage-Raum**, – wo Sie Ihrem Bild Hintergründe, Cartoons, Text oder Rand-Effekte hinzufügen können. Zwischen diesen Räumen liegen die drei Räume für Licht, Farbe und Retusche.

✔ **Licht-Raum** – Hier bestimmen Sie die generelle Ausleuchtung des Bildes und können, wie bei Ihrem Fernseher, Helligkeit und Kontrast einstellen. Sie haben die Auswahl zwischen zwei Kontrollen für generelle Änderungen, drei zusätzlichen Reglern für Feinabstimmungen und einem Equalizer mit 12 Reglern für ganz feine und subtile Änderungen.

✔ **Farben-Raum** – Dieses Zimmer ist allgemeinen Farbkorrekturen, Farbtönung und -sättigung vorbehalten. Hier können Sie die Farben jeweils entweder mit einem einfachen Schieberegler oder bei komplizierteren Korrekturen mit einem Equalizer mit 12 Reglern einstellen.

✔ **Retusche-Raum** – Hier können Sie ganz detaillierte Retuschearbeiten wie das Weich- oder Scharfzeichnen, Entfernen von Pickeln, Narben oder dem »Rote-Augen-Effekt« durchführen bzw. Bildteile klonen.

 In den meisten Räumen finden Sie drei Hauptelemente: Das Vergrößerungsglas, mit dem Sie sich das Bild für Feinarbeiten vergrößern können (oder wieder verkleinern, wenn Sie gleichzeitig die Optionstaste drücken). Und die Schieberegler bzw. Equalizer, mit den Sie allgemeine bzw. feine Einstellungen vornehmen können. Und einen HILFE-Button, wenn Sie ausführliche Erläuterungen zu den einzelnen Werkzeugen benötigen.

In der Hilfefunktion können Sie sich Erläuterungen zu verschiedenen Stichworten zeigen lassen. Um die Hilfe wieder zu verlassen, klicken Sie auf den entsprechenden Button unten auf dem Bildschirm. Und wenn Sie das Programm verlassen wollen – drücken Sie einfach das Tastaturkürzel ⌘ + Q , die universelle iMac Ausstiegsformel aus jedem Programm.

iSpielberg: Digital Videos mit dem iMac erstellen

10

In diesem Kapitel

▶ Videosequenzen mit einer Digitalkamera aufzeichnen

▶ Schneiden mit dem iMac

▶ Musik, Töne und Effekte hinzufügen

▶ Was Sie mit dem fertigen Film anfangen können

---

*V*ielleicht haben Sie einmal irgendwo gelesen, dass Apple Computer 1986 die Welt mit Desktop Publishing, der einfachen Art zur Herstellung professionell wirkender Druckerzeugnisse mit einem Mac und einem Laserdrucker, verändert hat. Und jetzt verändert Apple die Welt schon wieder: Mit Videobearbeitung. Und Sie erleben diese Veränderung live mit!

Die Herstellung digitaler Videos mit Hilfe von Computern ist nicht neu. Viele Firmen haben dafür in den vergangenen Jahren viel Geld in die entsprechende Hard- und Software investiert. Aber die Ergebnisse waren nie so, wie Sie und wir sie vom Fernsehen gewohnt sind. Die fertigen Filme liefen auf dem Monitor in der Größe eines Kekses und waren qualitativ schlecht. Um eine Bildschirm füllende Größe erzielen zu können, waren Investitionen in Größenordnungen von mehreren 100.000 DM erforderlich. Viele gaben frustriert auf.

Die Buchstaben DV in »iMac DV« deutet an, dass dieses teure und aufwendige technische Equipment hier eingebaut ist. Mit einem iMac DV, seiner iMovie Software und einer digitalen Videokamera können Sie jetzt Ihre eigenen Filme herstellen, so oft und wann Sie wollen. Auch wenn Sie den Film immer wieder zwischen iMac und Videokamera hin- und herschicken, behält er 100 Prozent seiner Qualität, er wird immer Bildschirm füllend abgespielt, ohne Stocken, brillant und volltönend.

Was Sie dafür benötigen

Dieses Kapitel ist exklusiv für die Besitzer eines iMac DV – egal ob fruchtfarben oder als Spezialausführung im vornehmen Grau. Diese Art, Filme zu drehen, benötigt allerdings immer noch eine Zusatzausstattung: eine digitale Videokamera.

 Videokameras, die nur VHS, VHS-C, 8 Millimeter oder Hi-8 Bänder akzeptieren, sind keine digitalen Videokameras. Wenn Sie Ihre Videokamera vor 1997 gekauft haben, ist es auch keine. Die richtigen Videokameras – etwa ab 1.200 DM – sind außergewöhnlich kompakt. Diese Kameras nutzen in der Regel 1-Stunden-Bänder

(Mini DV Kasetten), die mit CD-Qualität Sound und in atemberaubender Schönheit Videobilder aufzeichnen. Aussehen tun diese Kasetten etwa so:

Wir wissen, dass auch diese Investition ziemlich hoch für eine Zusatzausstattung zum ihrem
iMac ist. Bevor Sie sich also dafür entscheiden, sollten Sie zunächst einmal a) diesen Abschnitt
lesen und b) den Video-Lehrgang auf Ihrem iMac DV durcharbeiten. Starten Sie dazu das Programm iMovie und wählen Sie dann aus dem Menü Hilfe Tutorial. Diese Anleitung führt Sie
durch die Herstellung eines kleinen Films, dessen einzelne Sequenzen (Clips) bereits auf Ihrer
Festplatte liegen.

Wir können Ihnen keine digitale Videokamera empfehlen. Suchen Sie doch einmal im
Internet nach entsprechenden Angeboten, zum Beispiel bei www.amazon.de oder ähnlichen
Anbietern.

Außerdem benötigen Sie noch ein FireWire-Kabel. FireWire ist eine der in den iMac eingebauten neuen Technologien, die das alles erst möglich machen: Ein Hochgeschwindigkeits-Kabel,
das einfach in den entsprechenden Anschluss an Ihrem iMac eingesteckt wird (sehen Sie dazu
mehr in Anhang A). Ihrem iMac DV lag ein FireWire-Kabel bei, das Sie einfach nur mit Ihrer
digitalen Videokamera verbinden müssen.

Drehen Sie einen Film Ihres Lebens

Die meisten Menschen drehen keine Filme mit Ihren Videokameras – dazu würde das Schreiben eines Drehbuches, das Engagieren von Schauspielern und vieles mehr gehören. Die meisten Menschen filmen Ihre Umgebung und bearbeiten dann diese Filme. Wenn Sie jemals das
Vergnügen hatten, bei einem Videobesessenen geschlagene 6 Stunden einen Videofilm zu ver-
folgen, der zeigen sollte, wie sich eine Blüte öffnet (was diese dann leider doch nicht getan
hat), kann nachvollziehen, wie nützlich es ist, wenn selbstgedrehte Videos nachträglich noch
einer Bearbeitung unterzogen werden.

 Der erste Schritt Ihres Videos mit dem iMac ist, dass Sie zunächst einmal das Leben um sich herum einfangen. Da gehört nicht viel dazu: Drücken Sie einfach auf den roten Knopf, um aufzunehmen, und drücken Sie noch einmal drauf, um die Aufnahme zu stoppen. Oh – vielleicht sollten Sie die Kappe noch von der Linse nehmen.

Aber Ihr Equipment ist so gut und die Ergebnisse sind so hervorragend, dass es sich wohl doch lohnt, etwas mehr über die ganze Sache und vor allem über verschiedene Profitricks zu erfahren:

✔ **Gehen Sie sanft mit dem Zoom um.** Wir wissen, dass Ihre Videokamera mit einem Zoomobjektiv ausgestattet ist, das ganz einfach mit einem Knopf bedient werden kann. Das macht zwar Spaß, ständig ran- und wieder wegzuzoomen, schaut als Ergebnis dann aber etwas nervig aus. Beschränken Sie sich auf maximal einen Zoom je Einstellung – oder versuchen Sie es einfach mal ganz ohne. Andererseits können Sie mit dem richtigen Einsatz der Zoomfunktion auch sehr gute Effekte erzielen und die Zuschauer später verblüffen. Wenn zum Beispiel Ihr Söhnchen oder Ihr Töchterchen ganz unschuldig einen Wollfaden in der Hand hält und man erst beim Aufzoomen mitbekommt, dass dieser Faden aus dem Pullover Ihres anderen Sohnen/Tochter stammt, der/die sich gerade mit rasender Geschwindigkeit auf Rollschuhen immer weiter aus dem Bild bewegt.

✔ **Versuchen Sie es einmal mit einem Stativ.** Natürlich können Sie auch die automatische Anti-Verwackel-Funktion einschalten, sofern Ihre Videokamera eine hat. Sicherer ist es auf jeden Fall, mit einem Stativ zu arbeiten. Darin liegt auch der hauptsächlichste Qualitätsunterschied zwischen den professionell und den privat gedrehten Filmen. Ein Stativ kostet nicht viel, macht jedoch in Bezug auf die Bildqualität eine Menge her.

✔ **Benutzen Sie für Dialoge kleine Ansteckmikrophone.** Auch an der Tonqualität erkennt man in aller Regel die Amateurfilme. Denn das eingebaute Mikrophon der Kamera nimmt nicht nur deren Eigengeräusche auf, sondern liefert eine mehr als lausige Qualität, wenn der aufgenommene Sprecher mehr als zwei Meter davon entfernt steht. So ein Mikrophon und ein paar Meter Kabel kosten nur ein paar Mark, dafür werden Sie aber von der Tonqualität wirklich entzückt sein.

✔ **Drehen Sie für Ihre iMac Filme möglichst viel Material.** Wenn Sie keinen iMac besitzen würden, kann man verstehen, wenn Sie mit den doch recht teuren Kasetten sparsam umgehen. Aber das ist ja das Schöne am iMac: Sie zeichnen das Material auf und die Videokasette ist wieder frei. Und das alles ohne jeden Qualitätsverlust! Sie können Ihre Videokamera also unbesorgt viel länger laufen lassen, als Sie es tun würden, wenn Sie die Filme auf den teuren Kasetten archivieren wollten. Daraus entsteht natürlich immer wieder die Chance, dass Sie auch Ungewöhnliches einfangen, das Sie beim späteren Bearbeiten benutzen können, speziell dann, wenn Sie Kinder, Tiere oder Wirbelstürme filmen. Alles, was Sie später nicht haben wollen, schneiden Sie bei der Bearbeitung einfach heraus.

Schritt 1: Laden Sie den Film in Ihren iMac

Wenn Sie ein paar gute Szenen im Kasten haben, kann der Spaß beginnen. Schließen Sie Ihre Videokamera mit dem FireWire-Kabel an Ihren iMac an und stellen Sie die Kamera auf VTR (oder VCR oder Playback). Starten Sie iMovie (im Ordner Programme auf Ihrer Festplatte). Und klicken Sie auf den CAMERA-Button wie hier gezeigt:

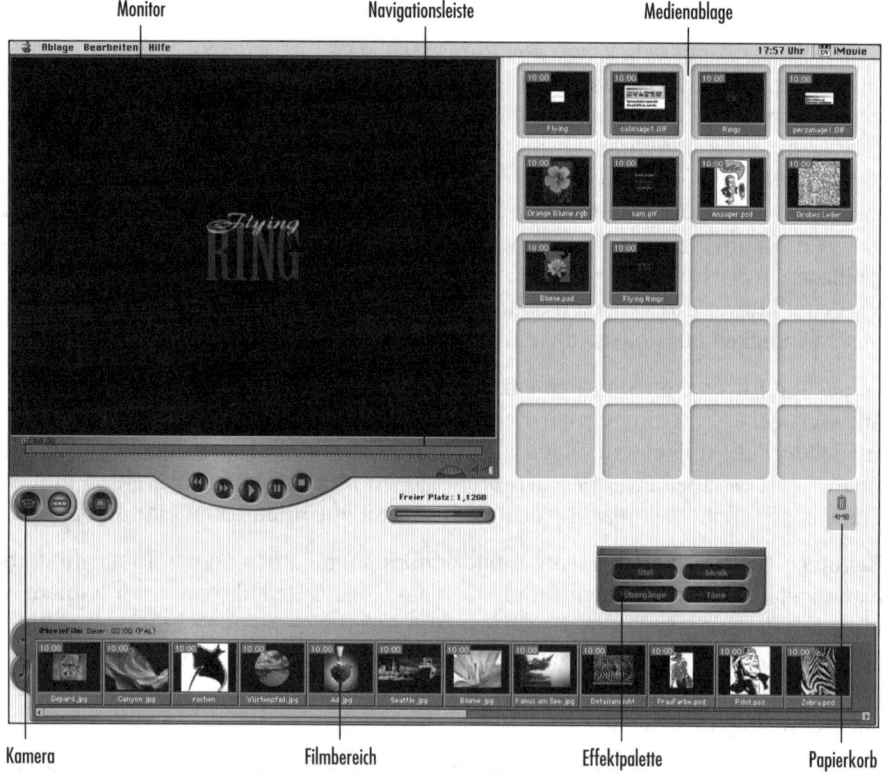

Monitor   Navigationsleiste   Medienablage

Kamera   Filmbereich   Effektpalette   Papierkorb

Wenn alles in Ordnung ist, sehen Sie einen großen blauen Bildschirm auf der linken Seiten mit den Worten »Kamera verbunden». Sie können mit der Aufzeichnung von Szenen auf Ihren iMac beginnen.

Wenn Sie nicht gerade eine absolute Billigkamera verwenden, können Sie alle Kamera-funktionen auf dem Monitor Ihres iMac einstellen – eine besonders beeindruckende Ausstattung von iMovie. Einfach indem Sie die entsprechenden Buttons unter dem Monitor-Bildschirm mit der Maus bedienen oder indem Sie alles über die folgenden Tastaturkürzel steuern:

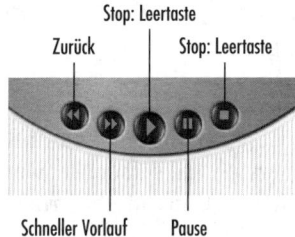

Übrigens: Das Menü HILFE hält unter dem Stichwort Tastaturkürzel noch viele andere Kurzbefehle für Sie bereit – es lohnt sich, diese einmal anzusehen und später auch zu nutzen.

Clips ausschneiden

Das geht ganz einfach: Sie schauen sich die Aufnahme auf dem Band an und schneiden die Teile heraus, die Sie später in Ihrem Film verwenden wollen. Einfach indem Sie den Importknopf am Anfang und Ende des gewünschten Ausschnittes drücken, während Ihre Videokamera läuft. Oder Sie steuern diese Funktion über die Leertaste: Einmal drücken für Start, noch einmal drücken für Stop der Aufnahme.

Jede Szene, die Sie aufgezeichnet haben, erscheint wie ein Diapositiv in der Medienablage rechts. Herzlichen Glückwunsch: Sie haben Ihren ersten Clip erzeugt. Ganz im Vertrauen: Das ganze Geheimnis eines guten Films, sei es nun auf Ihrem iMac oder in Hollywood, ist das geschickte Arrangieren bzw. Aneinanderreihen von einzelnen Clips.

Sie sind natürlich nicht auf diese wenigen Clips beschränkt, für die hier die Felder gezeigt werden. Die Medienablage funktioniert wie ein Warteraum, in dem Sie alles abstellen können, bis Sie es dann in den Filmbereich am Fuß des Bildschirmes einfügen. (Der Filmbereich kann so viele Clips speichern, wie Ihre Festplatte fasst.) Wenn Sie die ersten Clips für Ihren Film beisammen haben, ziehen Sie diese einfach aus der Medienablage in den Filmbereich, das schafft dann in der Medienablage wieder Raum.

Wie viel Filmmaterial können Sie auf Ihrem iMac speichern?

Sie haben sich sicher schon gewundert, warum der iMac DV mit einer so großen Festplatte ausgestattet ist. Hier kommt nun die Erklärung.

Die Speicherung des Videos auf Ihrem iMac benötigt sehr viel Speicherplatz, nämlich ca. 210 Megabyte pro Minute Video. Wenn Sie das einmal nachrechnen, kann der größte iMac nur ca. 40 Minuten speichern, die kleineren Modelle ca. 30 Minuten.

Geschwindigkeit kontra Qualität

Trotz aller ehrfurchtgebietenden Kraft und Geschwindigkeit des iMac DV reicht diese doch nicht aus, um Videos mit voller Geschwindigkeit und Auflösung abzuspielen, während Sie daran arbeiten. Wenn Sie das zum ersten Mal versuchen, werden Sie feststellen, daß das Video aufreizend im Videomonitor wo Sie Ihre Clips ansehen ruckt und zuckt.

Insbesondere, wenn Sie Clips von Ihrem Camcorder laden, bekommen Sie bessere Resultate, wenn Sie dem Programm mitteilen, daß Sie viel mehr an einer gleichmäßigeren Wiedergabe als an einer hohen Videoqualität interessiert sind. Wählen Sie dazu aus dem Menü Bearbeiten den Befehl Einstellungen und im folgenden Fenster die entsprechende Einstellung.

Jetzt werden Sie Flecken auf Ihren Bildern bemerken. Andererseits wollen Sie aber auch nicht, daß Ihre Bilder hüpfen. Dieses Arrangement macht es Ihnen viel leichter, exakt nur das von Ihrem Camcorder aufzunehmen, was Sie wirklich brauchen.

Das Beste ist aber immer noch, daß das alles nur auf dem Bildschirm des iMac passiert. Wenn Sie Ihren fertigen Film auf einem Videoband abspeichern oder ihn als QuickTime Film sichern, haben Sie beides: eine hervorragende Videoqualität und eine gleichmäßige Wiedergabe.

Das klingt vielleicht etwas ernüchternd, es ist jedoch nur eine Frage der richtigen Arbeitseinteilung, wie Sie Ihren Film gestalten. Abgesehen davon belassen Sie den fertigen Film ja nicht auf der Festplatte, sondern spielen ihn zurück auf die Videokasette, um ihn Ihrer Familie oder Ihren Freunden vorzuspielen. Ihr iMac funktioniert nur als zwischenzeitlicher Schneideplatz. Sie können die Videoaufnahmen immer wieder zwischen Ihrer Videokamera und dem iMac hin- und her übertragen, das Material behält immer seine ursprüngliche Qualität.

Wenn Sie mit dem iMac arbeiten, sollten Sie allerdings den Kapazitätsanzeiger für den verfügbaren Speicherplatz im Auge behalten. Die Graphik ist blau, wenn Sie noch jede Menge Speicherplatz zur Verfügung haben, wird gelb, wenn es langsam eng wird und zeigt durch Rot an, dass der Speicher praktisch voll ist. Dann wird es aber endgültig Zeit, den Film wieder auf ein Videoband zu überspielen (mehr am Ende dieses Kapitels) und die nicht mehr benötigten Clips von der Festplatte zu löschen. (Jede Filmdatei, die Sie vom iMac sichern, erscheint in einem eigenen Ordner, in dem ein Ordner Medien liegt, den Sie einfach nur in den Papierkorb legen, wenn sie die Clips nicht mehr benötigen.)

Clips bezeichnen, abspielen und trimmen

Wenn Ihre Clips in der Medienablage sind, können Sie sie anders benennen, abspielen oder trimmen (einkürzen).

Clips umbenennen

Die Clips in Ihrer Medienablage tragen so aussagekräftige Namen wie Clip 01, Clip 02 und so weiter. Es macht das Leben eines Filmemachers wesentlich leichter, wenn der Name auch gleich etwas über den Inhalt sagt, zum Beispiel Katze tanzt oder Vogel spinnt oder so. Um Ihre Clips umzubenennen, klicken Sie einfach in den Clipnamen, geben den neuen Namen ein und bestätigen die Eingabe mit der Return-Taste.

Clips abspielen

Um einen Clip aus der Medienablage abzuspielen, klicken Sie ihn einmal an und das Startbild wird auf dem Monitor angezeigt. Jetzt können Sie den Abspielvorgang mit den Kontrollknöpfen bzw. mit den Tastaturkürzeln wie vorher bei der Videokamera steuern.

Und noch eines: Wenn Sie den Rewind- bzw. Forward-Knopf dauernd drücken, spielt der iMac immer schneller in die gewünschte Richtung.

Mit der Navigationsleiste können Sie sich auch direkt zu bestimmten Stellen im Clip bewegen.

Clips trimmen

Wesentlich wichtiger ist das Trimmen von Clips. Wie auch die Videoprofis werden Sie bald merken, dass es wesentlich sicherer ist, daß immer genügend Material vor und nach der tatsächlich gewünschten Szene im Clip vorhanden ist. Später ist es dann nur noch ein Schnipp und der Clip ist exakt so, wie Sie ihn sich vorgestellt haben.

Um einen Clip zu trimmen, klicken Sie einfach auf das Bild in der Medienablage – oder im Filmbereich, wenn Sie ihn schon dort eingefügt haben. Klicken Sie dann knapp unter die Scroll-Leiste unter dem Monitor, wie hier gezeigt:

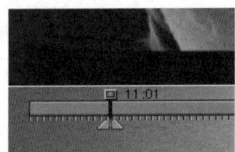 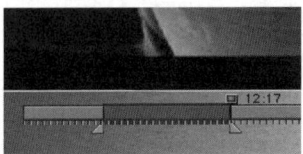

Es erscheinen zwei Pfeile, die Sie hin und herbewegen können. Das Prinzip ist einfach: Alles, was zwischen diesen beiden Pfeilen liegt, wird im endgültigen Clip beibehalten, der Rest verschwindet für immer. Sollten Sie die Maus als zu unhandlich für derartige Feinarbeiten empfinden, klicken Sie einfach auf einen der Pfeile und bewegen sie ihn mit den Pfeiltasten auf der Tastatur Bild für Bild in die gewünschte Richtung (wenn Sie gleichzeitig die Shift-Taste drücken, bewegt sich der Pfeil in Sprüngen von 10 Bildern).

 Wenn Sie Teile einer Szene verwenden wollen, sollten Sie Folgendes beachten: Planen Sie, eine der iMac Überblendungen von einer Szene in die andere einzusetzen, müssen Sie beim Trimmen darauf achten, dass Sie einige Bilder vor der Szene belassen. Das iMovie-Programm verwendet dann diese Bilder für die Überblendung und der von Ihnen gewünschte Szeneninhalt bleibt vollständig erhalten.

Wenn Sie sicher sind, wie Ihre Szene aussehen soll, wählen Sie SCHNEIDEN aus dem Menü BEARBEITEN. Dabei wird das gesamte Material außerhalb der beiden Pfeilmarkierung gelöscht. (Es landet in dem kleinen Papierkorb. Achtung: Sie können nicht auf diesen Papierkorb doppelklicken, um das weggeworfene Material wieder zu sehen, wie bei dem Papierkorb auf Ihrem Schreibtisch. Sie können jedoch mit dem Befehl WIDERRUFEN im Menü BEARBEITEN bis zu 10 Schritte widerrufen – einschließlich Schneiden, Clips löschen und andere Aktionen, durch die Sie wertvolles Filmmaterial in den Papierkorb befördert haben.)

Schritt 2: Den Film gestalten

Um Clips Ihrem Film hinzuzufügen, ziehen Sie diese einfach aus der Medienablage in den Filmbereich unten auf dem Bildschirm. (Bei Apple heißt diese Zeitschiene Videospur. Das ist etwas verwirrend, da Sie die Clips immer im Monitorfenster sehen. Bleiben wir daher bei Zeitschiene.) Wenn der Clip einmal in der Videospur ist, können Sie ihn noch beliebig vor oder hinter andere Clips verschieben.

Was passiert eigentlich mit dem markierten Clip, wenn Sie jetzt den Film abspielen (Wiedergabeknopf oder Leertaste auf Ihrer Tastatur)?

✔ Wenn ein Clip aktiviert ist (Sie erkennen das an der gelben Umrandung in der Videospur) wird nur dieser Clip abgespielt. Um alle Clips zu dektivieren, wählen Sie NICHTS AUSWÄHLEN aus dem Menü BEARBEITEN oder klicken Sie einfach über der Videospur.

✔ Wenn nichts ausgewählt ist, wird der gesamte Film ab der Stelle abgespielt, an der der Abspielkopf auf der Leiste unter dem Monitorfenster steht. Drücken Sie die HOME-Taste, um zum Start zu gelangen.

Wenn kein Clip in der Videospur markiert ist, können Sie sich auch durch Hin- und Herschieben des Abspielkopfes in Ihrem Film bewegen. Ihre jeweilige Position innerhalb des gesamten Films wird Ihnen dabei auf der Videoleiste durch einen kleinen Cursor angezeigt. Für eine exakte Positionierung können Sie dann auch die Pfeiltasten auf der Tastatur verwenden wie bereits beschrieben.

Eine Überblendung einfügen

Die Übergänge zwischen einzelnen Szenen, die Sie zum Beispiel jeden Abend in zahlreichen Fernseh-Spots bewundern können, nennen die Fachleute Überblendungen. iMovie bietet Ihnen für dieses Filmelement eine große Auswahl, die Sie sich im *Popup-Menü* in der Palette EFFEKTE ansehen bzw. zeigen lassen können.

Klicken Sie einfach auf den Namen der *Überblendung* und stellen Sie mit dem Regler unter dem kleinen Monitor die Dauer der Überblendung in Sekunden an (1 Sekunde ist ein Standardwert). Dann ziehen Sie den Namen der Überblendung einfach in die Videospur zwischen die beiden Clips, für die diese Überblendung verwendet werden soll. Die Clips werden dabei etwas auseinanderschoben, und das Symbol für die Überblendung erscheint.

Während Sie das tun, erscheint eine rote Linie über dem Überblendungssymbol. Ihr iMac erstellt den Übergang zwischen den beiden Clips (die Fachleute nennen das Rendern). Dieser Renderingvorgang ist einer der wichtigsten im ganzen Videogeschäft. In vielen Programmen können Sie in dieser Zeit nichts anderes tun, als der kleinen roten Linie zusehen, wie sie sich langsam immer weiter vorarbeitet. Mit iMovie dagegen können Sie einfach weiter Ihren Film gestalten, der Renderingvorgang läuft komplett im Hintergrund ab. Wenn der Vorgang abgeschlossen ist, sollten Sie sich das Ergebnis einmal ansehen. Klicken Sie dazu in der Videospur direkt vor das Überblendungssymbol und drücken Sie die Leertaste zum Abspielen. Und vergessen Sie nicht, sich auf die Schulter zu klopfen, weil Ihr Heimvideo nun wirklich professionell aussieht – wenigstens dieser Teil.

Einen Titel hinzufügen

Mit iMovie können Sie zum Beispiel einen rollenden Textblock oder einen schönen Titel für Ihren Film gestalten. Zugegeben, das wird nicht ganz so spektakulär wie die Titel von Starwars oder ähnlichen Hollywoodprodukten – aber es kann sich durchaus sehen lassen.

Klicken Sie dazu einfach auf den Knopf TITEL in der Palette EFFEKTE und wählen Sie aus dem Popup-Menü, was Ihnen gefällt. Den Text für den Titel geben Sie in das Eingabefeld unterhalb der Liste ein. Einige der Effekte, wie zum Beispiel der Vor- und Abspann ermöglichen die Eingabe von Paaren z.B. für eine Besetzungsliste. Sie brauchen hier nur die Figuren des Films und die Darsteller anzugeben, das Programm ergänzt diese Angaben dann um die Punkte und Linien, wie hier gezeigt:

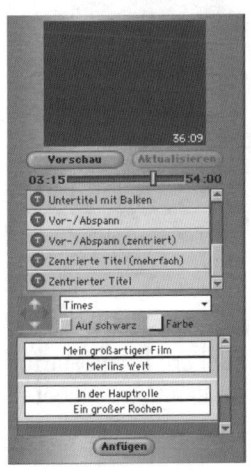

Mit der Vorschau können Sie sich dann Ihr Werk auf dem großen Monitor anzeigen lasen. Stellen Sie mit dem Zeitregler wie bei den Überblendungen die Dauer ein und ziehen Sie dann den Namen des Titels einfach auf Ihre Videospur.

 Wenn Sie den Titel vor einem Clip platzieren wollen, so dass der Text auf einem schwarzen Hintergrund erscheint, markieren Sie AUF SCHWARZ, wenn Sie wollen, dass der Titel über Ihrem Video erscheint, klicken Sie keine der beiden Möglichkeiten an. Sie werden feststellen, dass dabei der Clip in zwei Teile aufgeteilt wird (mit und ohne Titel).Einen Titel zu gestalten funktioniert genauso wie die Arbeit mit den Überblendungen: um ihn zu löschen, doppelklicken Sie einfach auf das Titelsymbol und drücken Sie die Zurücktaste; um ihn zu verändern, doppelklicken Sie einfach auf das Symbol. Sie gelangen dann zurück in die Palette und können den Text oder die Zeit oder was auch immer ändern.

Musik von einer CD einspielen

Wenn Ihnen ein Film mit Überblendungen und Titel immer noch nicht professionell genug ist, dann können Sie auch noch Musik mit aufnehmen. Wenn Sie selbst ein begnadeter Musiker sind, können Sie natürlich Ihre eigene Musik nutzen – speichern Sie diese einfach als AIFF Datei (Sie wissen sicher, was das ist) und importieren Sie die Datei oder die Dateien in iMovie (wissen Sie noch, wie das geht?).

Wenn Sie ein ganz normaler Mensch sind, greifen Sie einfach auf Ihre Musikbestände auf CD zurück (Achtung: Nicht für öffentlichen oder kommerziellen Gebrauch, sonst wird die Musikindustrie böse.) Legen Sie dazu eine CD in Ihren iMac und klicken Sie den Knopf TÖNE IN iMOVIE. Wählen Sie aus dem Inhalt der CD einen Soundtrack aus.

Um die Audiotracks zu sehen, klicken Sie einfach auf die Note neben der Videospur. Ziehen Sie einfach den gewünschten Soundtrack von der CD-Liste in die unterste Audiospur.

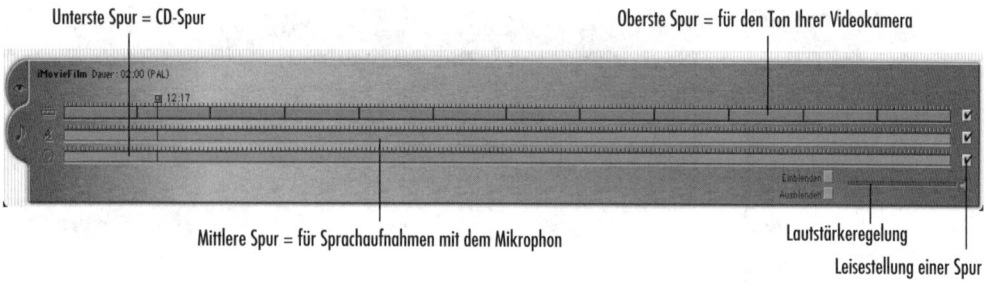

Wenn Sie nicht den gesamten Soundtrack, sondern nur einen Teil verwenden wollen, lassen Sie die CD spielen und nehmen Sie den gewünschten Teil einfach auf (Rekord Knopf starten und nochmal drücken für Stop). Die aufgenommene Musik erscheint an dem Abspielkopf in der Audiospur.

Sie können mit Sound imposante Effekte erzielen, indem Sie Töne übereinander legen und so miteinander kombinieren. Und Sie können die Musik auch simultan zu Ihren Bildern abspielen.

Text und Musik FX

Wenn Sie auf den Knopf TÖNE auf der Palette klicken, zeigt Ihnen iMovie eine Auswahl von fertigen Toneffekten, die Sie nur auf Ihre Audiospur zu ziehen brauchen, um sie in Ihren Film zu integrieren.

Sie können natürlich auch neue Töne mit dem eingebauten Mikrophon direkt in Ihren Film aufnehmen. Dazu gehen Sie wie folgt vor:

1. **Wählen Sie Kontrollfelder aus dem ⌘-Menü und gehen Sie dann zu *Ton*.**

2. **Klicken Sie auf EINGABE und wählen Sie das EINGEBAUTE MIKROPHON. Schließen Sie das Fenster.**

3. **Klicken Sie im Programm *iMovie* das Symbol für die *Audiospur*. Klicken Sie über den Spuren, um den Aufnahmekopf an der von Ihnen gewünschten Stelle zu positionieren. Klicken Sie dann TÖNE in der Palette EFFEKTE.**

4. **Klicken Sie auf SPRACHAUFNAHME, gehen Sie nahe an das iMac-Mikrophon heran und sagen Sie etwas – was immer Sie wollen. Klicken Sie nochmals auf den AUFNAHME-Knopf, um die Aufnahme zu *stoppen*.**

   Übrigens: *Das Mikrophon ist das kleine Loch mitten im Kopf Ihres iMac.*

Ihr neuer Sound erscheint in der Audiospur.

Sound in der Zeitschiene bearbeiten

Wenn Sie einen Sound in der Zeitschiene plaziert haben, können Sie das farbige Feld nach Belieben hin- und herschieben, um ihn besser auf die Bilder abzustimmen. (Auch wenn die Tonspur ausgewählt ist, können Sie die Videospur abspielen, den Abspielkopf hin- und herschieben.) Sie können auch die Dauer des Sounds einstellen, indem Sie einfach die Endmarkierung verschieben; Sie können die Lautstärke mit dem Schieberegler verändern; oder Sie wählen die Optionen Einblenden/Ausblenden für einen ganz professionellen Eindruck. Und natürlich können Sie den Soundtrack auch komplett wieder löschen, indem Sie ihn anklicken und die Zurücktaste drücken.

Schritt 3: Ihren Film vorführen

Wenn Sie alle Arbeiten an Ihrem Film abgeschlossen und vielleicht auch einige Zeit darauf gewartet haben, dass der kleine rote Renderingbalken endlich zum Ende kommt – überprüfen Sie ihn komplett. Drücken Sie die HOME-Taste, um ihn an den Anfang zurückzuspielen und dann die Leertaste, um ihn ein letztes Mal abzuspielen. Für einen besonders effektvollen Eindruck sollten Sie sich das Werk in der Fullscreen-Version zeigen lassen (der kleine einzelne runde Knopf mit dem Computersymbol rechts unter dem Monitor).

Wenn alles zu Ihrer Zufriedenheit aussieht, steht einer öffentlichen Vorführung Ihres Werkes eigentlich nichts mehr im Wege (denken Sie nur an die Musikpassagen, die Sie eventuell unerlaubterweise eingefügt haben!). Das können Sie auf zwei verschiedenen Wegen tun: Indem Sie den Film auf ein Videoband aufnehmen oder indem Sie einen QuickTime Film herstellen, der auch auf anderen Computern abgespielt werden kann.

Den eigenen Film wieder auf Videoband speichern

Es spricht eine ganze Menge dafür, den fertigen Film wieder auf Videoband abzuspeichern. Sie können ihn dann einfach auf dem Fernseher vorführen und Sie können sogar Kopien davon herstellen und diese dann verschenken … oder verkaufen.

Fangen Sie am besten damit an, dass Sie eine neue Kasette in die Videokamera einlegen – damit Sie nicht etwas wirklich Wichtiges überspielen. Vielleicht legen Sie sich gleich eine entsprechend markierte Kasette für die Aufnahme Ihrer Filme bereit.

Wählen Sie dann aus dem Menü ABLAGE den Befehl EXPORTIEREN, klicken Sie in dem Dialogfenster zuerst auf KAMERA und dann auf EXPORT.

Wenn Ihre Videokamera korrekt an den iMac angeschlossen, eingeschaltet und im VTR-Modus ist, nimmt sie Ihren Film auf. Ist der Export abgeschlossen, können Sie ganz einfach überprüfen, ob die Übertragung auch einwandfrei war, indem Sie auf den Kameraknopf in iMovie klicken, und mit dem Abspielen bzw. Vorwärts- und Rückwärtseinstellungen den Inhalt des Bandes überprüfen und sich Ihr Werk ein weiteres Mal in der endgültigen Form ansehen.

Den Film als QuickTime-Datei speichern

Ein QuickTime-Film ist eine Datei auf Ihrer Festplatte, die Sie sich mit einem Doppelklick ansehen, anderen Menschen e-mailen, in das World Wide Web einstellen oder auf einen anderen Datenträger abspeichern können. Der große Vorteil von QuickTime ist die Reduzierung von Speicherplatzbedarf für Ihre Videofilme, die leider immer enorm groß sind. So fasst zum Beispiel eine normale 600 MB CD-ROM nicht mehr als zwei Minuten eines Vollbild-Videos. Daraus ergibt sich schon, dass Videos dieser Größenordnung eher ungeeignet sind, per E-Mail an Freunde geschickt oder gar auf einer Webseite gezeigt zu werden. Die Übertragung per Modem würde fast 56 Stunden dauern!

 QuickTime-Filme benötigen weniger Speicherplatz. Dies wird auf drei Wegen erreicht:

✔ **Kleinere Darstellung**. Anstatt im Vollbild-Modus werden die meisten QuickTime Filme in einem kleinen Fenster abgespielt.

✔ **Reduzierte Farbtiefe.** Mit einem Komprimierungsbefehl veranlassen Sie Ihren iMac dazu die verschiedenen Farben mit weniger Informationen zu beschreiben. Das Resultat ist eine kleinere (aber qualitativ schlechtere) Datei.

✔ **Verringerte Abspielrate.** Ein QuickTime-Film – wie ein Profifilm im Kino – simuliert Bewegung nur durch die schnelle Aneinanderreihung von Standbildern. Je mehr dieser einzelnen Standbilder pro Sekunde gezeigt werden, desto flüssiger erscheint die Bewegung – und desto größer ist die Quicktim-Datei. Wenn Sie die Abspielrate von 24 auf 12 Bilder pro Sekunden reduzieren, haben Sie die Dateigröße halbiert (allerdings sind die Bewegungen dann nicht mehr so flüssig).

 Nachdem Sie Ihren iMovie-Film abgeschlossen haben, können Sie ihn so abspeichern: Wählen Sie aus dem Menü ABLAGE den Befehl EXPORTIEREN und dann QuickTime aus dem Popup-Menü.

Jetzt brauchen Sie nur noch unter den angebotenen Möglichkeiten den von Ihnen gewünschten Einsatzzweck auszuwählen:

✔ **E-Mail, klein**: Reduziert Ihren Film auf ein Briefmarkenformat mit nur noch 10 Bildern pro Sekunde – eine Datei, die so klein ist, dass Sie sie problemlos per E-Mail versenden können. Natürlich muss der Empfänger, um sich Ihr Werk ansehen zu können, QuickTime installiert haben. Die QuickTime-Systemerweiterung (auf Ihrem iMac im Ordner Systemerweiterungen im Systemordner) ist kostenlos erhältlich im Internet unter `www.apple.de` bzw. gehört seit Sommer 1999 zum Lieferumfang jedes Macintosh.

✔ **Web-Film, klein**: Reduziert den Film auf ein 3-inch-Fenster mit 12 Bildern pro Sekunde. Auch dieses Format kann vom Empfänger auch nur mit QuickTime abgespielt werden.

✔ **Web-Film, klein (QT 3.0):** Dieses Format kann auch ohne die neueste QuickTime Version abgespielt werden. Es hat die Größe wie der andere Web-Film, jedoch ist die Tonqualität mehr als bescheiden.

✔ **CD-ROM Film, mittel**: Jetzt kommt schon etwas Besseres! Diese Option erstellt einen Film von nahezu einem Viertel der Bildschirmgröße mit 15 Bildern pro Sekunde und mit einem Ton in CD-Qualität. Sie sollten allerdings nicht versuchen, dieses gute Stück per E-Mail zu versenden – es ist einfach zu groß. Sie können es jederzeit von Ihrer Festplatte abspielen oder (wenn Sie sich noch einen CD-Brenner – wie in Anhang C beschrieben – zulegen) auf einer CD speichern.

✔ **CD-ROM Film, groß**: Erstellt einen QuickTime Film in Fernsehqualität in nahezu Bildschirmgröße mit 30 Bildern pro Sekunde (TV-Qualität) mit CD-Tonqualität. Allerdings benötigt diese Version einen gigantischen Speicherplatz und wird in der Regel nicht einmal von den schnellsten PowerMacs ruckfrei abgespielt. Es ist einfach eine zu große Datenmenge.

✔ **Andere Einstellungen:** Hier erhalten Sie ein Dialogfenster, mit dem Sie eine spezielle Kompression Ihres Videofilms für den Export einstellen können. Wie viele Bilder pro Sekunde gezeigt werden sollen, wie die Farben komprimiert werden sollen und so weiter. Hinweis: In der Regel erhalten Sie die besten Ergebnisse mit Sorensen Video (für QuickTime 4.0 wie Sie es auch in Ihrem iMac haben) oder Cinepak. Diese Komprimierungsmethoden erstellen einen Film, der erheblich weniger Speicherplatz benötigt, ohne dass die Farben allzu sehr leiden.

Wenn Sie dann noch Ihrem Film einen Namen gegeben haben, klicken Sie auf Schreibtisch und danach auf Exportieren. Der iMac beginnt nun seine Schwerarbeit mit der Herstellung der komprimierten Version. Diese Umrechnung braucht sehr viel Zeit – als Richtwert ca. eine Stunde für 2 Minuten Film.

Sie müssen aber nicht dabei sitzen und dem iMac Händchen halten – lassen Sie es einfach über Nacht laufen. Oder tun Sie etwas Nützliches, schauen Sie sich einen Film an.

Der eingebaute DVD-Player

Eigene Filme zu erstellen ist nicht der einzige Weg, wie Sie mit dem iMac in die Welt der digitalen Videos einsteigen können. Der iMac kann auch DVD-Disks abspielen.

Ein DVD-Film ist auf einer kleinen silbernen Scheibe ähnlich einer Audio-CD gespeichert. Ein DVD-Player funktioniert praktisch genau so wie ein Videorekorder – jedoch mit einer Bildqualität, die mehr als doppelt so hoch ist. Und da es kein Band ist, können Sie ohne langes Hin- und Herspulen jederzeit zu jeder Stelle im Film wechseln. Die Videotheken bieten immer mehr DVD-Filme an – und keiner davon hat einen Aufkleber »Bitte zurückspulen«.

Eine DVD erhalten Sie zusammen mit Ihrem iMac – Ein Käferleben. Legen Sie diese DVD einfach in Ihren iMac ein und wählen Sie Apple DVD Player aus dem -Menü. Jetzt können Sie den iMac über das Kontrollpanel wie einen Videorecorder bedienen. (Sollten Sie das Kontrollpanel nicht sofort gezeigt bekommen, wählen Sie Zeigen Kontrollpanel aus dem Fenster-Menü.) Wählen Sie aus dem Menü Video die Bildschirmgröße.

Wenn die DVD-Disk abgespielt wird, können Sie über den Menü-Button die speziellen Einstellungen wählen: Sprachversion, Untertitel für Hörgeschädigte und eine Liste von Szenen in den Filmen. Mit dem Regler B lässt sich die Lautstärke einstellen, Button C öffnet ein weiteres Menü mit noch mehr Einstellmöglichkeiten. Zum Beispiel können Sie den Film auch in Zeitlupe abspielen lassen. Die Knöpfe D sind vergleichbar den Kontrollen an einem Videorecorder: Vorlauf, Rücklauf, Abspielen, Stop, Schneller Vorlauf und Nächstes Kapitel.

Mehr über diese Einstell- und Kontrollmöglichkeiten und was Sie sonst noch mit DVDs machen können, finden Sie in der *DVD-Player Hilfe*. Aber vielleicht beschließen Sie ja auch einfach, dass es schon genug ist, wenn Sie Hollywood-Filme auf Ihrem Computer ansehen können.

Pixeltricks: Graphik leichtgemacht

In diesem Kapitel

▶ Scanner und Digitalkameras

▶ Dateiformate und Auflösung

▶ Schreibtischhintergründe und Startbildschirme

Sie haben sicher auch schon viele Neider gehört, die Ihren Mac niedermachen wollten: Die haben ja nur 14 Prozent Marktanteil; das benutzen wir nicht für unsere Arbeit – blah, blah, blah. Wenn diese Menschen auch noch so große Töne spucken, wenn es um Graphiken und Bilder geht, sind sie plötzlich alle fein still. Der Macintosh bringt nämlich Graphiken und Bilder fein heraus. Der Monitor Ihres iMac ist brilliant und hochauflösend und die Programme, mit denen Sie Bilder erstellen und bearbeiten können, sind unvergleichlich gut.

In diesem Kapitel sagen wir Ihnen mehr über die verschiedenen Fomate, wie sie erstellt, gescannt, bearbeitet und letztlich genutzt werden.

Woher die Bilder kommen

Wenn Sie ein Maler sind, können Sie mit AppleWorks herrlichste Bilder herstellen. Aber hand-gemalte Kunst ist nicht dasselbe wie Fotos. Fotos können Sie überall herbekommen – aus dem Internet, per Digitalkamera und über einen Scanner.

Das Internet

Wenn Sie zum Beispiel ein Bild im Internet sehen, das Sie sich gerne für immer aufbewahren wollen, versuchen Sie es einmal so: Zeigen Sie auf das Bild und drücken Sie die Maustaste. Es erscheint ein Popup-Menü wie hier:

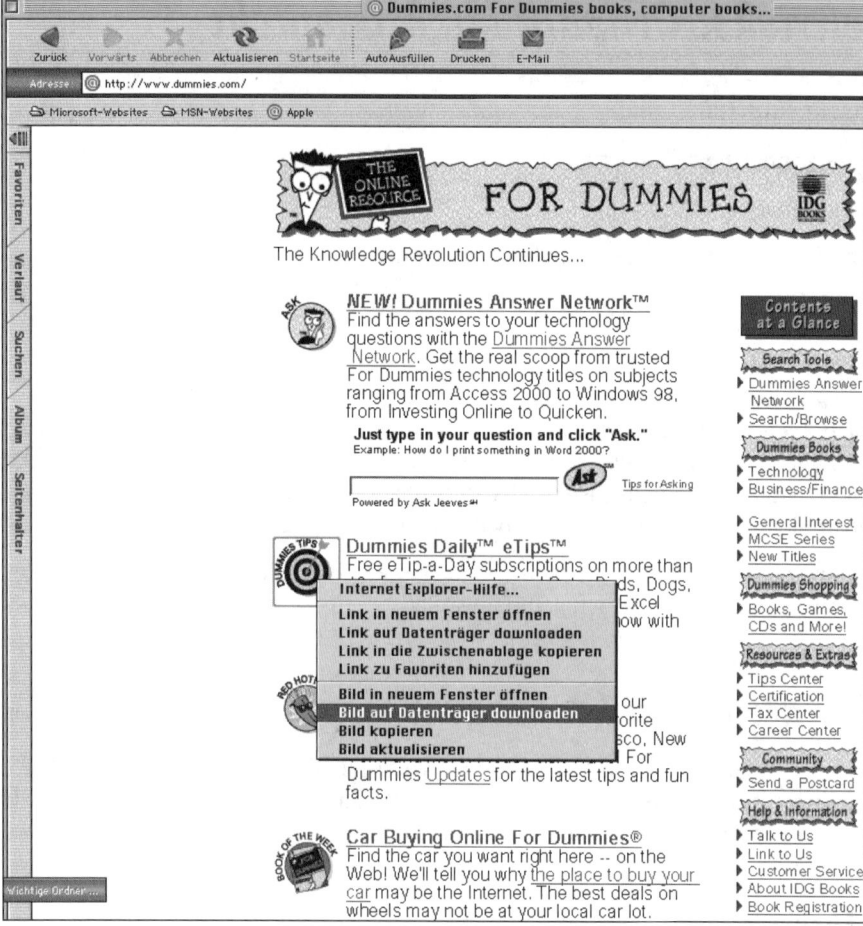

Wählen Sie aus diesem Menü den Befehl DOWNLOAD IMAGE TO DISK (oder *SAVE IMAGE AS* – je nach Webbrowser). In dem Speichern als Dialogfenster klicken Sie auf Schreibtisch, geben einen schöneren Namen ein, um den Eigennamen des Bildes zu überschreiben, der fast regelmäßig »cgi-big.xref.83-22a.gif« oder so lautet, und bestätigen Sie mit SICHERN.

Wenn Sie Ihren Webbrowser schließen, finden Sie auf Ihrem Schreibtisch ein neues Symbol, das den von Ihnen gerade eingegebenen Namen trägt. Wenn Sie auf das Symbol doppelklicken, hängt es von dem von Ihnen benutzten Webbrowser ab, was passiert. Wenn Sie Internet Explorer benutzen, wird das Bild in Picture Viewer geöffnet, einem Hilfsprogramm, das Ihr iMac von zu Hause mitgebracht hat.

Wenn Sie dagegen den Netscape Explorer benutzen, erhalten Sie das folgende Dialogfenster:

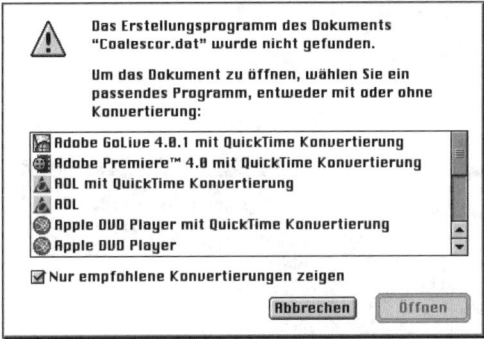

Die Kernfrage, die Ihnen hier gestellt wird, lautet: »Ich habe nicht das Programm, mit dem dieses Bild erstellt wurde. Mit welchem der folgenden Programme soll ich es denn öffnen?«

Dies scheint keine so schwerwiegende Frage für Sie zu sein. Wenn der iMac wirklich so gut ist, dann soll er sich doch selbst eines aussuchen. Aber seien Sie fair – er gibt Ihnen immerhin eine Chance und das ist weit mehr, als einfach nur zu sagen »Ich kann dieses Bild nicht öffnen«, wie das andere Computer tun.

In jedem Fall ist hier die schnelle und kluge Antwort Picture Viewer (wenn Sie sich das Bild ansehen wollen). Wenn Sie Veränderungen in dem Bild vornehmen wollen, sollten Sie AppleWorks wählen. Das Bild wird dann im AppleWorks Malbereich geöffnet und Sie können sofort mit der Bearbeitung beginnen, die Größe verändern oder etwas Senf darüberstreichen …

Scanner

Ein Scanner hat viel von einem Fotokopierer. Sie legen ein Blatt Papier auf ein Glas, drücken auf einen Knopf, stellen die Helligkeit und die Vergrößerung ein und sehen dann eine Kopie des Originals auf Ihrem Bildschirm. Scanner sind heute sehr preiswert, für Fotos und Dias von zahlreichen Herstellern erhältlich und unbesiegbar, wenn es darum geht, Fotos in Graphikdateien umzuwandeln.Scanner werden mit einem speziellen Scanprogramm, zum Beispiel PhotoDeluxe, ausgeliefert. Nachdem Sie das und die ebenfalls mitgelieferte Geräte-Software auf Ihrem iMac zunächst installiert haben, können Sie anfangen. Verbinden Sie den Scanner mit einem der USB-Eingänge, schalten Sie ihn ein und gehen Sie dann wie folgt vor:

1. **Legen Sie zuerst das Foto auf die Glasscheibe des Scanners. Öffnen Sie das Scanprogramm, zum Beispiel PhotoDeluxe, und wählen Sie aus dem Menü ABLAGE den Befehl VERBINDEN und dann den Markennamen Ihres Scanners.**

   In diesem Beispiel handelt es sich um einen Umax Astra 1220.

2. **Klicken Sie auf VORSCHAU.**

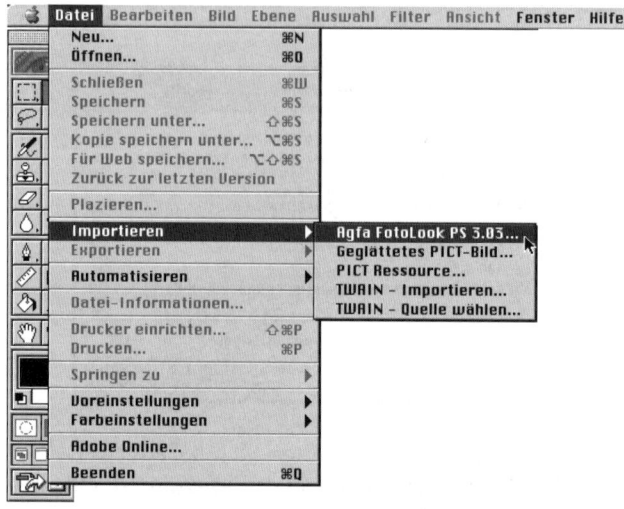

Der Scanner tastet die gesamte Bildfläche ab und zeigt Ihnen, was sich auf dem Glas zur Zeit befindet:

3. **Ziehen Sie einen Auswahlrahmen um das ganze Bild oder den Bildausschnitt, den Sie einscannen wollen, und geben Sie ein, ob es sich um ein farbiges Foto**

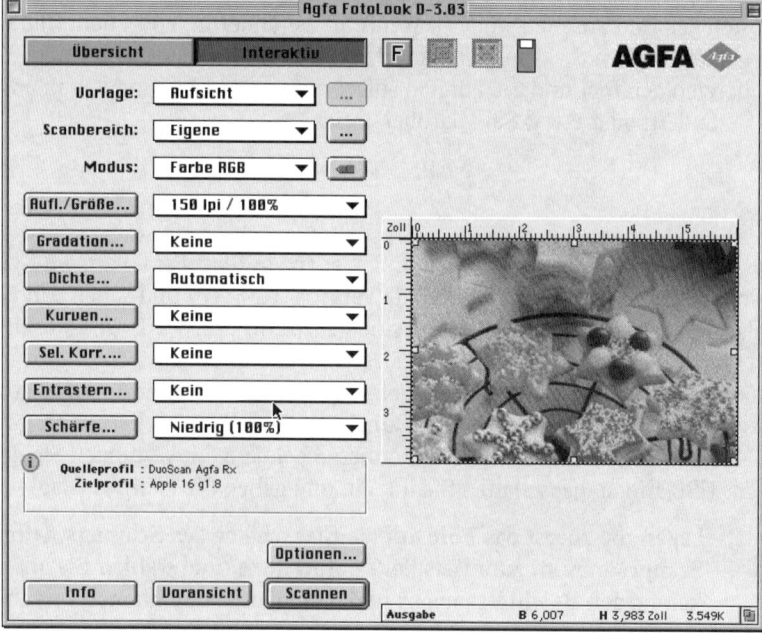

oder eine Schwarz/Weiß-Abbildung handelt. Bestätigen Sie mit OK oder Einscannen oder was auch immer Ihr Scanprogramm von Ihnen fordert.

Einige Programme haben auch noch eine Einstellung für Strichzeichnungen bzw. andere Einstellmöglichkeiten, auf die wir hier jedoch nicht näher eingehen können.

In der Regel ist das schon alles, was Sie tun müssen. Das Bild wird auf Ihrem Bildschirm gezeigt und Sie können mindestens eine Million Veränderungen vornehmen: Sie können es heller oder dunkler einstellen, größer oder kleiner machen und so weiter. Einige Scanner verfügen sogar über ein Schrifterkennungsprogramm, mit dem Sie Texte aus Büchern oder Zeitschriften einscannen und später den Text in AppleWorks umschreiben oder verändern können.

 Bevor Sie ein eingescanntes Bild per E-Mail versenden, stellen Sie sicher, dass Sie es auf eine erträgliche Größe reduziert haben. Wie das geht, zeigen wir Ihnen unter »Ein Bild per E-Mail versenden« etwas später in diesem Kapitel.

Digitalkameras

Eine Digitalkamera wie sie in Kapitel 19 beschrieben wird, ist eine andere sehr gute (aber sehr viel teurere) Methode, um Bilder in Ihren iMac zu laden. Sie brauchen auf jeden Fall ein Modell mit einem USB-Anschluss (oder – falls Sie einen iMac DV haben – mit einem FireWire-Kabel).

Digitalkameras gibt es in so vielen Varianten und von so vielen Herstellern, dass es unmöglich ist, hier auch nur eine kleine Auswahl aufzuführen. Generell funktionieren sie jedoch ähnlich wie ein Scanner. Sie öffnen ein Graphikprogramm, wählen IMPORTIEREN oder DOWNLOAD aus dem Menü Datei und warten ab, bis die Kamera die Daten an Ihren Computer geschickt hat.

Kodak PhotoCDs

Wenn Sie nur hin und wieder Ihre Photos in eine elektronische Form bringen wollen oder müssen, könnte die Kodak PhotoCD ein guter Weg für Sie sein. Wenn Sie Ihren normalen Film zum Entwickeln bringen, lassen Sie nicht wie bisher Papierabzüge davon machen, sondern die Bilddaten einfach auf eine CD-ROM speichern. Sie erhalten die Aufnahmen auf der CD-ROM sogar gleich in verschiedenen Größen für die unterschiedlichsten Anwendungen. Und bei dem Preis lohnt sich nicht mal ein eigener Scanner.

Was Sie mit Bildern machen können

So, jetzt haben Sie verschiedene Bilder in elektronischer bzw. digitaler Form. Und können damit die verschiedensten Dinge anfangen.

Sie können sie anderen per E-Mail schicken

Wie bereits in Kapitel 8 erwähnt, ist es sehr einfach, ein Foto als Anlage einer E-Mail beizufügen, um es jemandem zu schicken. Aber senden Sie auf keinen Fall zu große Abbildungen – nichts bringt Freundschaften so schnell auseinander wie E-Mails, bei denen man stundenlang warten muss, bis sie übertragen sind. Ein unbearbeitetes eingescanntes Foto ist meist enorm groß und sollte vor dem Senden noch bearbeitet werden

Sie sollten es mit AppleWorks, PhotoDeluxe oder dem anderen Bildbearbeitungsprogramm, das Sie nutzen, auf eine erträgliche Größe reduzieren. Wenn Sie mit AppleWorks arbeiten, öffnen Sie das Menü FORMAT, wählen Auflösung und Tiefe und reduzieren sie auf 72 dpi (Punkte per Inch).

In PhotoDeluxe (dem Programm, das den meisten Scannern beiliegt), ist es etwas einfacher, ein Bild für die Nutzung per E-Mail auf die richtige Größe zu konvertieren:

1. **Nachdem das Bild eingescannt wurde, klicken Sie einfach auf den AKTIVITÄTEN ASSISTENTEN, dann BILD EINSTELLEN und schließlich auf WEBSEITE ODER E-MAIL.**

   Sehen Sie die nummerierten Tabs am oberen Rand des Bildschirms? Damit können Sie die Schritte zur Einstellung des Photos nacheinander vollziehen. Wenn Sie bereits das Foto, das Sie gerade eingescannt haben, sehen, starten Sie mit Punkt 3.

2. **Klicken Sie auf SCHRITT 3. Um das Foto zu beschneiden (einen Ausschnitt festzulegen), fahren Sie mit der Maus diagonal über das Bild. Wenn der gestrichelte Rahmen (Auswahlrahmen) die von Ihnen gewünschte Auswahl zeigt, klicken Sie einfach innerhalb des Rahmens.**

   PhotoDeluxe beschneidet das Photo automatisch auf den von Ihnen festgelegten Ausschnitt.

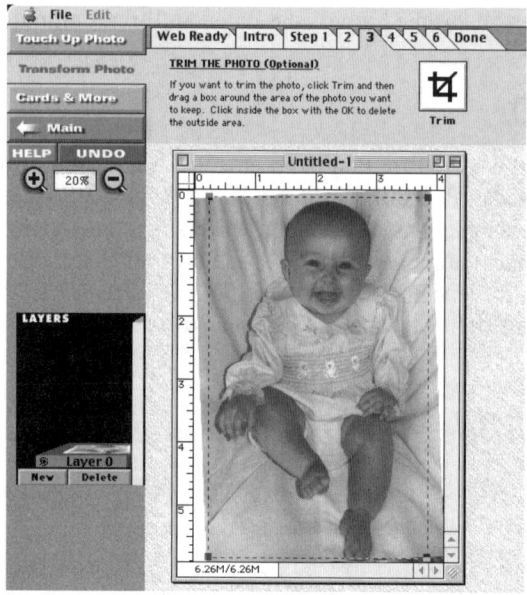

3. **Klicken Sie auf S**CHRITT **4 und dann den Button G**RÖSSE**. Im Dialogfenster geben Sie dann die gewünschte Größe ein und klicken OK.**

Damit haben Sie Ihrem Foto eine neue Größe gegeben, es kleiner oder größer gemacht. Und jetzt kommt der wichtigste Teil: Sie wollen Ihr Bild kleiner machen – und zwar nicht das Format, sondern die Dateigröße, die Anzahl der Megabytes, die Sie Ihrem Freund per E-Mail zusenden wollen.

4. **Klicken Sie auf S**CHRITT **5 und dann auf A**UFLÖSUNG**. Dann klicken Sie S**CHRITT **6 und JPEG-F**ORMAT**.**

Jetzt werden Sie aufgefordert, dem Bild einen Namen zu geben und es zu speichern. Klicken Sie auf Schreibtisch, geben Sie einen Namen ein und bestätigen Sie mit Sichern. (Sie sollten der kleinen Ausgabe Ihres Originals einen abweichenden Namen verpassen, falls Sie das Original noch einmal für andere Zwecke nutzen wollen.

Auf Ihrem Schreibtisch finden Sie jetzt eine kompakte kleine Bilddatei, die Sie mit gutem Gefühl per E-Mail versenden oder in Ihre Webseite stellen können.

Ein Bild auf die Webseite stellen

In Kapitel 9 haben Sie gelesen, wie viel Freude es macht, seine eigene virtuelle Welt – eine Webeite – mit PageMill zu gestalten und im Internet zu präsentieren. Hier zeigen wir Ihnen nun, wie Sie Bilder in die Webseite integrieren können.

Aufnahmen mit der Digitalkamera, per PhotoCD oder über den Scanner eingescannt, sind dafür ideal geeignet. Wenn Sie mit einem Scanner arbeiten, sollten Sie sicherstellen, dass Sie die Größe und die Auflösung der gescannten Fotos reduzieren wie im vorigen Abschnitt beschrieben. Mit großen, Bildschirm füllenden Fotos rauben Sie den Besuchern Ihrer Webseite die Nerven.

Bilder ausdrucken

Wenn Sie ein Foto eingescannt haben und über einen Farbdrucker wie in Kapitel 5 beschrieben, verfügen, drucken Sie einfach drauflos. Hier müssen Sie die Auflösung nicht verringern, denn beim Druck – und nur beim Druck – wollen Sie Ihre Fotos groß sehen. Für den Druck benötigen Sie eine hohe Auflösung – je höher die Auflösung, desto besser ist das Druckergebnis.

Bepflastern Sie den Schreibtisch Ihres iMac

Und hier ist der absolute Nr. 1 Hit für die Verwendung von Fotos auf dem iMac: Benutzen Sie Ihre Fotos einfach als Hintergrundmotive! Mehr dazu erfahren Sie in Kapitel 13 unter »Gestalten Sie sich Ihren eigenen Hintergrund«, in dem Schritt für Schritt erklärt wird, wie Sie den Standard-Hintergrund gegen eines Ihrer eigenen Fotos austauschen können.

 Was Sie in diesem Kapitel nicht erfahren ist, wie Sie ein Schreibtischbild erstellen können, das jedesmal wechselt, wenn Sie Ihren iMac einschalten. Deshalb sagen wir es Ihnen hier: Ziehen Sie einen Ordner mit Bildern in das Kontrollfenster Erscheinungsbild. Dann bekommen Sie jeden Tag ein neues Bild gezeigt – ist das Leben nicht einfach schön?

Der Systemordner – das Nähkästchen des iMac

In diesem Kapitel

▶ Wofür der Systemordner gut ist

▶ Was Sie im Apple Menü finden

▶ Was Sie im Ordner Kontrollfelder finden

▶ Was Sie alles aus Ihrem Systemordner entfernen können

Er sieht eigentlich aus wie jeder andere Ordner auf Ihrer Festplatte und doch hat er es in sich. Der Systemordner enthält alles, was der iMac so braucht. Jeder Macintosh hat einen Systemordner (zumindest jeder funktionierende). Und der Systemordner ist leicht zu erkennen, erstens, weil Systemordner dransteht, und zweitens, weil er auch noch mit einem hübschen kleinen Symbol markiert ist:

Systemordner

Folgen Sie uns jetzt bitte ganz genau: Doppelklicken Sie auf den Systemordner, um ihn zu öffnen. (Ihr Systemordner liegt im Fenster Ihrer Festplatte.) Klicken Sie jetzt auf das Erweiterungsfeld, das kleine Kästchen in der rechten oberen Ecke des Fensters, damit Sie den gesamten Inhalt sehen können. Am besten öffnen Sie jedoch das Menü DARSTELLUNG und wählen den Befehl ALS LISTE, dann wird Ihnen der gesamte Inhalt als übersichtliche Liste angezeigt.

Sehen Sie sich das doch nur einmal an – wer braucht das alles?

Irgend jemand hat einmal gesagt: »Die Hälfte der Dinge im Systemordner braucht man nicht.« Viele dieser Dinge sind ausschließlich für PowerUser, für Mitarbeiter in großen Netzwerken, für Wissenschaftler und Technikverrückte. Allen übrigen Nutzern stehlen die vielen Dinge nur den Speicherplatz.

Der Systemordner Schritt für Schritt erklärt

Allein diese Erklärung des gesamten Inhaltes Ihres Systemordners ist unserer Meinung nach schon den Preis für das Buch wert. Außerdem erfahren Sie, welche Elemente Sie problemlos entfernen oder ausschalten können.

Und haben Sie keine Scheu davor, etwas zu entfernen. Je weniger Symbole Sie in den Kontrollfeldern und im Ordner Erweiterungen haben, desto schneller startet Ihr iMac und umso weniger anfällig ist er für einen Absturz. Und es ist ja nicht so, als würden Sie alles für immer löschen. Sie können immer wieder alles zurückholen, wenn Sie es doch einmal benötigen sollten. Alles befindet sich auf der Software *Installations CD-ROM*, die Sie mit Ihrem iMac erhalten haben.

Zusätzlich zeigen wir Ihnen einige kleine Eigenschaften, von denen Sie bestimmt nicht wussten, dass Ihr iMac sie besitzt. (Sie werden sehen, das ist ungefähr so, als würden Sie Ihren Dachboden entrümpeln.)

Erscheinungsbild / Application Support

Der Ordner Erscheinungsbild enthält u.a. Bilder, mit denen Sie Ihren Schreibtisch schöner gestalten können. Application Support ist ausschließlich für die Nutzung durch Ihre Software-Programme gedacht. Hier legen Ihre wichtigsten Programme eigene Steuerdateien etc. ab. Am besten ignorieren Sie diese beiden Ordner.

Der Apple-Menü Order

Sie erinnern sich vielleicht daran, dass der Inhalt dieses Ordners im -Menü auf der linken Seite Ihres Bildschirms erscheint.

(Wenn Sie Mac OS 9 installiert haben, sind viele der hier beschriebenen Punkte nicht im -Menü. Sie liegen stattdessen in einem von zwei Ordnern auf Ihrer Festplatte: dem Ordner Programme bzw. dem Ordner Apple Extras. Wenn Sie sie jetzt in Ihrem -Menü vermissen, können Sie sie dort selbst ablegen – lesen Sie dazu die Anleitungen in Kapitel 13.

Die meisten der Apple Menü-Punkte sind Schreibtischzubehör – ähnlich denen, die Sie bereits in Kapitel 3 benutzt haben. Jetzt erfahren Sie, was sich genau hinter diesen Punkten in Ihrem -Menü verbirgt ... selbstverständlich mit einer tiefgreifenden Erläuterung der Wichtigkeit und des Wertes ... und dann werfen Sie sie einfach weg.

Apple DVD Player – Dieser Befehl öffnet das Programm, mit dem Sie DVD Filme, die Sie in der Videothek ausgeliehen haben, ansehen können. Lesen Sie dazu auch Kapitel 10.

Apple System Profiler – ein nettes kleines Programm, das Ihnen alle technischen Einzelheiten über Ihren iMac zeigt. Sie werden es wahrscheinlich nie benutzen. Aber eines Tages, wenn Sie zum Beispiel bei Apple anrufen, um sich Rat zu einem Problem mit Ihrem iMac zu holen, werden Sie bestimmt aufgefordert, in den System Profiler zu gehen, damit Sie bestimmte Fragen beantworten können.

AppleCD Audio Player – mit Play, Stop und Vorwärts-/Rückwärts-Reglern, damit Sie normale Musik-CD in Ihrem CD-Laufwerk abspielen können. Mehr darüber finden Sie in Kapitel 19. (Bei Mac OS 9 liegt dieses Programm im Ordner Programme auf Ihrer Festplatte.)

Nützliche Scripte – Nützliche Scripte ist nicht nur ein Ordner. Es ist vielmehr ein Alias, das Apple in Ihrem -Menü für mehr Bequemlichkeit abgelegt hat. Es enthält verschiedene nützliche AppleScripts – Mini-Programme mit arbeitserleichternden Hilfen. Hinzufügen Alias zum Apple Menü legt zum Beispiel eine *Aliasdatei* des ausgewählten Symbols in Ihr -Menü. Viele andere, wie zum Beispiel Share a Folder und Start File Sharing betreffen das Netzwerk. (Wenn Sie Mac OS 9 installiert haben, finden Sie das Programm *AppleScript* im Ordner AppleScript in Apple Extras auf Ihrer Festplatte.)

Rechner und Notizblock – Sie kennen diese beiden Hilfsmittel bereits (siehe Kapitel 3). Das soll fr jetzt ausreichen. (Die Mac OS 9 Version des Notizblocks befindet sich im Ordner Apple Extras auf Ihrer Festplatte.)

Auswahl – benötigen Sie für Ihren Drucker, wie Sie bereits in Kapitel 5 gelesen haben.

Kontrollfelder – dabei handelt es sich nur um ein Alias, mit dem Sie schnell Ihren Ordner Kontrollfelder öffnen können. Mehr über die Kontrollfelder erfahren Sie etwas später in diesem Kapitel.

Favoriten – mit diesem Befehl haben Sie sehr schnellen Zugriff auf oft benutzte Dateien oder Ordner. Lesen Sie dazu auch den Abschnitt »Mehr über spezielle Ordner« etwas weiter hinten.

FaxStatus – ein kleines Programm, das Ihnen den Bearbeitungsstatus von Telefax-Nachrichten anzeigt, die Sie erhalten oder senden, ausführlicher beschrieben in Kapitel 19.

Alegbra Graph – erzeugt 3D-Graphiken auf Ihrem Bildschirm, mit denen Sie Ihren Freunden und Bekannten dann stolz beweisen können, wie brillant Sie inzwischen geworden sind. Und wenn Sie mathematisch begabt sind, können Sie damit auch so schwierige Gleichungen wie $y = x - 1$ darstellen. (In Mac OS 9 finden Sie dieses Programm im Ordner Programme.)

Internet Hilfsprogramme – einige Hilfsmittel für Ihre Internetverbindung mit:

✔ **www Browser** – dieser Befehl öffnet Ihren Webbrowser, wie zum Beispiel Internet Explorer oder Netscape Navigator mit der von Ihnen eingestellten Startseite. (Die Einstellungen können Sie im Internet Kontrollfenster vornehmen. Wie, das zeigen wir Ihnen später in diesem Kapitel.)

✔ **Verbinden mit** – mit diesem kleinen Programm können Sie eine Internet- bzw. Webadresse eingeben, mit der Sie verbunden werden möchten. Ihr iMac öffnet den Webbrowser bzw. das E-Mail-Programm automatisch. (In Kapitel 6 finden Sie mehr über Internet-Zugänge. Dieses Programm ist nur für Inhaber eines direkten Internetzuganges erreichbar– nicht über T-Online oder AOL.)

✔ **Internet Assistent** – am besten gehen Sie diese verschiedenen Einstellungen bei der ersten Einstellung mit dem technischen Berater Ihres Internet-Providers durch. Sie ersparen sich damit eine Menge Zeit und Frust. (Details finden Sie in Kapitel 6.)

✔ **Mail** – Dieser Befehl öffnet Ihr E-Mail Programm. (Nur geeignet für Inhaber eines direkten Internet-Zuganges – nicht T-Online oder AOL.)

Tastatur – ein weiteres nützliches Schreibtischzubehör, mit dem Sie die Tastenkombinationen herausfinden können, um zum Beispiel Sonderzeichen wie © ™Ω etc. zu schreiben.

Netzwerk Browser – für Menschen, die mit verschiedenen miteinander vernetzten Macs arbeiten (siehe Kapitel 14). Wenn Sie dazu gehören, können Sie sehen, welche Netzwerkteilnehmer angeschlossen bzw. verfügbar sind. Wenn Sie nicht dazu gehören, können Sie diese Datei entfernen.

Quicken.com – ein Zusatz zu der Quicken Webseite (Scheckbuch Software). Können Sie entfernen.

Dokumente, Programme, Server – ein nützlicher Kurzbefehl! In diesem Untermenü werden alle Dokumente, Dateien, Programme und evtl. andere Netzteilnehmer (wenn Sie in einem Netzwerk arbeiten) aufgelistet, die Sie bereits geöffnet hatten. Sie haben so schnell wieder darauf Zugriff.

 Wenn Sie nicht in einem Netzwerk arbeiten, brauchen Sie das nicht. Öffnen Sie das Apple Menü Kontrollfeld und setzen Sie eine Null hinter Servers. Der Punkt Servers wird dann aus Ihrem -Menü entfernt.

Remote Access Status – dieses nützliche Mini-Programm bietet Ihnen die Einstellungen Verbindung und Trennen der Internetverbindung (nur wenn Sie einen direkten Internetzugang wie in Kapitel 6 beschrieben haben). Und es zeigt Ihnen an, wie lange Ihre Verbindung bereits dauert.

Album – dieses Schreibtischzubehör ist es wert, aufgehoben zu werden. Mit Kopieren und Einfügen können Sie hier Bilder, Töne, VideoClips oder Text und mehr für spätere Verwendung aufbewahren. Wenn Sie zum Beispiel drei Wochenenden investiert haben, um ein besonders tolles Schriftzeichen für Ihren Briefbogen zu zeichnen, legen Sie das fertige Produkt einfach in Ihrem Album ab. Wann immer Sie das Zeichen dann irgendwo einsetzen wollen, öffnen Sie einfach das Album, kopieren das Zeichen und setzen es in das betreffende Dokument ein.

Sherlock oder **Sherlock 2** – der Super-Dateien-Finder, der sein Gewicht durchaus in einem Edelmetall Ihrer Wahl wert ist. Geben Sie einfach einen Suchbegriff ein und der iMac findet ihn für Sie … schnell. (Lesen Sie dazu mehr in den Kapiteln 4 und 7.)

SimpleSound – ein Mini-Programm, mit dem Sie Ton aufnehmen können (zum Beispiel über das eingebaute Mikrophon des iMac). In Kapitel 19 finden Sie dazu mehr Informationen. (Mac OS 9: Im Ordner Programme, nicht im -Menü.)

Notizzettel – wie haben wir eigentlich vor der Erfindung der kleinen gelben Zettel, die überall kleben, gelebt? Unvorstellbar! Der iMac bietet Ihnen diese nützliche Erfindung in elektronischer Form. Wählen Sie einfach Neues Memo aus dem Menü Ablage, schreiben Sie Ihre Bemerkung hinein und geben Sie der Notiz eine Farbe aus dem Menü Farbe.

Wenn Sie die Notizzettel schließen wollen (Beenden aus dem Menü Ablage), werden Sie freundlicherweise gefragt, ob der oder die Notizzettel jedesmal wieder erscheinen sollen, wenn Sie den iMac starten. Sagen Sie einfach ja und Sie werden nie wieder etwas vergessen oder einen Termin verpassen oder was auch immer Ihnen wichtig genug erscheint.

Der Kontext-Menü Ordner

Am Ende des zweiten Kapitel finden Sie eine Beschreibung dieser nützlichen Funktion. Hier nur noch einmal so viel: Wenn Sie einen Ordner oder ein Fenster anklicken und dabei gleichzeitig die Control-Taste (ctrl-Taste) drücken, wird ein Popup-Menü geöffnet.

Es ist möglich, diesen Popup-Menüs mehr Befehle zuzuordnen, was zum Beispiel viele ständige Websurfer auch tun. Wenn Sie einmal zu diesen Spezialisten gehören, können Sie in diesen Ordner zusätzliche Befehle in Form von speziellen Symbolen eingeben.

Der Ordner Kontrollleistenmodule

Mehr über die Kontrollleiste finden Sie im folgenden Abschnitt »Der Ordner Kontrollfenster«. Hier sollen Sie nur erfahren, dass Sie mit den Modulen auf der stets präsenten Kontrollleiste, einem so genannten »floating window« schnell verschiedene iMac Einstellungen verändern können (zum Beispiel die Lautstärke regeln etc.). In diesem Ordner werden die Module aufbewahrt.

Der Ordner Kontrollfelder

Auch der Ordner Kontrollfelder befindet sich In Ihrem Systemordner. Wie Sie bereits in Kapitel 3 gelesen haben, ist ein Kontrollfeld ein Mini-Programm, das für bestimmte Verhaltensweisen des iMac verantwortlich ist.

Erscheinungsbild – Mit diesem Kontrollfenster können Sie das Aussehen und das Verhalten Ihres iMac Bildschirmes drastisch verändern. Zum Beispiel:

✔ **Visuell** – hier können Sie die Farben für aktive Elemente auf Ihrem Monitor (z.B. für Laufleisten und andere Darstellungen) nach Ihren eigenen Vorstellungen verändern.

✔ **Zeichensätze** – wenn Sie auf den Tab Zeichensätze klicken, erhalten Sie drei Popup-Menüs, mit denen Sie die benutzten Zeichensätze für Menüs und Überschriften, Beschreibungen und Etiketten sowie für Listen und Symbole auswählen können.

Beachten Sie bitte die Funktion ZEICHENSÄTZE GLÄTTEN. Wenn Sie diese Funktion aktivieren, werden die Schriften weicher dargestellt (antialiasing, wie die Spezialisten sagen). In der Top 10 Liste am Ende des Kapitels 5 finden Sie dazu einen Vergleich.

✔ **Schreibtisch** – hier können Sie die Einstellung des Bildschirm-Hintergrundes verändern (lesen Sie dazu auch »Bepflastern Sie Ihren Bildschirm mit eigenen Bildern« in Kapitel 13).

✔ **Ton** – wenn Sie auf den Tab Ton klicken und Platinum Klänge aus dem Popup-Menü wählen, wird jede Ihrer Tätigkeiten auf dem iMac von einem Klang begleitet, ob Sie nun mit
Scroll-Leisten arbeiten, Menüs oder Symbole, CD-ROMs, Fenster oder den Papierkorb öffnen – einfach alles, was eine Aktion mit der Maus erfordert. (Der Gesundheitsminister
warnt: Stellen Sie die Platinum-Klänge nicht an, wenn Sie den iMac in einer öffentlichen
Bibliothek oder während eines Internationalen Schachturniers nutzen!)

✔ **Optionen** – diese Einstellmöglichkeit bietet eine neue faszinierende Funktion namens
PROPORTIONALE ROLLBOX. Beide Rollpfeile werden in der unteren rechten Ecke der Rollbalken angeordnet wie hier gezeigt:

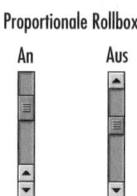

Proportionale Rollbox

An   Aus

Außerdem wird die Größe der Rollbox proportional zum sichtbaren Inhalt des jeweiligen
Fensters angepasst. Das bedeutet, wenn der Schieberegler der Rollbox sich etwa im ersten
Drittel der Rollbox befindet, sehen Sie auch tatsächlich das erste Drittel des Dokumentes
auf Ihrem Bildschirm. Das funktioniert sowohl vertikal als auch horizontal.

Von Hause aus ist diese Funktion bei Ihrem iMac eingestellt. Jetzt verstehen Sie sicher
auch, warum manche Dinge eben so sind, wie sie sind. Wenn Sie diese Funktion ausschalten, bleibt die Rollbox immer gleich und die Rollpfeile sind oben und unten angeordnet.

✔ **Themen** – nachdem Sie jetzt alle anderen Einstellmöglichkeiten durchprobiert haben
(Visuell, Zeichensätze, Schreibtisch, Ton, Optionen), mit dem Sie das Erscheinungsbild
Ihres iMac Ihren Vorstellungen anpassen können, können Sie die verschiedenen Einstel-
lungen als Thema abspeichern.

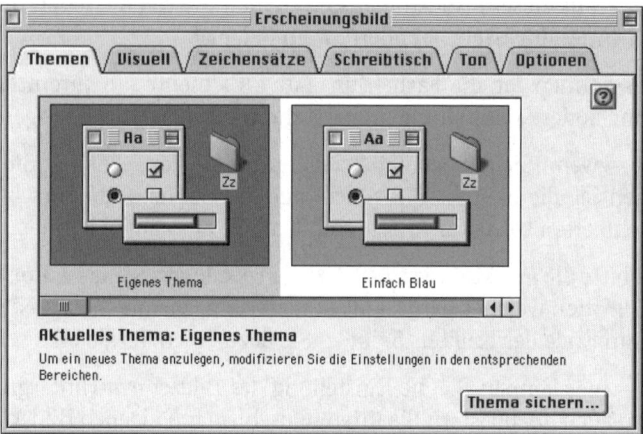

Klicken Sie dazu auf das Register THEMEN und Sie sehen einen neuen Einstellbereich. Klicken Sie auf THEMA SICHERN, geben Sie einen Namen ein, etwa Montag oder Samstag oder so. Von jetzt an können Sie jederzeit zu einem anderen Erscheinungsbild wechseln, wenn Sie glauben, einmal etwas Abwechslung nötig zu haben.

Apple-Menü Optionen – Diese kleine Hilfe ist für die Untermenüs in Ihrem -Menü zuständig. Und es legt Ihnen auf Wunsch ebenfalls im -Menü einen Ordner an, in dem es sich die letzten von Ihnen benutzten Dokumente, Programme oder Server merkt. Das ist wirklich nützlich.

AppleTalk – Ein wirklich wichtiger Baustein, wenn Sie in einem Netzwerk arbeiten. Sie können damit einstellen, durch welche Verbindung Ihr iMac mit den anderen Macs (oder Druckern, Belichtern etc.) des Netzwerkes verbunden ist; mit Ethernet- oder LocalTalk-Kabel, Infrarot-Übertragung und so weiter. In Kapitel 14 finden Sie mehr darüber, wie Sie den iMac mit anderen Macs verbinden können.

ATM – Adobe Type Manager – ein Kontrollfeld, das für das bessere Aussehen von Schriften auf dem Bildschirm und beim Ausdruck verantwortlich ist.

ColorSync – Eine Software, die dafür sorgt, das Farben möglichst einheitlich zwischen Scannern, Bildschirmen und auf Farbdrucker dargestellt werden. Wenn Sie keinen Farbdrucker und keinen Scanner einsetzen, können Sie diese Funktion ausschalten (sehen Sie dazu auch den Kasten »Funktionen ausschalten, die Sie nicht benötigen«).

Kontrollleiste – Hier können Sie nur festlegen, ob die Kontrollleiste eingeblendet ist oder nicht. Eine wirklich nützliche und zeitsparende Funktion, die wir etwas genauer vorstellen wollen.

Die Kontrollleiste zeigt sich manchmal nur als kleines Symbol in der linken unteren Ecke Ihres Monitors:

Durch Klick auf den kleinen Tab erscheint sie in ihrer vollen Länge wie eine Python, die sich in der Sonne streckt. Und diese Einstellungen finden Sie normalerweise darin (allerdings kann der Inhalt bei Ihnen ein völlig anderer sein):

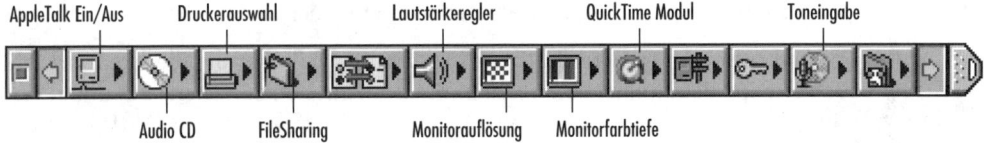

AppleTalk Ein/Aus   Druckerauswahl   Lautstärkeregler   QuickTime Modul   Toneingabe

Audio CD   FileSharing   Monitorauflösung   Monitorfarbtiefe

Funktionen ausschalten, die Sie nicht benötigen

In diesem Kapitel mit den Erläuterungen der Inhalte Ihrer Kontrollfenster und Erweiterungen sind auch einige Funktionen, die auf Ihrem iMac keine Vorteile bringen. Aber Sie benötigen Speicherplatz, können einen Systemabsturz fördern und tragen dazu bei, dass Ihr Computer langsamer hochfährt. Manche Nutzer entfernen diese nutzlosen Funktionen, indem sie sie einfach in den Papierkorb ziehen.

Es ist sicherer, sie einfach auszuschalten. Das erweist sich besonders dann als sehr nützlich, wenn Sie zum Beispiel in drei oder vier Monaten irgendein neues Programm installieren, das exakt die Erweiterung bzw. das Kontrollfenster benötigt, das Sie gerade eliminiert haben. Aus dem Papierkorb bekommen Sie die Funktion nicht mehr zurück, auf dem anderen Weg brauchen Sie sie nur wieder einzuschalten.

Der Schlüssel, wie Sie Funktionen im Systemordner ausschalten können, ist das Kontrollfenster Erweiterungen Ein/Aus. Sie können es wie folgt öffnen: Klicken Sie auf das -Menü, KONTROLLFENSTER und dann ERWEITERUNGEN EIN/AUS. Wie Sie bereits gelesen haben ist das nichts weiter als eine Liste aller auf Ihrem iMac installierten Systemerweiterungen und Kontrollfelder.

Um etwas auszuschalten, klicken Sie einfach in den Kasten neben dem Namen, so dass das X verschwindet, und dann auf NEUSTART.

Jetzt startet Ihr iMac neu ohne die speicherplatzfressenden Funktionen die Sie gerade ausgeschaltet haben. Das mag Ihnen etwas überwältigend vorkommen, aber es nützt der Gesundheit und dem Wohlbefinden Ihres iMac – er wird schneller und Sie sind wieder etwas schlauer geworden.

Jeder Pfeil – wie Sie es zum Beispiel in Druckerauswahl sehen – steht für ein kleines Popup-Menü; klicken Sie einfach darauf und Sie bekommen den Inhalt angezeigt. Sie können sich natürlich auch durch das Leben bewegen, ohne jemals die Kontrollleiste zu benutzen – die meisten der Einstellungen finden Sie auch im Ordner Kontrollfelder. Aber mit der Kontrollleiste können Sie diese Einstellungen viel eleganter und schneller vornehmen.

Wenn Sie auf das Ende klicken, verschwindet die Kontrollleiste wieder bis auf den kleinen Rest in der linken unteren Ecke des Bildschirms. Wieder klicken lässt sie aufs Neue erscheinen. Sie können sie auch auf eine beliebige Länge zusammendrücken, indem Sie das Ende verschieben.

 Und wenn Sie die Options-Taste gedrückt halten, können Sie die Kontrollleiste auch entlang dem linken bzw. rechten Bildschirmrand nach oben bzw. unten verschieben und neu positionieren. (Sie können die Leiste nicht in die Mitte des Bildschirmes verschieben.) Die Options-Taste hat auch noch eine weitere nützliche Funktion: Bei gedrückter Options-Taste können Sie die Rechtecke mit den Symbolen innerhalb der Kontrollleiste an eine neue Position verschieben.

Und wenn Sie finden, dass Sie eine dieser Funktion nun wirklich nicht mehr dort benötigen, drücken Sie die Options-Taste und ziehen das Rechteck einfach in den Papierkorb.

Datum & Uhrzeit – Zeigt Ihnen die iMac Uhr. Sie können auch einstellen, ob die Zeit in der Menüleiste angezeigt wird, und wenn Sie einen Internetzugang haben, können Sie die Uhr Ihres iMac auch mit einer hochgenauen HighTech-Uhr automatisch synchronisieren lassen. Das ist wirklicher Fortschritt.

Dial-Assist – Unterstützt Sie bei der Speicherung und der Anwahl komplizierter Telefonnummern über Ihr Modem. Wenn Sie nicht in einem Unternehmen arbeiten, wo etwas anderes gilt, schalten Sie diese Funktion aus.

Energie sparen – Diese Einstellung ist gerade bei einem Computer wie dem Ihren hochinteressant. Sie können damit einstellen, wann sich der iMac selbst ausschaltet oder sich nach einer bestimmten Zeitspanne nach der letzten Nutzung schlafen legt. So sparen Sie nicht nur Strom, auch Ihr Montor hält um einiges länger. Wirklich sehr nützlich.

Erweiterungen Ein/Aus – Sie können dieses Kontrollfenster über den Befehl im -Menü öffnen. Oder indem Sie beim Einschalten Ihres iMac die Leertaste gedrückt halten. In jedem Fall erhalten Sie eine Liste aller Erweiterungen und Kontrollfelder, die wir hier beschreiben. Klicken Sie einfach auf die Namen, um zu entscheiden, mit welchen davon Sie weiterarbeiten wollen. Und schalten Sie diejenigen aus, von denen Sie glauben, dass Sie sie nicht benötigen, anstatt sie in den Papierkorb zu befördern. Das kann sich bei der Lösung von Problemen als hilfreich erweisen (siehe Kapitel 16).

File Exchange – Dank dieses Kontrollfeldes werden DOS-Disketten und DOS-Wechselplatten auf dem Schreibtisch Ihres iMac so dargestellt, als wären sie nichts Besonderes. Sie können wie jeder andere Mac-Speicher behandelt werden und lassen sich sogar im DOS-Format formatieren. Machen Sie das mal mit einem Windows-Computer! (Ob Sie allerdings die auf dem jeweiligen Medium gespeicherten Dateien auch öffnen können, steht auf einem anderen Blatt – jedoch können Sie wenigstens die entsprechenden Symbole sehen.)

Allerdings gibt es da auch etwas, das Mac-Neulinge und alte Hasen gleichermaßen frustriert: Die Meldung »Programm nicht gefunden« nach einem Doppelklick auf ein Symbol. Dank File Exchange erhalten Sie jedoch nicht diese Meldung, sondern ein Dialogfenster mit Ihren Programmen, die in der Lage sind, die mysteriöse Datei zu öffnen.

File Sharing – In diesem Kontrollfeld bekommt Ihr iMac einen Namen, damit er im Netzwerk durch andere Mitarbeiter Ihres Unternehmens zweifelsfrei gefunden werden kann. Wenn Sie nicht in einem Netzwerk arbeiten, können Sie diese Funktion ausschalten.

Dateien Abgleichen – Ein Backup-Programm, das automatisch den Inhalt eines Ordners auf einem Speichermedium (Wechselplatte oder ein anderer Computer im Netzwerk) mit dem Inhalt eines entsprechenden Ordner auf Ihrer Festplatte aktualisiert. Die meisten Anwender nutzen dieses Programm für die Datensicherung zum Beispiel auf einer Zip-Diskette (siehe Kapitel 18). Für die Erläuterung der Eigenschaften öffnen Sie das Programm und wählen Sie die Hilfe.

Allgemeine Einstellungen – Ein wirklich nützliches Kontrollfeld, mit dem Sie den Systemordner schützen, die Blinkfrequenz in den Menüs einstellen und Ordner für Dokumente festlegen können.

Noch eines: Wenn Sie den iMac nach einem Systemabsturz, den Sie hoffentlich nicht so bald erleben, wieder neu starten, erscheint eine Meldung, dass der Computer beim letzten Mal nicht ordnungsgemäß ausgeschaltet wurde (als wären Sie dafür verantwortlich?). Diese Meldung könnten Sie im Kontrollfeld ausschalten, wenn Sie den stillen Vorwurf Ihres iMac nicht mehr länger ertragen wollen. Sie sollten es aber besser nicht tun, denn Sie haben vielleicht auch bemerkt, dass der iMac automatisch damit beginnt, alle Fehler zu reparieren, die auf der Festplatte durch den Systemabsturz entstanden sind. Wenn Sie die Warnmeldung ausschalten, schalten Sie gleichzeitig auch diesen automatischen Reparaturlauf aus.

Das Kontrollfeld ALLGEMEINE EINSTELLUNGEN bietet noch einige andere Einstellmöglichkeiten – lesen Sie dazu mehr in dem folgenden Kasten auf einer der nächsten Seiten.

Internet – Schon kurz nachdem Sie sich mit dem Internet verbunden haben (siehe Kapitel 6), werden Sie wissen, warum so wenige Menschen online sind: Da müssen einfach zu viele komplizierte Eingaben gemacht werden. In jedem Ihrer Internet-Programme, wie Webbrowser, E-Mail-Programm und so weiter, müssen Sie Ihren Namen, Adresse, E-Mail-Adresse, SMTP Codes und noch mehr eingeben.

Mit dem Internet Assistenten können Sie Ihren Internetzugang mit wenigen Schritten konfigurieren und jedes Ihrer Internet-Programme greift dann auf diese einmal erfassten Daten zu (anstatt dass Sie diese jedesmal neu eingeben müssen).

Im Internet Kontrollfenster geben Sie auch an, welchen Webbrowser und welches E-Mail-Programm Sie nutzen wollen. Sie finden diese Auswahl am Fuß des E-Mail bzw. Webbrowser, Bildschirms. Nachdem Sie diese Einstellung vorgenommen haben, werden die entsprechenden Programme durch einen Doppelklick auf das E-Mail- oder das Internet-Symbol geöffnet.

Tastatur – Damit stellen Sie ein, wie sich eine Taste verhält, wenn Sie sie gedrückt halten. Soll das sooooooooooo aussehen? Und wie schnell soll das gehen?

Für die meisten noch unerfahrenen iMac-Nutzer ist es vorteilhafter, die Wiederholfunktion zunächst abzuschalten. Es ist schon etwas unerfreulich, wenn zum Beispiel ein Buch auf der Leertaste liegt und während Sie 20 Minuten telefonieren 580 Seiten voll mit Leerzeichen produziert.

Mit diesem Kontrollfeld können Sie auch verschiedene Sprachversionen einstellen, zum Beispiel Holländisch, Schwedisch, Französisch etc.

Schließlich und endlich ist das Tastatur-Kontrollfeld auch der Ort, an dem Sie Ihre Funktionstasten selbst programmieren können (FKEYs oder function keys) – lesen Sie dazu auch den Abschnitt »Mehr Spaß mit Funktionstasten« in Kapitel 13.

 **Schlüsselbund** – Neu in Mac OS 9, eine gute Idee, jedoch etwas komplex. Wenn Ihr iMac in einem großen und weit verzweigten Netzwerk eingebunden ist, werden Sie es mit der Zeit vielleicht müde, immer wieder Ihr Passwort einzugeben, wenn Sie mit einem anderen Teilnehmer kommunizieren wollen. Diese Funktion ermöglicht Ihnen die Speicherung des Passwortes.

Wenn Ihnen dieses Zentrallager der Passwörter für Netzwerk-Macs begegnet, nutzen Sie einfach die Mac-Hilfe und suchen Sie nach dem Begriff »Schüsselbund« oder fragen Sie einfach den Mitarbeiter, der das Netzwerk eingerichtet hat, danach.

KickStarter – Der Klickstarter zeigt Ihnen ein nützliches Fenster mit großen Symbolen der Programme und Dateien, die Sie am meisten benutzen. Mehr Informationen darüber finden Sie im Abschnitt »Alles über die großen Klickstarter-Tasten« in Kapitel 4.

 **Apple Umgegbungsassistent** – Wenn Sie dieses Kontrollfeld nutzen wollen, können Sie sehr viele Eingaben verändern – die Zeitzone, die Internet-Zugangs-Telefonnummer, die Lautstärke, die Druckerauswahl und so weiter – durch einen einfachen Mausklick. Wir könnten Sie jetzt Schritt für Schritt durch die 20-minütige Installation führen, jedoch bietet Apple einen wesentlich weniger aufwendigen Weg. Wählen Sie Mac Hilfe aus dem Menü Hilfe und suchen Sie nach Location Manager. Sollten Sie diese Zusatzfunktion nicht unbedingt benötigen, schalten Sie sie einfach ab (sehen Sie dazu auch den Kasten »Funktionen ausschalten, die Sie nicht benötigen« etwas weiter vorne.

Weltkarte – Dieses Kontrollfeld ist vor allem für diejenigen unter Ihnen nützlich, die Geschäftsbeziehungen in verschiedenen geograhischen Regionen unterhalten. (Sowohl in Mac OS 8.6 als auch in Mac OS 9 finden Sie dieses Kontrollfeld im Ordner Apple Extras, Ordner Kontrollfeld Weltkarte.) Sie geben einfach den Namen einer großen Stadt ein, klicken auf Setzen und der iMac zeigt Ihnen, wo sich diese Stadt befindet (auf den Längen- und Breitengrad genau). Er sagt Ihnen auch, wie weit es bis dahin ist und welche Zeitdifferenz besteht. (Sie erkennen nicht den Humor, den Apple damit in die Arbeitswelt einbringt? Dann geben Sie einfach mal MID ein und drücken Sie die Return-Taste ...)

Speicher – Wie die Franzosen sagen: »Ne trashez pas!« Sie brauchen dieses Kontrollfeld. Mehr Informationen über Speicher finden Sie in Kapitel 16.

Modem – In diesem einfachen kleinen Kontrollfeld geben Sie einfach den Namen und das Modell des in Ihrem iMac eingebauten Modems ein. (Hinweis: Wir denken, dass »Apple Internes 56 K Modem« eingestellt sein sollte.) Wenn Sie hier ein falsches Modem eingeben, dürften Ihre Möglichkeiten, das Internet zu erkunden, Fax-Nachrichten oder E-Mails zu versenden, arg beschränkt sein.

Monitore – Mit diesem Kontrollfeld können Sie zwischen verschiedenen Farbtiefen (256, 32768, 16,7 Mill.), Farbprofilen und Auflösungen (Darstellung auf Ihrem Bildschirm) wählen. Wenn Internet-Bilder gut aussehen sollen, wählen Sie Tausende bzw. Millionen Farben. Und wenn Sie keine ausgefransten Ecken sehen wollen, stellen Sie den Monitor auf eine Auflösung von 800 x 600 ein. (Weitere Einzelheiten zur Einstellung der Auflösung finden Sie im Abschnitt »Die Bildschirmgröße verändern« in Kapitel 13.)

Die Geheimnisse der Allgemeinen Einstellungen

Für manche Menschen liegen die Vorteile eines iMac vor allem darin, ihr turbulentes Leben und die damit oft verbundene Papiermenge in eine gewisse Ordnung zu bringen.

Dabei wissen Sie so wenig davon, was sie bei einem typischen iMac erwartet: Ihre wichtigen elektronischen Dokumente verschwinden ebenso sang- und klanglos wie ehedem die gedruckten Vorläufer. Sogar den ausgefuchsten Mac-Profis passiert es hin und wieder, dass sie ein gerade abgespeichertes Dokument einfach nicht wiederfinden können, weil es in irgendeinem versteckten Ordner abgelegt wurde.

Markieren Sie den Ordner Dokumente – eine der Möglichkeiten, die Sie in den ALLGEMEINEN EINSTELLUNGEN aktivieren können. Dieser spezielle Ordner erscheint im Fenster Ihrer Festplatte, wenn Sie zum ersten Mal eine Datei abspeichern. Danach zeigt Ihnen der iMac jedesmal den Inhalt dieses Ordners, wenn Sie in einem Programm den Befehl ÖFFNEN oder SPEICHERN anklicken.

Theoretisch können Sie so nie wieder etwas verlieren. Ihre gesamten Arbeiten werden immer in diesem Ordner abgelegt. (Das macht übrigens auch das Backup Ihrer Dateien sehr einfach, da Sie immer nur einen Ordner auf den Sicherheits-Datenträger kopieren müssen.)

Eine weitere schöne Eigenschaft, die sich über die ALLGEMEINEN EINSTELLUNGEN einstellen lässt, wollen wir hier noch etwas näher erläutern.

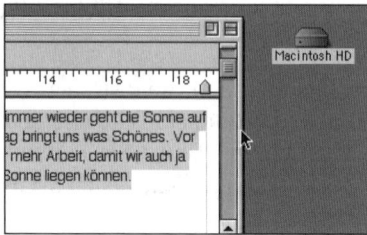

Nehmen Sie einmal an, Sie wollen wie hier gezeigt auf den Rollbalken klicken, vertun sich aber und klicken stattdessen auf den Schreibtisch. Sofort wird der Schreibtisch nach vorne geholt mit allen Ordnern und Fenstern und wenn Sie Pech haben, verschwindet das gerade geöffnete Fenster (vielleicht vom Textverarbeitungs-Programm) im Hintergrund und wird vollkommen verdeckt. Das passiert nicht nur Anfängern sondern hin und wieder auch Profis – und schon geht der Stress los – wo ist denn nun mein Dokument, ach Gott!

In den ALLGEMEINEN EINSTELLUNGEN können Sie die Funktion FINDER IM HINTERGRUND ANZEIGEN ausschalten. Wenn Sie jetzt ein Dokument öffnen, verschwinden die Finder-Anzeigen komplett vom Bildschirm. Und wenn Sie jetzt versehentlich neben Ihr Dokument klicken, passiert nichts, Sie sehen das Dokument weiterhin. Allerdings können Sie in diesem Falle nur in die Finder-Darstellung über das PROGRAMM-Menü in der rechten oberen Ecke Ihres Bildschirms zurückkehren.

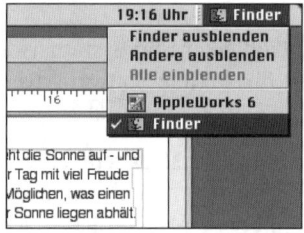

Monitore & Ton – In älteren Mac-Modellen sind diese beiden Funktionen, die hier getrennt beschrieben werden, in einem Kontrollfenster zusammengefasst.

Maus – Hier können Sie einstellen, wie schnell sich der Mauscursor über den Schreibtisch bewegt und wie kurz der Abstand zwischen zwei Klicks sein muss, damit das als Doppelklick zählt.

Mehrere Benutzer – Mac OS 9 schafft erstmals die Möglichkeit, dass an einem iMac von mehreren Benutzern gearbeitet werden kann. Näheres dazu finden Sie in Kapitel 13.

Zahlenformat – Hier können Sie einstellen, wie der iMac Dezimalstellen anzeigt.

QuickTime Einstellungen – Hier können Sie verschiedene Einstellungen zum Beispiel für das Abspielen von Musik-CDs und CD-ROMs vornehmen, die Sie alle bis auf eine Ausnahme nicht brauchen: Wenn Sie die Einstellung AutoPlay CD-ROM ausschalten, ist Ihr iMac gegen den AutoStart-Virus immun (sehen Sie dazu auch Kapitel 16).

Remote Access – In diesem Kontrollfeld geben Sie Ihren Namen, Ihr Kennwort und die Telefonnummer für Ihre Internet-Verbindung ein. Sie haben gar keinen Internet-Zugang? Dann schalten Sie das Kontrollfeld aus.

 **Software-Aktualisierung** – Gut, Sie besitzen zwar einen Apple Computer. Aber dennoch dürfte Ihnen klar sein, dass auch hier irgendwo in den vielen Millionen Programmanweisungen der Mac OS Betriebssoftware sich hin und wieder ein kleiner Fehler einschleichen kann. Würden Sie sich als Hersteller nicht auch wünschen, bei allen 30 Millionen Nutzern des Systems diesen Fehler schnell und problemlos beheben zu können?

Diese Möglichkeit ist da. Wenn Sie die Option KONTROLLFELD|SOFTWARE AUTOMATISCH AKTUALISIEREN anklicken, wählt sich Ihr iMac nach dem von Ihnen vorgegebenen Zeitplan beim Hausrechner von Apple ein und sucht die Antwort auf die Frage : »Habt Ihr irgendein Update für mich?«

 Wenn die Antwort ja ist, beginnt der iMac mit dem Herunterladen der neuen Software – allerdings nicht, ohne vorher Ihr Einverständnis eingeholt zu haben. Wenn die Aktualisierung abgeschlossen ist, ist Ihr iMac so gut wie neu – besser als neu!

(Das funktioniert nur für die Kontrollfelder und Systemerweiterungen, die in diesem Kapitel beschrieben sind, natürlich nicht für fremde Software, wie zum Beispiel Internet Explorer oder Netscape Navigator.)

Ton – Auf der linken Seite diese Kontrollfensters sehen Sie vier Begriffe. Die Warntöne signalisieren Ihnen, dass Sie im Begriff sind, einen Fehler zu begehen. Bei Eingang können Sie die Tonquelle einstellen, über die Sie mit dem iMac Sprache oder Musik aufnehmen wollen (internes oder externes Mikrophon, CD...). Eine schöne Eigenschaft, die in Kapitel 19 noch näher beschrieben wird.

Bei AUSGANG können Sie die Lautstärke regeln. Und unter dem Punkt TONAUSGABE können Sie die Stereowirkung der eingebauten Lautsprecher einstellen. Starten Sie den Test und ziehen

Sie da einfach nur die kleinen Regler zwischen den Lautsprechern in die richtige Position. (Wenn Sie mit der Maus auf einen der Lautsprecher klicken, wird der Testton nur auf dem markierten Lautsprecher ausgegeben.)

Speech – Lassen Sie Ihren iMac laut vorlesen, was Sie gerade eingetippt haben. Wie das geht, finden Sie in Kapitel 19. Im Sprach-Kontrollfenster geben Sie nur ein, ob und wie Ihr iMac mit Ihnen sprechen soll und ob Sie zum Beispiel Fehlermeldungen lieber hören als auf dem Bildschirm lesen wollen. Und mit welcher Stimme er zu Ihnen spricht.

Sie haben nicht richtig gelebt, bis Sie gehört haben, wie Ihr Computer Sie mit seiner nasalen Roboterstimme mitten in einer Konferenz lauthals warnt: »Deine Batterie ist komplett leer. Ich werde jetzt schlafen gehen. Gute Nacht!«

Startvolume – Ihr iMac ist von Hause aus mit einer Festplatte ausgestattet. Manche Nutzer installieren noch eine weitere oder Wechselplatten-Laufwerke, wie zum Beispiel Zip, die über die USB-Schnittstelle (oder FireWire bei iMac DV Modellen) mit dem iMac verbunden werden. Mit dem Kontrollfenster STARTVOLUME können Sie angeben mit welchem Systemordner auf welcher Platte der iMac beim nächsten Einschalten starten soll. Wenn Sie nur eine Platte in Ihrem iMac haben (Standardausführung), öffnen Sie den Ordner Systemerweiterungen und schalten Sie diese Erweiterung aus.

TCP/IP – Wenn Sie einen Internet-Zugang (siehe Kapitel 6) haben, enthält dieses Kontrollfenster alle Angaben, die erforderlich sind, um die Verbindung mit dem entsprechenden Server aufzubauen.

Text – Hier können Sie das Textverhalten (System und Regeln) auswählen.

Benutzer & Gruppen – Lesen Sie in Kapitel 14 mehr über die Einrichtung von Netzwerken und was Sie mit diesem ansonsten nutzlosen Kontrollfeld anfangen.

Web Sharing – Dieses Kontrollfeld ist in erster Linie für Unternehmen mit einem Netzwerk interessant. Sie können damit einen Ordner auf Ihrer Festplatte anlegen, der für jeden verfügbar ist, der sich in Ihren iMac einwählt. Sollten Sie im Büro niemanden haben, der Ihnen erklären kann, was das soll, schalten Sie die Funktion einfach aus.

Der Ordner Systemerweiterung

Eine Systemerweiterung ist ein kleines Programm, das automatisch startet, wenn Sie den iMac einschalten. Einen guten Teil seiner überragenden Fähigkeiten bezieht der iMac aus diesen Systemerweiterungen, wie den Netzwerkzugriff, die Kontakaufnahme mit dem Internet, das Abspielen von CD-ROMs und vieles mehr.

Systemerweiterungen sind jedoch nicht nur die Dinge im Ordner Systemerweiterungen – weit gefehlt. Apple nennt alles, was beim Starten des Rechners in den Arbeitsspeicher geladen wird, so. Das ist nicht ganz logisch, aber es ist nun einmal so. Der Ordner Systemerweiterungen enthält auch so genannte shared libraries, kleine Computeranweisungen, die die einzelnen Programme für ihre Arbeit benötigen. (Jede Datei mit den Endbuchstaben Lib ist eine dieser shared libraries. Das wird übrigens zum Beispiel nicht Open Transport Libb, sondern »leib« ausgesprochen.) Jedenfalls sind shared libraries weniger kritisch für das Verhalten Ihres iMac als die Systemerweiterungen, die den Start Ihres iMac verlängern, Speicherplatz belegen und auch für Systemabstürze verantwortlich sind.

Apple-Hilfe – Erinnern Sie sich bitte an Kapitel 1, die elektronische Hilfe, die wir Menü Hilfe genannt haben? Diese Datei enthält die Hilfe Bildschirme.

ActiveX Controls – Teil des Internet Explorer Browsers. Können Sie ausschalten.

AOL – Wenn Sie kein AOL-Mitglied sind, können Sie sie ausschalten.

Apple CD/DVD-Treiber – Wid benötigt, um CD-ROMs auf Ihrem iMac abzuspielen.

Apple Color SX Pro CMM, ...-SW, LaserWriter-... – SW steht für Apple StyleWriter. Sie finden eine Menge davon in Ihrem Ordner Systemerweiterungen und können alle bis auf diejenige, die den von Ihnen genutzten Drucker betrifft, wegwerfen.

Appel Enet – Brauchen Sie nur, wenn Sie mit anderen Computern über Ethernet verbunden sind, wie in Kapitel 14 beschrieben.

Apple Monitor Plugins – Das sollten Sie behalten, es erweitert die Einstellmöglichkeiten des Monitors um einige schöne Eigenschaften.

Apple QD3D – Steht für QuickDraw 3D, eine Technologie, mit der 3D-Graphiken auf dem Bildschirm gezeigt werden. Wird von einigen Spielen, zum Beispiel Bugdom, das mit Ihrem iMac geliefert wird, benötigt.

AppleScript – Eine besonders nützliche Funktion, mit der Sie verschiedene Aufgaben automatisieren können. Verschiedene Scripte finden Sie unter anderem bereits im Menü unter NÜTZLICHE SCRIPTE. Selbst wenn Sie diese Erweiterung vorerst nicht nutzen wollen, sollten Sie sie belassen.

AppleShare, Netzwerk, File Sharing – Noch mehr Systemerweiterung für den Netzwerkbetrieb, die Sie ausschalten können, wenn Sie nicht in einem Netzwerk arbeiten.

Programmumschalter – Sie können einfach mit dem Tastaturkürzel ⌘ + Tab von einem geöffneten Programm in ein anderes geöffnetes Programm umschalten. Probieren Sie es aus , Sie werden es mögen. (Mehr dazu auch in Kapitel 13.)

ATI ... – Diese Software beschleunigt die Darstellung von Bildern auf Ihrem Bildschirm, besonders hilfreich bei Mac-Spielen.

 **CarbonLib** – Sie brauchen diese Systemerweiterung vielleicht heute noch nicht, dafür aber morgen und für den Rest Ihres Lebens. Bevor Sie nämlich Ihr Computer-Hobby aufgeben, wird das Mac-Betriebssystem OS X (zehn) herauskommen – und diese Systemerweiterung macht es dann möglich, dass Sie viele Mac OS X-Programme auf Ihrem veralteten Mac OS 9 iMac benutzen könnnen.

Farbauswahl – Sie erhalten ein Dialogfenster mit einem großen Farbkreis, aus dem Sie Farben auswählen können. Wenn Sie zum Beispiel im Menü ABLAGE den Befehl ETIKETTEN anklicken, können Sie die Farbe eines Symbols oder eines Ordners verändern. Mit der Erweiterung FARBAUSWAHL können Sie diesem Dialogfenster weitere Farbeffekte hinzufügen.

ColorSync – Sehen Sie dazu »ColorSync« in der Beschreibung der Kontrollfenster.

Kontextmenü-Erweiterung – Zeigt Ihnen die magischen Popup-Menüs, wenn Sie die Control-Taste drücken und etwas anklicken. Details finden Sie in Kapitel 2.

Kontrollleisten-Erweiterung – Die Kontrollleiste – weiter vorne bereits beschrieben – kann damit ganz leicht verändert werden. Sie können einfach neue Symbole durch Ziehen hinzufügen bzw. Symbole entfernen, wenn Sie dabei die Options-Taste drücken. Das alles ermöglicht diese Systemerweiterung.

Kalibrierungs-Assistent – Diese Erweiterung justiert Ihren Monitor bei jedem Neustart. Sollten Sie nicht gerade in der Druckindustrie arbeiten, können Sie diese Erweiterung ausschalten.

Desktop Print ... – Nützlich für alle, deren iMac an verschiedene Drucker angeschlossen ist (in großen Büros etwa). Zeigt die Druckersymbole auf Ihrem Schreibtisch, so dass Sie ganz einfach auswählen, auf welchem Sie Ihr letztes Meisterwerk ausdrucken wollen (Einzelheiten finden Sie in Kapitel 5). Sollten Sie jedoch nur über ein Drucker verfügen, können Sie ohne diese Erweiterung sehr gut leben.

DNSPlugin – Kein Witz: Apple beschreibt dies als eine Systemerweiterung, die es »Ihrem Computer erlaubt, Verzeichnisse von Netzwerk-Projekten der DNS-Forschung« zu empfangen. Werfen Sie diese Erweiterung weg.

DrawSprocketLib – Eine Systemerweiterung, die von verschiedenen Spielen benutzt wird.

DVD ... – Ermöglicht das Abspielen von DVD-Filmen auf iMac DVD Modellen.

EM-Erweiterung – Siehe »Erweiterungen Ein/Aus« in der Beschreibung der Kontrollfelder.

Epson Stylus – Die Software für einen Epson Stylus Tintenstrahldrucker. (Mehr über Drucker erfahren Sie in Kapitel 5.)

FaxMonitor, Fax ... – Das Programm, mit dem Ihr iMac Fax-Nachrichten sendet und empfängt (Kapitel 19).

FBC Indexing Scheduler, Finden, Find by Content – Diese Erweiterungen ermöglichen Ihnen die Suche mit Hilfe des Sherlock Detektiv-Programms. Mehr darüber lesen Sie in Kapitel 4.

FireWire ... – Erforderlich für die FireWire-Schnittstelle des iMac DV (Kapitel 10).

Ordneraktionen – Nur für Programmierer – wegwerfen.

FontSync-Erweiterung – Erstellt Profile der Eigenschaften der auf dem Computer verwendeten Schriften. Behalten.

HID Library, Input-Sprocket ... – Diese Erweiterung machen den Anschluss verschiedener USB-geeigneter Spielezusätze, wie Joysticks etc., möglich (siehe Anhang C). Wenn Sie den Cursor jedoch nur mit der Maus kontrollieren, können Sie diese Erweiterung ausschalten.

 **HTML RenderingLib** – Wird vom Mac-Hilfebefehl benutzt.

 **ICeTEe** – Dieses kleine Teil ermöglicht eine Interneteigenschaft, von der bisher niemand Notiz genommen hat. Stellen Sie sich vor, Sie verwenden in irgendeinem Dokument, zum Beispiel in AppleWorks oder in einer E-Mail, eine Webadresse (z.B. www.apple.de). Wenn Sie diese Adresse bei gedrückter -Taste anklicken, verbindet Sie Ihr Webbrowser automatisch.

Indeo Video – Wenn Sie den Microsoft Internet Explorer (siehe Kapitel 7) nutzen, gehört diese Systemerweiterung unbedingt in Ihren Systemordner. Sie können damit Videos im Windows-Format (AVi) aus dem Web ansehen.

Instant Palm Desktop – Diese Erweiterung platziert den niedlichen kleinen grünen Monitor in die obere rechte Ecke Ihres Bildschirms (wie bereits in Kapitel 9 beschrieben), unter dem Sie Ihren Tagesterminkalender finden.

Internes V.90-Modem, Internet Access – Die Software für das eingebaute Modem und für die Verbindung zum Internet.

Internet Config Extension – Diese Erweiterung steuert das Internet Kontrollfeld wie bereits beschrieben.

Iomega-Treiber – Sorgt dafür, dass Ihr iMac mit Zip-Laufwerken arbeiten kann. Falls Sie sich noch keins zugelegt haben, können Sie diese Systemerweiterung ausschalten.

 **LDAP ...** – Mit diesen Systemerweiterungen geht Sherlock 2 auf die Suche nach Namen oder Telefonnummern wie in Kapitel 7 beschrieben.

Apple-Umgegebungsassistent ... – Sehen Sie dazu auch den Abschnitt »apple Umgebungsassistent« in diesem Kapitel.

MacinTalk ... – Lässt Ihren iMac sprechen.

Macromedia ... – Wird von verschiedenen Webseiten für spezielle Animationseffekte benötigt. Können Sie ausschalten, wenn Sie nicht oft ins Internet gehen wollen.

Microsoft ..., Ms-... – Systemerweiterungen mit diesen Namen werden von Microsoft-Programmen benötigt.

Modem Scripts – Bevor Sie eine Online-Verbindung herstellen können (ob nun mit T-Online, AOL oder einem anderen Provider), müssen Sie Ihrem iMac mitteilen, was für ein Modem Sie besitzen. Dazu wählen Sie Ihr Modem aus der langen Liste im Modem Kontrollfenster. Diese Systemerweiterung enthält die verschiedenen Modembeschreibungen.

Nehmen Sie sich jetzt eine Minute Zeit und entfernen Sie alle Beschreibungen außer der für Ihr eigenes Modem: »Apple Internes 56K Modem (v.90)«. Sie sparen dadurch Arbeitsspeicher, Festplattenspeicher und Zeit, wenn Sie Ihr Modemprogramm öffnen.

MRJ Libraries – Dieser Ordner (die Abkürzung steht für Macintosh Runtime for Java) enthält die Software, damit Ihr iMac Java-Applets abspielen kann – das sind kleine animierte Figuren, Logos oder Spiele, die auf verschiedenen Webseiten integriert sind. Entscheiden Sie selbst, ob Sie das brauchen oder nicht.

 **Mehrere Benutzer**-Erweiterung – Ermöglicht die Funktionen bei mehreren Benutzern wie weiter vorne beschrieben.

Multiprocessing – Dieser kleine Helfer wartet bereits auf den Tag, wenn die Macs mit mehr als einem Prozessor ausgeliefert werden. Da Sie nur einen Prozessor haben, können Sie ihn wegschicken.

 **NBP Plug-Ing, NSL UI Library** – Wird benötigt, um andere vernetzte Computer über das Internet anzusprechen.

Open Transport, Open TPT ... – Diese Supertechnologie versetzt Ihren iMac in die Lage, eine Verbindung zum Internet, zu einem Netzwerk bzw. zu Ihrem Service Provider aufzubauen.

Open GL ... – Beschleunigt die Geschwindigkeit von Computerspielen. Wenn Sie nicht vorhaben, viel zu spielen – löschen.

PalmConnect ... – Wird benötigt, wenn Sie aus Ihrem Kalender/Notizbuch-Programm (Palm Desktop, siehe Kapitel 9) Informationen in einen PalmPilot übernehmen wollen. Wenn Sie das tragbare Notizbuch nicht besitzen – wegwerfen.

Druckerbeschreibungen – Dieser Ordner enthält die Beschreibungen der verschiedenen Druckermodelle. Öffnen Sie ihn und entfernen Sie alle nicht benötigten Beschreibungen.

Printer Share – Können Sie ausschalten. Wurde benötigt, um mit StyleWriter (die nicht mehr hergestellt werden) Druckern über ein Netzwerk zu arbeiten.

Printing Lib – Erhöht die Druckgeschwindigkeit von Laserdruckern. Wenn Sie einen Tintenstrahldrucker verwenden, können Sie diese Erweiterung ausschalten.

PrintMonitor – Ermöglicht den Hintergrunddruck wie in Kapitel 5 beschrieben.

QuickDraw 3D ... – QD3D versetzt Ihren iMac in die Lage, 3D-Graphiken zu zeigen, zu erstellen und zu verändern. Diese Erweiterung wird von einigen Spielen, u. a. Nanosaur (siehe Kapitel 9) genutzt. Wenn Sie nicht spielen, können Sie diese Erweiterung ausschalten.

QuickTime ... – Sie benötigen diese Erweiterung, um Digitalvideos zu erstellen bzw. abzuspielen. Auch Spiele und CD-ROMs benötigen diese Erweiterung.

Security ... – Wird benötigt, wenn Sie sich Ihren iMac mit anderen Personen teilen und bestimmte Bereiche über Passwörter schützen wollen. Wenn Sie das nicht vorhaben, können Sie diese Erweiterungen löschen.

Seriell Modul – Gehört noch zu Open Transport – siehe dort.

Shared Library ... – Das benötigen Sie für die Verwaltung der Shared Libraries wie weiter vorne beschrieben.

ShareWay IP Personal Gbnd – Nur interessant für Menschen, die Netzwerke erstellen. Wenn Sie nicht in einem Netzwerk verbunden sind – wegwerfen.

SLPPlugin – Exakt dasselbe wie das bereits beschriebene DNSPlugin.

Software Aktualisierung ... – Ermöglicht die automatische Aktualisierung der Apple-Software, die wir bereits weiter vorne beschrieben haben.

SOMobjects for Mac OS – Diese Shared Library wird für die Kontext-Menüs benötigt.

Sound Manager – Wird benötigt, um Sound aufzunehmen und abzuspielen.

Speech Manager – Ermöglicht die Vorlesefunktion Ihres iMac (Kapitel 19). Wenn Sie nicht vorhaben, sich ständig mit Ihrem iMac zu unterhalten, können Sie diese Erweiterung entfernen.

STF ... – Noch etwas Notwendiges für Ihr eingebautes Modem.

StuffIt ... – Wird von StuffIt, dem bereits beschriebenen Komprimierungsprogramm benötigt (siehe Kapitel 6).

Text Encoding Converter – Alle Computer verstehen die Buchstaben A bis Z. Schwierig wird es jedoch bei den verschiedenen Sonderzeichen, die bei verschiedenen Computern meist unterschiedlichen Tasten zugeordnet sind. Sicher haben Sie schon einmal eine E-Mail gesehen, bei der statt der Anführungszeichen U's erschienen oder andere Zeichen vertauscht wurden.

Diese Systemerweiterung übersetzt die Zeichensprache anderer Computer in eine für den Mac verständliche und sinnvolle Form.

Uhrzeitsynchronisierung – Das Datum & Uhrzeit-Kontrollfenster stellt die Uhr Ihres iMac automatisch über Internet auf die richtige Zeit ein – wenn Sie das wollen. Diese Erweiterung sorgt dann dafür.

UDF Volume – Damit kann Ihr iMac die verschiedenen CD-ROMs – auch DVD's (die ja nichts anderes sind als CD's nur mit 14 mal mehr Inhalt) – abspielen. Volume bedeutet in diesem Fall nicht Lautstärke, sondern Datenspeicher. Speziell für iMacs mit DVD-Laufwerk.

URL Accress – Wird von Sherlock benötigt, um im Internet zu suchen (siehe Kapitel 7).

USB ... – Erforderlich für die USB-Schnittstellen Ihres iMac (siehe Kapitel 14).

Sprachidentifizierung – Wenn Sie Mac OS 9 installiert haben, ein Mikrophon für Ihren iMac gekauft haben und mit mehreren Benutzern an Ihrem iMac arbeiten (wie in Kapitel 13 beschrieben), dann akzeptiert der iMac mit dieser Systemerweiterung auch gesprochene Passwörter und prüft die entsprechenden Zugangsberechtigungen.

Web Sharing Erweiterung – Ein Zusatz zum ebenfalls überflüssigen Web Sharing-Kontrollfeld – entfernen.

Der Ordner Preferences

Der Ordner Preferences ist voll gestopft mit Informationen – aber keine davon ist für Sie.

Jede einzelne Datei in diesem Ordner wurde von irgendeiner Software abgelegt. Wenn Sie zum Beispiel eine Einstellung in Ihrem Textverarbeitungsprogramm ändern, etwa die Buchstabenzwischenräume oder die Zeilenabstände verändern, muss das Textverarbeitungsprogramm sich das irgendwo merken. Und das tut es mit einer Preferences- oder Einstellungs-Datei im Ordner Preferences.

Preferences-Dateien sind manchmal ein ganz schöner Frust für Mac-Neulinge. Da sie nur von den Programmen genutzt werden, erhalten Sie jedesmal eine schöne Fehlermeldung, wenn Sie versuchen, eine davon mit Doppelklick zu öffnen. Sie können die Preferences-Dateien nicht öffnen, das können nur Ihre Programme.

Sie können nur eines mit diesen Dateien tun – sie wegwerfen. Zum Beispiel jene, die von Programmen angelegt wurden, die nicht mehr auf Ihrem Computer installiert sind.

Noch weitere spezielle Ordner

✔ **Ordner Application Support** – Hier lagern verschiedene Hersteller von Mac Software unterschiedliche Informationen zu Ihren Programmen.

✔ **Ordner ColorSync Profile** – Wie Sie bereits gelesen haben, sorgt ColorSync für eine einheitliche Farbdarstellung auf dem Monitor, dem Scanner und dem Farbdrucker, damit zum Beispiel Rot auch überall rot dargestellt wird. Dieser Ordner enthält die für diesen Prozess notwendigen Farbbeschreibungen für Apple Scanner, Monitore und Drucker. Wenn die exakte Farbdarstellung für Sie sehr wichtig ist, können Sie mit dem ColorSync-Kontrollfenster die von Ihnen genutzte Hardware einstellen.

Ordner Systemerweiterungen (Aus) – Die Erklärung für diesen Ordner ist etwas kompliziert, aber wir tun unser Bestes. Erinnern Sie sich noch an die Erläuterung »Ausschalten, was Sie nicht brauchen« zum Punkt Systemerweiterungen Ein/Aus? Wenn Sie dort eine Systemerweiterung ausschalten, wird diese nicht gelöscht, sondern im Hintergrund in diesem Ordner abgelegt. Wenn Sie den iMac das nächste Mal starten, lädt er nur noch die im Ordner Systemerweiterungen vorhandenen Dateien.

Um eine ausgeschaltete Systemerweiterung wieder einzuschalten, können Sie entweder wieder SYSTEMERWEITERUNGEN EIN/AUS nutzen oder die entsprechende Erweiterung einfach in den Ordner Systemerweiterungen ziehen.

Und wenn Sie ein Kontrollfeld ausschalten? Richtig, dann wird dieses Kontrollfeld in den **Ordner Kontrollfelder (Aus)** gelegt.

✔ **Ordner Favoriten** – Favoriten steht für »Symbole, die ich ab jetzt einfach nur anklicken will«. Um einen neuen Favoriten zu erstellen, können Sie einfach das Originalsymbol anklicken und den Befehl ZU FAVORITEN HINZUFÜGEN im Menü ABLAGE wählen. Sofort erscheint der neue Favorit im Popup-Menü Favoriten im -Menü, wie hier gezeigt:

1. Wählen Sie ZU FAVORITEN HINZUFÜGEN ...

2. ... und von jetzt an können Sie diesen Favorit schnell und direkt aus dem -Menü öffnen.

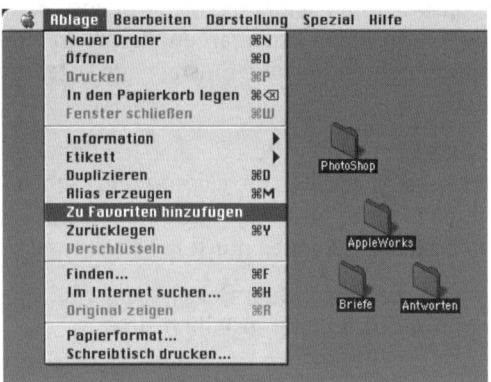

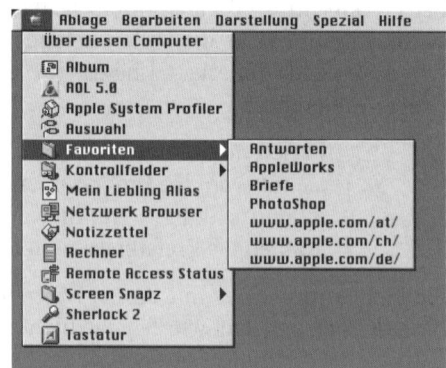

Im Hintergrund hat der iMac einfach ein Alias des Originals in den Ordner Favoriten gelegt. (Die Erklärung zu Alias finden Sie in Kapitel 13.) Mit anderen Worten: Wenn Sie etwas aus dem Ordner Favoriten entfernen wollen, ziehen Sie das Symbol einfach aus diesem Ordner in den Papierkorb.

✔ **Ordner Zeichensätze** – Dieser Ordner enthält alle Ihre Schriften – in Kapitel 5 haben wir Ihnen das näher beschrieben.

✔ **Ordner Hilfen** – Apple legt alle Hilfe-Dateien in diesem Ordner ab (das ist das, was Sie sehen, wenn Sie die Mac Hilfe öffnen). Auch andere Software-Hersteller folgen manchmal dieser Eingebung.

✔ **Ordner Internet Suchdienste** – Das Sherlock Detektiv-Programm kann das ganze Internet durchsuchen – nicht nur Ihre kleine Festplatte. Die Dateien in diesem Ordner geben dem Finden-Programm die Zugangsdaten für die verschiedenen World Wide Web-Suchmaschinen. (Mehr über die WWW-Suchmaschinen lesen Sie in Kapitel 7.)

 **Ordner Language & Region Support** – Mit diese Dateien kann Ihr iMac andere Sprachen auf Ihrem Bildschirm anzeigen. Wenn Sie Ihren iMac nur in einem Land verwenden, können Sie eigentlich alle übrigen Sprachversionen entfernen.

✔ **KlickStarter-Objekte** – In diesem Ordner liegen die Symbole, die Ihnen als Tasten im Klickstarter-Fenster, dem »iMac-Ein-Klick-Programmöffner« gezeigt werden. Lesen Sie dazu auch »Alles über die großen Klickstarter-Tasten« in Kapitel 4.

✔ **Ordner Startobjekte / Ordner Ausschaltobjekte** – Es ist einfach faszinierend. Alles, was Sie in den Ordner Startobjekte legen, sei es nun ein Programm, ein Dokument, ein Sound oder ein Ordner, wird wie durch Zauberhand mit einem automatischen Doppelklick geöffnet, wenn Sie den iMac starten. Wenn Sie zum Beispiel nur mit dem Textverarbeitungs-programm arbeiten, ziehen Sie einfach das Symbol dieses Programmes in den Ordner Startobjekte. Ab sofort wartet dann nach jedem Einschalten das arbeitsbereite Textverar-beitungsprogramm auf Ihre Geistesblitze.

Der Ordner Ausschaltobjekte hat eine ähnliche Funktion – alles, was Sie hier einfügen, wird automatisch gestartet, wenn Sie den iMac ausschalten, zum Beispiel Backup-Siche-rungen. Oder ein Sound wie etwa »Endlich Feierabend!«

✔ **Ordner Scripting Additions / Ordner Scripts** – Hier können Programmierer ihre Arbeiten ablegen.

Andere Dokumente im Systemordner

Clipboard – Jedes Mal, wenn Sie Kopieren und Einfügen in einem Programm benutzen, spei-chert der iMac die Auswahl in einer unsichtbaren Zwischenablage (Clipboard).

Sie können sich diesen Inhalt übrigens mit einem Doppelklick auf das Clipboard-Symbol auch zeigen lassen.

Finder – Das ist das wichtigste Programm auf Ihrem iMac. Ohne dieses Programm ist der Systemordner nur ein Ordner und Ihr iMac schaltet sich nicht einmal ein. Der Finder baut Ihren Schreibtisch mit dem Papierkorb, dem Festplatten-Symbol, den Fenstern und so weiter auf.

System – Und diese Datei ist genauso wichtig. Hier findet der Computer alle Information, damit er überhaupt arbeiten kann. Ohne diesen Koffer ist auch Ihr iMac nicht mehr als eine teure Blumenbank.

Albumdatei / Notizblockdatei – Wenn Sie etwas in das Album kopieren oder eine Notiz auf dem Notizblock machen, merkt sich der iMac diese Eintragungen in diesen Dateien.

Mac OS ROM – Was auch immer Sie tun, rühren Sie nie dieses Dokument an. Wenn Sie sie einmal löschen, haben Sie einen der teuersten Türstopper überhaupt. (Allerdings kann eine Neuinstallationen wie in Kapitel 16 beschrieben auch einen derart stillgelegten iMac wieder zum Leben erwecken.)

Teil IV

Was Ihr iMac alles noch kann

»Komm' doch mal schnell her – ich habe einen neuen iMac-Trick!«

In diesem Teil...

Jetzt haben Sie genug erfahren über das Einschalten des Computers, das Versenden von E-Mail rund um den Globus und das Schreiben Ihres ersten Bestsellers. Jetzt wird es Zeit, dass Sie das Innenleben Ihres Computers besser einrichten, für einige Optionstasten-Tricks und andere Kunststücke, die wir Ihnen unter der Überschrift »Die Ausstattung kennt keine Grenzen« näher beschreiben.

Und in Kapitel 13 erfahren Sie mehr darüber, wie sich Ihr iMac mit anderen Computern verbindet. Denn glücklicherweise hat dieser kleine Kerl noch mehr Schnittstellen als einfach nur I-95. Mit USB, Ethernet und dem drahtlosen AirPort stehen Ihnen neue Welten offen.

Die Ausstattung kennt keine Grenzen

In diesem Kapitel

▶ Die verbotenen Geheimnisse der Options-Taste

▶ Das Innenleben Ihres iMac

▶ Die verrücktesten Tasten auf Ihrer Tastatur

▶ Wie Sie Ihren iMac mit anderen Benutzern teilen können

▶ Kunststücke am Fenster

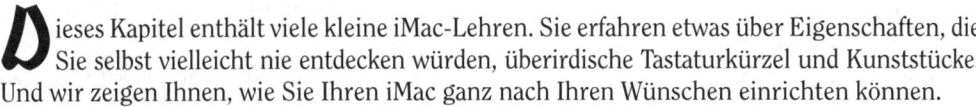

Dieses Kapitel enthält viele kleine iMac-Lehren. Sie erfahren etwas über Eigenschaften, die Sie selbst vielleicht nie entdecken würden, überirdische Tastaturkürzel und Kunststücke. Und wir zeigen Ihnen, wie Sie Ihren iMac ganz nach Ihren Wünschen einrichten können.

Kurz gesagt, die folgenden Informationen sind nützlich, überraschend und köstlich, aber mutwillig ausgewählt. Weil sie einfach nicht in ein anderes Kapitel passten. Aber Sie finden in diesem Durcheinander sicher viel Hilfreiches.

Die Options-Taste noch effektiver einsetzen

Natürlich wissen Sie inzwischen, dass Sie ein Fenster schließen können, indem Sie einfach in das Schließfeld klicken. Aber Sie haben doch nicht so viel Geld für dieses Buch ausgegeben, nur um zu lesen, was auf Seite 1 des iMac-Handbuches steht – oder?

Nein, die folgenden Tipps sollen Sie ein ganzes Stück weiterbringen. Indem Sie Ihnen die vorborgenen Möglichkeiten der Options-Taste, die meist übersehen wird, aufzeigen. Es hat schon seinen guten Grund, warum diese Taste Ihnen so nahe liegt.

Alle Fenster auf einmal schließen

Stellen Sie sich einmal vor, Sie haben während der Arbeit ein Fenster nach dem anderen über den ganzen Bildschirm verstreut geöffnet. Und jetzt meldet sich plötzlich Ihr Ordnungssinn und Sie wollen das doch alles ein wenig aufräumen.

Das können Sie, indem Sie nacheinander die Schließfelder jedes einzelnen Fensters anklicken. Aber es ist natürlich viel eleganter, wenn Sie beim ersten Fenster gleichzeitig die *Options-Taste* drücken – bam, bam, bam – alle geöffneten Fenster schließen sich automatisch, eines nach dem anderen.

Der stille Papierkorb

Stand der Dinge ist: Sie nehmen ein Symbol, ziehen es auf den Papierkorb, das Symbol verschwindet und der Papierkorb quillt über. Dann wählen Sie den Befehl Papierkorb entleeren aus dem Menü Spezial und eine kleine Meldung erscheint auf Ihrem Bildschirm:

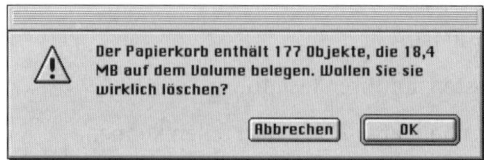

Das ist ja alles gut und schön. Aber stark beschäftigte Mitmenschen wollen sich nicht ständig in der Arbeit durch solche trivialen Meldungen und Fragen unterbrechen lassen. Wenn Sie den Papierkorb zukünftig entleeren wollen, ohne dass diese Meldung erscheint, drücken Sie einfach die *Options-Taste* während Sie den Befehl Papierkorb leeren wählen. (Das ist auch die Lösung, wenn Sie vom Papierkorb die Meldung erhalten, dass etwas nicht gelöscht werden kann, weil es geschützt ist.)

Sie können die Warnmeldung selbstverständlich auch gleich für immer ausschalten. Klicken Sie auf den Papierkorb, wählen Sie Information aus dem Menü Ablage und deaktivieren Sie die Option Warnung vor dem Entleeren im Punkt Allgemeine Information.

Multitasking-Methoden

Wie Sie sich vielleicht noch erinnern, können Sie mit dem iMac gleichzeitig in mehreren Programmen arbeiten. (Denken Sie nur an den Trick mit dem Notizblock und dem Rechner, die gleichzeitig auf dem Bildschirm geöffnet waren.) Sie können von einem Programm in das andere wechseln, indem Sie den Programmnamen aus dem Menü Programme rechts oben auf dem Bildschirm auswählen. Wir haben bis jetzt die Befehle Andere ausblenden und Alle einblenden noch nicht besprochen. Diese Befehle helfen Ihnen dabei, Ihren Bildschirm übersichtlicher zu gestalten. Nehmen Sie doch einmal an, Sie wollen den Rechner benutzen, können ihn aber nicht gleich finden, weil so viele andere Programmfenster geöffnet sind.

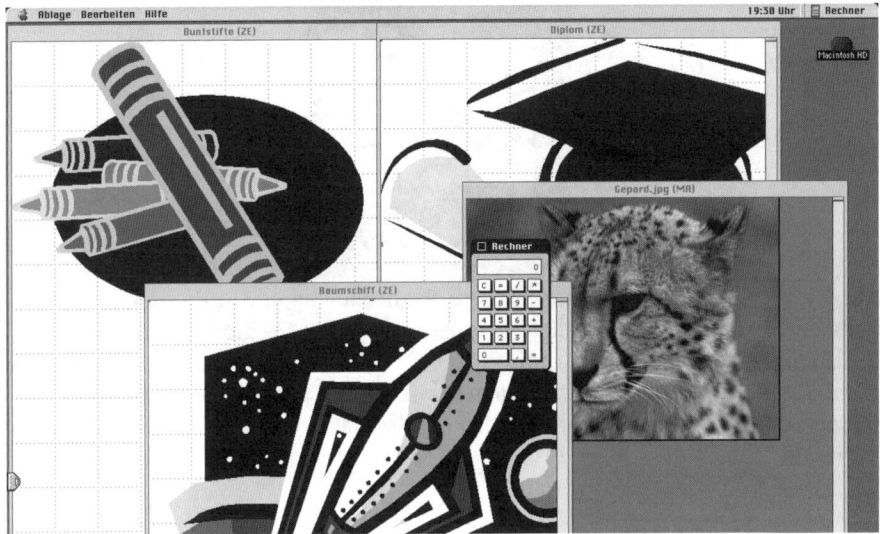

Wenn Sie nun den Befehl ANDERE AUSBLENDEN wählen, verschwinden alle anderen Fenster vom Bildschirm und nur das gerade aktive Rechnerfenster bleibt stehen.

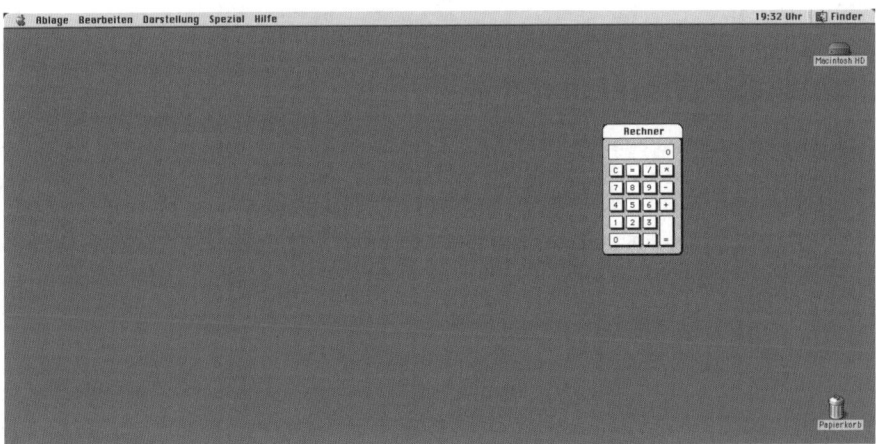

Selbstverständlich sind auch die anderen Programme noch weiterhin geöffnet. Aber die Fenster sind verschwunden. Im Menü PROGRAMME erscheinen die Namen und Symbole nach wie vor.

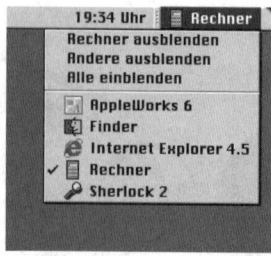

Und was hat die *Options-Taste* damit zu tun? Wenn Sie von einem Programm zum anderen wechseln, können Sie das so einstellen, dass das nicht aktive Programm von selbst verschwindet. Drücken Sie dazu einfach die *Options-Taste*, wenn Sie den neuen Programmnamen aus dem Menü Programme wählen (oder auf dem Bildschirm in das entsprechende geöffnete Fenster klicken). Auf diese Weise können Sie alle Programmfenster, die Sie gerade nicht benötigen, unsichtbar machen.

Verborgene Eigenschaften

Mögen Sie diese Tricks mit der *Options-Taste*? Dann werden Sie sicher auch an den folgenden Techniken Gefallen finden.

Ein Alias einer Datei erstellen

Im Menü Ablage finden Sie einen Befehl Alias erzeugen. Es ist nun nicht so, dass Sie es hier plötzlich mit einem Gaunersyndikat – Sie kennen das, da heißen die Leute beispielsweise 3-Finger-Joe oder Nasen-Otto oder so. Der Begriff Alias bedeutet in der Macintosh-Welt etwas anderes: Es handelt sich dabei um ein Duplikat eines Dateisymbols (nicht um das Duplikat der eigentlichen Datei). Erkennbar ist ein Alias sofort an der *kursiv* geschriebenen Bezeichnung und an einem kleinen Pfeil in dem Symbol.

Wenn Sie auf das *Alias-Symbol* der Datei doppelklicken, öffnet der iMac die Originaldatei.

Aber wer um Himmels willen braucht denn so etwas? Nun, da steckt mehr dahinter. Ein Alias benötigt im Gegensatz zu der Originaldatei (zum Beispiel einem Programm) nur einen minimalen Speicherplatz (wenige K) und ist schon deshalb nicht dasselbe, als wenn Sie eine Kopie der Originaldatei anlegen würden. (Und Sie können natürlich so viele Alias-Dateien einer Originaldatei anlegen, wie Sie wollen.) Mit einem Alias können Sie sich also sehr viel Zeit sparen, indem Sie es sich immer sichtbar zum Beispiel auf den Schreibtisch legen, während die Originaldatei irgendwo in den unergründlichen Tiefen der Ordnerstruktur auf Ihrer Festplatte liegt.

Ein anderer üblicher Trick mit Alias-Dateien ist folgender: Legen Sie einfach Alias-Dateien Ihrer Programme oder auch Dokumente in Ihrem &-Menü ab, dann müssen Sie nicht jedesmal den jeweiligen Programmordner suchen, um das Programm zu öffnen.

Hier der Weg dahin:

1. **Klicken Sie auf das Originalsymbol der Datei oder des Programmes.**

2. **Wählen Sie Alias erzeugen aus dem Menü ABLAGE.**

3. **Öffnen Sie Ihren Systemordner.**

4. **Ziehen Sie die Alias-Datei in den Ordner *Apple Menü* (im Systemordner).**

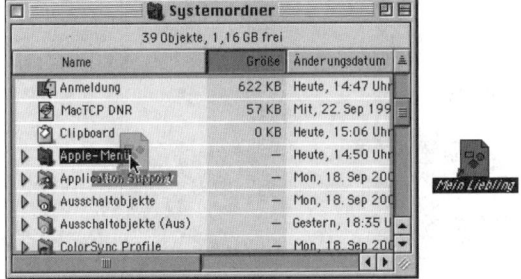

5. **Und jetzt schauen Sie einmal in Ihr &-Menü.**

Da liegt Ihre Datei! Sie können das Original jetzt über die Alias-Datei in Ihrem &-Menü öffnen.

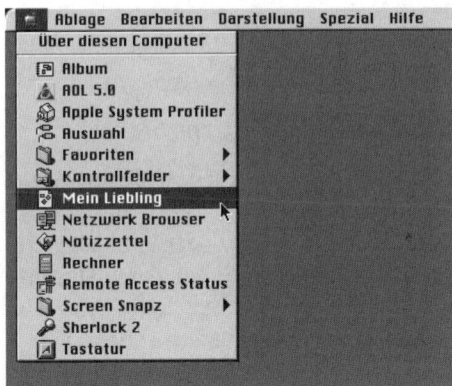

Jetzt kann es Ihnen schon fast egal sein, wo sich das Original auf Ihrer Festplatte befindet, Sie können es immer über die Auswahl des &-Menüs öffnen – ganz schnell. Sie können übrigens auch das Original an einen anderen Platz legen oder sogar umbenennen – das Alias findet weiterhin den richtigen Weg und die richtige Datei!

Aufspringende Ordner

Wenn man noch vor wenigen Jahren ein Symbol in einem Ordner ablegen wollte, der in einem Ordner in einem anderen Ordner in einem anderen Ordner ... lag, dann musste man fein säuberlich einen Ordner nach dem anderen öffnen, bis man endlich am Ziel war. Abgesehen davon, dass die geöffneten Ordnerfenster das Ganze nicht gerade sehr übersichtlich gestalteten.

Mit dem iMac haben Sie es nun leichter. Wenn Sie ein Symbol mit *gedrückter Leertaste* auf einen Ordner ziehen (unten links), öffnet sich das Ordnerfenster automatisch (unten rechts).

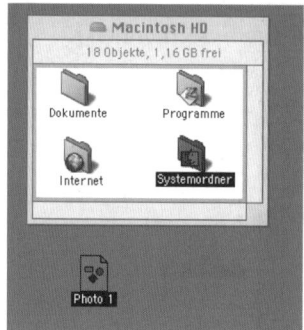 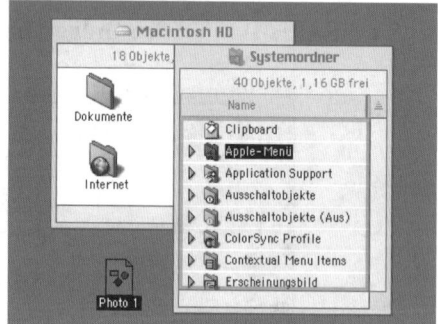

Ziehen Sie dann das Symbol auf einen weiteren Ordner innerhalb dieses Fensters, öffnet sich auch dieser Ordner und so weiter und so weiter – bis Sie endlich am Ziel sind und die Datei ablegen können. Und rückwärts geht es genau so – Sie verschieben das Symbol einfach immer wieder in die nächsthöhere Ordnerebene und der darunter liegende Ordner wird automatisch geschlossen.

Papierkorb, Alias-Dateien und ein Wort zur Sicherheit

Wenn Sie ein Alias in den Papierkorb legen, löschen Sie nur diese Alias-Datei. Die Original-datei befindet sich weiterhin auf Ihrer Festplatte. Wenn Sie die Originaldatei entfernen, bleibt die Alias-Datei erhalten – ein Schiff ohne Meer oder ein Matrose ohne Schiff oder was auch immer. Wenn Sie auf eine Alias-Datei *doppelklicken*, deren Original gelöscht ist, erhalten Sie eine Fehlermeldung. (Jetzt könnten Sie dieser Alias-Datei eine andere Originaldatei zuordnen – aber die richtige Originaldatei ist für immer verschwunden.)

Was ergibt sich daraus? Wenn Sie zum Beispiel eine Vortragsreise durch Norddeutschland planen und Ihren gesamten Vortrag für die Vorführung auf dem Computer vor Ort auf einer CD-ROM speichern, nutzt es Ihnen relativ wenig, wenn Sie, um Speicherplatz zu sparen, nur die kleinen niedlichen Alias-Dateien Ihrer Originaldateien einpacken. Spätestens am Vortrags-abend werden Sie merken, dass diese nach den Originaldateien, die zu Hause in München noch im iMac liegen, fragen. Das wäre schon peinlich.

Der iMac Programm-Umschalter

Das Menü-Programm ist das Menü rechts oben in der Ecke des Bildschirms – dort können Sie sehen, welches Programm Sie im Moment benutzen. Der Programm-Umschalter ist eine geheime Funktion, die nur erscheint, wenn Sie das Menü-Programm aus der Titelleiste nach unten ziehen und dann loslassen (unten links).

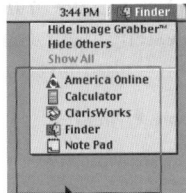
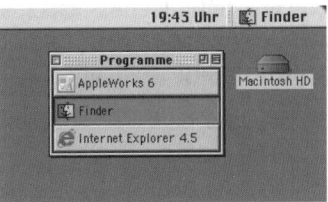

Das Menü verwandelt sich in eine Übersicht mit rechteckigen Tasten Ihrer zur Zeit geöffneten Programme (oben rechts); klicken Sie einfach auf ein Programm, um es einzuschalten.

Sollten Sie diese Darstellung zu groß für Ihren Geschmack finden, klicken Sie vorsichtig auf den rechten Rand wie im Bild gezeigt und verschieben Sie den Rand nach links. Damit haben Sie die Palette kleiner gemacht. Sollten Sie sich diese überaus feine Manipulation mit der Maus, für die man ein ruhiges Händchen braucht, nicht zutrauen, können Sie die Programmwahl auch über ein Tastaturkürzel verändern: Drücken Sie die ⌘+Taste und dann ⌈Tab⌉. Diese Kombination ⌘+⌈Tab⌉ bringt Sie automatisch von einem Programm zum anderen, auch wenn das Menü PROGRAMM nicht aktiv ist.

Ist Technik nicht etwas ganz und gar Wundervolles?

Die Bildschirmauflösung verändern

Sie werden sicher nicht abstreiten, dass der Bildschirm des iMac einfach großartig ist. Er ist brillant, scharf und groß genug für die Darstellung einer Doppelseite. Die Grundeinstellung beträgt 800 x 600 Bildpunkte quer und hoch.

Aber Sie sind natürlich nicht an diese Grundeinstellung gebunden. Mit wenigen Klicks können Sie die Darstellung verändern und Ihre Arbeit für eine bessere Kontrolle größer einstellen. (Wenn etwas auf dem Bildschirm größer eingestellt wird, verlieren Sie natürlich etwas Überblick – das ist genau so wie bei einer Landkarte, je größer Sie den Maßstab wählen, desto kleiner ist der Ausschnitt.) Oder umgekehrt – wenn Sie die Ansicht verkleinern, sehen Sie mehr.

Probieren Sie diese Einstellungsmöglichkeit doch einfach einmal selbst aus. Öffnen Sie die Kontrollleiste durch einen Klick auf das kleine Stück, das rechts unten am Bildschirmrand liegt, und dann auf BILDSCHIRMAUFLÖSUNG:

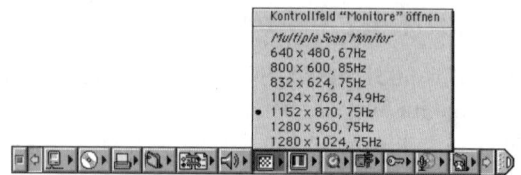

Ein kleines Popup-Menü erscheint. Wenn Sie jetzt zum Beispiel die *Auflösung 640 x 480* wählen, wechselt die Darstellung und alles wird größer dargestellt. Wenn Sie die *Auflösung 1024 x 768* wählen, wird alles kleiner dargestellt, aber Sie haben mehr Platz auf dem Bildschirm.

Um die Grundeinstellung wieder herzustellen, wählen Sie einfach die *Auflösung 800 x 600*.

Ihr ganz individueller Computer

Das absolut Unverwechselbare an einem iMac ist ja, dass das kein Computer von der Stange ist, wie man sie sonst überall bekommt. Er ist einfach einzigartig – bzw. wird es sein, wenn wir mit diesem Abschnitt fertig sind. Hier finden Sie einige Tipps für eigene Einstellungen, mit denen Sie den iMac zu Ihrem ganz persönlichen Computer machen können.

Legen Sie sich eigene Symbole an

Sie sind nicht gezwungen, für immer und ewig mit den langweiligen Symbolen für Ordner, Dateien, Programme und all die anderen Dinge auf Ihrem Schreibtisch zu arbeiten. Aber Sie müssen es schon selbst ändern, das ist nun einmal so:

1. **Öffnen Sie AppleWorks (den Malbereich) und malen Sie ein lustiges kleines Bild.**

    Und wir meinen auch klein – denken Sie daran, Sie malen ein Bild für ein Symbol. Wie zum Beispiel diesen kleinen Burschen:

2. **Kopieren Sie Ihr Meisterwerk in die Zwischenablage.**

3. **Gehen Sie in den FINDER und klicken Sie auf die Datei, deren Symbol Sie ändern wollen (wie links dargestellt).**

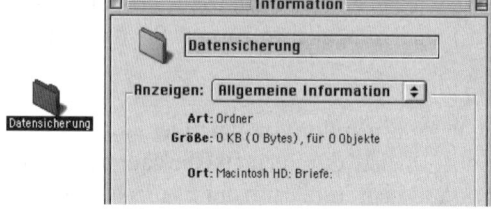

4. **Wählen Sie aus dem Menü** ABLAGE **den Befehl** INFORMATION. **Das Dialogfenster** INFORMATION **erscheint (oben rechts).**

(Hinweis: Wenn Sie im Simple Finder Modus sind, den wir später noch erklären, erscheint der Befehl Information nicht im Menü ABLAGE. Sie müssen diesen Modus daher ausschalten, bevor Sie diesen Schritt ausführen.)

5. **Sehen Sie die kleine Abbildung des Symbols links neben dem weißen Eingabefeld? Klicken Sie es an und wählen Sie aus dem Menü** BEARBEITEN **den Befehl** EINFÜGEN.

Von jetzt an wird die Datei oder der Ordner oder die Platte oder was auch immer mit dem von Ihnen gezeichneten Symbol angezeigt. Um das Originalsymbol wieder einzufügen, wiederholen Sie die Schritte 4 und 5, wählen jedoch nicht den Befehl EINFÜGEN, sondern löschen das Symbol mit der Rückschritt-Taste.

Den eigenen Bildschirm-Hintergrund erstellen

In den frühen Tagen des Computer-Zeitalters gab es nur wenige Möglichkeiten, das Aussehen eines Macintosh-Computers zu verändern. Sie konnten zum Beispiel den Schreibtisch mit kleinen Teddybären bekleben.

Das ist beim iMac anders. Mit dem Kontrollfeld ERSCHEINUNGSBILD können Sie sich den eigenen Hintergrund nicht nur mit immer wiederkehrenden Motiven gestalten, sondern sogar mit einem Bildschirm füllenden Foto!

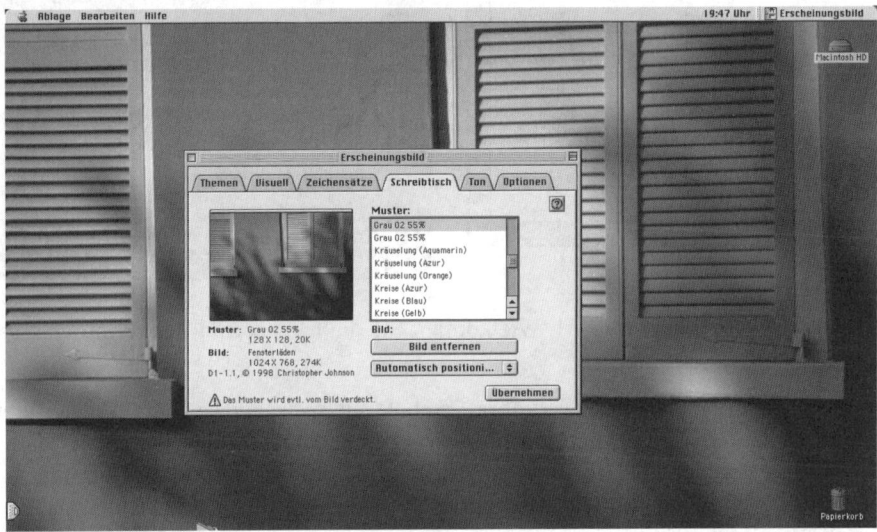

Wie das geht? Sie öffnen das Kontrollfeld ERSCHEINUNGSBILD (wählen Sie KONTROLLFELDER|ERSCHEINUNGSBILD aus dem -Menü), klicken Sie auf SCHREIBTISCH und dann auf BILD POSITIONIEREN... .

Jetzt werden Sie aufgefordert, ein Bild anzugeben, das Sie als Hintergrund verwenden wollen. Sie erhalten bereits eine ziemliche Auswahl an 3D-Graphiken und Fotos, von denen einige sehr abgefahren, andere eher langweilig sind – aber das ist alles Geschmackssache.

Sie können natürlich auch ein eigenes Bild als Hintergrund wählen. Wie Sie das bekommen, ist allerdings auch Ihre eigene Sache – entweder über das Internet oder Sie scannen ein Foto ein oder Sie zeichnen sich einen eigenen Hintergrund.

 (Hinweis: Sie können dafür jedes Format verwenden, also JPEG, GIF, PICT oder PhotoShop. Und noch ein Hinweis: Sie können die von Ihnen gewünschte Abbildung oder Graphik auch direkt in den kleinen Bildschirm im Dialogfenster ERSCHEINUNGSBILD ziehen.)

Den Symbolen eigene Farben geben

Und hier ist noch eine nette kleine Eigenschaft, die Sie sicher ganz nützlich finden werden: Farb-Kodierung der Symbole. Alles, was Sie dafür tun müssen, ist, ein oder mehrere Symbole auszuwählen (unten links) und dann aus dem Menü ABLAGE|ETIKETT, eine Farbe auszuwählen (unten rechts).

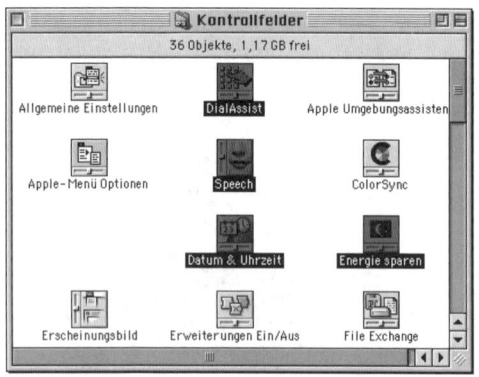
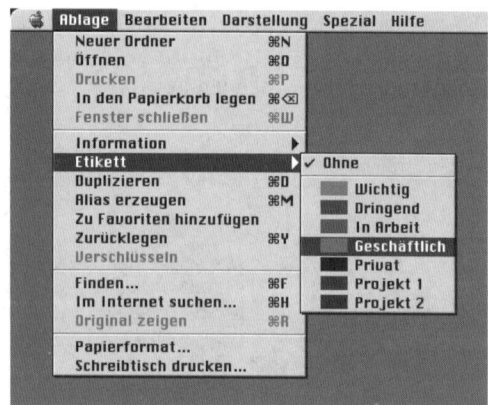

Zwei Fragen ergeben sich daraus: 1. Wie können Sie die Farben und Bezeichnungen verändern? und 2. Was ist der Sinn?

Sicher, die meisten Nutzer markieren Ihre Symbole nie in irgendwelchen Farben. Aber die optische Sortierung macht das Leben schon etwas bequemer, besonders, da Sie mit dem Finden-Befehl zum Beispiel alle Dateien oder Ordner mit einer bestimmten Markierung suchen lassen können. Wenn Sie zum Beispiel ein größeres Projekt mit vielen einzelnen Dateien haben, die alle die gleiche Markierung besitzen, werden diese dann alle gleichzeitig aktiviert und Sie können die Markierung entweder ändern oder alle löschen oder alle an einen anderen Speicherplatz bewegen … anstatt die Dateien einzeln suchen zu müssen.

Wenn Sie diese Funktion nutzen wollen, wollen Sie vielleicht auch die von Apple als Standard vorgegebenen Markierungen verändern. Wählen Sie aus dem Menü BEARBEITEN die VOREIN-STELLUNGEN und dann ETIKETTEN. Sie erhalten dann die nachstehend abgebildete Liste:

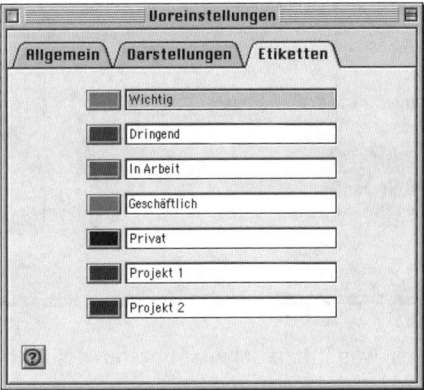

Um die Beschreibungen der Etiketten zu ändern, doppelklicken sie einfach auf das entsprechende Label und geben den neuen Namen ein. Um die Farbe zu ändern, klicken Sie auf das Farbfeld und wählen Sie eine neue Farbe aus dem folgenden Dialogfenster aus.

Window-Mania

Ihr iMac arbeitet nicht mit Windows, sondern mit dem Betriebssystem Mac OS. Die Ironie dabei ist, dass obwohl das iMac Betriebssystem nicht Windows heißt, der iMac hervorragend Windows (Fenster) gestalten kann.

Ansichten und Fenster-Voreinstellungen

Wenn Sie diese »Um-die-Ecke«-Einleitung nicht ganz verstanden haben sollten, macht nichts, hier kommen einige bessere Erklärungen. Der besondere Vorteil des iMac ist der hohe Grad, wie Sie sich die Darstellung nach Ihrem Geschmack maßschneidern können. Sie können dabei aus der Bandbreite von kinderfreundlich bis HighTech wählen.

Anfänger sollten vielleicht zunächst die Schriftarten ändern, in denen die Bezeichnungen unter den Symbolen dargestellt werden. Sie könnten zum Beispiel eine größere Schrift auswählen, wenn Sie irgendetwas einem größeren Kreis vorführen wollen – oder eine kleinere Schrift, wenn Sie Platz sparen wollen.

Um die Schriftart umzustellen, wählen Sie Kontrollfelder aus dem -Menü, ERSCHEINUNGS-BILD|SCHRIFTEN bzw. ZEICHENSÄTZE. Geben Sie bei den drei Popup-Menüs die von Ihnen jeweils gewünschte Schriftart und den Schriftgrad ein.

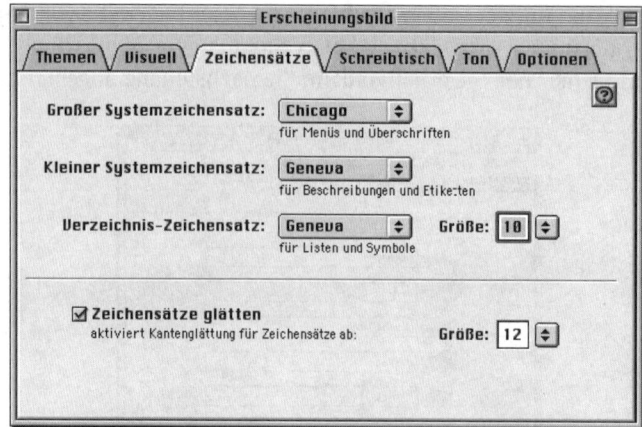

Probieren Sie einfach mal aus, was Ihnen dabei am besten gefällt.

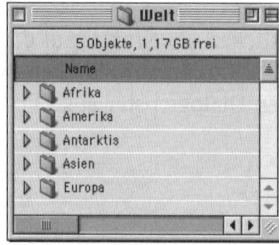 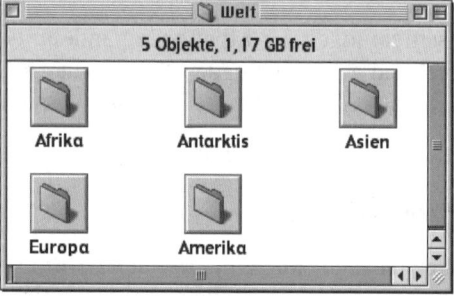

Sie werden feststellen, dass die Darstellung rechts mit der dicken großen Schrift »idiotensicher« ist. Und wenn Sie jetzt die Originaldatei dieses Buches anklicken könnten, würden Sie sogar feststellen, dass diese sich mit nur einem Klick öffnen lässt, anstatt mit dem sonst üblichen Doppelklick.

Dieses Fenster hat nämlich eine weitere Einstellungsänderung erfahren – irgend jemand hat im Menü DARSTELLUNG auf die *Option Tasten* umgestellt.

Hallo, Ihr Fenster

Hier ist eine Abbildung eines typischen iMac Fensters:

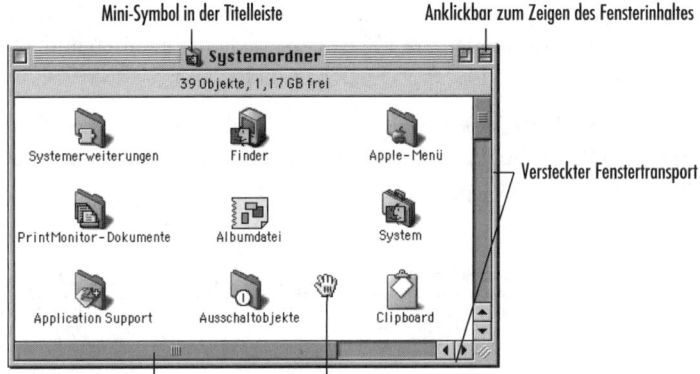

Mini-Symbol in der Titelleiste   Anklickbar zum Zeigen des Fensterinhaltes

Versteckter Fenstertransport

Regler für eine bessere Fensteransicht   Den gesamten Fensterinhalt mit ⌘-Ziehen ansehen

Die hier angegebenen Bezeichnungen stimmen nicht unbedingt mit den offiziellen Bezeichnungen (wenn Sie zum Beispiel in Hilfe die Erklärungen einschalten, werden diese gezeigt) überein, diese Bezeichnungen sollten mehr die Funktionen erläutern:

✔ **Versteckter Fenstertransport** – In den vergangenen Tagen konnte man ein Fenster nur dann bewegen, indem man es an der Titelleiste anfasste. Heute können Sie ein Fenster auch bewegen, indem Sie mit der Maus auf die dicken äußeren Rahmen zeigen und die Maustaste drücken.

✔ **Anklickbar zum Zeigen des Fensterinhaltes** – Wenn Sie in dieses Feld klicken, verschwindet der Fensterinhalt und es bleibt nur noch die schmale Titelleiste bestehen. Das ist ganz vorteilhaft, wenn sie viele offene Fenster auf Ihrem Bildschirm haben.

 (Wenn Sie die Options-Taste drücken, während Sie in dieses Feld klicken, werden alle offenen Fenster des gerade geöffneten Programms aufgerollt – eine sehr nützliche Technik, wenn Sie schnell verstecken wollen, woran Sie gerade arbeiten. *Options-Taste* und ein weiterer Klick öffnet die Fenster wieder.)

✔ **Regler für eine bessere Fensteransicht** – In Kapitel 1 haben wir Ihnen diesen kleinen Regler, mit dem Sie den gezeigten Inhalt des Fensters verändern können, vorgestellt. (Wir hoffen, Sie erinnern sich noch daran – andernfalls haben Sie bisher Ihren iMac wahrscheinlich nur dazu benutzt, um Memos zu schreiben, die nicht mehr als 5 cm breit waren.)

Wenn Sie diesen Regler langsam bewegen, wandert der Inhalt langsam an Ihnen vorbei und Sie können sich einen guten Überblick verschaffen.

✔ **Fensterinhalt mit ⌘+Ziehen ansehen** – Sie brauchen keine Rollbalken (Scrollbalken)! Sie können den gesamten Fensterinhalt einfach hin- und herschieben, wenn Sie einfach bei gedrückter ⌘-Taste in das Fenster klicken. Das geht seitwärts und nach oben oder unten – auf die Scrollbalken können Sie glatt verzichten!

✔ **Mini-Symbol in der Titelleiste** – Sehen Sie das niedliche kleine Symbol? Das ist aber mehr als nur ein Bild, es hat auch eine Funktion. Sie können das geöffnete Fenster mit diesem Minisymbol an einen anderen Platz verschieben – in einen anderen Ordner, in den Papierkorb oder auf einen externen Speicher als Backup.

✔ **Listenansicht verändern** – Wenn Sie sich den Inhalt eines Fensters als Liste anzeigen lassen, können Sie die verschiedenen Spalten schmaler oder breiter anzeigen lassen, indem Sie einfach die Spaltenlinien verschieben (A).

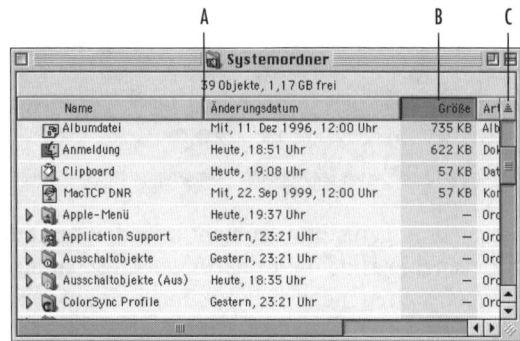

Und natürlich können Sie auch die Reihenfolge der Spalten nach Ihren Wünschen verändern – verschieben Sie einfach die Spalte Art vor die Spalte Größe, wenn Sie das wollen – indem Sie die Spaltenüberschrift verschieben (B).

Und um noch weiter auf diesem Punkt herumzureiten: Sie können die Sortierfolge verändern, indem Sie einfach auf die kleine Pyramide oben rechts (C) klicken – von A nach Z bzw. von Z nach A.

Und jetzt sollten wir uns alle ein wenig ausschlafen.

Zu- und aufgehende Fenster

Etwas Lustiges passiert mit einem geöffneten Fenster, wenn Sie es nach unten aus dem Bildschirm herausschieben – es verwandelt sich in einen kleinen Reiter.

Ziehen Sie das geöffnete Fenster nach unten an den Bildschirmrand ...

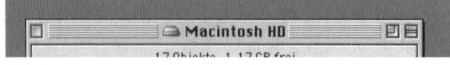

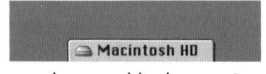

... und es verwandelt sich in einen Reiter.

Nun gut, Ihr Fenster hat sich in ein *Popup-Fenster* verwandelt. Wenn Sie auf diesen Reiter klicken, springt es wieder auf wie eine Blüte beim ersten Sonnenstrahl; wenn Sie dann wieder auf den Reiter klicken, sehen Sie diesen wieder in der ursprünglichen Position am unteren Bildschirmrand. Der Vorteil dabei ist, dass Sie sich auf dieses Weise immer einige geöffnete Fenster auf dem Bildschirm behalten können, ohne dass diese stören, und sie nur bei Bedarf zeigen.

Und Sie können sehr schnell zwischen diesen Fenstern hin- und herschalten, indem Sie einfach auf die entsprechenden Reiter klicken. (Sie müssen übrigens das gerade geöffnete Fenster nicht selbst schließen, wenn Sie einen anderen Reiter anklicken – das macht der iMac automatisch für Sie.) Versuchen Sie es doch einmal selbst und legen Sie einige Ihrer Ordner als geöffnete Fenster in dieser Form an den unteren Bildschirmrand.

Und übrigens: Um das Fenster wieder in seiner ursprünglichen Form zu zeigen, ziehen Sie es einfach nach oben über die Bildschirmmitte hinaus – der Reiter verschwindet dann von alleine.

Die iMac Tastatur: Etwas anders als Vaters Schreibmaschine

Wenn Sie das erste Mal vor einem Computer sitzen, erschrecken Sie vielleicht über die Vielzahl der Tasten. Eine normale Schreibmaschine hat etwa 50, ein Computer dagegen über 100.

Jedoch sind nur einige der bizarren Extratasten wirklich sinnvoll. Hier ist eine Liste der wichtigsten Tasten und was sie bewirken:

Home: Auf einer normalen Computer-Tastatur bedeuten »*Home*« und »*End*« einen Sprung an den Anfang bzw. das Ende eines Fensters. Wenn Sie sich in einem Textverarbeitungsprogramm befinden, können Sie mit diesen Tasten zum ersten bzw. letzten Wort springen. Wenn Sie sich in der Listenansicht z.B. des Finders befinden, wechseln Sie damit an den Anfang oder das Ende der Liste.

Allerdings hat die iMac Tastatur keine »*End*«-Taste – nur eine »*Home*«-Taste. Wenn Sie das wirklich stört, besuchen Sie die Webseite `www.northcoast.com/ jvholder` und downloaden und installieren Sie das kleine Kontrollfenster-Programm KeySwapper. Damit können Sie sich dann eine eigene Tastenkombination als »Ende«-Taste basteln. Viel Vergnügen!

✔ **Pg Up, Pg Down**: Diese Tasten bedeuten einen Sprung um jeweils eine Bildschirmgröße. Die Idee dabei ist, dass Sie durch die Dokumente von Textverarbeitungsprogrammen springen können, ohne die Maus zu benutzen.

✔ **NumLock, Löschen**: Löschen bedeutet »befreie mich von dem markierten Text aber lege keine Kopie in die unsichtbare Zwischenablage, wie es der Befehl AUSSCHNEIDEN tut«. In Microsoft Exel bewirkt die Taste NumLock etwas ähnlich Obskures, aber davor wollen wir Sie verschonen.

✔ **Esc**: Steht für Verlassen und meint »*Klick das Schließfeld*« – wie man es in den meisten Dialogfeldern findet.

Wollen Sie das einmal ausprobieren? Wählen Sie dazu aus dem Menü DARSTELLUNG die DARSTELLUNGSOPTIONEN und drücken Sie die ⌊Esc⌋-Taste – und das Dialogfenster verschwindet.

✔ **Löschen**: Das ist die Rückschritt-Taste (⌊ ← ⌋), wie in Kapitel 3 beschrieben.

Wenn Sie auf einen iMac umsteigen, nachdem Sie bereits mit einem Windows-PC gearbeitet haben, werden Sie sich wundern, wo denn die DEL-Taste geblieben ist. Der iMac hat keine. (Vielleicht, weil diese Taste so teuer ist.) Wenn Sie allerdings auf dieser Taste bestehen sollten, ist KeySwapper (weiter oben bereits erwähnt) die Lösung. Damit können Sie sich eine eigene Tastaturkombination dafür basteln.

✔ **Return** und **Enter**: Beide Tasten bringen Ihren Text auf die nächste Zeile. Jedoch Vorsicht: Manche Programme machen hier auch Unterschiede zwischen den beiden Tasten. So beginnt AppleWorks mit Return einen neuen Absatz, mit Enter jedoch eine neue Seite.

✔ **Befehlstaste** (⌘-Taste): Diese Taste ist Teil von Tastatur-Kurzbefehlen wie in Kapitel 2 beschrieben. (Wird auch gerne Apfel-Taste genannt.)

✔ **Options-Taste**: Diese Taste erzeugt zum Beispiel Kontext-Menüs wie in Kapitel 2 beschrieben; sie wird für die verschiedenen Sonderzeichen benötigt (siehe Kapitel 9) und vor allem für die in diesem Kapitel beschriebenen geheimen Funktionen. (Wird auch gerne *Wahl-Taste* oder auch *Alt-Taste* genannt.)

✔ **Hilfe**: Diese Taste öffnet die iMac-Hilfe. Die Hilfe funktioniert auch in AppleWorks, in Microsoft-Programmen und anderer üblicher Software. (Vielleicht nicht in weniger bekannten Programmen und natürlich nicht in Programmen, die keine Hilfefunktionen haben.)

Das »Sag einfach Nein«-Tastaturkürzel

Es gibt einen wundervollen Tastatur-Kurzbefehl mit der Bedeutung von Nein in der iMac-Sprache. Zum Beispiel für »Nein, ich habe meine Meinung zum Drucken (oder Kopieren oder Öffnen eines Programmes) geändert – stop das jetzt!« oder »Nein, ich finde dieses Dialogfenster jetzt überhaupt nicht wichtig, laß' es einfach verschwinden!« oder »Nein, ich will meinen persönlichen Terminkalender nicht per E-Mail durch die ganze Welt schicken!« oder »Hör' auf, nach dieser CD zu fragen, ich habe sie bereits herausgenommen!«

Und dieser magische Befehl ist ⌘+*Punkt* $\boxed{.}$.

Nehmen Sie einmal an, Sie haben gerade damit begonnen, eine 8000-Seiten-Abhandlung über die wichtigsten Fehlentscheidungen der Bundesregierungen in den letzten 20 Jahren auszudrucken und Sie entdecken nach der zweiten gedruckten Seiten dass bei den Seitenzahlen nicht wie von Ihnen eigentlich gewollt »Seite« sondern »Pleite« steht – dann hilft Ihnen dieser Kurzbefehl und stoppt den Ausdruck der restlichen 7998 Seiten. Vielleicht nicht alle, da der iMac bereits einen Teil an den Drucker geschickt hat – aber den Ausdruck des größten Teils können Sie sicher verhindern.

Oder Sie haben versehentlich einen Doppelklick auf ein falsches Symbol ausgeführt. Wenn Sie jetzt ⌘+$\boxed{.}$ eingeben, wird die Datei nicht geöffnet und Sie kehren in den Finder zurück. Und wenn der iMac immer wieder von Ihnen verlangt, dass Sie jetzt endlich die CD, die Zip-Disks oder was auch immer einlegen, können Sie ihn mit diesem Kurzbefehl zeigen, wer hier das Sagen hat und ihn zum Schweigen bringen.

Viel Spaß mit Funktionstasten

Die Tasten ganz oben auf der iMac Tastatur sind die so genannten Funktionstasten. Obwohl die meisten Tastaturen über diese Tastenreihe verfügen, sind die meisten davon nicht belegt. Damit Sie sinnvoll genutzt werden können, müssen die Funktionen auf einigen Computern nachträglich programmiert werden, was meist einen Marsch durch ein Tal voller Tränen bedeutet. Man könnte auch darüber sicherlich ein ganzes Buch füllen (Funktions-Tasten für Dummies oder so?)

Wir versuchen hier etwas davon zu erklären – vielleicht finden Sie ja an einem verregneten Sonntagnachmittag einmal die Muße, sich damit etwas eingehender zu beschäftigen und die einzelnen Funktionen selbst zu erkunden.

Ältere iMacs

Die ersten vier Funktionstasten (F1 bis F4) sind mit den Befehlen RÜCKGÄNGIG, AUSSCHNEIDEN, KOPIEREN und EINFÜGEN belegt (wie im Menü BEARBEITEN). Die anderen Tasten sind frei. Wenn Sie wollen, können Sie eine zusätzliche Software, zum Beispiel QuicKeys, kaufen und die Tasten belegen, um zum Beispiel Ihre wichtigsten Programme zu öffnen, zu drucken oder wovon auch immer Sie träumen.

Neuere iMacs (DVD-Laufwerk)

Hier ist die Sache natürlich schon viel eleganter gelöst. In weniger als zwei Minuten können Sie die Funktionstasten ganz nach Ihren Wünschen belegen. Zum Beispiel, dass F1 Apple-Works öffnet, F2 die Internetverbindung herstellt und so weiter und so weiter. Ehrlich gesagt, ein Programm, das Sie ständig nutzen, einfach über eine Funktionstaste zu öffnen, ist nicht nur cool, sondern auch zeitsparend.

Und so funktioniert das:

1. **Wählen Sie das Kontrollfeld** TASTATUR **aus dem -Menü und klicken Sie auf** FUNKTIONSTAS-TEN**. Es erscheint dieses Dialogfenster:**

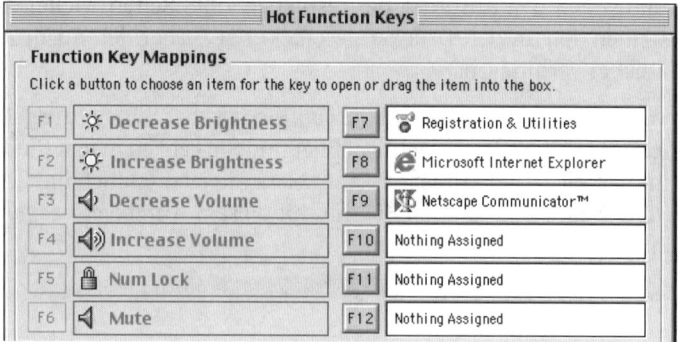

2. **Klicken Sie auf eine F-Taste (zum Beispiel F1).** Sie erhalten einer Übersicht aller Dateien auf Ihrer Festplatte.

3. **Suchen Sie das Programm, das Sie mit dieser Funktionstaste öffnen wollen und doppel-klicken Sie darauf.** Sie können sich diesen Vorgang auch etwas einfacher machen, indem Sie einfach das Symbol der gewünschten Datei oder des gewünschten Programms in das weiße Feld ziehen, in dem jetzt noch *»Nichts zugewiesen«* steht. In jedem Fall erscheint der Name der Datei oder des Programms dann in dem Eingabefeld.

4. **Klicken Sie OK.** Ihre neu belegten Funktionstasten funktionieren sofort! Wenn Sie sie drücken, werden die entsprechenden Programme oder Dateien geöffnet. Und wenn das Programm bereits geöffnet ist, können Sie es mit der Funktionstaste in den Vordergrund holen, wenn Sie mit mehreren Programmen gleichzeitig arbeiten.

 Wenn Sie die Belegung einer Funktionstaste rückgängig machen oder ändern wollen, öffnen Sie das Tastatur-Kontrollfenster, klicken auf Tastaturbelegung, markieren die entsprechende Belegung und klicken dann CLEAR. Wenn Sie alles erledigt haben, klicken Sie OK.

Mehrere Benutzer (Mac OS 9)

Sie erfahren alles über das Betriebssystem Mac OS 9 in Kapitel 17. Sollten Sie jetzt allerdings zu müde sein, um so weit zu blättern, hier zunächst das Wichtigste: Ein OS – oder Betriebssystem – ist die Software in Ihrem Systemordner, die Ihren Computer steuert. Mac OS 9 ist ein modernes Betriebssystem, das Ihrem iMac viele neue Eigenschaften verleiht. Die ersten iMacs kamen 1998 mit dem Betriebssystem Mac OS 8.1, 8.5 oder 8.6. Für diese iMacs erhalten Sie a) Upgrades wie in Kapitel 18 beschrieben oder Sie kaufen sich einfach einen neuen iMac ab Baumonat Oktober 1999. Diese Computer kommen gleich mit dem Betriebssystem Mac OS 9 zu Ihnen. iMacs können Sie nie genug haben.

Mac OS 9 bietet zwei dramatische Neuerungen: Sherlock 2 (in Kapitel 7 beschrieben) und das Kontrollfeld MEHRERE BENUTZER. Wenn Sie alleine mit Ihrem iMac arbeiten, können sie während der folgenden Erklärungen ins Freibad gehen oder sich ein Bier holen. Die MEHRERE BENUTZER-Funktion ist nur für Anwender, die sich den iMac teilen, zum Beispiel in Schulklassen, Familien oder Klöstern.

Die großartige Idee

Die Funktion MEHRERE BENUTZER arbeitet wie folgt: Wenn Sie den iMac einschalten, erhalten Sie eine Liste aller Benutzer dieses Computers wie hier:

Klicken Sie mit der Maus auf Ihren Namen (wenn das System so eingestellt ist, dass ein Passwort erforderlich ist, müssen Sie dieses zuvor eingeben). Danach ist der iMac bereit – allerdings können Sie nur die von Ihnen genutzten Ordner, Programme und Dateien sehen. Die Arbeit der anderen Benutzer bleibt Ihnen verborgen.

Dabei ist ein Benutzer immer der Administrator des iMac, zum Beispiel der Lehrer, die Eltern oder der Abt. Der Administrator hat einen besonderen Status und sieht alle Dateien und Ordner. Der Administrator richtet den Computer auch für die anderen Benutzer ein. In den folgenden Ausführungen gehen wir davon aus, dass Sie der Administrator sind.

Die Einrichtung mehrerer Benutzer

Stellen Sie sich einmal vor, dass Sie Ihren iMac mit drei anderen Mönchen in Ihrem Kloster gemeinsam nutzen wollen: dem leicht überspannten Bruder Paul; dem sieben Jahre alten Meßdiener Georg und Ludwig, dem für die Gestaltung der Webseiten des Klosters verantwortlichen Bruder. Sie wollen natürlich den iMac so einrichten, dass jeder der Mitbenutzer optimal damit arbeiten kann. Das müssen Sie nun tun:

1. **Wählen Sie Kontrollfelder aus dem -Menü und öffnen Sie das KONTROLL-FENSTER|MEHRERE BENUTZER.** Es erscheint ein Dialogfenster wie hier:

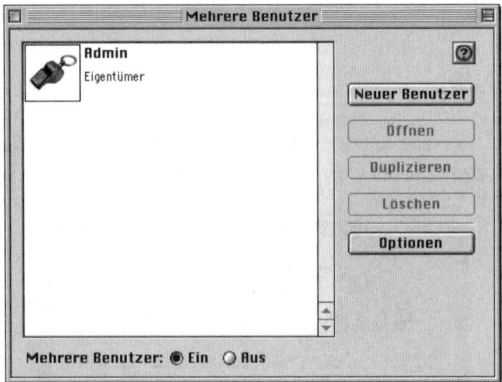

2. **Klicken Sie auf NEUER BENUTZER und dieses Dialogfenster erscheint:**

3. **Schreiben Sie *Harald*. (Wenn Sie jetzt noch ein Passwort vergeben wollen, das Harald eintragen muss, bevor er mit dem iMac arbeiten kann, geben Sie dieses auch ein). Jetzt müssen Sie noch angeben, zu welchen Teilen der iMac-Welt Harald Zutritt haben soll, indem Sie auf NORMAL, EINGESCHRÄNKT bzw. KARTEN klicken.**

Sie können nicht nur festlegen, welche Dateien und Programme Bruder Paul, Harald und Bruder Ludwig benutzen dürfen, Sie können ihnen innerhalb der iMac-Welt auch einen bestimmten Bewegungsspielraum geben. Bruder Ludwig, dem Experten, richten Sie den Modus NORMAL ein, in dem der iMac so aussieht, wie Sie ihn jeden Tag sehen, außer dass Bruder Ludwig die Einstellungen des MEHRERE BENUTZER-Kontrollfeldes nicht verändern kann, wie Sie es können. Für Bruder Paul reicht der Modus EINGESCHRÄNKT – auch er wird auf den ersten Blick keinen Unterschied bemerken, außer dass keine Kontrollfelder im - Menü gezeigt werden. Jedoch erhält er dafür zwei zusätzliche Ordner auf seinem Schreibtisch – einen für seine Dateien und den anderen für die Programme, mit denen er arbeiten darf. (Das legen Sie dann in Schritt 5 fest.) Diese Einstellung macht es ihm außerdem leicht, sich schnell zurechtzufinden. Für den sieben Jahre alten Messdiener Harald dagegen richten Sie den Modus KARTEN ein. Wenn Harald nun den iMac einschaltet, sieht er nur zwei große Fenster – eines enthält seine Dokumente, das andere seine Programme, wie hier gezeigt:

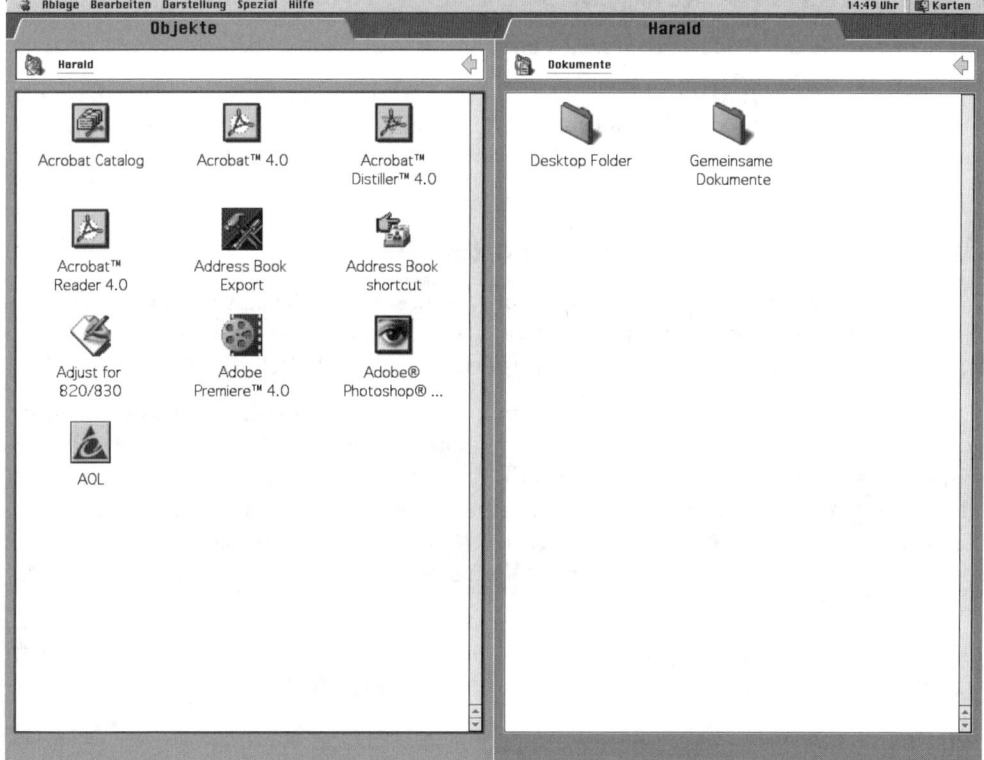

4. **Klicken Sie nun auf die Option** EINSTELLUNGSDETAILS ZEIGEN.

Es erscheint eine wahre Armee weiterer Einstellmöglichkeiten. Wenn Sie zum Beispiel auf das Tab BENUTZERINFOS klicken, können Sie ein kleines Bild auswählen, das neben Haralds Namen auf dem Eingangs-Bildschirm erscheint. Für Unterstützung bei der Auswahl der anderen Optionen nehmen Sie bitte die Hilfefunktion in Anspruch (klicken Sie einfach in das FRAGEZEICHEN rechts oben in dem Dialogfenster).

Es wird nämlich Zeit, die Programme festzulegen, mit denen der kleine Harald arbeiten darf.

5. **Klicken Sie auf den Tab PROGRAMME und wählen Sie aus der Liste diejenigen aus, die Ihnen für den kleinen Kerl geeignet erscheinen.**

   Die Auswahl sollte hier so sein, dass sich Harald schnell zurechtfindet und sich auch nur in den Programmen bewegt, die er versteht und die er braucht.

6. **Schließen Sie das Fenster.**

   Sie sind wieder in der Benutzerübersicht. Um eine weitere Einstellung für Bruder Paul zu erstellen, klicken Sie auf NEUER BENUTZER und führen Sie die weiteren Schritte wie beschrieben aus (Sie wollten hier den Modus EINGESCHRÄNKT verwenden).

7. **Schalten Sie die MEHRERE BENUTZER-Funktion ein.**

   (Wenn Bruder Paul, Harald und Bruder Ludwig eines Tages das Kloster verlassen, können Sie diese Funktion einfach wieder abschalten. Sollten Sie dann wieder zurückkommen, können Sie die gespeicherten Funktionen auch wieder über diese Einstellung aktivieren.)

Die Mehrere Benutzer-Funktion benutzen

Wenn Sie jetzt den iMac neu starten oder aufwecken, sehen Sie zuerst immer die Liste der Benutzer. Doppelklicken Sie auf Ihren Namen, geben Sie Ihr Passwort ein, wenn Sie eines in Schritt 3 vergeben haben, und Sie sind in Ihrer eigenen abgeschotteten Welt.

Eventuell erhalten Sie von den Mitbenutzern hin und wieder Nachrichten, dass die Ihnen zugeteilten Rechte nicht ausreichend sind. Zum Beispiel von Bruder Paul, der sich darüber beschwert, dass er nur mit den Programmen arbeiten kann, die Sie in Schritt 5 festgelegt haben; oder von Georg, der nicht versteht, dass er seine Dokumente nur in dem von Ihnen für ihn reservierten Ordner ablegen kann. Aber jeder von ihnen sieht nur seinen eigenen Bereich – sogar die Mitbenutzer, denen Sie den Modus Normal vergeben haben. Nur Sie sehen alles – das ist wahre Macht!

Übrigens, wenn Sie jetzt fertig sind mit Ihrer Arbeit, schalten Sie den iMac nicht aus, sondern wählen Sie NEUSTART aus dem Menü SPEZIAL und das Spiel beginnt neu!

Vereinfachter Finder: Ein einfacher Weg, damit der iMac umgänglicher wird

Die ganze Einrichtung für mehrere Benutzer ist ein guter Weg, um den iMac individuell für die unterschiedlichen Bedürfnisse und den unterschiedlichen Wissenstand verschiedener Benutzer einzurichten, für Benutzer eben, die die volle Leistungsfähigkeit des iMac nicht wollen oder nicht benötigen.

Wenn Sie sich selbst auch zu dieser Personengruppe rechnen, hier ist ein einfacher Weg, den iMac noch einfacher zu machen. Diese Option bewirkt einen stromlinienförmigen einfachen Finder mit auf das Notwendigste beschränkten Menüs. (Natürlich fehlen auch einige Befehle, wie zum Beispiel Alias erzeugen, Fenster schließen, Etiketten, Ruhezustand, Information und so weiter – und natürlich auch die entsprechenden Tastatur-Kurzbefehle wie $\boxed{\text{⌘}}$+$\boxed{\text{W}}$ für Fenster schließen etc.)

Probieren Sie diese vereinfachte Darstellung doch einmal aus: Wählen Sie im Finder aus dem Menü Bearbeitungen die Voreinstellungen und aktivieren Sie »vereinfachte Menüs« (auf demselben Weg können Sie diese Einstellung dann auch wieder rückgängig machen). Obwohl der Befehl Ruhezustand jetzt nicht mehr im Menü Spezial enthalten ist, können Sie Ihren iMac schlafen lassen – indem Sie ihn einfach ausschalten.

Wenn Sie sich im Modus mit den vereinfachten Menüs befinden, vergessen Sie nicht, dass Sie das selbst eingestellt haben. Viele der Befehle sind aus den Menüs verschwunden und Sie werden es schwer haben, den Erläuterungen in diesem Buch weiter zu folgen. Stellen Sie am besten wieder um – manchmal sind die einfachen Finder doch nicht so einfach.

USB, Ethernet, AirPort und andere imponierende Schnittstellen

14

In diesem Kapitel

▶ Wie Sie Ihren iMac mit einem anderen Computer über Ethernet verbinden

▶ Wie Sie zusätzliche USB-Geräte anschließen

▶ Wie Sie Ihren iMac mit anderen Macs über die drahtlose AirPort Karte verbinden

---

Der iMac hat kein eingebautes Floppy Disk-Laufwerk mehr. Das ist jedoch kein großer Verlust, wenn es darum geht, Daten von Ihrem iMac auf einen anderen Computer zu übertragen, denn der iMac bietet Ihnen für diese Übertragung verschiedene Möglichkeiten:

✔ Indem Sie die Datei einfach als Anlage mit einer E-Mail verschicken, siehe Kapitel 8.

✔ Indem Sie die Daten drahtlos mit AirPort übertragen.

✔ Indem Sie ein externes Laufwerk (z.B. Zip, SuperDisk, externe Platte) an die USB-Schnittstelle Ihres iMac anschließen.

✔ Indem Sie Ihren iMac und den anderen Computer mit einem Ethernet Kabel verbinden.

In diesem Kapitel zeigen wir Ihnen, wie Sie eine Verbindung mit den drei letztgenannten Möglichkeiten herstellen.

USB Nimble, USB Quick

Die 150 Macintosh Modelle vor 1998 hatten die verschiedensten Arten von Schnittstellen: einen Druckeranschluss, einen Modemanschluss, eine SCSI Verbindung, einen ADB-Anschluss und so weiter. Diese hatten alle unterschiedliche Stecker und benötigten unterschiedliche Kabel. Sie mussten genau wissen, wofür der Anschluss gedacht war, welches das richtige Kabel war und was an die einzelnen Anschlüsse angeschlossen werden konnte und wann die Geräte angeschlossen werden konnten (nämlich nur bei ausgeschaltetem Computer, um einen Schaden zu vermeiden). Das Leben war ungewöhnlich kompliziert.

Anstatt dieser unterschiedlichen Anschlüsse hat der iMac nur eine Version, den USB-Anschluss (= Universal Serial Bus – aber Sie müssen ja nicht für eine Prüfung lernen). Im Gegensatz zu den alten Anschlüssen bietet USB eine Million Vorteile:

✔ Sie können externe Geräte anschließen und auch wieder vom iMac trennen, ohne den Computer jedesmal ausschalten zu müssen. (Wenn Sie das bei einem normalen Mac SCSI-Anschluss oder einer normalen Mac Tastatur tun, kann aus Ihrem teuren HighTech-Gerät ganz schnell ein wertloses Plastikteil werden.)

✔ Sie müssen nicht mehr wissen, welches Kabel für welchen Anschluss und für welches externe Gerät gerade das richtige ist (Drucker, Floppy Disk-Laufwerke, Tastatur, Modem, Joystick, Scanner, Lautsprecher, Digitalkamera, Mikrophon etc.). Beim iMac passen Sie alle an die USB-Schnittstellen. (Natürlich nur immer eines zur Zeit – aber lesen Sie dazu mehr in »Mehr über USB-Anwendungen« im nächsten Abschnitt.)

✔ Viele USB-Geräte beziehen Ihren Strom direkt über den iMac, das erspart Ihnen den zusätzlichen Stress mit den Stromkabeln und den Steckdosen für alle Ihre zusätzlichen Geräte.

Wo sind die USB's?

Ihr iMac hat mehrere USB-Anschlüsse. Zwei an der Seite des Computers. (Ältere iMac-Modelle verbergen Sie hinter einen kleine Kunststofftür.) Und zwei weitere an der Tastatur. Jeder davon ist mit einem dreizackigen Baumsymbol markiert (sehen Sie dazu Anhang A).

Natürlich sollten Sie Ihre Tastatur mit einem der USB-Anschluss an Ihrem iMac verbinden und die Maus mit der Ende der Tastatur. Dadurch bleiben jedoch immer noch zwei USB-Anschlüsse frei für andere Anwendungen – einer an der Seite des iMac und der andere an der Tastatur.

Ein neues USB-Gerät anschließen

Wie die meisten Computer Ergänzungen bringen auch viele USB-Geräte eine spezielle Software mit, die auf dem iMac installiert werden muss. Sie finden diese Software auf einer CD-ROM, die mit dem Gerät geliefert wird. Legen Sie die CD ein und sehen Sie dann nach einer Datei names Installation, Installer oder so ähnlich, doppelklicken Sie darauf und folgen Sie den jeweiligen Installationsanweisungen.

Nach der Installation der Software verbinden Sie das Gerät mit dem iMac (USB-Schnittstelle). Wenn die Schaltkreise alle gut gestimmt sind, funktioniert dann das neue Gerät wie es in der Werbung versprochen wurde.

Mehr USB-Geräte anschließen

Sie werden über kurz oder lang vor einem Problem mit den USB-Schnittstellen stehen: Nachdem Sie die Maus und die Tastatur angeschlossen haben, bleiben nur noch 2 freie Plätze. Vielleicht für Ihren Scanner und Ihren Drucker – ganz hervorragend – und wo schließen Sie jetzt Ihre Digitalkamera an?

Ganz einfach: Kaufen Sie sich einen Adapter mit mehreren Anschlussmöglichkeiten. Damit können Sie Ihre Anschlussmöglichkeiten auf einen Schlag mulTipplizieren und gewinnen vier, acht oder sogar noch mehr freie Plätze. Wenn Sie genügend dieser Adapter miteinander kombinieren, können Sie bis zu 127 Geräte gleichzeitig mit Ihrem iMac verbinden. (Ohne ID-Kennungen, Terminator oder Kabelsalat wie bei den alten SCSI-Verbindugen. Und Sie haben keinerlei Beschränkungen in der Auswahl der Geräte – dank der hervorragenden Technik lernen Sie ein sehr unerfreuliches Zeitalter gar nicht mehr kennen.)

In Anhang A finden Sie eine Auswahl dieser Adapter-Zentralen.

Wie können Sie ältere Macintosh-Peripheriegeräte an Ihrem iMac anschließen?

Diese Frage taucht immer wieder auf: »Ich habe ein/eine/einen Lieblings-Drucker, -Tastatur, -Maus, -Digitalkamera aus der Zeit vor den USB-Macintoshs. Wie kann ich diese an meinen iMac anschließen?«

Ganz einfach: Kaufen Sie USB-Adapter, kleine Verbindungsstücke, die den notwendigen Datenaustausch der alten Geräte für die USB-iMacs übernehmen. In Anhang C finden Sie eine kleine Auswahl davon.

Irgendwann werden keine Adapter mehr notwendig sein. Dann werden alle Macintosh-Modelle mit USB-Schnittstellen ausgerüstet und alle Peripheriegeräte mit dieser Technologie ausgestattet sein. Aber das kann noch etwas dauern.

Ethernet leicht gemacht

Ethernet ist eine spezielle Art der Verbindung zwischen Computern. Es ist schnell, leicht verständlich und einfach auszusprechen. Damit können Sie Dateien zwischen Ihrem iMac und einem anderen Mac durch Ziehen einfach hin- und herschicken. Für Backups und alle anderen Zwecke.

Bevor Sie weiterlesen, noch Eines: Es ist sehr sehr einfach, Ihren iMac direkt mit einem anderen Computer zu verbinden, dafür brauchen Sie nur ein vergleichsweise preiswertes Kabel – ein so genanntes *CrossOver-Kabel*. Sehr viel komplizierter dagegen ist der Aufbau eines Netzwerkes aus Macintosh-Computern in einem Büro, dazu brauchen Sie einen etwas teureren Adapter und natürlich wesentlich mehr Kabel.

Sie haben jedoch gutes Geld für dieses Buch bezahlt (oder es sich zumindest in einer guten Bibliothek ausgeliehen), daher wollen wir Ihnen die notwendigen Schritte für die beiden Verbindungen auch erklären.

Einen Mac mit einem anderen Mac verbinden

Schritt 1: Nehmen Sie das Kabel (CrossOver-Kabel)

 Stecken Sie die Enden des Ethernet-Kabels in die Ethernet-Schnittstellen der beiden Macintosh Computer. Das ist der seitliche Anschluss an Ihrem iMac, der aussieht wie ein überdimensionierter Telefonanschluss.

Schritt 2: Richten Sie die iBook Software ein

Nun wenden Sie Ihre ganze Aufmerksam der in den Macs installierten Software zu. Die Mac Netzwerk-Software ist beeindruckend. Sie können Tage damit zubringen, Passwörter und entsprechende Zugangsberechtigungen auf die verschiedenen Ordner und Dateien auf den beiden Computern einzugeben und so weiter – und manche Profis tun das auch.

Aber wenn Sie der einzige sind, der Ihren iMac benutzt, ist das wohl alles etwas übertrieben. Wenn Sie zum Beispiel zwei Macs besitzen – zum Beispiel einen iMac und ein iBook-Laptop – sind Sie sicher weitaus mehr an einem schnellen Datenaustausch zwischen den beiden Geräten interessiert.

Zur Klarstellung: Wir gehen hier davon aus, dass Sie an einem iMac sitzen und das iBook-Symbol auf Ihren Bildschirm bekommen wollen. (Sie können diese Annahme natürlich auch in anderer Richtung sehen.) Jedoch müssen Sie die folgenden Schritte in jedem Falle nur einmal durchführen! Danach können Sie die beiden Computer mit einem Doppelklick miteinander verbinden.

Nehmen Sie diese Schritte auf dem iBook vor:

1. **Öffnen Sie das** KONTROLLFELD|APPLETALK **(Kontrollfelder im -Menü), wählen Sie** ETHERNET **aus dem Popup-Menü, schließen Sie das Fenster und sichern Sie die Änderungen.**

   Sie werden gefragt, ob AppleTalk eingeschaltet werden soll – ja.

2. **Öffnen Sie das** KONTROLLFELD|FILE SHARING**, geben Sie bei Besitzer Ihren Namen und bei Computer eine Bezeichnung für Ihr iBook ein.**

   Wenn Sie der einzige sind, der dieses iBook benutzt, nutzen Sie einen einfachen, leicht einzugebenden Namen, zum Beispiel Ihre Anfangsbuchstaben oder einfach »Ich« (und lassen Sie das Passwort frei, da Sie hier ja keine zusätzliche Sicherheit brauchen).

3. **Klicken Sie auf den** START **Button,** *schließen* **Sie das Fenster und sichern Sie Ihre Änderungen; wenn Sie darauf aufmerksam gemacht werden, dass Sie kein Passwort eingegeben haben, klicken Sie OK und führen Ihr geruhsames Leben einfach fort.**

Schritt 3: Den iMac einrichten

Ihr iBook ist nun bereit für die Verbindung. Und so bringen Sie nun das iBook Symbol auf den Bildschirm des iMac – führen Sie diese Schritte auf Ihrem iMac durch:

1. **Öffnen Sie das** KONTROLLFELD|APPLETALK, **wählen Sie** ETHERNET **in dem Popup-Menü, schließen Sie das Fenster und sichern Sie. Und lassen Sie auch diesmal den Computer AppleTalk einschalten, wenn er danach fragt.**

2. **Öffnen Sie das** KONTROLLFELD|FILE SHARING **und geben Sie den selben Namen ein, den Sie in Schritt 2 bei der Einrichtung des iBook verwendet haben, schließen Sie das Fenster und klicken Sie OK, wenn Sie die Warnung über das fehlende Passwort erhalten.**

3. **Wählen Sie aus dem 🍎-Menü** NETZWERK BROWSER **und doppelklicken Sie in dem Dialogfenster auf den Namen, den Sie Ihrem iBook gegeben haben (unten links) und klicken Sie auf Verbinden im folgenden Dialogfenster (unten rechts).**

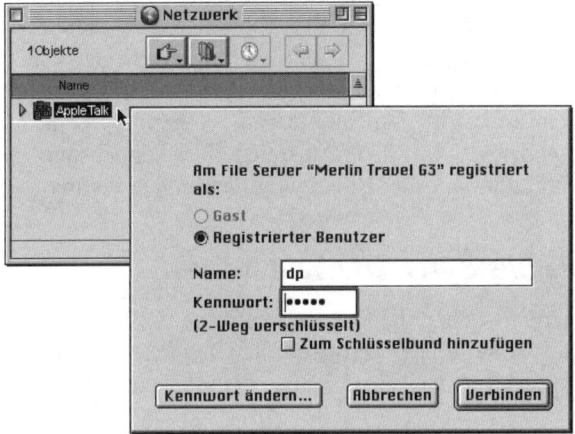

Das Symbol der iBook-Festplatte erscheint in dem Netzwerk Browser-Fenster. Ein Doppelklick öffnet das iBook-Fenster und siehe da, Sie sind auf dem anderen Computer!

Sie können jetzt auf dem iBook von Ihrem iMac aus arbeiten wie Sie es gewohnt sind. Sie können zum Beispiel einen Ordner kopieren, indem Sie ihn aus dem iBook-Fenster einfach in ein iMac-Fenster ziehen – oder umgekehrt – oder wieder zurück.

Damit Sie beim nächsten Mal mit dem Aufbau der Verbindung Zeit sparen, erstellen Sie ein Alias des iBook-Festplatten-Symbols, das jetzt auf Ihrem iMac-Bildschirm ist. (Sehen Sie dazu auch Kapitel 13.) Wenn Sie dann wieder die Verbindung aufbauen wollen, benötigen Sie die zuvor beschriebenen Schritte nicht mehr, sondern brauchen nur noch einen Doppelklick auf das Alias des iBook zu tätigen und dann die Bestätigung OK und das Original des Symbols der iBook-Festplatte springt auf Ihren Bildschirm.

Ach – und noch etwas: Wenn die Geräte nicht beide eingeschaltet und mit dem Ethernet-Kabel verbunden sind, erhalten Sie beim Start eine mysteriöse Meldung. Klicken Sie einfach OK und starten – falls erforderlich – den einen oder anderen Computer noch einmal. (Beim nächsten Mal sind die beiden Macs verbunden und eingeschaltet und es erscheint keine Meldung mehr.)

Ein lebendiges, das ganze Büro umfassendes Ethernet-Netzwerk aufbauen

Seien Sie gewarnt, diese Einrichtung ist weder einfach noch preiswert. Es ist nicht wirklich technisch schwierig, aber Sie können bei den vielen durchzuführenden Schritte ganz schön ins Schwitzen kommen.

Nehmen Sie an, Sie haben einen iMac, ein iBook, einen Power Macintosh und einen Laserdrucker, die Sie miteinander verbinden wollen – ach, und natürlich ein Büro, in dem das alles passieren soll. Besuchen Sie zuerst den nächsten Computerladen und kaufen Sie einen Ethernet-Zentralanschluss (ein Hub oder – mit üblicherweise 4 bis 24 Anschlüssen – Sie brauchen einen Anschluss für jedes anzuschließende Gerät). Außerdem kaufen Sie eine ausreichende Menge Ethernet-Kabel (oder »10BaeT« oder »100BaseT«) in ausreichender Länge, damit Sie alle Macs und den Drucker mit der Zentrale (Hub/Switch) verbinden können.

Großer Schritt 1: Das Büro verkabeln

Die meisten Menschen versuchen die Ethernet-Zentrale und die Kabelmenge darum herum zu verstecken – in der Toilette oder sonstwo. Manche engagieren einen Elektriker, um die Kabel in der Wand zu verlegen, weil sie frei liegende Kabel einfach nicht ertragen.

Wenn sich der Rauch dann endlich verzogen hat und alles wieder sauber ist, sollte jedoch jeder Computer und der Drucker über Kabel direkt mit der Ethernet Zentrale verbunden sein – die Zentrale ist wie der Körper eines Tintenfisches und die Kabel sind die einzelnen Tentakel. (Verbinden Sie auf keinen Fall einen der Computer direkt mit einem anderen!)

Großer Schritt 2: Jedem Computer eine eigene Identität geben

Setzen Sie sich dafür vor den ersten Computer und folgen Sie diesen Schritten:

1. **Öffnen Sie das KONTROLLFELD|APPLETALK, wählen Sie ETHERNET aus dem Popup-Menü, schließen Sie das Fenster und sichern Sie die Änderungen.**

   Sie werden gefragt, ob AppleTalk eingeschaltet werden soll – ja.

2. **Öffnen Sie das KONTROLLFELD|BENUTZER&GRUPPEN und klicken Sie für jede Person, die in Ihrem Büro arbeitet, NEUER BENUTZER, geben Sie den Namen der Person und das entsprechende Passwort ein, schließen Sie das Fenster NEUER BENUTZER.**

 Wenn Sie sich keine Gedanken über Sicherheitsmaßnahmen machen müssen – wenn also jeder im Büro uneingeschränkt auf jeden Computer Zugriff haben kann – vergessen Sie den zweiten Teil. Doppelklicken Sie stattdessen auf das Symbol Gast, wählen Sie aus dem Popup-Menü SHARING und dort die Option GÄSTE DÜRFEN SICH BEI DIESEM COMPUTER ANMELDEN.

3. **Öffnen Sie das KONTROLLFELD|FILE SHARING und geben Sie den Namen der Person ein, die diesen Computer bedient. Geben Sie hier auch das Passwort und den Namen des Computers in die entsprechenden Felder ein. Klicken Sie auf den START Button, schließen Sie das Fenster und sichern Sie.**

   Name und Passwort sollten mit denen aus Schritt 2 übereinstimmen. Mit anderen Worten, wenn dies der Computer ist, den Peter Braun benutzt, geben Sie diesen Namen ein und das Passwort, das Sie für Peter Braun in Schritt 2 eingegeben haben.

4. **Markieren Sie das Symbol Ihrer Festplatte (Macintosh HD), klicken Sie INFORMATION im Menü ABLAGE und dann GEMEINSAM NUTZEN und aktivieren Sie die Option GEMEINSAME NUTZUNG ERMÖGLICHEN, schließen Sie das Fenster, klicken Sie OK und sichern Sie die Änderungen.**

   Damit haben Sie Ihre Festplatte für alle anderen Benutzer zugänglich gemacht, Sie können diesen Zugang mit demselben Schritt aber auch auf nur einen Ordner beschränken, indem Sie nicht die Festplatte, sondern nur einen Ordner darin markieren. Dann haben die anderen Benutzer zwar Zugang auf Ihre Festplatte, sehen aber nur den Inhalt dieses einen Ordners.

5. **Wiederholen Sie die Schritte 1, 2, 3 und 4 für die anderen Computer.**

Sie haben es geschafft und das Netzwerk eingerichtet, leihen Sie sich ein Video aus und entspannen Sie, Sie haben es sich verdient.

Großer Schritt 3: Verbinden

Die Einrichtung ist vollendet, jetzt kommt der große Test, ob auch alles funktioniert, wie Sie es sich gedacht haben.

1. **Am besten laden Sie alle Mitarbeiter ein, damit diese Ihre Arbeit bewundern können.**

   Wenn Sie alleine sind, überspringen Sie diesen Schritt.

2. **Wählen Sie NETZWERK BROWSER aus dem -Menü.**

   Wenn Sie dem Ethernet-Gott genügend Opfer gebracht haben, erscheinen jetzt die Namen der Computer in der Liste.

3. **Doppelklicken Sie auf den Namen des Computers, mit den Sie verbunden werden wollen.**

   Ein Fenster erscheint, in dem Sie sich identifizieren müssen.

4. **Klicken Sie auf GAST, falls dieser Button verfügbar ist. Falls nicht, müssen Sie Ihren Namen und Ihr Passwort eingeben, wie Sie sie festgelegt haben. Klicken Sie OK.**

    Das Festplatten-Symbol des ausgewählten Computers (oder das Ordner-Symbol – falls Sie das in Schritt 4 des großen Schrittes 2 markiert hatten) erscheint in dem NETZWERK BROWSER-Fenster. Öffnen Sie es mit einem Doppelklick und spielen Sie ein bisschen mit den darin enthaltenen Dateien.

Sie haben das Netzwerk alleine zum Leben erweckt! Wenn Sie dafür einen Spezialisten engagiert hätten, wären Sie jetzt um mehrere Tausend DM ärmer.

Zur Belohnung dürfen Sie jetzt noch Folgendes tun:

✔   Öffnen Sie das Symbol der Festplatte des anderen Computers. Sie können Dateien öffnen, wegwerfen, kopieren, umbenennen, oder auch die gesamte Dateiorganisation völlig verändern – egal, ob der Computer im gleichen Raum oder ein Stockwerk tiefer steht.

✔   Erstellen Sie ein Alias des Symbols der fremden Festplatte wie in Kapitel 13 beschrieben und legen Sie dieses Alias-Symbol irgendwo auf Ihren Schreibtisch. Wenn Sie das nächste Mal eine Verbindung zu dem anderen Computer herstellen wollen, benötigen Sie nur einen Doppelklick auf dieses Alias-Symbol und die Verbindung steht – ohne die vielen Schritte, das erspart Ihnen einige der beschriebenen Schritte.

✔   Schalten Sie die Computer aus, vernichten Sie Ihre Notizen und machen Sie sich einen netten Abend.

Drahtlos ins Internet mit AirPort

Was waren das noch für Zeiten, als man den Computer noch per Kabel über die Telefonsteckdose mit dem Internet verbinden musste!

Wie Sie vielleicht schon gehört haben, kommen die neuen iMacs mit DVD-Laufwerk ohne Telefonkabel aus. Im Gehäuse des iMac ist nämlich eine Antenne für drahtlose Übertragung integriert. Dank dieser Antenne genießen Sie die folgenden Vorteile:

✔   Sie können im Internet surfen, ohne dass Sie ein zusätzliches Kabel an den iMac anschließen müssen. Sie können den iMac sogar in einem Raum ohne Telefonanschluss aufstellen, solange die Entfernung zum nächsten Telefonanschluss nicht mehr als 30 Meter beträgt. Das ist besonders vorteilhaft, wenn Sie bereits über ein Modem oder einen ISDN-Anschluss verfügen. Dann können Sie den iMac überall im Haus benutzen.

✔   Sie können mit anderen iMac-Besitzern Spiele für mehrere Teilnehmer spielen – wenn diese auch über AirPort verfügen.

✔   Sie können Dateien zwischen Ihrem iMac und anderen Macs via AirPort drahtlos austauschen.

✔ Sie können gleichzeitig mit mehreren mit AirPort ausgestatteten Macs über einen Telefonanschluss, der mit Ihrem iMac verbunden ist, im Internet surfen.

Alle diese tollen Eigenschaften erhält der iMac durch eine neue Apple-Erfindung, die AirPort-Karte. Einmal eingerichtet, ist diese Technologie kinderleicht. Nach etwas Zeit und Geduld werden Sie bald nicht mehr darauf verzichten wollen.

Die AirPort Karte installieren

Ihr iMac bringt diese erstaunliche Leistung auch ohne AirPort-Karte, die Sie zusätzlich kaufen müssen. Eine AirPort-Karte sieht etwa aus wie eine VisaCard aus dünnem Metall. Sie erhalten Sie von Ihrem Apple-Händler oder direkt über die Apple-Webseite (www.apple.de) oder von einer der Adressen in Anhang B. Um Sie zu installieren, öffnen Sie einfach die Klappe an der Unterseite – die Verriegelung können Sie mit einer Münze lösen. Dann stecken Sie die Karte in die Halterung wie auf der beiliegenden Zeichnung dargestellt. Als Nächstes müssen Sie noch die Software von der AirPort CD-ROM installieren und es kann losgehen.

Online mit der Basis-Station

Der größte Nutzen der AirPort-Karte ist sicherlich, dass Sie sich drahtlos mit dem Internet verbinden können. Sie surfen im Web und versenden E-Mails ohne dass Sie sichtbar mit irgendetwas verbunden sind. Das Anwählen übernimmt ein kleiner Empfänger/Sender irgendwo in Ihrer Wohnung bzw. Ihrem Haus.

Der Name dieser Sende-./Empfangsstation ist AirPort Basisstation, kostet Sie noch einmal etwas zusätzlich und sieht aus wie eine kleine verchromte fliegende Untertasse.

Anstatt kleiner grüner Männchen enthält diese Basisstation jedoch ein Modem. Verbinden Sie einfach die Basisstation über den Modemanschluss (nicht den Ethernet Anschluss, der ist größer) mit der Telefonsteckdose. Ihr iMac kann mit einer bis zu 30 Meter entfernten Basisstation kommunizieren, sogar durch Wände und Decken hindurch. (Wenn Sie ein Kabelmodem oder einen ISDN-Anschluss haben, stellen Sie die Verbindung zum Telefonnetz über den Ethernet-Anschluss her.)

Stellen Sie sich einmal vor, Sie haben Ihren iMac auch dort aufgestellt, wo Ihr Fernsehgerät steht, und Sie starten nun den Webbrowser. Ihre Basisstation ein Stockwerk tiefer in Ihrem Büro beginnt zu wählen und Ihr iMac ist im Internet, ohne dass er mit irgendeinem Kabel mit irgendetwas verbunden ist (ausgenommen dem Stromnetz).

Ein Hinweis für Lehrer und kleine Büros: Über eine einzige Basisstation können gleichzeitig 10 und mehr mit AirPort ausgestattete iMacs (iBook Laptops zum Beispiel) im Internet surfen. Aber bitte beachten Sie, dass die Geschwindigkeit immer geringer wird, je mehr Macs gleichzeitig betrieben werden.

Einrichten der Basisstation

Der Schlüssel für die richtige Einrichtung der Basisstation ist ein Programm names AirPort-Assistent. Sie finden dieses Programm bereits auf Ihrer Festplatte im Ordner Assistenten. Geben Sie dort einfach die gewünschten Antworten, zum Beispiel auch den Namen und das Passwort der Basisstation, ein.

Die meisten Menschen vergeben dabei Namen wie »Basisstation Keller« oder »Müllers Mathematikklasse«. Jedesmal, wenn die Basisstation Sie drahtlos verbinden soll, müssen Sie das Passwort eingeben. Es empfiehlt sich daher, diese Angabe einfach frei zu lassen, wenn nicht sehr gewichtige Sicherheitsgründe für die Nutzung eines Passwortes sprechen sollten. (Es könnte ja sein, dass Ihr Nachbar im Reihenhaus nebenan auch einen iMac besitzt und ohne Passwortschutz über Ihre Basisstation im Internet surft.)

Wenn Sie das erledigt haben, ist Ihre Basisstation perfekt konfiguriert.

Verbinden mit dem Internet – und die Verbindung trennen

Stellen Sie Ihren iMac an irgendeinen Ort, von dem aus Sie noch nie im Internet gesurft haben (Dachboden) und tun Sie dann bitte Folgendes:

1. **Klicken Sie auf das AirPort-Symbol in der Kontrollleiste und wählen Sie dann den Namen der Basisstation, mit der Sie verbunden werden wollen.**

   Da die meisten Menschen nur über eine Basisstation verfügen, sehen Sie auch nur einen Namen in dieser Liste wie hier:

2. **Wenn nach dem Passwort gefragt wird, geben Sie es ein und bestätigen mit der Return-Taste.**

   Wenn Sie kein Passwort eingegeben haben, werden Sie natürlich auch nicht danach gefragt.

3. **Öffnen Sie Ihr Internetprogramm: Internet Explorer oder Netscape Navigator (für das Web) oder Outlook Express (für E-Mails).**

Die Basisstation wählt die Nummer. (Die Basisstation hat keinen Lautsprecher, daher werden Sie die typischen Wählgeräusche vermissen. Es blinken nur die beiden Lämpchen.) Wenn die Verbindung hergestellt ist, werden Sie allerdings keinen Unterschied zwischen drahtlosem Surfen und Surfen über das Telefonkabel bemerken.

Während Sie verbunden sind, können Sie die Stärke des Antennensignals Ihres iMac zur Basisstation überprüfen – entweder im AirPort-Programm in Ihrem -Menü oder über das AirPort-Symbol in der Kontrollleiste. Fünf Punkte bedeuten ein starkes Signal. Je weiter Sie von der Basisstation entfernt sind, desto schwächer wird das Signal und desto geringer wird die Geschwindigkeit, mit der Sie im Internet surfen können.

Wie bereits angesprochen, durchdringt das Signal zwischen der Basisstation und Ihrem iMac auch Decken und Wände – meistens jedenfalls. Während Glas, Papier und Holz das Signal ungehindert durchlassen, kann es bei Stein- oder Betonwänden jedoch zu Verminderungen kommen – ebenso bei Metallkonstruktionen.

Wenn Sie Ihren Internetbesuch beenden wollen, sollten Sie die Basisstation wieder trennen, damit die Telefonleitung für die wichtigen Dinge des Lebens frei wird (zum Beispiel für den Anruf Ihrer Schwiegermutter). Auflegen können Sie auf folgende Weise:

✔ Wählen Sie AirPort aus dem -Menü und dann Auflegen AirPort Basisstation.

✔ Warten Sie einfach ab. Wenn die Basisstation 10 Minuten lang keine Aktivität registriert, trennt sich die Verbindung automatisch.

Den iMac als Basisstation nutzen

Sie müssen nicht unbedingt eine AirPort-Basisstation kaufen, um an den Freuden des drahtlosen Internet-Surfens teilnehmen zu können (obwohl es natürlich ziemlich hightech-mäßig aussieht, wenn Sie so ein Gerät auf dem Schreibtisch stehen haben). Sie können Ihren iMac auch als Basisstation – auch für andere Macs, zum Beispiel für einen iBook Laptop – benutzen. Mit anderen Worten, wenn Sie Ihren iMac direkt mit dem Telefonanschluss verbinden, übernimmt er die Wählfunktion und dient als Basisstation. Dann nehmen Sie eben Ihr iBook und suchen sich irgendwo im Haus einen ruhigen Platz, um im Internet zu surfen.

Wenn Ihnen diese Lösung mehr zusagt, öffnen Sie jetzt das AirPort-Programm auf Ihrem iMac (es befindet sich im Ordner Assistenten auf Ihrer Festplatte) und wählen Sie das Programm Basisstation (wenn Ihre Softwareversion das anbietet, die ersten Versionen taten das nicht). Wieder werden Sie nach dem Namen und einem Passwort für die drahtlose Verbindung gefragt. Denken Sie daran, dass Sie das Passwort jedesmal eingeben müssen, wenn Sie eine Verbindung aufbauen wollen.

Wenn Sie alle Fragen des Assistenten beantwortet haben, können Sie beginnen. Nehmen Sie Ihr iBook, öffnen Sie die Kontrollleiste und wählen Sie aus dem AirPort-Symbol den Namen, den Sie Ihrem schreibtischgebundenen Computer gegeben haben. Geben Sie das Passwort ein (wenn Sie kein Passwort vergeben haben, vergessen Sie das ...) und öffnen Sie dann Ihr E-Mail-Programm bzw. Ihren Webbrowser. Der einsame iMac wählt und stellt Ihnen die Verbindung her.

Die Kommunikation zwischen Mac und Mac

Im Internet surfen und E-Mails verschicken sind nicht die einzigen Dinge, wozu die eingebaute Antenne in Ihrem iMac nützlich ist. Ohne dass Sie eine Basisstation kaufen müssen, können über diese Technologie zum Beispiel zwei iMacs miteinander kommunizieren. (Nebenbei gesagt können das alle mit AirPort ausgestatteten Macs: iMac, Power Mac G4 oder welches Modell Sie auch immer haben.)

Damit können Sie schnell und einfach zum Beispiel Dateien zwischen den Macs hin- und herschicken. Oder Sie können mit Ihren Freunden oder Bekannten gemeinsam spielen – ohne dass Sie die verschiedenen Computer zum Beispiel erst über Netzwerkkabel verbinden müssen.

Grundsätzlich können Sie mit der AirPort-Technologie verschiedene Computer ähnlich vernetzen, wie wir es bereits im Abschnitt Ethernet beschrieben haben – und das in weniger als zwei Tagen.

Der einfache Weg, zwei Computer zu benutzen

Für die nachstehende Beschreibung setzen wir einmal voraus, dass Sie zwei Computer besitzen und sich über Datensicherheit keine Kopfschmerzen machen müssen, da Sie die einzige Person sind, die mit diesen beiden Computern arbeitet. Der Aufbau eines drahtlosen Netzwerkes zwischen diesen beiden Computern entspricht exakt der Beschreibung, wie wir sie Ihnen bereits im Abschnitt Ethernet gegeben haben. Es sind lediglich die folgenden Unterschiede zu berücksichtigen:

1. **Nachdem Sie die AirPort-Software auf beiden Computern installiert haben, führen Sie die Schritte 2, 3 und 5 der Beschreibung »Verbinden mit einem anderen Mac« in diesem Kapitel aus.**

   Mit anderen Worten, schalten Sie bei beiden die AppleTalk-Funktion ein.

2. **Öffnen Sie die Kontrollleiste und wählen Sie aus dem AirPort-Symbol die Option COMPUTER ZU COMPUTER.**

3. **Beenden Sie mit Punkt 6 aus der Beschreibung »Verbinden mit einem anderen Mac«.**

   Jetzt erscheint das Festplatten-Symbol des anderen Computers im Netzwerk Browser Fenster. Nach einem Doppelklick sehen Sie den entsprechenden Inhalt, den Sie dann kopieren, löschen, verschieben oder in jeder anderen Weise behandeln können.

Die voll funktionsfähige drahtlose Vernetzung mehrerer Computer

Das geht genauso, wie wir es Ihnen bereits zuvor in diesem Kapitel bei der Einrichtung eines Ethernet-Netzwerkes beschrieben haben. Sie können iMacs und andere Macs mit AirPort-Technologie problemlos in Klassenzimmern, Büros oder für andere Anwendungen (zum Beispiel Seminare oder Schulungen) miteinander vernetzen.

1. **Installieren Sie die AirPort-Software auf jedem Computer und folgen Sie dann den Schritten 2, 3, und 4 der Beschreibung des Ethernet-Netzwerkes. Wiederholen Sie diese Schritte für jeden Computer.**

2. **Öffnen Sie die Kontrollleiste und wählen Sie die Option Computer zu Computer aus dem AirPort-Symbol.**

3. **Beenden Sie die Installation mit den Schritten 7, 8 und 9 aus der Beschreibung der Ethernet-Installation.**

Wenn Sie das alles erledigt und eine wohlverdiente Mütze voll Schlaf genommen haben, öffnen Sie das Netzwerk Browser-Programm und Sie sehen alle angeschlossenen Computer des Netzwerkes, die sich innerhalb der Sendereichweite (ca. 30 Meter) befinden. Sie können die Festplatten-Symbole der anderen Computer auf Ihren Schreibtisch ziehen, als wären es CD-ROMs im Laufwerk Ihres iMac, und mit dem Inhalt dieser Festplatten spielen. Ohne dass Sie ein einziges Kabel verlegt haben. Und da denken manche Menschen, ein Bildtelefon wäre schon das Gelbe vom Ei!

America Online vs. AirPort

Normalerweise können Sie sich nicht über AirPort mit America Online (AOL) verbinden, denn das spezielle AOL-Wählprogramm kann das Wählsystem des iMac nicht benutzen.

Sie können jedoch trotzdem eine Verbindung zu AOL herstellen, wenn Sie sich einen direkten Internet-Zugang (ISP) einrichten. Prüfen Sie, dass Ihr iMac eine Verbindung zum Internet aufbaut, und richten Sie dann Ihre Basis-Station wie bereits beschrieben ein.

Jetzt öffnen Sie die AOL-Software und klicken auf dem Willkommens-Bild EINRICHTEN|AOL EINRICHTEN FÜR EINEN NEUEN STANDORT, dann weiter, geben Sie einen Namen ein, zum Beispiel »AirPort Verbindung«, klicken Sie weiter und dann TCP VERBINDUNG HINZUFÜGEN. Klicken Sie dann Nächste und OK. Von jetzt an stellen Sie die Verbindung zu AOL über Ihren direkten Internet-Zugang her. Ihr iMac wählt im Hintergrund statt der AOL-Nummer die lokale Zugangsnummer Ihres Internet-Providers. Sie könen Ihre AirPort-Verbindung nutzen, um sich bei America Online einzuwählen.

Außerdem können Sie noch zwei weitere schöne Vorteile nutzen. Zunächst einmal bleiben Sie von ständigen Besetztzeichen verschont, da Sie AOL ja nicht mehr direkt anwählen. Und zweitens erhalten Sie von AOL einen günstigeren Verbindungspreis, da das Unternehmen glücklich ist, dass Sie sich über einen anderen Anbieter einwählen.

Um diesen Rabatt zu erhalten, stellen Sie die Verbindung zu AOL her, wählen den Suchbegriff Zahlungsart und klicken ZAHLUNGSART ÄNDERN.

Dieser Tipp ist doch sicher den Preis für das Buch wert – oder?

Teil V

Fehlerbehebung leicht gemacht

»Mensch, Erich – das ist gar nicht das Modem vom iMac, das piept – da ist Freddy drin!«

In diesem Teil... Jetzt ist es Zeit, den Stier bei den Hörnern zu packen, die Hühner zu satteln und vom Hof zu reiten ... Wir informieren Sie noch über einige Hilfen bei eventuell auftretenden Problemen und lassen Sie dann mit Ihrem treuen iMac an Ihrer Seite allein.

Wenn Ihrem iMac etwas Schlechtes widerfährt

15

In diesem Kapitel

▷ Die zehn häufigsten Anfängerfehler und wie man sie vermeiden kann

▷ Die nächsten zehn nach diesen

▷ Und nach diesen noch zehn weitere

Ein Blick in den Computer-Alptraum

Wenn Sie Computer-Anfänger sind, leuchtet es Ihnen wahrscheinlich nicht auf Anhieb ein, dass das Kapitel zur Fehlerbehebung eines der umfangreichsten Kapitel in diesem Buch ist.

Aber um es deutlich zu sagen: Computer sind sensible Werkzeuge. Und als solche haben sie ihre eigenen Gesetze. Und wie bei anderen teuren Anschaffungen, wie zum Beispiel einem Auto, tendieren Sie dazu, im denkbar ungeeignetsten Augenblick zu versagen.

Und wenn das passiert, verdächtigen die meisten Anfänger zunächst einmal die elektronischen Bauteile. Das ist durchaus zu verstehen, denn wenn der Videorecorder, der Rasenmäher oder der elektrische Rasierapparat streiken, schafft ja auch eine Reparaturwerkstatt schnell Abhilfe. Aber ein Computer unterscheidet sich von diesen technischen Hilfsmitteln: Durch seine Software. Wenn Ihr neuer iMac sich also einmal merkwürdig benimmt, ist es vermutlich meistens kein mechanisches, sondern ein Softwareproblem, das Sie in der Regel vollkommen kostenlos selbst beheben können – jedenfalls in den meisten Fällen.

Ein Hinweis zu unserer Fehler-Übersicht:

Es ist eine Tatsache, dass über 90 Prozent aller Fehler, die bei Ihrem iMac auftreten können, praktisch mit den nachfolgend beschrieben wenigen Hilfeschritten behoben werden können. Um Ihnen und mir die Zeit und die Mühe beim Lesen bzw. Schreiben zu ersparen, habe ich diese Schritte alle in Kapitel 16 zusammengefasst. In der folgenden Beschreibung der verschiedenen Fehlersymptome wird auf die entsprechenden Schritte verwiesen.

Dieses Kapitel und das folgende zeigen Ihnen die Schritte, wie Sie der Software Ihres neuen iMac wieder Leben einhauchen können. (Nebenbei sei bemerkt, dass natürlich auch das Handbuch zu Ihrem iMac bei der Fehlerbehebung wertvolle Dienste leistet.)

Der iMac ist abgestürzt oder steht

Zwei gruselige Zustände, bei denen schon manch gestandener iMac-Jockey schwer geschluckt hat. Der erste dieser Zustände, der Systemabsturz, ist passiert, wenn auf dem Bildschirm die folgende Nachricht erscheint:

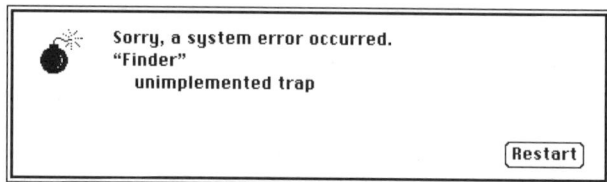

Ihre aktuelle Arbeit ist damit beendet, Sie müssen den Computer neu starten. (Der einfachste Weg zu einem Neustart führt dabei über den NEUSTART-Button, wie im nächsten Kapitel beschrieben.) Natürlich ist alles, was Sie seit der letzten Speicherung Ihres Dokumentes geschrieben, gestaltet oder gezeichnet haben, für immer dahin!

Ein stehendes System ist etwas anderes: Sie erhalten keine Nachricht auf dem Monitor, der Cursor klebt wie festgewachsen an einem Platz, Sie können ihn nicht bewegen und egal, welche Taste Sie auch anschlagen, nichts tut sich, Ihr iMac steht im Silikon-Tiefschlaf.

So tauen Sie das eingefrorene System auf

Erster Versuch: Mit der »*Schnell-beenden*« Tastenkombination. (Lesen Sie dazu den Abschnitt »Die Schnell-beenden Tastenkombination« im nächsten Kapitel.) Damit können Sie das gesperrte Programm verlassen.

Letzter Versuch: Sollte das nicht funktionieren, was leider manchmal der Fall ist, müssen Sie den iMac neu starten. Mehr dazu finden Sie im Abschnitt »Der Neustart-Button« im nächsten Kapitel.

Der erstaunliche selbstreparierende iMac

Der Systemabsturz eines iMac mit System MAC OS 8.5 oder höher (siehe Kapitel 1) ist genauso betrüblich wie bei jedem anderen Computer. Aber jetzt kommt das Schöne: Sobald Ihr iMac nach dem Systemabsturz neu startet, repariert er sich auf immer wieder erstaunende Weise praktisch von selbst.

Und Sie können dabei zusehen: Eine großes Dialogfenster auf dem Bildschirm informiert Sie über den Reparaturfortschritt. Exakt ausgedrückt: Ihr iMac überprüft seine eigene Festplatte, um sicherzustellen, dass während des Systemabsturzes nichts beschädigt wurde. Eventuelle Fehler behebt der iMac automatisch. Und weil das alles unmittelbar nach dem Systemabsturz geschieht, werden Probleme schon erkannt, solange sie noch gering sind, und können sich gar nicht erst zu großen Problemen auswachsen.

Falls Sie wollen, können Sie diese Funktion in den Systemeinstellungen ausschalten (siehe Kapitel 12) »*Warnmeldung Text*«. Aber Sie sollten es nicht tun!

So vermeiden Sie wiederholten Systemstillstand

Zu neunzig Prozent führen Konflikte mit dem Speicher oder den Erweiterungen zu Systemabstürzen und Systemstillstand.

Erster Versuch: Weisen Sie dem jeweiligen Programm mehr Speicherplatz zu, wie im Abschnitt »*Speicherplatzzuweisung für ein Programm*« im nächsten Kapitel beschrieben. Zum Beispiel ca. 10 Prozent mehr.

 *Zweiter Versuch*: Ein weiterer Grund können Konflikte im Systemordner sein, sehen Sie dazu auch den Abschnitt »*Beheben von Konflikten mit Systemerweiterungen*« im nächsten Kapitel. Wenn Sie momentan keine Zeit für eine exakte Überprüfung haben, können Sie Ihren iMac zunächst mit gedrückter Shift-Taste neu starten. Dabei werden alle Systemerweiterungen ausgeschaltet, was Sie für die Dauer Ihrer Arbeit zumindest vor Systemabstürzen bewahrt. Sie können den Job beenden und sich dann in aller Ruhe des Problems annehmen.

Dritter Versuch: Es kann sein, dass eines Ihrer Programme die Probleme verursacht, da es nicht mehr aktuell ist oder aus einem anderen Grund. In diesem Falle können Sie sich nur mit dem Software-Hersteller in Verbindung setzen und von dort Hilfe erhoffen.

Letzter Versuch: Falls das alles nicht zum gewünschten Ergebnis geführt hat, sollten Sie sich 20 Minuten Zeit nehmen und den effektivsten Weg wählen, indem Sie den Systemordner neu installieren. Die ausführliche Beschreibung finden Sie im Abschnitt »Installation des Systems« im folgenden Kapitel.

Probleme in einem Programm

Wenn es danach aussieht, als würde lediglich eine Anwendung die Probleme verursachen, ist die Fehlerbehebung wesentlich einfacher.

Erster Versuch: Weisen Sie dem Programm mehr Speicherplatz zu wie im Abschnitt »Einem Programm mehr Speicherplatz zuweisen« in Kapitel 16 beschrieben.

Zweiter Versuch: Hierzu zunächst ein wenig technischer Hintergrund. Wenn Sie in einem modernen Programm starten, greift dieses generell auf die Präferenzen im Präferenzenordner zu. In der Präferenzdatei speichert das Programm über die von Ihnen vorgegebenen Einstellungen, u.a. wo Sie die Werkzeugleiste auf dem Bildschirm platzieren (z.B. Word), welche Ihre Start-Webseite ist (Netscape Navigator, Internet Explorer), ob Sie die Darstellungen als Listen, Tasten oder Symbole eingestellt haben (Finder) und so weiter. Wenn diese Datei beschädigt ist, ist es auch Ihre Arbeitssitzung.

Was tun wir, wenn unsere Regierung nicht funktioniert? Wir werfen die Mitglieder raus, die nicht funktionieren, und wählen neue. Und genau so geht es auch hier: Öffnen Sie den Präferenzenordner in Ihrem Systemordner und entfernen Sie die Präferenzdatei des jeweiligen Programms. Beim nächsten Start des Programm wird automatisch eine neue Präferenzdatei angelegt. Und das Beste daran – hier versagt leider der politische Vergleich –, die neue Präferenzdatei ist garantiert unbeeinflusst.

Dieser Trick ist besonders wirksam bei dem am häufigsten genutzten Programm, dem Finder. Die FINDER-PRÄFERENZEN beinhalten alle wichtigen Einstellungen Ihrer iMac-Arbeitsumgebung: Schriften, Icons, Fenstereinstellungen, die Meldung *»Wollen Sie die Dateien im Papierkorb wirklich löschen?«* und mehr.

Sollten Sie an diesen Dateien irgendwelche Veränderungen bemerken, entfernen Sie die Finder Präferenzdatei aus dem Präferenzenordner und beim nächsten Neustart Ihres iMac wird eine neue, vollkommen saubere erstellt.

Letzter Versuch: Sollte das alles keine Abhilfe geschaffen haben, installieren Sie das betreffende Programm am besten neu – möglichst in einer aktualisierten Version.

Es könnte allerdings auch sein, dass eine Ihrer Systemerweiterungen die Störungen an dem Programm herbeiführt. Mehr dazu finden Sie im nächsten Kapitel unter *»Beheben eines Konfliktes mit Systemerweiterungen«*.

Fehlermeldungen

Lassen Sie uns diesen Abschnitt mit einigen guten alten amerikanischen Fehlermeldungen beginnen. Ja, Freunde, das ist die Jahr-2000-Ausgabe der Fehlermeldung »DOES NOT COMPUTE«. Wenn diese Meldungen – ein Beispiel ist unten dargestellt – erscheinen, bedeutet das, dass irgendetwas schief gegangen ist.

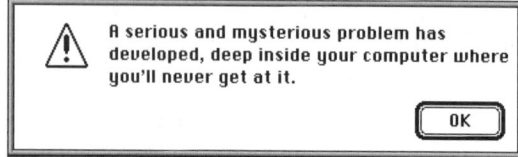

»Anwendung/Programm nicht gefunden«

Erster Versuch: Nicht alles auf dem iMac ist für den Gebrauch durch Sie bestimmt, es gibt einige Dateien, die der iMac für sich selbst braucht. Wenn Sie daher versuchen, diese Dateien, die meist im Systemordner liegen, zu öffnen, erhalten Sie die Fehlermeldung »Anwendung/ Programm nicht gefunden«, weil das eben eine exklusive Datei für den iMac und nicht für Sie ist, zum Beispiel die Dateien im Ordner Preferences.

Zweiter Versuch: In Kapitel 3 haben Sie einiges über das Verhältnis zwischen Programmen und die mit diesen Programmen erstellten Dokumente (Eltern-Kinder) gelesen. Manchmal bedeutet die Meldung »*Anwendung/Programm nicht gefunden*«, dass der iMac für ein Dokument (Kind), das Sie mit Doppelklick öffnen wollen, das Erstellungsprogramm (Eltern) nicht finden kann.

Wenn Sie zum Beispiel ein AppleWorks-Dokument per Doppelklick öffnen wollen, AppleWorks jedoch nicht auf Ihrer Festplatte installiert ist, fragt Sie der iMac zurecht »Schön und gut, aber womit soll ich dieses Dokument denn öffnen?«. Um den Fehler zu beheben, installieren Sie einfach das vermisste Programm auf Ihrer Festplatte – oder vergessen das Dokument.

Wesentlich öfter kommt das vor, wenn Sie Dateien oder Dokumente von einem anderen Computer oder aus dem Internet auf Ihre Festplatte laden und dann mit einem Doppelklick öffnen wollen – etwas, das von irgendjemandem irgendwann und irgendwie gestaltet wurde. Wenn Sie zum Beispiel ein Dokument irgendeines Textverarbeitungsprogrammes öffnen wollen, jedoch dieses Textverarbeitungsprogramm nicht installiert haben.

Um solche Dateien lesen zu können, öffnen Sie zuerst Ihr eigenes Textverarbeitungsprogramm und wählen Sie dann den Befehl ÖFFNEN aus dem Menü ABLAGE (folgende Abbildung, links).

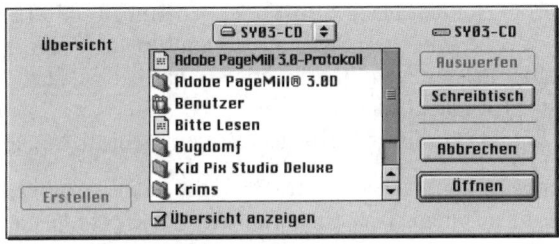

Es erscheint ein Dialogfenster (Abbildung rechts), in dem Sie das fremde Dokument sehen. Jetzt können Sie es öffnen.

Ähnlich ist es mit Graphik-Dokumenten. Dateien in den Dateiformaten PICT, JPEG oder GIF können mit fast jedem Programm angesehen werden (mit dem Webbrowser zum Beispiel). Wenn Sie aber versuchen, eine dieser fremden Dateien einfach per Doppelklick zu öffnen, erhalten Sie wieder die Fehlermeldung »*Anwendung/Programm nicht gefunden*«. (Vor allem auch deshalb, da diese Dateien auf dem iMac mit so vielen Programmen geöffnet werden könnten, dass der iMac nicht selbst entscheiden will.) Auch hier ist die Lösung wieder: Öffnen Sie zuerst Ihr Graphikprogramm (AppleWorks oder PhotoShop oder was auch immer Sie besitzen) und dann das Dokument über den Befehl ÖFFNEN.

Dritter Versuch: Wenn Sie eine Datei als Anlage einer E-Mail über AOL erhalten, kann es sein, dass Sie diese Datei überhaupt nicht öffnen können, da diese Anlagen an AOL E-Mails im Internet selbst erstellt werden. (Lesen Sie mehr dazu in Kapitel 8 und am Ende von Kapitel 6 über Goodies.)

Letzter Versuch: Manchmal erhalten Sie die Meldung »*Anwendung/Programm nicht gefunden*« auch, obwohl Sie sicher sind, dass das entsprechende Programm auf Ihrer Festplatte installiert ist. (Sie doppelklicken zum Beispiel auf ein AppleWorks-Dokument und erhalten die Mitteilung, dass AppleWorks – das Programm – nicht gefunden werden konnte, obwohl Sie das Symbol des Programmes klar und deutlich auf Ihrer Festplatte sehen können.)

In diesem Fall sind dem iMac einige Information verloren gegangen, er weiß nicht mehr, mit welchem Programm dieses Dokument erstellt wurde. Dann sollten Sie, wie die Mac Spezialisten sagen, »*den Schreibtisch aufräumen*«. Die Informationen dazu finden Sie im Abschnitt »*Den Schreibtisch aufräumen*« im nächsten Kapitel.

Der einzige Virus, über den Sie sich Kopfzerbrechen machen müssen

Es gibt eine ganze Anzahl guter Gründe, einen Macintosh-Computer zu benutzen. Denken Sie nur an Computerviren (Programme von Psychopathen, die nur dazu geschrieben wurden, um Computer und die gespeicherten Daten zu zerstören). Über 10.000 verschiedene Computerviren starten täglich ihre Angriffe auf Windows-Computer, jedoch seit 1998 konnte kein einziger Macintosh-Dateien zerstören.

Es gibt allerdings einen Macintosh-Virus, genannt AutoStart. Ob Ihr iMac sich diesen Virus »eingefangen« hat, erkennen Sie an drei Symptomen: 1. Der iMac startet jedesmal neu, wenn Sie irgendeine Disk einlegen. (In diesem Fall hatte der iMac den Virus schon von Geburt an.); 2. Ihre Festplatte macht nach dem Start über eine halbe Stunde einen ziemlichen Lärm; 3. Einige der Dateien auf Ihrer Festplatte können nicht mehr geöffnet werden.

Glücklicherweise können Sie Ihren iMac sehr leicht vor diesem Virus schützen: Wählen Sie KONTROLLFELDER aus dem -Menü, öffnen Sie QUICKTIME EINSTELLUNGEN und deaktivieren Sie die OPTION AUTOSTART. Das ist alles und Ihr iMac ist sicher. Es ist übrigens OK, wenn Sie die Option AUDIO-CD AUTOMATISCH ABSPIELEN eingeschaltet lassen. Diese Option sorgt dafür, dass Audio-CDs automatisch starten, wenn Sie in das Laufwerk Ihres iMac eingelegt werden. Das ist vollkommen sicher.)

»Sie haben keine Zugangsberechtigung«

Erster Versuch: Öffnen Sie die ALLGEMEINEN EINSTELLUNGEN in den Kontrollfeldern. Wenn Sie die Option SYSTEMORDNER SCHÜTZEN oder ORDNER PROGRAMME SCHÜTZEN aktiviert haben, erhalten Sie diese Fehlermeldung immer dann, wenn Sie versuchen, ein Symbol in oder aus dem System- bzw. Programmordner zu ziehen.

Letzter Versuch: Kann es sein, dass Sie Mac OS 9 installiert haben und irgendjemand die Funktion MEHRERE BENUTZER eingeschaltet hat (siehe Kapitel 13)? In diesem Fall erhalten Sie die o. a. Meldung, wenn Sie versuchen, etwas zu öffnen, wofür Sie von demjenigen, der den iMac eingerichtet hat, keine Berechtigung bekommen haben.

»DNS Entry not found« oder »Error 404«

Diese Fehlermeldung erhalten Sie von Ihrem Webbrowser (siehe Kapitel 7) und sie bedeutet, dass die gewünschte Webseite nicht existiert. Vielleicht haben Sie sich bei der Eingabe der Webadresse (URL) vertippt oder die Webadresse wurde geändert oder der Computer, auf dem die Webseite liegt, wurde vom Netz genommen (vielleicht nur kurzzeitig).

»Es ist nicht genug Speicherplatz verfügbar«

Sie können es glauben oder nicht, diese Meldung erscheint auch auf iMacs mit immensen Speicherplatzreserven. Die Meldung bedeutet nicht, dass Ihr iMac über zu wenig Speicherplatz verfügt, sondern dass dem Programm, mit dem Sie zur Zeit arbeiten, langsam die Luft ausgeht, obwohl Ihr Computer noch über jede Menge Reserven verfügt.

Jedes Programm, das Sie sich neu kaufen, wird vom Hersteller mit einer Speicherplatzbegrenzung versehen. Es darf nicht mehr als den eingestellten Speicherplatz verwenden, obwohl der iMac überreichlich davon hat.

Glücklicherweise können Sie diese Begrenzung verändern. Wenn das Programm oft langsam wird, abstürzt oder eben diese Meldung produziert, erhöhen Sie einfach den zugewiesenen Speicherplatz. Wie das gemacht wird, erfahren Sie im Abschnitt »Einem Programm mehr Speicherplatz zuweisen« im nächsten Kapitel.

»Die Anwendung wurde unerwartet beendet«

Das Programm hatte nicht mehr genug Speicherplatz. Sehen Sie auch dazu den Abschnitt »Einem Programm mehr Speicherplatz zuweisen« im nächsten Kapitel.

Nummerierte Fehlermeldungen

Das mag Ihnen vielleicht nicht ganz logisch vorkommen, aber die Nummern in einigen Fehlermeldungen (Type 11, Type 13, Error 49 und so weiter) sind nicht immer eine Hilfe. Sie haben manchmal – auch nicht immer – einen Wert für die Programmierer. Hier ein paar Beispiele:

Error Code	Mitteilung	Bedeutung
-1	qErr	Queue element not found during deletion
-2	vTypErr	Invalid queue element
-3	corErr	Core routine number out of range
-4	unimpErr	Unimplemented core routine

Wie ein Apple Programmierer einmal sagte, ist das etwa genau so, als wenn man ein Auto findet, das gegen einen Baum gefahren ist, und bei dem sich die Räder noch drehen. Alles, was Sie daraus entnehmen können, ist, das irgendwas dumm gelaufen ist. Aber Sie haben keinen Hinweis darauf, was es gewesen sein könnte, der Fahrer könnte betrunken, eingeschlafen oder unaufmerksam gewesen sein.

So ist es auch bei Ihrem iMac. Der iMac weiß, dass etwas passiert ist, aber es ist sowieso zu spät, um Sie rechtzeitig zu waren. Starten Sie neu und fahren Sie mit Ihrer Arbeit fort.

Nicht genügend Arbeitsspeicher vorhanden

Als kleine Geste gegenüber allen Computer-Einsteigern haben wir mit diesem Buch angefangen, ohne zuerst über Speicherplatz und solche technischen Finessen zu sprechen. Wir hoffen, dass Sie darüber auch in Zukunft nicht allzu oft nachdenken müssen. Speicherplatz ist nämlich nur dann wirklich von Bedeutung, wenn Sie die Meldung »Es ist nicht genug Speicherplatz verfügbar, um AppleWorks zu öffnen« erhalten (oder welches Programm Sie auch gerade öffnen wollen). Deshalb erfahren Sie in diesem Kapitel über Problemlösungen etwas mehr darüber.

Ihr iMac hat eine bestimmte Speicherkapazität. Stellen Sie sich das einfach vor wie Ihr Auto. Sie können darin eine ganze Campingausrüstung unterbringen, oder Ihre gesamte Familie mit Urlaubsgepäck oder Ihre Schwiegermutter – aber nicht alles gleichzeitig. Wenn Sie nämlich versuchen, die Campingausrüstung und die Familie und die Schwiegermutter und dann auch noch Ihren Bernhardiner unterzubringen, wird mit Sicherheit bald die Bemerkung laut »Es ist nicht mehr genug Platz für den Hund in deinem Kleinwagen!«

Und genau das will Ihnen die Fehlermeldung »… nicht genug Speicherplatz …« sagen.

Denn jedes Programm, das Sie öffnen, beansprucht einen Teil des begrenzten Speicherplatzes Ihres iMac. Wenn Sie auch theoretisch eine Vielzahl von Programmen gleichzeitig geöffnet haben können – zum Beispiel den Notizblock, den Rechner, das Textverarbeitungsprogramm und so weiter – die praktische Grenze wird durch den Speicherplatz Ihres iMac gezogen. Und wenn Sie dann versuchen, noch ein Programm zusätzlich zu öffnen, erhalten Sie die Bemerkung über den Hund. (Sie verstehen, was wir meinen.)

Bevor wir weitergehen, erinnern Sie sich bitte noch einmal daran, dass es zwei verschieden Arten von Speicher gibt. *»Das Programm hat nicht mehr genügend Arbeitsspeicher, bitte ...«* zeigt Ihnen an, dass ein Programm nicht mehr über genügend Speicher verfügt. Das können Sie abstellen wie im Abschnitt *»Einem Programm mehr Speicherplatz zuweisen«* beschrieben wird.

»Es ist nicht genügend Speicherplatz vorhanden, um das Programm zu öffnen« dagegen bedeutet, dass der iMac über keine Reserven mehr verfügt. Nachfolgend beschäftigen wir uns zunächst mit diesem Problem.

Erster Versuch: Schließen Sie einige Programme

Die einfachste Lösung, um diese verfahrene Situation zu retten: Schließen Sie einige der geöffneten Programme. (Sie können ein Programm schließen, indem Sie den Befehl Schließen aus dem Menü Datei wählen.) Wenn Sie also zum Beispiel das Programm Word geöffnet haben und wollen auch noch AppleWorks öffen, erhalten aber die Fehlermeldung über den nicht ausreichenden Speicherplatz, schließen Sie zuerst Word, bevor Sie AppleWorks öffnen.

Manchmal sind auch Programme geöffnet und Sie wissen es gar nicht. Denn nur, dass Sie kein Fenster eines Programmes auf Ihrem Bildschirm sehen, bedeutet ja nicht gleichzeitig, dass kein Programm geöffnet ist. Wenn Sie zum Beispiel die Arbeit in einem Programm beendet haben, haben Sie dann nur das Fenster geschlossen oder haben Sie den Befehl BEENDEN aus dem Menü ABLAGE gewählt? Wenn Sie nicht den Befehl BEENDEN eingegeben haben, ist das Programm weiter im Hintergrund geöffnet und beansprucht Speicherplatz.

Um das Programm zu beenden – oder um überhaupt zu sehen, welche Programme geöffnet sind – sehen Sie einfach in das Menü PROGRAMME (rechts oben auf Ihrem Bildschirm). Klicken Sie die Programme an, die Sie schließen wollen, und wählen Sie den Befehl BEENDEN aus dem Menü ABLAGE.

Zweiter Versuch: Defragmentieren Sie Ihren RAM-Speicher

Stellen Sie sich einmal einen Autofahrer vor, der im Parkhaus genau auf der Trennlinie zwischen zwei Parkplätzen parkt und damit gleich zwei Plätze blockiert. Der Platz rechts uns, links entspricht zwar genau dem Platz, den Sie als Parkplatz für Ihr Auto benötigen, aber das hilft Ihnen eigentlich wenig – diese Parkmöglichkeit können Sie vergessen.

Ähnlich wird der Speicherplatz Ihres iMac während eines Arbeitstages jedesmal in immer kleinere Stückchen aufgeteilt, wenn Sie ein Programm öffnen oder schließen. Ihr Systemordner belegt zum Beispiel 12, dann kommt ein freier Platz von 4, dann kommt AppleWorks mit 8, dann ein leerer Platz mit 3 und so weiter und so weiter. Es wäre zwar rein rechnerisch noch genug Platz da, um Word oder Photo-Shop zu öffnen, aber trotzdem erhalten Sie diese verflixte Meldung, dass kein Speicherplatz mehr verfügbar ist. Ihr iMac verfügt nicht mehr über genügend zusammenhängenden Platz, um auch dieses Programm noch zu öffnen.

Die Lösung heißt: Defragmentieren. Schließen Sie alle Programme und öffnen Sie danach die notwendigen Programme neu, um aufzuräumen. Jetzt bleiben keine freien Plätze mehr übrig. (Ein Neustart Ihres iMac hat übrigens auch diesen Effekt.)

Dritter Versuch: RAM-Doubler

Hier ist eine faszinierende Möglichkeit, wie auch Besitzer von iMacs mit wenig Arbeitsspeicher mehr daraus machen können: Ein kleines Programm, genannt RAM-Doppler.

RAM-Doppler lässt Ihren iMac durch einige technische Tricks so agieren, als wäre er mit doppelt bzw. dreimal soviel Arbeitsspeicher ausgestattet als dies tatsächlich der Fall ist. Der einzige große Unterschied zu echtem Arbeitsspeicher ist, dass Sie mit RAM-Doppler mehrere kleinere Programme gleichzeitig geöffnet halten können, jedoch nicht ein großes Programm, das mehr Arbeitsspeicher benötigt, als tatsächlich auf Ihrem iMac vorhanden ist.

So ist zum Beispiel RAM-Doppler für Paul Ehrlich, der gleichzeitig nur den Rechner, Apple-Works, den Webbrowser und PhotoSoap auf seinem 32-MB iMac öffnen will, die ideale Lösung. Er muss nicht länger ständig ein Programm schließen, um ein anderes öffnen zu können.

Petra Unmuth dagegen, die auf ihrem 32 MB iMac mit dem Programm PhotoShop arbeiten will, das 48 MB RAM benötigt, hilft diese Lösung wenig. Denn mit RAM-Doppler können große Programme, die auch vorher nicht auf dem iMac liefen, ebenfalls nicht genutzt werden.

Vierter Versuch: Den virtuellen Speicher nutzen

Wie beim RAM-Doppler können Sie auch mit dem Virtuellen Speicher (kostenlos eingebaut) auf dem iMac mehrere Programme gleichzeitig betreiben, da der Speicherplatzbedarf zusammengerechnet wesentlich größer ist als der tatsächlich vorhandene Arbeitsspeicher.

Obwohl Sie es vielleicht bisher nicht bemerkt haben, verfügen Sie bereits über die Option Virtueller Speicher, seit Sie Ihren iMac das erste Mal eingeschaltet haben. Wenn es mit dem Speicherplatz eng wird, können Sie darauf zurückgreifen, um mehr Programme gleichzeitig zu öffnen:

1. **Wählen Sie Kontrollfelder aus dem **-Menü und klicken Sie auf Speicher.**

   Es erscheint dieses Dialogfenster:

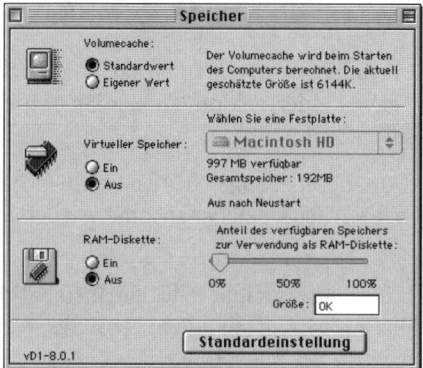

2. Schalten Sie die Option *Virtueller Speicher* ein.

Auf einem iMac sollte diese Option immer eingeschaltet sein – wenigstens für einen kleinen Teil (siehe Schritt 3). Die technischen Einzelheiten würden Ihnen die Haare zu Berge stehen lassen, deshalb nur so viel: Die iMacs sind damit schneller und nutzen den vorhandenen Speicherplatz effektiver.

(Hinweis: Der virtuelle Speicher sollte nur dann ausgeschaltet werden, wenn Sie RAM-Doppler installieren wie bereits erwähnt, da sich dann die Wirkung umkehrt.)

3. Stellen Sie mit den Hoch- und Runter-Pfeilen neben der Angabe Nach Neustart den gewünschten Speicherplatz ein.

Der virtuelle Speicher nutzt einen Teil Ihrer Festplatte, um zusätzlichen Arbeitsspeicher zu simulieren.

Aus unergründlichen techischen Gründen können Sie das Dialogfenster SPEICHER nicht dazu benutzen, um einen beliebigen Wert für den gewünschten zusätzlichen Arbeitsspeicher einzugeben. Der iMac braucht bestimmte Reserven, daher können Sie auch keinen virtuellen Speicher anlegen, wenn die Festplatte bereits voll ist.

Nehmen wir an, der iMac legt den virtuellen Speicher um 1 MB größer an als den tatsächlich installierten Arbeitsspeicher. Wenn Ihr iMac 32 MB RAM besitzt, beträgt die Größe des virtuellen Speichers 33 MB.

Sie reduzieren Ihren gesamten verfügbaren Speicherplatz und verdoppeln Ihren Arbeitsspeicher. Aber Vorsicht: Je höher Sie diesen Wert einstellen, desto langsamer wird der iMac. Wenn Sie über 32 MB realen Arbeitsspeicher verfügen, sollte der Gesamtwert (einschl. virtuellem Speicher) nicht höher als 64 MB sein. Mehr bringt nichts, da dann die Arbeitsgeschwindigkeit stark zurückgeht, was sich auch nicht lohnt.

4. Wenn Sie die Einstellung vorgenommen haben, starten Sie den iMac neu.

Letzter Versuch: Kaufen Sie einfach mehr Arbeitsspeicher

Irgendwann stehen Sie jedoch vielleicht an einem Punkt, an dem Sie mit diesen Tricks einfach nicht mehr zufrieden sind – ewig Fehlermeldungen, der iMac wird immer langsamer etc. Das bringt einfach nicht den rechten Spaß.

Spätestens an diesem Punkt (manchmal sogar früher), sollten Sie sich überlegen, ob Sie Ihrem iMac nicht doch etwas mehr Arbeitsspeicher spendieren, den Sie bei Ihrem Apple-Händler erhalten.

Bei den iMac-Modellen mit DVD-Laufwerk gibt es für die Installation eine kleine Klappe an der Unterseite hinten. Die Installation ist einfach, auch wenn Sie so etwas noch nie gemacht haben. (Mehr darüber erfahren Sie in der Mac-Hilfe.)

Bei älteren iMac-Modellen sollten Sie sich nur an die Installation wagen, wenn Sie genau wissen, was Sie tun, oder einen erfahrenen Berater zur Seite haben. Andernfalls gehen Sie lieber damit zu Ihrem Apple-Händler.

Es macht einfach mehr Freude, mit einem größeren Arbeitsspeicher zu arbeiten. Ihr iMac ist schneller, stürzt nicht so oft ab und funktioniert wie neu. Das können Sie sich wirklich gönnen.

Startprobleme

Mit diesen Problemen haben meist nur iMac-Neulinge zu kämpfen und es wirkt natürlich etwas nachteilig auf das Selbstbewusstsein, wenn man dieses Ding nicht einmal problemlos einschalten kann.

Kein Ton, kein Bild

Erster Versuch: Die Chancen stehen sehr sehr gut, dass Ihr iMac einfach keinen Strom hat. Der Stecker ist einfach nicht in der Steckdose. Oder er steckt in einem Doppelstecker, der ausgeschaltet ist. Oder die Sicherung dieser Steckdose ist defekt.

Zweiter Versuch: Sie haben versucht, den iMac mit dem kleinen runden Einschaltknopf auf der Tastatur zu starten? Ist die Tastatur überhaupt mit dem iMac verbunden? Versuchen Sie einmal den identischen Knopf auf der Gerätefront.

Letzter Versuch: Wenn das nichts gebracht hat, ist Ihr iMac im Computerhimmel. Bringen Sie ihn zur Reparatur oder lassen Sie ihn umtauschen.

Bild – aber kein Ton

Jeder iMac meldet sich mit einem Sound, wenn er gestartet wird. Die Lautstärke der Eröffnungsmelodie wird im Kontrollfeld Ton bzw. Monitore & Ton eingestellt.

Erster Versuch: Öffnen Sie das Kontrollfeld Ton bzw. Monitore & Ton und überprüfen Sie die Einstellung – die Stummschaltung sollte ausgeschaltet sein.

Letzter Versuch: Wenn Sie Kopfhörer an den iMac angeschlossen haben, sind die Front-Lautsprecher ausgeschaltet. Ziehen Sie in diesem Fall die Kopfhörer ab.

Ein Fragezeichen blinkt auf dem Bildschirm

Diese Fragezeichen in einem Disketten- oder Ordnersymbol ist das weltweit bekannte Symbol für die Frage aller Macintoshs »Ich habe überall gesucht, kann aber den Systemordner nicht finden.«

Das bedeutet, dass Ihre Festplatte nicht richtig arbeitet – oder dass sie zwar hervorragend arbeitet, der Systemordner jedoch irgendwie beschädigt ist. Gehen Sie so vor, um den Fehler zu beheben:

Erster Versuch: Nachdem das Valium wirkt, schalten Sie den iMac aus und starten ihn noch einmal neu. Oder Sie versuchen einen Neustart (sehen Sie dazu den Abschnitt »*Der Neustart Button*« in nächsten Kapitel.)

Zweiter Versuch: Suchen – und finden – Sie die Software Installations-CD-ROM, die Sie mit Ihrem iMac erhalten haben und legen Sie diese in das Laufwerk ein und starten Sie den iMac neu (siehe »*Der Neustart Button*« im nächsten Kapitel), während Sie die *Taste* C so lange gedrückt halten, bis der lächelnde kleine iMac auf dem Bildschirm erscheint.

Danach starten Sie das Programm Erste Hilfe und lassen die Festplatte reparieren, was in den meisten Fällen dann auch erfolgreich ist.

Dritter Versuch: Wenn das Symbol der Festplatte auch dann noch nicht auf dem Schreibtisch erscheint, liegt der Fehler vielleicht im Systemordner. Installieren Sie den Systemordner von der Software Installations-CD-ROM einfach neu wie im Abschnitt »*Das System sauber neu installieren*« in Kapitel 16 beschrieben.

Vierter Versuch: Setzen Sie das Parameter-RAM zurück – mehr darüber erfahren Sie im Abschnitt »*Zurücksetzen des Parameter-RAM*« in Kapitel 16.

Letzter Versuch: Wenn das alles nichts gebracht hat und das Symbol Ihrer Festplatte einfach nicht auf dem Schreibtisch erscheint, ist Ihre Festplatte beschädigt. Rufen Sie Ihren Apple-Händer an und bewahren Sie die Ruhe – die Chancen stehen gut, dass Ihre Dokumente das unbeschädigt überlebt haben. (Nur weil die Platte sich nicht dreht, bedeutet das ja nicht, dass jetzt nichts mehr drauf ist. Auch bei Ihrem Walkman sind die Bänder ja nicht gelöscht, nur weil die Batterien leer sind.)

Sie können Ihre Dokumente auch selbst mit einer externen Platte retten (siehe Kapitel 18), wenn Sie ein solches Laufwerk besitzen. Kaufen Sie ein Reparatur-Programm, zum Beispiel Norton Utiliteis oder TechTool Pro. Damit können Sie alle wichtigen Dateien von der beschädigten Platte holen und sogar prüfen lasssen, was denn eigentlich mit Ihrem Baby los ist.

Der Einschaltknopf auf der Tastatur funktioniert nicht

Wenn Sie mit dem Einschaltknopf auf der Tastatur den iMac nicht starten können, der identische Knopf an der Frontseite des iMac jedoch funktioniert, haben Sie wahrscheinlich ein Problem mit der Tastatur. Der Einschaltknopf der Tastatur funktioniert nur, wenn die Tastatur direkt mit dem seitlichen Anschluss des iMac verbunden ist und nicht zum Beispiel mit einer Ethernet-Zentrale (Ethernet Hub, siehe Kapitel 14).

Entweder Sie schalten den iMac zukünftig mit dem Knopf an der Frontseite ein oder Sie schließen die Tastatur richtig an.

Manche Programme werden geöffnet, wenn Sie den iMac einschalten

Das nennen die Programmierer einen zusätzlichen Nutzen und keinen Fehler.

Im Systemordner finden Sie den Ordner *Startobjekte*. Schauen Sie dort einmal nach, irgendein Spaßvogel hat dort ein Programm oder ein Dokument abgelegt.

 Alles, was sich im Ordner Startobjekte befindet, wird jedesmal automatisch geöffnet, wenn Sie den iMac einschalten. Diese Zusatzfunktion ist insbesondere für Menschen sehr nützlich, die jeden Tag mit den gleichen Dokumenten arbeiten. Entfernen Sie einfach die Objekte aus dem Ordner Startobjekte, die Sie persönlich stören – oder fügen Sie andere dazu.

Probleme mit dem Drucker

Wenn Sie einen Tintenstrahldrucker, zum Beispiel Epson oder HP, benutzen, sollte einer Ihrer ersten Gedanken bei auftretenden Problemen sein, so schnell wie möglich den Hersteller anzurufen (oder sich die Webseite anzusehen). Diese Drucker sind bekannt dafür, dass sie immer wieder aktualisierte Software benötigen, die Sie kostenlos erhalten oder aus dem Internet downloaden können. Und Sie sind für die hervorragende technische Unterstützung per Telefon und Internet berühmt.

Der Tintenstrahldrucker druckt nur weiße Blätter

Das liegt bestimmt an der Patrone.

Erster Versuch: Wenn Sie den Drucker eine Zeitlang nicht benutzt haben, wählen Sie zuerst einmal die Reinigungsfunktion. (Wahrscheinlich benötigen Sie dazu das Handbuch zum Drucker, um die entsprechende Einstellung zu finden.)

Letzter Versuch: Werfen Sie die alte Patrone weg und setzen Sie eine neue ein.

Finder-Fehler

Der Finder, wie Sie sich sicher erinnern, ist Ihre Heimatbasis: Der Schreibtisch, der Papierkorb und all die vielen anderen Symbole. Hier sortieren Sie Ihre Dateien, geben ihnen Namen und kopieren Sie – und manchmal haben Sie auch Probleme mit ihnen.

Eine Datei lässt sich nicht umbenennen

Vielleicht ist diese Datei geschützt. Klicken Sie sie einmal an, wählen Sie Information aus dem Menü Datei und heben Sie den Schutz auf. Oder die Datei liegt auf einem geschützten Datenträger, zum Beispiel einer CD-ROM – hier können Sie nichts verändern.

Eine Disk lässt sich nicht umbenennen und nicht auswerfen

Sie können eine CD nicht umbennen, da es sich dabei um einen dauerhaft geschützten Datenträger handelt.

Wenn Sie jedoch Ihren iMac mit einem zusätzlichen externen Laufwerk (zum Beipiel einem Floppy-Disk-Laufwerk oder einem Zip Laufwerk, siehe Kapitel 18) ausgestattet haben, ist wahrscheinlich File Sharing aktiv (Kontrollfelder). Richtig?

Wenn Sie File Sharing nutzen, können Sie Ihre Festplatten nicht umbenennen. Denn Sie würden damit die anderen Benutzer des Netzes ganz schön verwirren, die ja auf diese Platten mit den vorherigen Namen zugreifen wollen und diese dann nicht mehr finden.

Schalten Sie die File Sharing-Funktion im Kontrollfenster aus und benennen Sie Ihre Festplatte neu. (Sie können u.a. manchmal auch Zip Disks oder CD-ROMs nicht auswerfen, wenn File Sharing aktiv ist.)

Alle Symbole werden schwarz angezeigt

Sie haben ein Problem mit der Schreibtisch-Datei – sehen Sie dazu den Abschnitt »*Schreibtisch aktualisieren*« im nächsten Kapitel.

Es ist der 1. Januar 1904

Haben Sie sich eigentlich schon einmal gefragt, woher Ihr iMac immer genau weiß, wieviel Uhr es ist – sogar wenn er ausgeschaltet ist?

Der iMac hat eine kleine eingebaute Batterie, die mindestens 5 bis 7 Jahre hält und die dafür sorgt, dass die Uhr auch in ausgeschaltetem Zustand weiterläuft. Wenn diese Batterie jedoch ihren Geist aufgibt, wird die iMac-Uhr automatisch auf das Datum 1. Januar 1904 oder 1. Januar 1956 zurückgestellt. Und alle Ihre neuen oder geänderten Dateien erhalten auch dieses

Datum. Egal, wie oft Sie auch die Uhr neu stellen – die Anzeige springt immer wieder auf dieses Datum zurück.

 Da dieses zwei Jahre nach der Produktion der ersten iMacs veröffentlich wird, dürfte dieses Batterieproblem Ihnen noch keine allzu großen Sorgen bereiten. Und als Besitzer einen neuen iMac können Sie ganz sicher ruhig schlafen. Denn bis zu dem Zeitpunkt, an dem sich Ihr iMac auf den 1. Januar 1904 oder den 1. Januar 1956 zurückstellt, sind es immerhin noch 5 bis 7 Jahre.

Die Batterie können Sie allerdings jederzeit von Ihrem Apple-Händler ersetzen lassen.

Speicher-Chaos (Floppies, Zips, CD und Co.)

Disks sind preiswert, handlich und hervorragende Kaffeeuntersetzer. Sollten Sie welche benutzen, lesen Sie weiter. (Einige der folgenden Probleme treten nur bei zusätzlichen externen Laufwerken, zum Beispiel für Floppy Disks, Zip Disks, auf.)

Eine CD vibriert sehr stark

Eine CD-ROM kann sich im Laufwerk des iMac so schnell drehen, dass sie sehr stark hin- und herschwingt – das hört sich dann ähnlich an wie bei einer Waschmaschine, die nicht völlig gerade steht. Meistens kommt diese Unwucht von irgendwelchen Aufklebern auf der CD.

Über die Geräuschentwicklung brauchen Sie sich keine Gedanken zu machen. Mehr noch, Apple hat dieses Problem seit Mac OS 8.6 gelöst und liefert eine entsprechende Software mit, die das abstellt. Sollten Sie noch ein älteres Betriebssystem benutzen, können Sie diese zusätzliche Software aus dem Internet (www.apple.com/support/iMac) downloaden – iMac CD Firmware. Installieren Sie diese Software wie dort beschrieben und das CD-Syndrom dürfte behoben sein.

Sie können kein neues Programm von einer SuperDisk installieren

Wenn Sie Ihren iMac mit einem SuperDisk-Laufwerk ausgestattet haben (siehe Kapitel 18), könnten Sie vor diesem Problem stehen. Obwohl die neueren Programme alle auf CD geliefert werden, gibt es doch einige ältere Versionen, die noch als ein Stapel von Floppy Disks ausgeliefert werden. Während der Installation dieser Programme wirft ein normales Macintosh Floppy-Laufwerk automatisch die erste Disk aus, wenn es Zeit wird für die nächste ist und so weiter – nicht so das SuperDisk-Laufwerk. Auf dem Bildschirm erscheint die Meldung »Bitte legen Sie Disk 2 ein«, aber Disk 1 bleibt brav im Laufwerk.

Die Lösung hier ist eine Aktualisierung der Software (2.0), die Sie bei www.superdisk.com/sc/sc_dl.html downloaden können.

Das CD-Laufwerk öffnet sich nicht

Dies ist nur für die Besitzer der iMacs mit CD-Laufwerk (nicht iMacs mit DVD-Laufwerk) interessant. Wenn das Laufwerk leer ist, können Sie es mit dem Knopf an der Frontseite öffnen. Wenn eine CD darin liegt, erscheint das CD-Symbol auf dem Schreibtisch. Ziehen Sie das Symbol in den Papierkorb und das Laufwerk wird geöffnet.

Wenn sich jedoch das Laufwerk nicht öffnen lässt, aber auch kein CD-Symbol auf dem Schreibtisch zu sehen ist, haben Sie ein Problem.

Erster Versuch: Führen Sie eine gerade gebogene Büroklammer in das kleine Loch in der Stirnseite ein, wie bereits weiter vorne beschrieben.

Zweiter Versuch: Wenn dieser Trick nicht zum gewünschten Ergebnis führt, versuchen Sie, die Klappe mit einem Buttermesser zu öffnen. Eventuell werden Sie feststellen, dass eine CD nicht richtig eingelegt wurde – in die Vertiefung des Schlittens.

(Bemerkung: Apple empfiehlt diese Technik natürlich nicht, jedoch sie funktioniert und erspart eine teure Fahrt zum nächsten Händler.)

Alles geht so langsam

Wenn der iMac langsamer arbeitet als Sie es normalerweise gewohnt sind, scheint irgendetwas nicht ganz in Ordnung zu sein.

Erster Versuch: Nachdem Sie bereits viele Monate mit dem iMac gearbeitet haben, scheint es so zu sein, dass er immer langsamer wird. Das Problem ist meist eine völlig chaotische Schreibtischdatei, die Lösung finden Sie im Abschnitt »*Schreibtischdatei neu anlegen*« in Kapitel 16.

Letzter Versuch: Wenn Ihre Festplatte brechend voll ist, sollten Sie einmal aufräumen – defragmentieren. Sehen Sie dazu »Die Festplatte defragmentieren« im nächsten Kapitel.

Die Hardware macht Kopfschmerzen

Diese Probleme sind weniger üblich als Probleme mit der Software, jedoch genau so ärgerlich, wenn sie auftreten.

Die Maus spielt nicht mehr mit

Wie Kinder, Breakdancer und Dackel verbringt auch Ihre Maus die meiste Zeit damit, auf dem Bauch über den Untergrund zu rutschen. Und genau so sieht sie dann nach einiger Zeit auch von unten aus.

Für die Reinigung nehmen Sie sie umgekehrt in die Hand, drehen Sie den kleinen Deckel im Uhrzeigersinn und nehmen Sie die kleine Kugel heraus – abreiben, waschen und an der Luft trocknen lassen.

In der Zwischenzeit können Sie sich damit beschäftigen, den Hohlraum und die kleinen Röllchen zu säubern. Sehen Sie die schwarzen Schmutzstreifen – die sollten Sie vorsichtig entfernen. Was sich dabei ablöst, möglichst nicht in die Öffnung fallen lassen, sondern komplett daraus entfernen. Wenn alles wieder schön sauber ist, legen Sie die Kugel wieder ein und drehen den Deckel entgegen dem Uhrzeigersinn fest. Jetzt kann Ihre Maus wieder unbeschwert eine ganze Zeit lang auf dem Bauch herumrutschen.

Doppelklick funktioniert nicht

Wahrscheinlich haben Sie den Doppelklick zu langsam ausgeführt – oder Sie haben die Maus dabei von dem Objekt wegbewegt. Versuchen Sie es noch einmal.

Der Bildschirm ist zu klein

Erster Versuch: Stellen Sie einen anderen Vergrößerungsfaktor ein wie in Kapitel 13 beschrieben.

Zweiter Versuch: Öffnen Sie das KONTROLLFELD|MONITOR&TON bzw. Monitor und öffnen Sie das Dialogfenster GEOMETRIE:

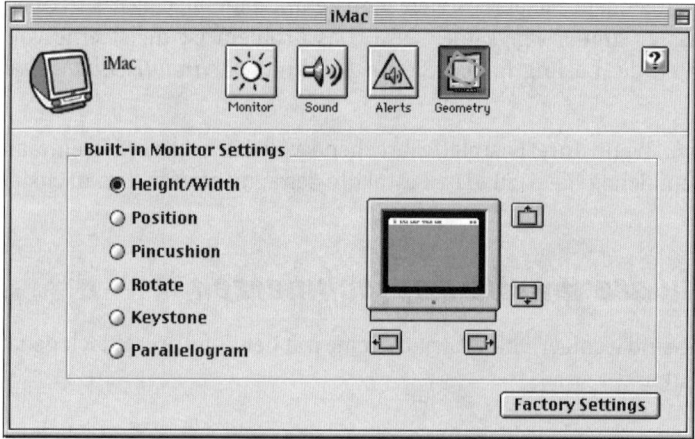

Klicken Sie auf HÖHE/BREITE und stellen Sie danach mit den Einstellknöpfen an dem kleinen Monitor die Bildschirmgröße so ein, dass die schwarze Bildschirmumrandung genau ausgefüllt wird. Sie können den Bildschirm sogar größer einstellen, das hat keinen Einfluss darauf, was Ihnen gezeigt wird (das bleibt immer gleich), der Inhalt wird Ihnen dann nur größer angezeigt.

Letzter Versuch: Wenn Sie eines der iMac DV-Modelle besitzen, können Sie auch einen zweiten größeren Bildschirm an Ihren iMac anschließen, der dasselbe zeigt wie der eingebaute Bildschirm, jedoch größer.

Ihr Bildschirm »tanzt«

Natürlich meinen wir damit nicht, dass der ganze Bildschirm tanzt, sondern nur das, was darauf abgebildet wird.

Erster Versuch: Ihr iMac ist empfänglich für die verschiedensten elektronischen und elektrischen Einflüsse, zum Beispiel von einer Lampe, einem Ventilator oder einer Klimaanlage, die am selben Stromkreis angeschlossen sind. Versuchen Sie eine andere Steckdose, stellen Sie den iMac an einen anderen Platz oder wechseln Sie den Job.

Letzter Versuch: Sie leben in einer Erdbebenzone – am besten ziehen Sie sofort um.

Noch mehr Hilfen bei Problemen

In diesem Kapitel

▶ Wie Sie Ihren iMac reparieren

▶ Alles über hilfreiche Erweiterungen

▶ Etwas über saubere Installationen

Im vorigen Kapitel haben Sie viel über mögliche Probleme, die während der Arbeit mit Ihrem iMac auftreten können, erfahren, und Sie sind nun vielleicht etwas niedergeschlagen.

Wir haben jedoch auch eine Therapie dagegen: Ein ganzes Kapitel mit Hilfen, wenn es einmal Probleme gibt. Denken Sie daran, dass Sie wahrscheinlich nie herausbekommen, was einen Fehler verursacht hat. Wenden Sie einfach die folgenden Techniken an, um alles wieder in Ordnung zu bringen.

Die Schreibtischdatei aufräumen

Die Schreibtischdatei ist eine besonders wichtige Datei auf Ihrer Festplatte. Aber wie kommt es, dass Sie sie niemals sehen? Die Schreibtischdatei ist unsichtbar. (Ja, iMac-Dateien können auch unsichtbar sein. Sie sollten sich an diese Tatsache erinnern, falls Sie in einem Detektivbüro oder in einer Antispionage-Einheit arbeiten.)

Der iMac speichert zwei Arten von Informationen in der Schreibtischdatei: Die aktuellen Symbole all Ihrer Dateien und Informationen über das Eltern-Kind-Verhältnis (Programm-Dokumente), mit dem Sie manchmal Probleme bekommen können.

Wenn in der Schreibtischdatei etwas durcheinander geraten ist, erkennen Sie an den beiden Symptomen »*Generelles Symbol*«-Problem (alle Symbole sind schwarz) und »*Anwendung/ Programm nicht gefunden*« (erscheint, wenn Sie versuchen, etwas mit einem Doppelklick zu öffnen).

Ein anderes Problem mit der Schreibtischdatei ist, dass diese Datei mit der Zeit immer größer und größer wird, das in ihr jedes Symbol, das Sie anlegen, abgespeichert wird. Und wenn Sie Dateien löschen, werden diese Symbole nicht automatisch aus der Schreibtischdatei entfernt, sondern weiter aufbewahrt. Je größer jedoch Ihre Schreibtischdatei wird, desto langsamer wird Ihr iMac beim Öffnen von Fenstern, bei der Darstellung von Symbolen und beim morgendlichen Starten.

Die Schreibtischdatei aufzuräumen bringt zwei wichtige Nutzen. Zunächst einmal werden die Gefahren des generellen Symbol-Problems und des »Anwendung/Programm nicht gefunden«-Problems stark verringert (weil der iMac immer wieder die Beziehungen zwischen den Dateien und ihren Bildern neu lernt). Und zweitens macht es Ihren iMac schneller (weil einfach der ganze alte Ballast über Bord geworfen wird).

Und so gehen Sie dabei vor:

1. **Wählen Sie NEUSTART aus dem Menü SPEZIAL.**

2. **Während der iMac neu startet, halten Sie die Options- und die ⌘-Taste gedrückt.**

    Und lassen Sie nicht los. Drücken Sie die beiden Tasten, bis der iMac Sie fragt, ob Sie die »*Schreibtischdatei neu anlegen*« wollen. Klicken Sie OK.

Danach funktioniert auch Ihr Doppelklick wieder, Ihre Symbole kehren zurück und Ihr iMac kann endlich befreit aufatmen und arbeitet wieder schneller.

Das Parameter-RAM zurücksetzen

Das Parameter-RAM (PRAM) ist ein kleiner Speicherbereich, der ständig von der kleinen eingebauten Batterie mit Strom versorgt wird. Der iMac speichert im PRAM bestimmte Informationen, die Sie in den Kontrollfeldern eingegeben haben, wie zum Beispiel die Lautstärke, die Geschwindigkeit der Maus, Speicher-, Netzwerk- und Bildschirmeinstellungen.

Sehr selten (aber eben doch manchmal) wird dieser Speicherbereich beschädigt. Die typischen Symptome dafür: Die Kontrollfelder akzeptieren Ihre Einstellungen nicht, Sie können nicht drucken oder Sie bekommen Probleme mit Ihrem Netzwerk.

Gehen Sie wie folgt vor, um das Parameter-RAM zurückzusetzen, das heißt, um die dort gespeicherten Informationen auf die Standardwerte (die Originaleinstellungen) zurückzusetzen: Schalten Sie zunächst den iMac aus. Wenn Sie ihn wieder einschalten, drücken Sie die Tastenkombination ⌘ + ⌥ + P + R solange, bis Sie den Einschaltton zwei oder drei Mal gehört haben. Dann lassen Sie die Tasten los.

Danach müssen Sie eventuell die Geschwindigkeit der Maus, die Lautstärke, die Uhr, die Netwerk-Verbindung und so weiter neu einstellen. Doch das dauert nicht lange über die Kontrollfelder.

Der erstaunliche »Sofort-Beenden« Tastaturbefehl

Sollte Ihr iMac einmal »eingefroren« sein, d. h. Sie sehen zwar noch alles auf dem Bildschirm, aber es bewegt sich nichts mehr, weder mit der Maus noch mit der Tastatur, dann können Sie die folgende Tastenkombination anwenden, um den iMac auszuschalten: ⌘ + ⌥ + Esc . (Das ist übrigens die einzige Situation, in der Sie die Esc -Taste verwenden.)

Sie erhalten eine Meldung »*Programm sofort beenden?*« mit der Warnung, dass alle nicht gespeicherten Änderungen verloren gehen. Klicken Sie auf Sofort beenden – und wenn der Trick funktioniert – verlassen Sie das Programm, in dem Sie gerade gearbeitet haben.

Und was war der Grund dafür? Nun, wenn Sie mehrere Programme gleichzeitig geöffnet hatten, schließt diese Tastaturkombination nur das eine Programm, in dem Sie gerade gearbeitet haben – das die Störung verursacht hat. So haben Sie zumindest die Chance, die Änderungen in den anderen geöffneten Programmen zu sichern (falls Sie das nicht bereits getan haben). Wenn Sie alles gesichert und die Programme geschlossen haben, starten Sie den iMac neu.

Der Neustart-Knopf

Um Ihren iMac nach einem Systemabsturz, oder wenn er »*eingefroren*« ist, neu zu starten, drücken Sie einfach den Einschaltknopf an der Frontseite und halten ihn etwa 6 Sekunden gedrückt, bis der iMac neu startet.

Falls er nicht neu startet bzw. eine entsprechende Meldung gezeigt wird, haben Sie entweder a) ein älteres Modell oder b) einen wirklichen Systemabsturz. In beiden Fällen sollten Sie dann wie folgt verfahren:

✔ IMac-Modelle mit DVD-Laufwerk: Untersuchen Sie die rechte Seite des Computers – dort, wo die Anschlüsse sind. Hier finden Sie einen Restart-Knopf, markiert mit einem nach links zeigenden Dreieck (siehe Abbildung in Anhang A). Drücken Sie auf diesen Knopf, um den »eingefrorenen« iMac neu zu starten.

✔ Frühere iMac-Modelle: Öffnen Sie die Kunststoff-Klappe an der rechten Seite des iMac und drücken Sie eine gerade gebogene Büroklammer in die kleine Öffnung zwischen dem Anschluss für das Telefonkabel und den USB-Anschlüssen, bis der iMac neu startet.

Und wenn auch das nichts nutzt, ziehen Sie den Stecker kurz aus der Steckdose – der iMac schaltet sich aus (das funktioniert immer).

Einen Konflikt mit Systemerweiterungen beheben

Nun kommt sie endlich, die lang erwartete Diskussion über Konflikte durch die Systemerweiterungen.

Jede Systemerweiterung (selbstöffnende Hintergrund-Programme, wie zum Beispiel ein Bildschirmschoner, den Sie in Ihren Systemordner installiert haben wurde von einem Programmierer geschrieben, der natürlich keine Ahnung davon hat, was Sie sonst noch so alles auf Ihrem iMac installiert haben. Das Ergebnis ist, dass sich verschiedene Systemerweiterungen aber auch gar nicht miteinander vertragen, was dann in der freundlichen Mitteilung endet: »*Ein, Systemfehler ist aufgetreten ...*«

Solche Dinge sind leicht zu beheben, wenn Sie das Geheimnis kennen. Schalten Sie Ihren iMac aus (wählen Sie AUSSCHALTEN aus dem Menü SPEZIAL) und schalten Sie ihn dann wieder ein. Während der iMac startet, halten Sie die Shift-Taste gedrückt, bis Sie die Meldung 1. »_Systemerweiterungen ausgeschaltet_« oder 2. den Schreibtisch sehen – was auch immer zuerst kommen mag.

Ihr iMac macht Ihnen nun keine weiteren Sorgen – aber er arbeitet jetzt natürlich komplett ohne die vielen Systemerweiterungen, von denen einige ja durchaus ihren Wert haben: CD-ROM, Telefax-Programm, Internet-Verbindung und so weiter.

An diesem Punkt der Übung stehen Sie nun vor der Aufgabe, herauszufinden, welche der Systemerweiterungen denn nun den ganzen Stress verursacht haben. Dazu haben Sie zwei Möglichkeiten, davon ist die eine kostenlos, braucht aber etwas Zeit, die andere kostet Geld, arbeitet dafür aber automatisch.

✔ _Der dornenreiche Weg_: Schalten Sie den iMac aus und an und drücken Sie dabei die Leertaste. Sie erhalten eine komplette Liste der Systemerweiterungen wie hier:

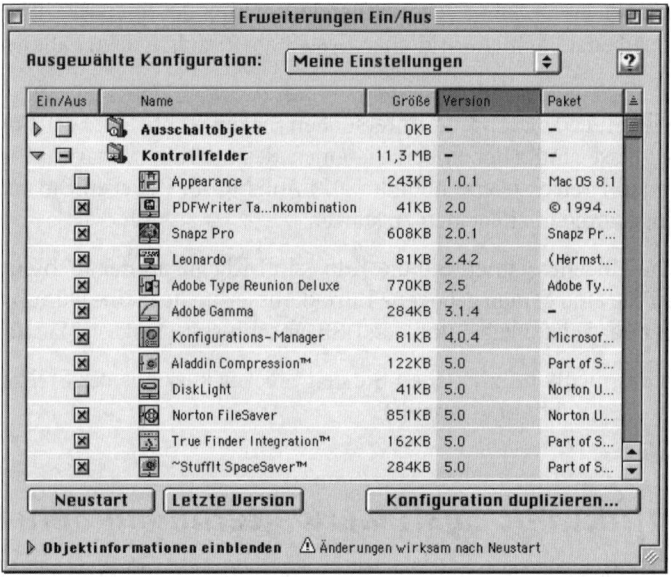

Hier können Sie die verschiedenen Systemerweiterungen und Kontrollfelder einfach ausschalten, indem Sie auf das kleine Quadrat links vor dem Namen klicken (X = eingeschaltet).

Hier eine Spezial-Information: Wenn Sie auf das kleine Dreieck vor der Zeile »_Objektinformationen einblenden_« klicken, öffnet sich ein Geheimfeld, in dem Ihnen angezeigt wird, wofür die einzelnen Systemerweiterungen gut sind, wenn Sie den Namen der Systemerweiterung in der darüber stehenden Liste anklicken. Zum Beispiel für AppleTalk »Ermöglicht die Auswahl eines LocalTalk oder Ethernet Netzwerkes. Wird benötigt, wenn Ihr Computer an ein Netzwerk angeschlossen ist und Open Transport verwendet.«

Aber wir schweifen wohl etwas ab. Nehmen Sie sich einfach die Liste vor und schalten Sie die ersten paar Systemerweiterungen und Kontrollfelder aus. Dann starten Sie den iMac neu, indem Sie einfach auf den NEUSTART-Button am Fuß des Fensters klicken.

Wenn jetzt Ihr iMac ohne Probleme arbeitet, wissen Sie, dass eine bzw. mehrere der gerade ausgeschalteten Systemerweiterungen die Ursache für die Störung waren. Wenn der Fehler jedoch wieder auftritt, wiederholen Sie die gerade beschriebene Prozedur so lange, bis Sie die verantwortlichen Systemerweiterungen herausgefunden haben.

✔ *Der einfache Weg*: Kaufen Sie das Programm Conflict Catcher, das übrigens nicht nur nach Konflikten zwischen Systemerweiterungen sucht und herausfindet, welche Systemerweiterungen bzw. Kontrollfelder einen Konflikt verursachen. Sie müssen dann nichts weiter tun, als den iMac wieder und wieder zu starten, bis Conflict Catcher Ihnen meldet, dass das Problem gefunden ist und Ihnen die Verantwortlichen beim Namen nennt. Danach können Sie dann entscheiden, was zu tun ist – ausschalten oder wegwerfen.

(Sie erhalten eine 7-Tage-Trialversion von Conflict Catcher über die Webadresse www.casadyg.com oder von AOL. Das ist wahrscheinlich lange genug, um herauszufinden, welche Systemerweiterungen auf Ihrem iMac verrückt spielen.)

Einem Programm mehr Speicherplatz zuweisen

Wenn Sie Ihren iMac einschalten, wird ein Teil des Arbeitsspeichers (RAM) durch die Dateien im Systemordner belegt. Wenn Sie Programme öffnen, wird weitere Arbeitsspeicherkapazität beansprucht.

So können Sie immer sehen, wie Ihr Arbeitsspeicher aktuell belegt ist:

Gehen Sie in den Finder und wählen Sie ÜBER DIESEN COMPUTER aus dem -Menü. Es erscheint dieses hilfreiche Dialogfenster mit den wichtigen Angaben über Ihren Arbeitsspeicher:

Hier wird angezeigt, wieviel realer Arbeitsspeicher in Ihrem iMac installiert ist.

Dies ist der größte frei zur Verfügung stehende Speicherplatzblock, in dem Sie weitere Programme öffnen können (natürlich können auch noch kleinere freie Blöcke verfügbar sein).

Im unteren Teil des Fensters wird angezeigt, was gerade an Arbeitsspeicher benötigt wird und wie viel Arbeitsspeicher jedes Programm beansprucht.

Es kann hilfreich sein, die Speicherplatz-Zuteilung für die Programme zu verändern. Wenn Sie zum Beispiel feststellen, dass ein Programm immer wieder zum Systemabsturz führt, kann das daran liegen, dass das Programm einfach mehr Speicherplatz braucht. Wenn Ihnen jedoch nicht so viel Arbeitsspeicher zur Verfügung steht, können Sie den Bedarf eines Programmes auch reduzieren, um mehr für andere Zwecke freizubekommen. Das geht so:

1. **Beenden Sie das Programm, dessen Speicherplatz-Appetit Sie ändern wollen, und klicken Sie dann auf das Symbol des Programmes.**

   Dieser Schritt verwirrt manchmal, deshalb: Wie Sie ein Programm beenden, lesen Sie in Kapitel 15. Und klicken Sie dann nicht auf den Ordner mit dem Programmnamen, sondern öffnen Sie den Ordner und klicken Sie auf das Programm-Symbol. Es nutzt auch nichts, auf das Symbol Alias des Programmes zu klicken (ein Alias ist eine Datei, deren Bezeichnung in kursiven Buchstaben geschrieben ist – siehe Kapitel 13). Dann folgt Schritt 2.

2. **Wählen Sie Information aus dem Menü ABLAGE.**

   Wenn Sie den Befehl INFORMATION nicht sehen, kann es sein, dass Sie sich im SIMPLE FINDER befinden oder dass die MEHRERE BENUTZER-Funktion eingeschaltet ist (beide in Kapitel 13 beschrieben). Verlassen Sie den Modus SIMPLE FINDER bzw. schalten Sie die MEHRERE BENUTZER aus, bevor Sie weitermachen.

   Normalerweise jedoch erscheint das Dialogfenster INFORMATION.

3. **Wählen Sie aus dem Popup-Menü SPEICHER.**

   Wenn Sie den Befehl SPEICHER nicht sehen, prüfen Sie noch einmal nach Schritt 1: Vielleicht haben Sie das Symbol der Aliasdatei angeklickt, wie dort beschrieben?

   Wenn alles OK ist, sehen Sie dieses Dialogfenster:

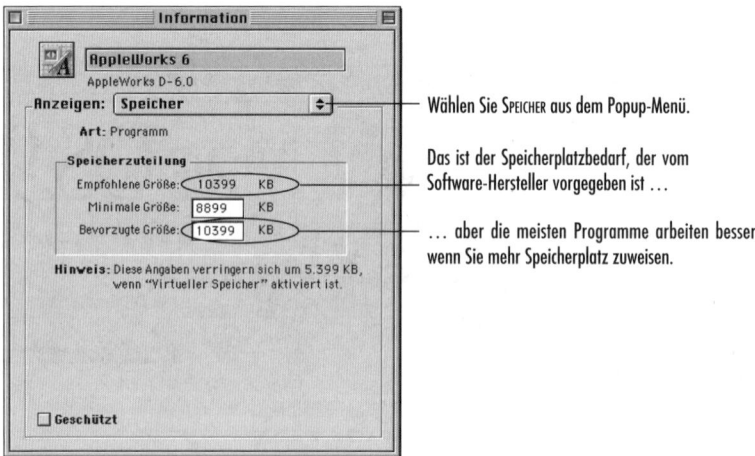

4. **Ändern Sie die Angabe für Bevorzugte Grösse.**

Dieser Wert gibt den Arbeitsspeicherplatz an, den das Programm belegt, wenn Sie damit arbeiten. Wenn Sie erreichen wollen, dass das Programm stabiler bzw. schneller arbeitet, sollten Sie diesen Wert zum Beispiel um 10 Prozent erhöhen.

Damit Systemabstürze nicht das Interessanteste in Ihrem Leben werden, sollten Sie die bevorzugte Größe nie kleiner wählen als die empfohlene Größe.

Das System komplett neu installieren

 Dieses Verfahren ist zwar ein etwas technisch, überzeugt allerdings durch die große Vielzahl der danach nicht mehr auftretenden Probleme. Schriftprobleme, Systemabstürze, »eingefrorene Rechner« und andere Ungereimtheiten, die Sie sich nicht erklären können – alles ist plötzlich verschwunden, wenn Sie neu installieren.

Da das Getriebe Ihres Systemordners täglich arbeitet, kann hin und wieder etwas Sand hineingeraten. Das nachstehende Verfahren ersetzt Ihr altes, etwas beschädigtes System durch ein brandneues. Mit der fast hundertprozentigen Garantie, dass alle plötzlich aufgetretenen Probleme verschwinden. Ihr iMac wird wieder in den Zustand versetzt, in dem er das Werk verlassen hat.

Sie benötigen dazu die Software Installations-CD, die Sie mit dem iMac erhalten haben.

Schritt 1: Die neue Software installieren

Schalten Sie den iMac ein, legen Sie die Software Installations-CD ein (oder die Mac OS 9-CD, falls Sie inzwischen Mac OS 9 gekauft haben).

Doppelklicken Sie auf das Mac OS-Installieren Symbol, den Start-Button im Installationsfenster und wählen Sie aus den Optionen Zusätzlichen Systemordner anlegen.

Dann klicken Sie so lange OK, Weiter bzw. Installieren, bis die Installation abgeschlossen ist – das dauert etwa 10 Minuten.

Schritt 2: Ihre persönlichen Einstellungen übertragen

Das Ergebnis der zuvor beschriebenen Installation ist ein neuer, völlig unbeschädigter Systemordner. Ihr iMac wird wieder schnell und problemlos arbeiten – garantiert.

Unglücklicherweise befinden sich alle Ihre persönlichen Einstellungen, zum Beispiel Ihre Schrifteneinstellungen, Kontrollfelder, Preferences und -Menü-Eintragungen immer noch im alten Systemordner. Und natürlich auch die Einstellungen für Ihre Internet-Verbindung.

Idealerweise sollten Sie diese Einstellungen alle vollkommen neu vornehmen. Wenn Ihnen das jedoch zu viel Arbeit ist, legen Sie die Fenster des neuen und der alten Systemordner in der Listenansicht am besten nebeneinander auf den Bildschirm. Jetzt kopieren Sie alles, was sich noch nicht in dem neuen Systemordner befindet, Stück für Stück in den neuen Systemordner. (Von Schlüsselordner, wie Preferences, Systemerweiterungen, Kontrollfelder, Apple-Menü und Zeichensätze, sollten Sie die neueren Versionen wählen.) Gehen Sie dabei behutsam vor, damit Sie sich nicht jetzt die alten Probleme neu einbauen.

Um die Einstellungen für Ihren Internet-Zugang zu übertragen, öffnen Sie den Ordner Preferences des alten Systemordners (links) und des neuen Systemordners (rechts) wie hier:

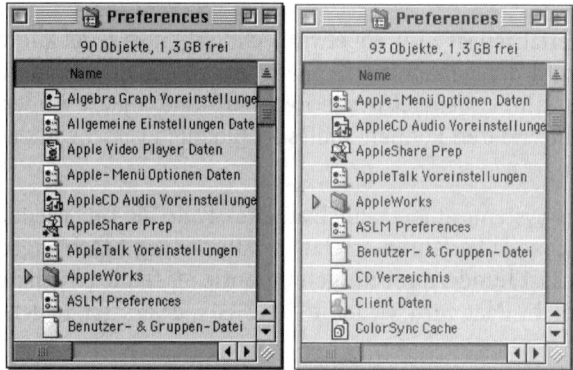

Ziehen Sie nun mit gedrückter Optionstaste die folgenden Preference-Dateien aus dem linken Fenster (altes System) in das rechte Fenster. (Die Optionstaste bewirkt, das die Dateien nicht in den neuen Ordner bewegt, sondern kopiert werden. Sie könnten sie auch nur in den neuen Ordner ziehen, das wäre auch in Ordnung, auf die beschriebene Art bleibt jedoch der alte Systemordner komplett – für alle Fälle.)

✔   AOL bzw. T-Online (ein Ordner)

✔   Internet Explorer (ein Ordner)

✔   Internet Preferences

✔   Modem Preferences

✔   Remote Access (Ordner)

✔   TCP/IP Preferences

Bei jeder Datei werden Sie gefragt, ob Sie die neuere Datei durch die ältere Datei ersetzen wollen – ja. Der Remote Access-Ordner wird Ihnen außerdem die Meldung schicken, dass er nicht ersetzt werden kann, weil er in Gebrauch ist. Tricksen Sie ihn aus, indem Sie den Remote Access-Ordner aus dem rechten Fenster entfernen, bevor Sie den Ordner aus dem linken Fenster dorthin kopieren. (Vielleicht verstehen Sie diesen Satz nicht auf Anhieb, dann lesen Sie ihn am besten noch einmal ganz langsam und laut.)

Es lauert allerdings ein kleiner Teufel: Sind beispielsweise Systemerweiterungen im Kontrollfeld ERWEITERUNGEN EIN/AUS abgeschaltet, kann es sein, dass diese nicht aktualisiert werden und die alten Versionen erhalten bleiben – und der Ärger kann von vorne losgehen.

 (P.S.: Falls Sie inzwischen Conflict Catcher gekauft haben, müssen Sie diese Aktion nicht manuell durchführen. Benutzen Sie einfach den Clean-Install-System-Befehl des Programms, um Ihren alten und neuen Systemordner automatisch abzugleichen und – unter Ihrer Aufsicht – Ihre persönlichen Einstellungen in den neuen Systemordner zu kopieren.)

Und alles wieder zurück

Angenommen, Sie haben einen neuen Systemordner installiert, es stellt sich jedoch heraus, dass Ihr iMac mit diesem neuen Systemordner auch nicht besser arbeitet als mit dem alten System, können Sie immer wieder zu dem alten System zurückkehren. Löschen Sie einfach den neuen Systemordner, öffnen und schließen Sie den vorherigen Systemordner und starten Sie den iMac neu. (Sie können das Wort »Vorheriger« aus dem Systemordnernamen löschen, wenn Sie das wollen.)

Andere Wege, um Ihren iMac zu aktualisieren

Zusätzlich zur Software Installations-CD (wie zuvor beschrieben) erhalten Sie mit dem iMac die CD Software-Aktualisierung. Diese CD ist besonders wertvoll bei besonders dramatischen Umständen, zum Beispiel, wenn Sie sich entschließen sollten, Ihre Festplatte zu löschen (etwa wenn Sie den iMac verkaufen wollen).

Diese CD können Sie so einsetzen: Legen Sie die CD in das Laufwerk ein und führen Sie dann mit einen Neustart durch. Drücken Sie dabei den Buchstaben $\boxed{C}$ bis Sie die Mitteilung »Willkommen« auf dem Bildschirm sehen.

Das Apple Aktualisierungs-Symbol zeigt Ihnen dann zwei Möglichkeiten: »Restore in Place« bzw. »Macintosh HD Before Restoring«.

Die Option »Restore in Place«

Hier erhalten Sie komplett neue Kopien von allem, mit dem der iMac ausgeliefert wurde – einschließlich Systemordner und den Freeware-Programmen – ohne eine Spur der Bearbeitungen, die Sie inzwischen vorgenommen haben, wie zum Beispiel Ihrer AppleWorks Dokumente, Ihrer E-Mails und so weiter.

Unglücklicherweise ersetzt »Restore in Place« auch viele nützliche Dateien in Ihrem Systemordner, zum Beispiel die Dateien die Ihrem iMac sagen, wie er die Internetverbindung aufbauen soll, und all Ihre Favoriten für Ihre Surftouren durch das Web. Damit Sie diese nicht verlieren, können Sie Folgendes tun:

1. **Öffnen Sie den Systemordner, dann den Ordner Preferences und ziehen Sie die folgenden Dateien aus dem Fenster Preferences auf den Schreibtisch: Die AOL- bzw. T-Online-, Explorer- und Remote Access-Ordner sowie die Dateien Internet, Modem und TCP/IP Preferences.**

   Wenn Sie wollen, können Sie danach alle Fenster wieder schließen.

2. **Öffnen Sie die Software Restore CD. Doppelklicken Sie auf das Software Restore-Symbol, wählen Sie die Option »Restore in Place«.**

   Das Programm erfüllt seine Pflicht und fordert Sie danach auf, den iMac neu zu starten.

3. **Öffnen Sie nach dem Neustart die Festplatte, dann den Systemordner, dann den Ordner Preferences und legen Sie den Ordner Remote Access in den Papierkorb. Ziehen Sie danach die 6 in Schritt 1 beschriebenen Dateien bzw. Ordner vom Schreibtisch in den Ordner Preferences.**

   Wenn Sie gefragt werden, ob Sie die neueren Dateien durch die älteren Dateien ersetzen wollen, klicken Sie jedesmal OK.

Sie haben sich damit selbst wieder eine neue und völlig unbenutzte Software installiert, gleichzeitig aber die Einstellung für Ihren Internet-Zugang erhalten.

Die Option »Erase before restoring«

Diese Option ist noch extremer. Es wird die gesamte Festplatte komplett mit allem, was Sie auf dem iMac angelegt haben, gelöscht und der Zustand wieder hergestellt, in dem der iMac war, als Sie die Verpackung geöffnet haben. Ihre gesamte Arbeit ist für immer verschwunden.

Diesen Trick sollten Sie wirklich nur anwenden, wenn es ganz besondere Umstände erfordern.

Die Festplatte defragmentieren

Auf Ihrer Festplatte herrscht meistens ein heilloses Durcheinander – so ähnlich wie in unserem Büro. Nur hin und wieder packt uns die Aufräumwut und alles wird säuberlichst aufgeräumt und geordnet. Doch am nächsten Tag oder spätestens am Tag danach ist das schöne alte Chaos wieder komplett hergestellt. Weil uns während der täglichen Arbeit oft die Zeit fehlt alles sofort wieder wegzupacken.

Die Festplatte ist auch immer in Eile. Wenn Sie sagen, dass eine Datei gespeichert werden soll, dann hält sie sich nicht lange damit auf, einen geeigneten Platz zu suchen, sondern speichert sie dort, wo gerade Platz ist. Manchmal wird eine Datei auch an mehreren Plätzen gespeichert – aufgeteilt wie ein Kuchen. Mit der Zeit nimmt die Zahl der derart aufgeteilten Dateien auf der Festplatte immer mehr zu. Selbstverständlich merkt sich die Festplatte, wo die einzelnen Stückchen liegen, und wenn Sie die Datei aufrufen, werden sie zusammengesucht und Sie erhalten das komplette Ergebnis auf dem Bildschirm.

Aber dieses Jagen nach den einzelnen Stückchen reduziert die Arbeitsgeschwindigkeit, insbesondere dann, wenn Ihre Festplatte schon zu 80 Prozent belegt ist und das schon eine ganze Weile so geht. Und wie wir regelmäßig unser Büro aufräumen, sollten Sie auch hin und wieder die Festplatte aufräumen, d. h. die überall verstreuten Stückchen der verschiedensten Dateien zusammensuchen und nacheinander und komplett darauf ablegen.

Dieser Vorgang wird als Defragmentieren bezeichnet und kann auf zwei Wegen geschehen. Zum einen können Sie alle Datein Stück für Stück auf einen anderen Datenträger, zum Beispiel eine Zip-Disk oder eine SuperDisk, kopieren, wenn Sie über ein solches zusätzliches Laufwerk verfügen, dann die Festplatte löschen und die Dateien wieder auf die Festplatte kopieren. Oder Sie können ein Programm kaufen, das die Festplatte defragmentiert, wie zum Beispiel Norton Utilies oder DiskExpress. (Sie sollten allerdings ein Backup Ihrer Dateien anlegen, bevor Sie diese Programme anwenden.)

Was es rund um den iMac alles gibt

17

In diesem Kapitel

▶ Über Max OS 9, MacOS X und darüber hinaus

▶ Was bei Fehlern zu tun ist

▶ Ein Blick in die Zukunft

▶ Und jetzt gehen Sie einfach mal an die frische Luft

Die ersten 16 Kapitel dieses Buches waren mehr oder weniger ein Crashkurs. Jetzt müssen Sie selbst versuchen, tiefer in die iMac-Welt einzusteigen. Sie schaffen es und werden die Möglichkeiten, die im iMac stecken, sicher bald alle für sich nutzen können.

Wenn dann doch einmal Fragen auftreten sollten

Sie besitzen einen Computer, der vieles verzeiht und sich auch zum Teil selbst repariert. Aber trotzdem kann hin und wieder etwas schiefgehen. Und nicht nur deshalb, weil Sie so obskure Programme wie Bienenzüchter Pro oder irgendeinen Billigscanner angeschlossen haben. Aber glücklicherweise bekommen Sie für die Problemlösung viel Unterstützung.

15 Minuten kostenlose Hilfe für Sie

Während der ersten drei Monate, die Sie Ihren iMac besitzen, können Sie jederzeit die kostenlose Apple-Hilfe in Anspruch nehmen. (Hinweis für Pfennigfuchser: Apple weiß nicht, wann Sie Ihren iMac gekauft haben. Sie rechnen deshalb 90 Tage ab Ihrem ersten Anruf und nicht ab Kaufdatum.)

Danach wird die Problemunterstützung kostenpflichtig – fragen Sie einfach mal bei Apple nach oder sehen Sie auf die Webseite www.apple.de.

Was wir damit sagen wollen: Es wäre ganz günstig, wenn Sie alle Probleme in den ersten 90 Tagen lösen könnten.

Servicepauschale

Wenn Sie denken, dass Sie die Hilfe öfter benötigen werden, können Sie auch AppleCare kaufen. Das ist ein dreijähriger Garantievertrag für alle Probleme mit dem iMac einschließlich technischer Probleme. Während dieser Zeit können Sie immer kostenlos bei der Apple-Hilfe anrufen, ohne dass Sie extra dafür bezahlen müssen. Allerdings müssen Sie diesen Garantievertrag im ersten Jahr, nachdem Sie den iMac gekauft haben, abschließen.

Adressen, bei denen Sie kostenlose Hilfe erhalten

Wenn Sie Probleme nicht immer gleich mit Geld lösen wollen, können Sie es zunächst bei den folgenden Adressen versuchen:

✔ `www.apple.com/support/iMac`: Ein Teil der Apple-Webseite (siehe Kapitel 6 und 7). Hier erhalten Sie Updates für Ihre Software, können Ihre Fragen in den elektronischen Diskussionsforen stellen und die Apple-Bibliothek benutzen – ein elektronisches Lexikon rund um den Macintosh. Hier finden Sie die meisten Fragen rund um den iMac und natürlich auch die Antworten darauf.

✔ **Apple-SOS:** Eine Telefonnummer, unter der Sie sich bis zu dem Punkt, der Sie interessiert, durchfragen können – Tipps, Tricks und Problemlösungen.

✔ `www.nowonder.com`: Auf diese englischsprachigen Webseite finden Sie rund um die Uhr kostenlose Tipps.

✔ **MacFixit-Webseite:** Auf der ebenfalls englischsprachigen Webseite `www.macfixit.pair` `.com` finden Sie eine riesige Themenliste zum iMac.

Sie können sich auch einer lokalen Benutzergruppe anschließen, die allerdings in der Regel nicht Ihre persönlichen Probleme lösen wird, aber Sie lernen eventuell neue Gesprächspartner kennen. Auf jeden Fall ist eine solche Gruppe – wenn sie existiert – ein sprudelnder Quell an Informationen.

Eine andere Informationsquelle ist das Internet, zum Beispiel AOL, wo man Ihnen Ihre Fragen auch beantwortet. Versuchen Sie doch einmal das Schlüsselwort MOS (in Kapitel 6 finden Sie mehr über Schlüsselwörter). Oder Sie versuchen es über eine andere englischsprachige Adresse: `comp.sys.mac`.

Viele nützliche Informationen finden Sie auch in der MacWelt – neue Software, Update, Warnungen und vieles mehr.

Upgrade auf Mac OS 9 und darüber hinaus

Wenn Sie Ihren iMac vor November 1999 gekauft haben, wurde er mit dem Betriebssystem Mac OS 8.1, 8.5 oder 8.6 ausgeliefert – ohne Zweifel perfekte Betriebssysteme. Die neueren Modelle werden mit dem Betriebssystem Mac OS 9 ausgeliefert – auf einige der wichtigsten

Eigenschaften haben wir in diesem Buch hingewiesen, zum Beispiel Sherlock in Kapitel 7 und die Mehrere Benutzer-Funktion in Kapitel 13. Darüber hinaus gibt es noch viele weitere neue Funktionen, die Ihren iMac schneller, leistungsfähiger und weniger problemanfällig machen.

Wenn Ihr iMac noch nicht mit dem Betriebssystem Mac OS 9 ausgestattet ist, können Sie dieses Betriebssystem nachträglich als Update für Ihr bestehendes Betriebssystem kaufen. Die Installation ist nicht besonders schwierig:

1. **Legen Sie die Mac OS 9 CD-ROM in das Laufwerk ein und doppelklicken Sie auf das Installieren Mac OS 9 Symbol.**

   Es erscheint ein Begrüßungs-Bildschirm.

2. **Klicken Sie WEITER, OK, INSTALLIEREN und warten Sie einfach ab, bis die Installation abgeschlossen ist.**

   Starten Sie danach den iMac neu und Mac OS 9 arbeitet auf Ihrem Computer.

Immer wenn Sie das Betriebssystem auf diese Weise aktualisieren, kann es natürlich passieren, dass zusätzliche Programme – keine Apple-Software – nicht mehr störungsfrei arbeiten. Auf die Apple-Programme wie AppleWorks oder auf Outlook Express trifft das nicht zu, sondern nur auf Programme, die Sie zusätzlich gekauft oder aus dem Internet bezogen haben.

Sollte das passieren, haben Sie drei Möglichkeiten:

✔ Setzen Sie sich mit dem Software-Hersteller in Verbindung oder gehen Sie auf die Webseite des Herstellers und sehen Sie nach, ob für das Programm ein Upgrade erhältlich ist. (Das ist meistens der Fall.)

✔ Arbeiten Sie ohne diese Software.

✔ Wenn Sie nicht ohne diese Software leben können und es wird keine neuere Version angeboten, arbeiten Sie mit Ihrem alten Betriebssystem weiter. Holen Sie dafür die System-Installations-CD-ROM wieder hervor, die mit Ihrem iMag geliefert wurde, und machen Sie eine saubere Neuinstallation wie in Kapitel 16 beschrieben.

Die Änderungen vor dem Schließen sichern

In Anhang B finden Sie einige Hinweise darauf, wo Sie mehr über Apple- Macintosh und den iMac erfahren können.

Aber wir wollten mit diesem Buch eigentlich nicht erreichen, dass Sie sich über nichts anderes als den iMac Gedanken machen. Wir wollen eigentlich nur, dass Sie wissen, worum es geht, wenn Ihr Computer Sie das nächste Mal anpiept. Wir wollten Ihnen die Grundkenntnisse für entspanntes und effektives Arbeiten mit dem iMac vermitteln.

Sie sollten sich nicht zu sehr vom iMac vereinnahmen lasen. Was macht es schon, wenn Sie die Programmiersprache nicht beherrschen und nichts über die integrierten Schaltkreise wissen? Wichtig ist, dass Sie den iMac einschalten können, etwas schreiben, zeichnen und gestalten und ausdrucken können und danach den Sonnenschein genießen – das macht den echten iMac Nutzer aus. Das weiß jeder Dummie.

Teil VI

Was noch wichtig ist

In diesem Teil... Hier kommt nun alles, was in den vorangegangenen Kapiteln dieses Buches nicht richtig zuordnen ließ – drei Listen mit jeweils 10 wichtigen Punkten, die wir Ihnen noch unbedingt mit auf den Weg geben wollen.

Zehn Geräte zum Kaufen und Anschließen

18

I n diesem Kapitel finden Sie einiges über zusätzliche Peripheriegeräte, in die Sie noch eine Menge Geld stecken können. Diese Geräte geben Ihrem iMac Augen und Ohren, verbinden in zum Beispiel mit einem internationalen Netzwerk oder verwandeln ihn in ein komplettes Symphonieorchester. Sie sind natürlich nicht verpflichtet, auch nur irgendeines oder gar alle diese Geräte anzuschaffen. Aber schon dass Sie wissen, was Ihr iMac sonst noch alles kann, gibt Ihnen doch sicher das gute Gefühl, dass Sie den richtigen Computer gekauft haben.

Ein Scanner

Ein Drucker nimmt ein Dokument, das Sie auf dem Bildschirm gestaltet haben und reproduziert es auf ein Stück Papier. Bei einem Scanner funktioniert das genau umgekehrt – er ist dafür da, zum Beispiel ein Bild von einem Stück Papier auf den iMac-Bildschirm zu transportieren. Erst nachdem das Bild eingescannt und in Bits und Bytes umgerechnet ist, versteht es der iMac (das Bild wurde digitalisiert). Sie können das Bild dann in jeder Weise, die Sie sich vorstellen können, bearbeiten. Sie können Teile davon abschneiden, den Hintergrund dunkler machen, Onkel Theodor eine dicke Zigarre verpassen oder den Hals Ihres Bruders verkürzen – was auch immer Ihnen einfällt. Mit dem Scanner können Sie reale Abbildungen erfassen, um sie in Ihre Dokumente einzubinden. Wenn Sie zum Beispiel einen Werbebrief für eine Schneiderei erstellen wollen, können Sie darin einen besonders schönen Anzug oder eine Hose abbilden.

Und was kostet Sie das? Ein einigermaßen guter Farbscanner kostet ca. 1.000,– DM einschließlich der Scan-Software, mit der Sie das eingescannte Bild dann für die Anforderungen Ihres Textverarbeitungprogrammes bearbeiten können. (Sie brauchen allerdings einen Scanner, der an den iMac angeschlossen werden kann – iMac-kompatibel ist – mit einer USB-Schnittstelle wie zum Beispiel Umax Astra 1220 U oder Agfa SnapScan 1212u etc.) In Kapitel 11 finden Sie unseren Scanner-Crashkurs.

Eine Digitalkamera

Heute bekommen Sie bereits für das Geld, das eine gute Spiegelreflexkamera kostet, auch eine hervorragende Digitalkamera von Kodak, Casio, Olympus, Sony oder einem anderen Hersteller. Diese Kameras speichern zwischen 10 und 150 Bildern ohne Film auf einem eingebauten Speicher. Und zu Hause können Sie die Kamera dann einfach an Ihren iMac anschließen (mit einem USB-Kabel), die Bilder in Ihrem iMac speichern und die Kamera ist wieder frei für neue Taten.

 Für Menschen, die immer wieder möglichst kostengünstige Bilder für die verschiedensten Verwendungen brauchen (Ärzte, Gestalter von Webseiten, Immobilienmakler, Versicherungsagenten und so weiter), sind diese Kameras ein Gottesgeschenk. Die Abbildungen in diesem Buch wurden zum Beispiel mit, einer kleinen Olympus gemacht. Die Ergebnisse haben zugegebenermaßen zwar keine Profiqualität, dann müssten Sie ein Vielfaches für die Kamera ausgeben, aber sie sind gut genug, um Computerbücher zu illustrieren.

 Sehr wichtig: Sie brauchen eine Kamera mit einer USB-Schnittstelle und, wenn Sie einen iMac DV besitzen, mit einer FireWire-Schnittstelle. Wenn Sie bereits eine Kamera mit einer seriellen Schnittstelle besitzen sollten, benötigen Sie einen USB-Adapter wie in Anhang C aufgeführt.

Eine Maus

Die iMac-Maus ist viel aufregender als die meisten Mäuse, die es zu kaufen gibt. Sie ist zum Beispiel durchsichtig und der kleine Ball ist zweifarbig, so dass Sie ihr beim Rollen zusehen können.

Allerdings ist die iMac-Maus auch eine besondere Diva. Sie ist rund und Sie können Ihre Hand nicht darauf abstützen. Und nur die kleine Vertiefung zeigt Ihnen an, wie Sie die Maus ausrichten müssen – die älteren Modelle haben nicht einmal das.

Wenn Sie mit dieser Maus gut zurechtkommen – hervorragend. Andererseits können Sie sie für wenig Geld austauschen. Sie erhalten verschiedene durchsichtige Modelle in der üblichen ovalen Form.

Sie können sogar eine Maus mit USB-Anschluss, die eigentlich für einen anderen Computer gedacht ist, an den iMac anschließen (bzw. an die iMac-Tastatur). Diese Mäuse haben dann drei Tasten im Gegensatz zu der Mac-Maus, die nur eine Taste hat – aber alle drei Tasten tun dasselbe.

Ein Joystick

Der iMac ist durch den superschnellen G3 Prozessor und die hervorragende Bildqualität natürlich auch das ideale Spielgerät. Aber wie profan und wenig professionell ist es doch, wenn Sie einen Raumjet durch die Weiten des Alls mit der Maus lenken. Dazu brauchen Sie einen Joystick, der wie der Steuerknüppel eines Flugzeuges funktioniert und mit dem sich die Flugbewegungen exakt kontrollieren lassen. Joysticks sind relativ preiswert und Sie finden die Angebote überall, zum Beispiel auch im Internet unter `www.imacintouch.com`.

Lautsprecher oder Kopfhörer

Oh natürlich – Ihr iMac bietet nicht nur HighTech, sondern auch HiFi in hervorragender Stereoqualität. Allerdings werden Sie beim Klang der beiden Frontlautsprecher der Modelle bis Ende 1999 Ihr Wohnzimmer wohl kaum mit der Carnagie Hall verwechseln.

Aber Sie können an den iMac auch noch Zusatz-Lautsprecher anschließen und dann geht beim Spielen erst so richtig die Post ab.

Wenn Sie allerdings nicht mehr hören wollen als das Einschaltsignal Ihres iMac, brauchen Sie eigentlich über den Kauf externer Lautsprecher nicht nachzudenken. Achtung: Nicht alle Lautsprecher können an den iMac angeschlossen werden. Es müssen aktive abgeschirmte Lautsprecher mit eigener Stromversorgung sein. Die Magnete von normalen Stereo-Lautsprechern würden das Bild auf Ihrem Bildschirm aussehen lassen wie ein modernes Kunstwerk. Mit anderen Worten, Sie sollten sich auf jeden Fall geeignete Lautsprecher beschaffen – Apple, Yamaha, Sony und viele andere Hersteller bieten Versionen für den iMac an.

Sie haben vielleicht auch schon die beiden Kopfhörerbuchsen an der Frontseite des iMac bemerkt – ideal, um zu zweit Musik zu hören oder damit Sie beim Spielen niemanden stören. Wenn daher externe Zusatzlautsprecher für Ihren Geschmack zu übertrieben sind – die hohe Klangqualität bekommen Sie auch mit Walkman-Kopfhörer. (Die Frontlautsprecher werden automatisch abgeschaltet, wenn Sie einen Kopfhörer anschließen.)

Der Harmon/Kardon Subwoofer

Wenn Ihr iMac ein DVD-Laufwerk hat und also eines der neueren Modelle ist, dann haben die eingebauten Lautsprecher bereits eine überragende Qualität für Computer-Lautsprecher. Schließlich kommen Sie von Hamon/Kardon, einem führenden Hersteller von Stereogeräten. Das liest sich in der Apple-Werbung dann so:

Das Harmon/Kardon Odyssee Audiosytem ist eine Designinnovation aus hoher Bandbreite (100 Hz bis 20.000 Hz), einem ultra-dynamischen Magneten für beste Tiefen- und Höheneffekte etc. etc.

Das liest sich jedenfalls so, als wäre der Klang gut. Was Sie vielleicht vermissen werden ist ein dritter Lautsprecher, ein so genannter Subwoofer. Das hört sich für einen Laien vielleicht nach einem Tiefseelebewesen an, gemeint ist jedoch ein durchsichtiges blasenförmiges Modul, das die niedrigeren Frequenzen wiedergibt, und etwa so aussieht:

Wenn Sie sich mit Stereo auskennen, wissen Sie, dass ein Subwoofer die Klangfülle verstärkt. Wenn Sie das CD-Laufwerk Ihres iMac benutzen, um Musik-CDs anzuhören oder mit dem DVD-Laufwerk Spielfilme anzusehen, erreichen Sie mit einem Subwoofer eine unvergleichliche Klangverbesserung (für einen Computer). Sie benötigen allerdings Mac OS 9, um iSub zu benutzen.

Musik und MIDI

MIDI bedeutet *Musical Instrument Digital Interface* und heißt, dass Sie einen Synthesizer anschließen können. Sie können dann mit Ihrem iMac die Musik aufnehmen und abspielen, die Sie selbst mit dem Synthesizer erzeugt haben. Wenn Sie aufnehmen, erzeugt der iMac einen Metronom-Ton und Sie spielen den Rhythmus. Zum Abspielen können Sie dann verschiedene Klangfarben etc. bestimmen, so dass Sie denken werden, dass Elvis das Instrument spielt – außer dass sich die Tasten nicht bewegen. Sie können das Musikstück auch in jeder Weise bearbeiten und speichern.

Alles was Sie dafür benötigen ist ein MIDI Interface, das Ihren iMac mit dem Synthesizer verbindet. (Natürlich eine USB-Version, aber das wissen Sie ja sicher.) Und Sie brauchen ein Programm, mit dem Sie die Musik aufnehmen und wieder abspielen können, wie zum Beispiel

MusicShop oder Freestyle. Natürlich müssen Sie auch noch auf dem Synthesizer spielen, obwohl es bereits Programme gibt, die auch das noch für Sie erledigen.

Ein Projektor

Wenn Sie Ihren iMac zum Beispiel für Diavorträge einsetzen wollen, wäre es sicher ganz hilfreich, wenn Sie die Bilder auf einem größeren Fernsehmonitor oder einer Leinwand zeigen könnten. Mit einem Video-Output-Adapter, zum Beispiel dem USB Presenter (www.aver.com), können Sie Ihren iMac an ein Fernsehgerät oder einen LCD-Projektor anschließen und damit der ganzen Welt Ihre Kreativiät beweisen.

Wenn Sie einen iMac DV besitzen, brauchen Sie dafür nicht einmal einen Adapter – lesen Sie mehr darüber im Abschnitt »Einen zweiten Monitor anschließen« in Anhang A.

Zip, SuperDisk und Co.

Wir sind sicher, dass Sie inzwischen gemerkt haben, dass der iMac kein FloppyDisk-Laufwerk hat. Das ist jedoch kein großer Verlust, denn FloppyDisks sind eine überholte Technik, sie sind langsam und haben nur eine geringe Speicherkapazität.

Auf der anderen Seite brauchen viele iMac-Nutzer verschiedene Möglichkeiten, um Daten zu speichern; ein Backup im Internet (siehe Kapitel 7) oder auf einem anderen Mac im Netzwerk (siehe Kapitel 14) kommt für die wenigsten in Betracht.

Aber was sollten Sie jetzt tun? Die Daten auf Post-It-Zettel schreiben? Nun, Sie können ein externes Laufwerk an den iMac anschließen – an der USB-Schnittstelle. Zur Auswahl stehen an:

✔ Ein Floppy-Laufwerk: Das erhalten Sie schon für einen geringen Preis.

✔ Ein SuperDisk-Laufwerk: Für etwas mehr bekommen Sie auch etwas mehr. Mit dem zum Design des iMac passenden durchsichtigen SuperDrive-Laufwerk können Sie FloppyDisks und SuperDisks verwenden, die aussehen, schmecken und riechen wie FloppyDisks, jedoch 83 mal mehr Speicherkapazität haben.

✔ Ein Zip-Laufwerk: Das ist eine völlig andere Welt – blau und durchsichtig – für Zip-Disketten, die zwar ähnlich wie Floppy Disks aussehen, jedoch 100 MB bzw. bis zu 250 MB Speicherkapazität zu einem erträglichen Preis bieten. Zip-Disks sind problemlos und einfach zu handhaben und der große Vorteil ist, dass viele Computerbesitzer über ein Zip-Laufwerk verfügen. So können Sie Ihre Dokumente auf einer Zip-Disks einfach in der Hosentasche mit sich herumtragen und zum Beispiel zum nächsten Copy Shop bringen, um große Plakate davon herstellen zu lassen (wenn der Copy Shop ein Zip-Laufwerk hat).

✔ Einen CD-Brenner: Ja, das Unmögliche ist Wirklichkeit geworden – Sie können natürlich auch Ihre Daten auf CDs brennen. Sie schließen dafür nur eines dieser modernen Geräte an Ihren iMac an (USB-Schnittstelle), legen eine beschreibbare CD ein und geben an, welche Dateien von Ihrer Festplatte auf der CD gesichert werden sollen – das wär's.

Mehr Informationen zu diesem Abschnitt finden Sie in Anhang C.

Eine Filmkamera

Kaufen Sie eine Filmkamera – halt, keinen superteuren Camcorder (obwohl Sie den natürlich auch kaufen und an den iMac anschließen können, wenn Sie einen iMac DV besitzen, Kapitel 10). Wir meinen etwas Kleineres und Billigeres wie zum Beispiel QuickCam (siehe Anhang C), eine Filmkamera, die nicht größer als ein Golfball ist. Die verbinden Sie einfach mit der USB-Schnittstelle des iMac und Sie können digitale Filme aufzeichnen. Einen billigeren Weg zur eigenen Filmproduktionsgesellschaft gibt es nicht.

Zehn Dinge, von denen Sie bestimmt nicht dachten, dass Ihr iMac sie kann

19

*E*r ist schnell, modern und zeugt von gutem Geschmack. Aber der iMac kann mehr, viel mehr. Versuchen Sie das einmal an einem langweiligen Samstagnachmittag.

Musik-CDs abspielen

Legen Sie einfach Ihre Lieblings-Musik-CD in den iMac ein – Mozart, Brahms ... Manche iMacs sind bereits dafür eingerichtet, dass Musik-CDs automatisch abgespielt werden, ansonsten müssen Sie nur noch den Befehl zum Abspielen geben.

Wenn Sie das Abspielen Ihrer Musik-CDs auf dem iMac genau so kontrollieren und regeln wollen wie auf Ihrem normalen CD-Player, können Sie den Apple CD Audio-Player in Ihrem -Menü verwenden.

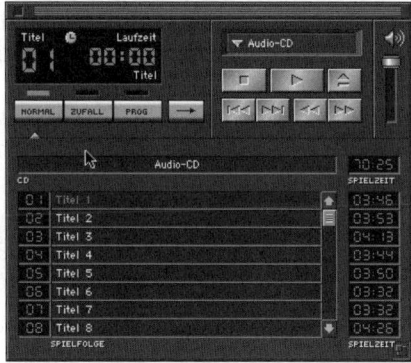

Probieren Sie einfach mal alles aus, Sie werden sicher sehr schnell herausfinden, wie Sie die einzelnen Titel abspielen, die Lautstärke und weitere Funktionen einstellen können.

Wenn Sie auf das kleine Dreieck unter dem Knopf NORMAL klicken, erhalten Sie die Übersicht aller auf der CD enthaltenen Musiktitel – Sie können das Fenster so weit vergrößern, dass Sie alle Titel sehen. Dummerweise werden Sie nur als »Titel 1«, »Titel 2« und so weiter angezeigt

– es ist Ihre Aufgabe, hier zu klicken und den richtigen Namen einzugeben. (Die Eingabe bestätigen Sie mit der Returntaste, was Sie auch gleichzeitig in das nächstuntere Titelfeld bringt – diesen Effekt hat auch die Tabulatortaste – Shift-Return bringt Sie ein Feld höher in der Titelliste. Im Eingabefeld über der Titelliste können Sie statt Audio-CD den Namen der CD eingeben.) Wenn Sie das getan haben, erinnert sich der Audio CD-Player jedesmal automatisch an Ihre Eingaben, wenn Sie diese CD einlegen.

Aber jetzt kommt der beste Teil: Klicken Sie auf den Knopf PROG. Sie können jeden Titel aus der linken Liste in die rechte Liste ziehen – und zurück, wenn Sie Ihre Meinung ändern sollten. Sie können auch die Reihenfolge der Titel in der rechten Spalte so verändern, wie Sie es wollen, einfach indem Sie die Titel an eine andere Position ziehen. Sie können Ihre Lieblingstitel in der rechten Spalte auch mehrmals einfügen und Titel, die Sie nicht hören wollen, einfach weglassen.

 Übrigens: Wenn Sie einen iMac DV gekauft haben, können Sie damit auch DVD-Filme abspielen, die Sie sich entweder kaufen oder in einer Videothek ausleihen (siehe auch Kapitel 10)..

Sprechen »Speech«

Wie man so sagt, benötigen wir 1 Jahr, um Kindern das Sprechen beizubringen und dann weitere 18 Jahre, um Ihnen beizubringen, wann sie den Mund halten sollen. Beim iMac ist das wesentlich unkomplizierter.

Es gibt einige Programme, die mit einer Sprachfunktion versehen sind, wie zum Beispiel Word 98, AppleWorks, AOL und WordPerfect. Aber das Programm, bei dem Sie dabei die wenigste Arbeit haben, ist das Textverarbeitungsprogramm SimpleText.

 Suchen Sie Simple Text (mit dem Befehl FINDEN, öffnen Sie das Programm und geben Sie dann einen Text ein, den der iMac vorlesen soll, zum Beispiel »Hallo Liebling! Das war ganz toll – das sollten wir öfter machen.«

Bewegen Sie dann den Mauscursor auf das Menü TON und wählen Sie ALLES VORLESEN. Sind Computer nicht toll?

Um die Sache mit etwas Humor zu würzen, wählen Sie noch einmal den Befehl Ton und wählen Sie aus dem Befehl STIMMEN eine der 18 Stimmen aus, mit der Sie Ihren Text gesprochen haben möchten, von einer Frau, einem Kind, mit einer tiefen oder hohen Stimme etc. Sie brauchen Stunden, um das alles durchzuprobieren.

Natürlich hat Apple diese Funktion des iMac nicht nur dafür erfunden, damit Sie sich einen mehr oder weniger schwachsinnigen Satz vorlesen lassen. Diese Funktion hat auch sehr konkrete Anwendungen – Sie können sich zum Beispiel einen Text zur Kontrolle bzw. Korrektur vorlesen lassen.

Singen

Der iMac ist auch auf anderen Gebieten talentierter als Sie es sich vielleicht vorgestellt haben – er singt sogar. Er hat zwar ein ziemlich begrenztes Repertoire – er kennt nur genau vier Lieder – aber er kann jedes Gedicht vertonen und er gerät niemals außer Puste.

Damit Ihr iMac singt, müssen Sie ihn zunächst einmal sprechen lassen wie zuvor beschrieben. Und dann wählen Sie eine dieser Stimmen aus dem Stimmenfundus:

✔ **Pipe Organ:** Singt zur Alfred Hitchcock-Titelmelodie.

✔ **Good News:** Singt zur Melodie von »Pomp & Circumstances«, auch bekannt als der Abschlussfeier-Marsch.

✔ **Bad News:** Singt zu einem Trauermarsch.

✔ **Cellos:** Singt zur Melodie von »In der Halle des Bergkönigs« aus Peer Gynt von Edvard Grieg. Höchstes Kulturniveau!

 Ein Punkt zeigt dem iMac an, dass er wieder von vorne mit der Melodie beginnen soll. Ein Beispielvers für die Melodie Good News könnte etwa so aussehen:

Du hast das große Los gezogen – kannst dir einen iMac leisten

Und musst nie wieder mit Windows arbeiten – Hurra, Hurra

Filme abspielen

Ihr iMac ist im Umgang mit Filmen ziemlich geschickt – er kann sie machen, aufzeichnen und abspielen.

Das Geheimrezept dafür heißt QuickTime. Wenn Sie einen Filme auf Ihrem Bildschirm abspielen wollen, doppelklicken Sie einfach auf das Symbol des Filmes, um ihn zu starten. Er wird dann in Movie Player oder QuickTime Player geöffnet.

Mit diesem Schieber können Sie sich im Film hin- und herbewegen.

Hier können Sie Starten bzw. Stoppen.

Zum Starten klicken Sie auf den kleinen Startpfeil oder drücken die Leertaste. Hier noch einige Bemerkungen über digitale Filme: Sie werden meistens in kleinen Fenstern abgespielt und Sie sind eigentlich immer sehr kurz. Das kommt daher weil QuickTime Filme einen immensen Speicherplatzbedarf haben.

QuickTime Filme erhalten Sie aus verschiedenen Quellen, zum Beispiel ist einer auf der CD, die Sie mit dem iMac erhalten haben, Sie können sich die Filme aus dem Internet downloaden oder von den CDs, die den verschiedenen Computerzeitschriften beiliegen, abspielen.

Wenn Sie ein iMac DV-Modell besitzen, können Sie auch Ihre eigenen Filme herstellen – groß, bildschirmfüllend und in guter Qualität, wie in Kapitel 10 beschrieben. Wenn Sie dieses Modell nicht besitzen, können Sie kleinere Filme mit der kleinen QuickCam-Kamera selbst herstellen. Diese nur golfballgroße Kamera zeichnet farbige Filme mit Ton auf, die Sie dann im iMac bearbeiten und ansehen können.

Faxe verschicken

Da Ihr iMac ein eingebautes Fax-Modem hat, können Sie auch Faxe versenden und empfangen. Die Qualität der Faxe ist genauso gut wie über ein herkömmliches Faxgerät. Und das Versenden ist sehr viel bequemer, denn Sie benötigen keinen Ausdruck mehr. Ihr iMac sendet die Nachricht direkt zu dem Empfängergerät.

Wenn Sie eine Faxnachricht versenden wollen, schreiben Sie zunächst einmal den Text – wie einen Brief – zum Beispiel mit AppleWorks. Gehen Sie dann in das Menü ABLAGE. Sehen Sie den Befehl DRUCKEN? Drücken Sie nun die Options- und die ⌘-Taste – aus Drucken ist Faxen geworden!

Normal   Mit gedrückter Options- und ⌘-Taste

Wenn Sie diesen Befehl wählen, erhalten Sie das nachstehende Dialogfenster.

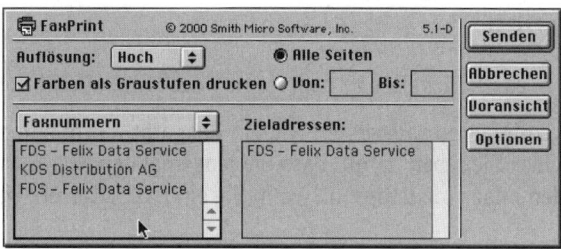

Wählen Sie aus dem Popup-Menü die Option Temporary Address, und geben Sie die Faxnummer des glücklichen Empfängers Ihrer Nachricht ein. Wenn Sie damit fertig sind, sehen Sie rechts den Namen des Empfängers – klicken Sie auf Senden.

Sollten Sie öfter Faxe an denselben Empfänger schicken, ist dieser Weg natürlich etwas umständlich.

 Einfacher geht es mit dem Programm Fax Browser auf Ihrer Festplatte (im Ordner FAXstf im Ordner Programme). Öffnen Sie das Programm, wählen Sie Faxnummer aus dem Fenstermenü und dann geben Sie den Namen, die Faxnummer und alle weiteren wichtigen Angaben des Empfängers ein (mit der Tabulatortaste können Sie dabei von Eingabefeld zu Eingabefeld wechseln). Wiederholen Sie diesen Schritt so lange, bis Sie alle wichtigen Faxadressen eingegeben haben.

Von jetzt an können Sie die gespeicherten Empfänger einfach aus der Liste in der rechten Spalte in die linke Spalte ziehen, wenn Sie ein Fax versenden wollen.

Und noch ein Tipp für diejenigen unter Ihnen, die viele Faxe versenden. Wenn es Ihnen zu umständlich ist, immer wieder den Fax-Browser zu öffnen, wenn Sie Ihrer Empfängerliste einen weiteren Empfänger hinzufügen wollen, können Sie das auch direkt dann erledigen, wenn Sie diesem Empfänger das erste Mal ein Fax schicken – einfach im Fax Senden-Fenster (vorherige Abbildung). Allerdings geht das nur mit der Vollversion von FAXstf – die Upgrade Informationen finden Sie im FAXstf Ordner.

Faxe empfangen

Wenn Sie versprechen, es nicht weiter zu sagen: Ihr iMac kann auch Faxe empfangen.

Dazu müssen Sie Ihren iMac nur ausrüsten wie ein Faxgerät – ihm einen zweiten Telefonanschluss spendieren. Oder Sie leben damit, dass Sie jedesmal den Stecker des Telefons herausziehen müssen, um den iMac einzustöpseln, wenn Sie ein Fax erwarten. Das ist aber nicht sehr praktisch

 Suchen Sie zunächst den Ordner FAXstf auf Ihrer Festplatte und darin das Programm Fax Browser.

Öffnen Sie Fax Browser und wählen Sie EINSTELLUNGEN aus dem Menü BEARBEITEN. Wenn Sie in der linken Auswahl das Fax Modem-Symbol entdeckt haben, klicken Sie es an und Sie erhalten ein Popup-Menü, mit dem Sie einstellen können, ob das Modem einen Anruf annehmen kann (und nach dem wievielten Läuten). Wenn Sie diese Option nicht aktivieren, nimmt das Modem keinen Anruf entgegen.

Wenn ein Fax eingeht, blinkt das -Menü. Öffnen Sie den Fax-Browser um die Nachricht zu lesen und – wenn Sie wollen – drucken Sie es aus. Damit haben wir Ihnen die Kosten für die Anschaffung eines zusätzlichen Faxgerätes erspart.

Wissen in der Tasche

Es passiert auch den Besten von uns: Sie haben den iMac einfach in Ihr Leben integriert. Er ist Ihr Terminkalender, speichert Ihre wichtigen Telefonnummern, erinnert Sie daran, was noch zu tun ist – alles, was Sie so brauchen. Und jetzt wollen Sie das Haus verlassen. Was tut da ein richtiger iMac-Fan?

Sie haben folgende Möglichkeiten:

✔ Stecken Sie sich den iMac einfach in die Tasche. Das wird jedoch etwas merkwürdig aussehen, wenn Sie immer mit einer ausgebeulten Manteltasche durch die Gegend laufen.

✔ Kaufen Sie einen PalmPilot.

Ein PalmPilot ist einer jener handlichen kleinen Organizer, nicht größer als eine Audiokassette. Solche Minicomputer werden von den unterschiedlichsten Herstellern angeboten. Abgesehen vom Aussehen sind sie jedoch alle gleich. Jeder kann an Ihren iMac angeschlossen werden und Sie können die wichtigsten Daten darauf speichern: Ihren Terminkalender, Ihr Telefonbuch, Memos und sogar E-Mails. Einige davon können Sie direkt mit der USB-Schnittstelle verbinden, bei anderen benötigen Sie einen zusätzlichen USB-Adapter – siehe Anhang C.

Das Großartige daran ist, dass Sie nach Ihrer Besprechung oder Ihrer Reise einfach den PalmPilot mit Ihrem iMac verbinden und Änderungen Ihrer gespeicherten Daten werden automatisch durchgeführt.

PalmPilot kann zwar nicht mit iMac-Programmen arbeiten, aber Sie haben die wichtigen Daten für Ihr Geschäfts- oder Privatleben immer bei sich. Wenn Sie zum Beispiel wie in Kapitel 9 beschrieben Ihre Verabredungen und Telefonnummern im Palm Desktop Programm, das mit Ihrem iMac geliefert wurde, erfassen, haben Sie damit nicht einmal zusätzliche Arbeit. Nehmen Sie einmal an, Sie kommen von einem Meeting mit einer Fülle neuer Kontaktadressen und einigen neuen Terminen, die Sie in PalmPilot eingegeben haben. Sie stellen die Verbindung zum iMac her, drücken auf Sync und die Daten werden automatisch in der Palm Desktop-Datei Ihres iMac aktualisiert. (Jetzt wissen Sie auch, warum das Programm auf Ihrem iMac Palm Desktop heißt.)

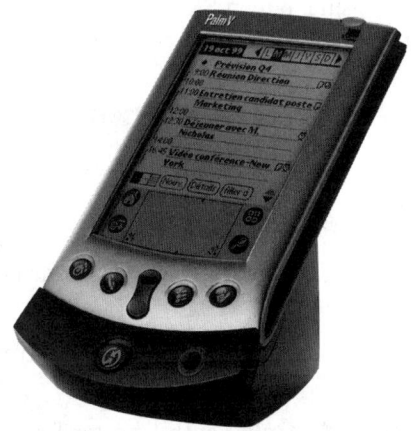

Ton aufnehmen

Der iMac hat ein eingebautes Mikrophon oben in der Frontseite. Das ist zwar nicht so ein Mikrophon, wie es zum Beispiel Tina Turner benutzt, es ist aber dennoch ausreichend für die verschiedensten Aufgaben. Zum Beispiel, um für den kleinen Beep-Ton, den der iMac produziert, wenn Sie einen Fehler machen, einen anderen Ton aufzunehmen.

Ton aufnehmen geht so:

1. Wählen Sie SIMPLESOUND aus dem -Menü.

2. Klicken Sie den HINZUFÜGEN-Button.

3. **Klicken Sie Aufnehmen und sprechen Sie in das Mikrophon.**

Wenn Sie fertig sind, klicken Sie auf Stop – es sei denn, Sie wollen noch eine Zeit der Stille hinter Ihren goldenen Worten aufnehmen.

Die aufgenommene Tonsequenz können Sie auf verschiedensten Arten abspielen. Sie können sie mit der Taste Abspielen abspielen oder unter einem Namen speichern und für Ihre Enkel aufheben. Im Kontrollfenster Ton finden Sie die Sequenz in der Liste der verfügbaren Töne und wenn Sie wollen, können Sie die Sequenz auch als Warnton auswählen.

Noch mehr Töne für Detailbesessene

Sie können Tonsequenzen auch abspielen, ohne dass Sie das Kontrollfenster öffnen müssen. Wenn Sie ein Fan der Doppelklicks sind, öffnen Sie Ihren Systemordner und dann die Datei System. In diesem Fenster finden Sie neben Ihren Schriften auch all Ihre Töne – einfach doppelklicken und sie werden abgespielt.

Die Lautstärke des iMac einstellen

Da wir gerade bei den Tönen sind, passt es eigentlich sehr gut, Ihnen jetzt zu erklären, wie Sie die Lautstärke Ihres iMac einstellen können.

Der einfachste Weg ist die Einstellung über das Symbol in der Kontrollleiste wie in Kapitel 12 beschrieben und gezeigt.

Der dornige Weg ist dagegen über das -Menü, Kontrollfenster Ton bzw. Monitore & Ton. Hier sehen Sie die Regler für die Lautstärkeregelung aller an Ihrem iMac angeschlossenen Lautsprecher.

Hier können Sie auch dem iMac sagen, über welche Tonquelle aufgenommen werden soll: vom Mikrophon oder zum Beispiel von einer Musik-CD, die Sie in das Laufwerk gelegt haben. Mit dem Popup-Menü Toneingabe können Sie die entsprechende Tonquelle einstellen.

Mit Windows Programmen arbeiten

Es ist wahr, Sie müssen sich nicht länger vernachlässigt fühlen. Der iMac kann mit den meisten gängigen Windows-Programmen arbeiten. Sie brauchen dazu nicht mehr als die zusätzlichen Programme SoftWindows oder VirtualPC. Die Windows-Programme arbeiten dann zwar nicht so schnell wie auf dem schnellsten Windows-Computer – aber sie laufen.

Fotos ausdrucken

Bewaffnet mit einer Digitalkamera (Kapitel 18) und einem Farbdrucker (Kapitel 5) gibt es eigentlich keinen Grund mehr, warum Sie Zeit und Geld für die Entwicklung und die Abzüge herkömmlicher Fotos aufwenden sollten. Beides können Sie sinnvoller für Ihren iMac verwenden.

Die schlechte Nachricht: Vernünftiges Fotopapier ist relativ teuer, Sie können keine Vergrößerungen machen – wenn Sie Ihre digitalen Fotos vergrößern, wird die Qualität immer schlechter – und eine digitale Kamera (nicht der Drucker) kostet immer noch ziemlich viel.

Die gute Nachricht: Der Ausdruck geht in der Regel ziemlich schnell, sieht eigentlich ganz gut aus (besonders auf dem teuren Spezialpapier). Und Sie können die Fotos vor dem Ausdruck noch bearbeiten, die Farben korrigieren, Bildelemente hinzufügen oder wegnehmen (zum Beispiel bestimmte Familienmitglieder oder so).

Teil VII

Anhang

In diesem Teil... finden Sie die Anhänge, auf die Sie so lange geduldig gewartet haben: Wie Sie Ihren Computer einrichten und ausstatten können und wo Sie diese zusätzlichen Bausteine erhalten.

Den iMac einrichten

Den iMac einzurichten dauert nur ein paar Minuten. Sie müssen eigentlich nur ein paar Kabel einstecken (lesen Sie dazu auch Kapitel 5 zum Anschluss Ihres Druckers).

Ich habe die Kunststoffabdeckung abgenommen – was nun?

Hier einige wichtige Punkte:

✔ Wenn Sie den Computer hochheben, dann tun Sie das mit dem Griff an der Oberseite – schützen Sie dabei den Boden mit der anderen Hand. (Das griffähnliche Ding an der Unterseite ist keiner und hält auch das Gewicht des iMac nicht aus. Also – niemals auf dem Kopf transportieren.)

✔ Überlegen Sie sich, wo Sie den iMac aufstellen. Es hat keinen Sinn, ihn auf einen Tisch zu stellen, wo dann die Tastatur höher steht als Ihre Ellenbogen.

✔ Probieren Sie aus, ob es besser ist, die Füße an der Unterseite herauszuklappen oder nicht – auf den richtigen Blickwinkel kommt es an.

Und wenn Sie es dann Ihrem iMac in seine neue Umgebung echt gemütlich gemacht haben, ist noch Folgendes zu tun:

1. **Stecken Sie das Kabel der Maus in ein Ende der Tastatur.**

   Es ist nicht wichtig, in welche Seite Sie es stecken – wenn Sie Linkshänder sind, können Sie die Maus auf der linken Seite der Tastatur installieren.

2. **Sehen Sie sich die Anschlüsse auf der rechten Seite des iMac an – wie in dem folgenden Bild:**

   Bei älteren iMac-Modellen sind diese Anschlüsse (Schnittstellen) hinter einer kleinen Kunststofftür an der rechten Gehäuseseite verborgen. Öffnen Sie die Tür, indem Sie einen Finger in die große Öffnung stecken und ziehen.

   Bei den neueren Modellen gibt es diese Kunststofftür nicht mehr. Die Anschlüsse schauen Ihnen 24 Stunden am Tag bei der Arbeit zu.

3. Stecken Sie das Ende des Tastaturkabels in eine der beiden rechtwinkligen Öffnungen (USB-Schnittstellen) an der rechten Gehäuseseite wie hier gezeigt:

Original iMacs mit CD-Schlitten

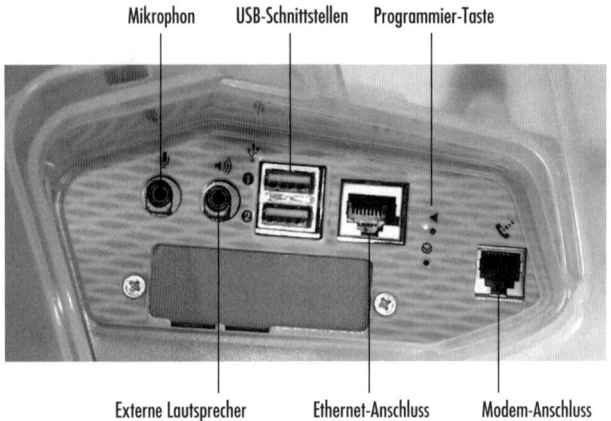

Neuere iMacs mit CD-SlotIn

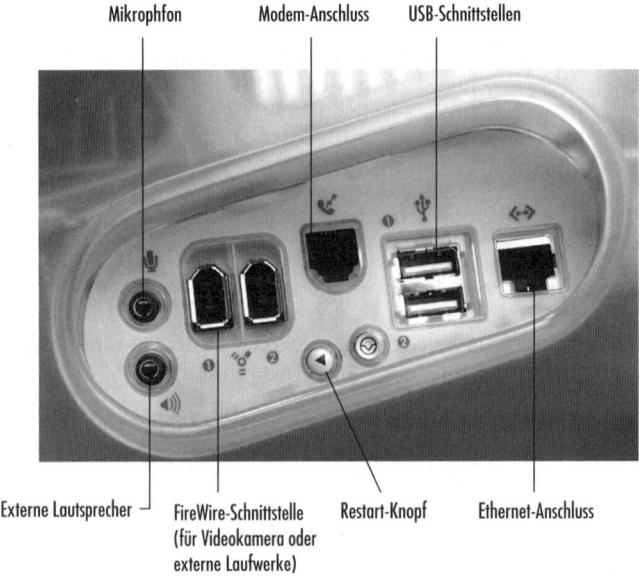

4. Stecken Sie das Stromkabel des iMac in die Steckdose.

Die schockierende Wahrheit über die seitlichen Anschlüsse des iMac

Alle Anschlüsse des iMac befinden sich auf der rechten Seite des Gehäuses – von vorne gesehen.

Überraschend genug, dass die Kabel nicht so angeordnet sind, dass Sie aus der großen runden Öffnung der Kunststoffklappe kommen (sofern Ihr iMac noch eine solche Klappe hat).

5. **Wenn Sie einen Internet-Zugang einrichten wollen, stecken Sie noch das kleine mitgelieferte Telefonkabel in den entsprechenden Anschluss.**

Achten Sie auf den richtigen Anschluss! Der Modem- (richtig) und der Ethernetanschluss (falsch) sehen fast identisch aus. Wählen Sie den Anschluss, der mit dem kleinen Telefon markiert ist. Bei den älteren iMacs ist der Modemanschluss ganz rechts aussen. Bei den neueren Modellen liegt der Modemanschluss genau in der Mitte.

Das andere Ende des Telefonkabels kommt natürlich in die Dose in der Wand (siehe auch Kapitel 6).

Den iMac einschalten

Jetzt sollten Sie schnell zu Kapitel 1 zurückblättern!

Was Sie hier haben

Sie hören immer wieder Zahlen und technische Spezifikationen, wenn Sie in einen Computerladen gehen. Aber die einzig wichtigen Zahlen sind 1. Wie groß ist die Festplatte? 2. Wieviel Arbeitsspeicher ist vorhanden? 3. Welcher Prozessor ist eingebaut? und 4. Wie schnell ist er? Wir denken, dass Sie diese Kerndaten Ihres iMac schon interessieren.

✔ **Festplatten-Kapazität.** Die erste Größe, die bei einem Computer wichtig ist, ist die Größe der eingebauten Festplatte, die in Gigabytes angegeben wird – auf einer Cocktailparty können Sie das auch auf Gigs verkürzen, das klingt cooler.

Die meisten Arbeiten – Briefe, Manuskripte, Memos – sind ziemlich klein. Dieses Buch würde zum Beispiel nur einen Speicherplatzbedarf von rund 2 Megabytes von den Tausenden auf Ihrer Festplatte vorhandenen belegen. Wenn Sie jedoch mit Bildern oder sogar Filmen arbeiten, kann es mit dem Speicherplatz recht schnell eng werden.

Die Größe der Festplatte ist abhängig von dem iMac-Modell, das Sie gekauft haben. Die ersten iMacs hatten Festplatten mit 4 bzw. 6 Gigabytes. (1 Gigabyte hat 1.000 Megabytes.) Seit Ende 1999 werden die iMacs mit 6, 10 oder 13 Gigabyte großen Festplatten ausgestattet. Das reicht für eine ganze Weile vor.

✔ **Arbeitsspeicher.** Wie bereits in Kapitel 1,5 beschrieben ist der Arbeitsspeicher der Bereich, in dem sich Ihre aktuellen Arbeiten befinden, während Sie daran arbeiten – im Gegensatz zum Festplattenspeicher, auf dem Ihre Arbeiten sicher ruhen, wenn Sie den iMac ausgeschaltet haben. Aber Arbeitsspeicher ist wesentlich teurer als Festplattenspeicher, daher haben Sie davon weniger zur Verfügung.

Die Modelle des Jahrgangs 1998 hatten noch 32 Megabyte Arbeitsspeicher, die heutigen Modelle verfügen über Arbeitsspeicher von 64 und sogar 128 Megabytes. Grundsätzlich gilt, je mehr Sie hier zur Verfügung haben, desto mehr können Sie gleichzeitig mit Ihrem Computer machen (in dem einen Fenster schreiben und gleichzeitig in dem anderen Fenster im Internet surfen …).

In Anzeigen werden Ihnen oft diese beiden Eckpunkte (Arbeitsspeicher, Festplattenspeicher) angegeben, zum Beispiel so "iMac 64/10 G". Mit Ihrem neuerworbenen Wissen erkennen Sie daraus, dass es sich um einen iMac mit 64 Megabyte Arbeitsspeicher und einer 10 Gigabyte Festplatte handelt.

✔ **Prozessor.** Der dritte wichtige Faktor ist der Prozessor. Das Herz eines iMac schlägt in einem PowerPC G3 Prozessor.

✔ **Prozessorgeschwindigkeit.** Die Prozessorgeschwindigkeit lässt sich mit dem Blutdruck eines Menschen vergleichen und bestimmt, mit welcher Geschwindigkeit die Daten durch die elektronischen Schaltkreise geschickt werden. Die Bandbreite der Geschwindigkeiten in Megahertz reicht von 8 (bei den 1984er Macs) bis 500 und mehr bei den neuesten Power Macs. Die ersten iMacs liefen noch mit 233, 266 bzw. 333 MHz, Ende 1999 waren es dann schon 350 oder 400 MHz und das wird jedes halbe Jahr schneller.

(Achtung: Die Geschwindigkeitsangabe lässt sich nicht zwischen den verschiedenen Prozessoren und Computermodellen vergleichen. So könnte man zum Beispiel vermuten, dass ein 400 MHz iMac genau so schnell ist wie ein 400 MHz "Intel inside" Computer. Weit gefehlt! Der iMac ist viel schneller.)

Den Monitor einstellen

Der Bildschirm des iMac ist einstellbar. Sie können ihn vergrößern oder verkleinern, kippen und verdrehen wie in Kapitel 13 bereits beschrieben. Technisch ausgedrückt hat Ihr iMac einen 15 Zoll-Monitor, der jedoch bei der entsprechenden Auflösung so viel darstellt wie ein herkömmlicher 17 Zoll-Monitor – nur eben etwas kleiner.

Während Sie sich immer mehr mit Ihrem iMac anfreunden, sollten Sie das im Hinterkopf behalten und irgendwann vielleicht einmal die Auflösung anders einstellen.

Einen zweiten Monitor anschließen

Wenn Sie einen iMac DV besitzen, können Sie auch einen zweiten größeren Monitor anschließen. Sie sehen dann auf beiden Bildschirmen (dem internen und dem externen) das gleiche Bild. Wenn Sie finden, dass die Darstellung auf dem internen Bildschirm mit höchster Auflösung (1024 x 768) doch zu klein ist, dann ist so ein zweiter Bildschirm (17 Zoll oder noch größer) die ideale Lösung. Das bietet sich auch insbesondere dann an, wenn Sie Ihren iMac zum Beispiel für Präsentationen vor einem größeren Publikum benutzen. Und Sie können an den iMac für Vorführungen vor einem großen Auditorium natürlich auch einen Projektor anschließen.

So wird ein zweiter Bildschirm angeschlossen:

1. **Schalten Sie den iMac aus und ersetzen Sie die Abdeckung an der Rückseite durch die mitgelieferte Spezialabdeckung.**

   Eine exakte Anleitung dazu finden Sie in der Mac-Hilfe unter dem Punkt *Externer Monitor*.

2. **Verbinden Sie das Kabel des zweiten Monitors mit dem Monitoranschluss des iMac auf der Rückseite:**

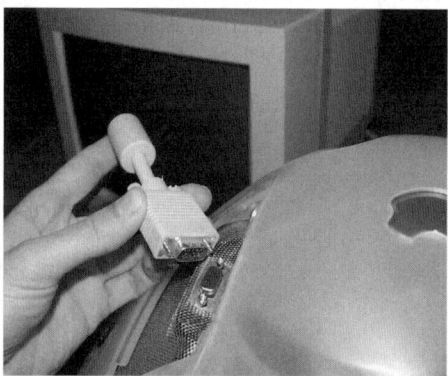

   Dafür hat der iMac auf der Rückseite eine so genannte VGA-Schnittstelle. Das ist derselbe Anschluss, wie Sie ihn bei allen Windows PCs auf der ganzen Welt und allen Macintosh-Modellen seit 1996 finden. Wenn Sie einen älteren Macintosh-Monitor verwenden wollen, gibt es dafür preiswerte Adapter in jedem Computerladen.

3. **Schalten Sie den iMac ein.**

   Beide Monitore werden hell.

4. **Wählen Sie über die Kontrollleiste die Auflösung für die beiden Monitore wie hier gezeigt:**

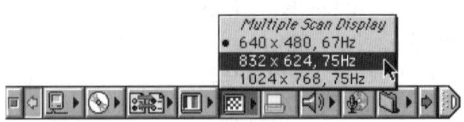

Sie können zwischen drei verschiedenen Einstellungen wählen: 640 x 840 (sehr groß), 800 x 600 (durchschnittlich) und 1024 x 768 (perfekt für einen 17 Zoll-Monitor).

Ein kleiner Abstecher zu den Farben

Ihr iMac kann drei Monitorfarbtiefen darstellen. Sie können Ihren Monitor auf 256 Farben (was Fotos etwas krank aussehen lässt), Tausende von Farben (womit Fotos gut aussehen) oder Millionen Farben (wodurch Fotos einfach unvergleichlich dargestellt werden) einstellen.

Um zwischen diesen Farbtiefen umzuschalten, benutzen Sie einfach die Kontrollleiste (siehe vorherige Abbildung) und klicken Sie auf das Symbol, das aussieht wie ein Regenbogen. Wählen Sie Tausende Farben oder höher, wenn Sie Photos oder Filme bearbeiten wollen. (Die älteren iMacs können die Farbtiefe Millionen Farben nicht bei einer Auflösung von 1024 x 768 verarbeiten, die neueren Modelle dagegen schon.)

Sind Sie jetzt nicht froh, dass Sie gefragt haben?

Weitere Schätze

Zeitschriften

Englische Zeitschriften

MacHome Journal

Für Anfänger, Studenten und alle, die den Mac zu Hause nutzen. Die Webseite finden Sie hier:

www.machome.com

Macworld

Nachrichten, Berichte und Analysen. Den Inhalt können Sie kostenlos lesen auf der Webseite:

www.macworld.com

MacAddict

Lustig, respektlos und mit vielen Spielen und anderen Dingen. Jede Ausgabe enthält eine prall gefüllte CD-ROM mit Neuheiten. Leider nicht über das Web zu lesen, trotzdem hier die Adresse:

www.macaddict.com

Deutsche Zeitschriften

MacWelt Nachrichten, Berichte und Analysen. Den Inhalt können Sie kostenlos lesen auf der Webseite:

www.macwelt.de

MacUp

Nachrichten, Berichte und Analysen. Den Inhalt können Sie kostenlos lesen auf der Webseite:

www.macUp.com

Mac Easy

Mit vielen Spielen und anderen Dingen. Jede Ausgabe enthält eine prall gefüllte CD-ROM mit Neuheiten.

User Groups

Mehr darüber finden Sie auf der deutschsprachigen Apple-Webseite:

www.apple.com/de/usergroups

Online bestellen

Auf der deutschen Webseite `www.apple.com/de` finden Sie den Apple Store, Hardware- und Software-Angebote und mehr über den Mac.

Hier außerdem noch einige weltweite Adressen, falls Ihnen das nicht genügt:

MacConnection

`www.macconnection.com`

MacWarehouse

`www.macwarehause.com`

Mac Zone

`www.maczone.com`

Cyberian Outpost

`www.outpost.com`

Shopper.com

Eine Webseite mit der Preisübersicht aller Online-Händler. Hier können Sie sich schnell informieren und unter Umständen eine Menge Geld sparen.

Die iMac Webseiten

MacSurfer

Unter der Adresse `www.macsurfer.com` finden Sie aktuelle Veröffentlichungen über Macs aus amerikanischen Zeitung und Zeitschriften.

iMacintouch

`www.imacintouch.com`

TheiMac.com

`www.theimac.com`

iMacworld.com

`www.imacworld.com`

iMacCentral

Neuheiten, Updates, Tricks und Produktneuheiten – einfach alles über den iMac finden Sie unter `www.imaccentral.com`

SiteLink

Eine Webseite, die Sie mit anderen Webseiten über den iMac verbindet: `www.sitelink.net` – da können Sie sich bis ins hohe Alter tummeln.

MacOS Rumors

Die Bibel der Macintosh-Welt – alles über die Geheimnisse von Apple:

`www.macosrumors.com`

Viele weitere Webseiten

Das Web ist voll von Seiten, die sich mit dem iMac beschäftigen und die von einem oder zwei Enthusiasten ins Netz gestellt und betreut werden. Wie zum Beispiel iMac2day, iMacOnline, DailyiMac, EverythingiMac und so weiter. Die Webadresse ist übrigens immer gleich: `www:_com` – einfach den jeweiligen Namen ohne Leertasten eingeben.

Der ultimative iMac-Einkaufsführer

*I*n diesem Anhang finden Sie eine Aufstellung des wichtigsten Zubehörs. Das meiste davon wird einfach über den USB-Anschluss mit dem iMac verbunden und vieles ist auch im unverwechselbaren iMac-Transparentlook erhältlich. Nehmen Sie einfach ganz beherzt Ihre Visa-, Euro- oder American Express-Karte, lesen Sie die verschiedenen Informationen zu den einzelnen Webseiten und gehen Sie shoppen.

Da wir hier in jedem Falle nur sehr grobe Preise nennen könnten, die sich zudem ständig verändern, haben wir ganz darauf verzichtet.

 Die folgenden Seiten lassen sich auch nur sehr schwer aktuell halten, da die Veränderungen im Markt sehr rasant sind. Im Internet finden Sie dagegen immer aktuelle Listen auf den verschiedensten Seiten, zum Beispiel auf der Apple-Webseite www.apple.com/de oder auch hier:

✔ Apples Liste von USB-kompatiblen Produkten unter http://guide.apple .com/uscategories/usb.html mit Links zu den jeweiligen Herstellern.

✔ Eine ständig aktualisierte Liste des Zubehörs für Macs und iMacs finden Sie auch unter www.Macintouch.com/imacusb.html.

Drucker & Drucker-Adapter

Mit dem richtigen Kabel können Sie Ihren iMac mit schätzungsweise 1.500 verschiedenen Druckertypen verbinden. Hier nur einige Beispiele für iMac-geeignete Drucker:

Alps MD-1300 – Kapitel 5 beschreibt die gängigsten Druckerarten: Tintenstrahldrucker und Laserdrucker. Da gibt es allerdings noch eine dritte Art: Thermosublimations-Drucker, die weniger üblich sind, da man dafür horrend viel Geld investieren muss. Die Qualität ist extrem hoch – und die Drucke verschmieren nicht – allerdings ist Spezialpapier erforderlich. Mehr Informationen dazu erhalten Sie unter www.alps.com.

Epson – Die Stylus Color Tintenstrahldrucker sind unter Mac- und iMac-Besitzern wohl am weitesten verbreitet. Sie sind preiswert und liefern eine ausreichende Qualität. Das meist-verkaufte Modell, der 740, wird sogar mit einem transparenten Gehäuse passend zu Ihrem iMac geliefert. Der 740 druckt 5 Seiten pro Minute mit einer Auflösung von 1.440 dpi; die Modelle 750, 900 und 1200 sind schneller und bieten eine höhere Druckqualität. Einige der älteren Modelle, wie zum Beispiel 440, 600, 640, EX, 700, 800, 850, 1520 oder 3000, können auch an den iMac angeschlossen werden, Sie benötigen dazu jedoch einen USB/Parallel Druk-ker Adapter. Informationen dazu finden Sie unter `www.epson.de`.

GCC Technologies – Wenn Sie für sich selbst arbeiten, sollten Sie am besten in einen Laser-drucker für Schwarz/Weiß-Drucke in bester Qualität investieren. GCC liefert schon sehr preis-werte Modelle, die Sie an den iMac mit USB- oder Ethernet-Kabel anschließen können (siehe Kapitel 14): `www.gcctech.de`

Hewlett-Packard – HP stellte schon immer hervorragende Drucker her; die Tintenstrahl-drucker der DeskJet-Baureihe, wie zum Beispiel 810C, 812C, 880C, 895Cse und 895Cxi, kön-nen alle direkt am USB-Anschluss des iMac angeschlossen werden. (Denken Sie daran, dass das USB-Kabel nicht zum Lieferumfang des Druckers gehört.) HP stellt auch sehr gute Laser-drucker her, die am Ethernet-Anschluss des iMac angeschlossen werden (siehe Kapitel 14). Webseite: `www.hp.com/country/de/ger/`

iPrint und **Asanté** – Farallon stellt zwei Adapter für den Ethernet-Anschluss Ihres iMac her, mit denen ältere Macintosh-Drucker angeschlossen werden können. Der eine, iPrint LT, ist für LocalTalk-Drucker (gewöhnlich Laserdrucker) und benötigt zusätzlich ein PhoneNet-Verbin-dungsstück (siehe Kapitel 5). Eine weniger aufwendige Lösung ist der AsantéTalk Adapter (`www.asante.com`).

Farallon's anderer Adapter, iPrint SL, ist für Tintenstrahldrucker, wie zum Beispiel den Apple StyleWriter (Modelle I, II, 1200, 1500, 2200, 2400 und 2500). `www.farallon.com`

Lexmark Optra E310 – Lexmark ist ein Geschäftsbereich von IBM. Dieser Drucker ist ein kostengünstiger kompakter Laserdrucker (8 Seiten pro Minute, 600 dpi Auflösung) mit USB-Anschluss für den iMac. (Wenn Sie die Einrichtung eines Ethernet Netzwerkes planen wie in Kapitel 14 beschrieben, können Sie sich auch für ein anderes Lexmark-Modell für den Anschluss an der Ethernet-Schnittstelle entscheiden.) `www.lexmark.com/printers/laser/index.html`

PowerPrint USB to Parallel – Und wenn Sie sich jetzt immer noch nicht entschieden haben, bietet Ihnen dieser Adapter die Anschlussmöglichkeit für 1.500 IBM-kompatible Drucker – jeder Art, Größe und Preis. Einschließlich der Software und dem Kabel für den Anschluss an einer Ihrer USB-Schnittstelle. Die Internetaddresse des Herstellers Interwave: `www.infowave.ce`

Multifunktions-Drucker

Diese Geräte kombinieren verschiedene Funktionen in einem Gehäuse – ideal für kleine Büros. Zum Beispiel Canon MulTippass C635 mit Scanner, Faxgerät, Farbkopierer und Farbdrucker: `www.ccse.canon.com/prodfact/c635.html`.

Epson bietet mit Stylus Scan 2000, Stylus Scan 2500 und Stylus Scan 2500 Pro verschiedene Ausstattungsqulitäten. Jedes Gerät ist Scanner, Kopierer und Drucker in einem, jedoch ohne Fax-Modem – das hat jedoch Ihr iMac. `www.epson.de`

Adapter für älteres Mac-Zubehör

Serielle, ADB- und SCSE-Schnittstellen werden Sie am iMac vergeblich suchen. (Serielle Schnittstellen sind für den Anschluss von Modems oder Druckern, ADB-Schnittstellen für Maus oder Tastatur; SCSI-Schnittstellen für den Anschluss externen Festplatten, Zip-Laufwerken oder Scanner.) Da aber alle 150 früheren Maintosh-Modelle mit diesen Schnittstellen ausgestattet waren, gibt es natürlich noch Tausende von Zusatzgeräten aus der Zeit vor dem iMac. Diese älteren Zusatzgeräte können mit einem der nachstehenden Adapter an den iMac angeschlossen werden.

Serielle Adapter

Abb. Anhang C.01 Eine serielle Schnittstelle ist ein kleiner runder Anschluss an älteren Macintosh-Modellen für Modem, Drucker, PalmPilot, Digitalkamera oder das Zeichentableau. Die nachfolgenden Adapter für die USB-Schnittstellen Ihres iMac ermöglichen den Anschluss dieser Zusatzausstattungen.

USB Serielle Adapter

Diese Adapterausführung ist für den Anschluss von StyleWritern, Epson- oder HP-Druckern, PalmPilot, ja sogar Digitalkameras und das Wacom-Zeichentableau geeignet. Lesen Sie jedoch auf jeden Fall zunächst die Informationen auf der Webseite. Diese Adapterausführungen sind zum Beispiel nicht geeignet für MIDI, GeoPort, LocalTalk sowie einige Druckermodelle. Der abgebildete Keyspan's USB Twin Serial-Adapter bietet zwei serielle Schnittstellen, ist für alle StyleWriter-Drucker einsetzbar; der Entreba-Adapter CON-USB-D8 ist durchsichtig (www.entrega.com).

ADB-Adapter für Maus und Tastatur

Der iMate ist ein kleiner Adapter aus durchsichtigem Kunststoff, mit dem auch ältere Macintosh Tastaturen und Mäuse mit der USB-Schnittstelle des iMac verbunden werden können. Griffin Technology – www.griffintechnology.com

Mikrophon-Adapter

Mit dem iMic-Adapter können Sie externe Mikrophone und Aufnahmegeräte an der USB-Schnittstelle Ihres iMac anschließen. Griffin Technology – www.griffintechnology.com

SCSI-Adapter

SCSI-Technik kann höllisches Kopfzerbrechen bereiten und erfordert Fingerspitzengefühl und einige Experimente. Diese speziellen Kabel und Stecker finden Sie an allen Macintosh-Modellen aus der Zeit vor dem iMac. Die entsprechenden Geräte, wie zum Beispiel Zip-Laufwerke, CD-Brenner, externe Festplatten oder Scanner, können Sie mit einem USB-to-SCSI Adapter mit Ihrem iMac verbinden.

Sie haben die Wahl zwischen dem Entraga USB SCSI-Converter (www.entraga.com), ScUSBee von Second Wave (www.2ndwave.com), USB XPressSCSI von Microtech (www.

micortechint.com), iSCSI von Ariston (www.ariston.com) oder uSCSI von Newer Technology (www.newertech.com).

Digitalkameras

Wie Sie in Kapitel 18 bereits gelesen haben, ist das wirklich etwas Wunderbares, wenn man den Preis nicht berücksichtigt.

QuickCam VC – Nur so groß wie ein Golfball liefert diese kleine Kamera, die einfach an die USB-Schnittstelle angeschlossen wird, Standbilder (352 x 288 dpi – das ist allerdings ziemlich klein) und sogar Digitalvideos (mit ca. 15 Bildern pro Sekunde). Mit einstellbarem Objektiv und rd. 3 m Kabel. (Die QuickCam wird eigentlich nur für Windows-Computer verkauft. Mit der frei erhältlichen Software – www.logitech.com/Cameras/quickcamvcmac.html – arbeitet die Kamera jedoch auch mit Ihrem iMac.

iSee Camera – Diese Kamera sieht fast genau so aus wie die QuickCam, liefert jedoch eine bessere Bildqualität (640 x 480 Auflösung) und ist auch nicht wesentlich teurer. iSee wird direkt mit der USB-Schnittstelle des iMac verbunden und liefert sogar niedrig-aufgelöste Digitalvideos. Ariston – www.ariston.de

Digitalkameras – Digitalkameras brauchen keinen Film. Stattdessen haben Sie einen kleinen eingebauten Monitor, in dem Sie Ihre Bilder sehen. Sie können diejenigen löschen, die nichts geworden sind, und noch einmal beginnen. Wenn der Speicher der Kamera voll ist, kopieren Sie die Bilder einfach in Ihren iMac, betrachten und bearbeiten sie dort – und senden Sie vielleicht per E-Mail an einen Freund oder präsentieren sie auf einer Webseite. Alle diese Kameras können direkt mit der USB-Schnittstelle des iMac verbunden werden. Die Abbildung zeigt zwei Kameras von Kodak, ausführliche Beschreibungen finden Sie unter www.kodak.com – die Toshiba-Kameras finden Sie unter www.toshiba.de.

ImageMate – Einige Digitalkameras benutzen statt eines Films eine Speicherkarte (Compact-Flash-Karte). Für den Datentransport zu Ihrem iMac benötigen Sie die entsprechende Lese-/ Schreibstation, erhältlich von SanDisk – www.sandisk.de.

PC Card Reader oder **CameraMate USB** – Diese Geräte akzeptieren auch PC-Karten zum Beispiel von anderen digitalen Kameras einschl. der Kodak-Modelle. Sie fotografieren einfach

so lange, bis der Speicher der Karte voll ist, legen die Karte in den PC Card Reader und übertragen die Daten in den iMac (Ariston – www.ariston.com; Microtech CameraMate –
www.microtechint.com).

Platten-Laufwerke

Der iMac hat kein FloppyDisk-Laufwerk. Obwohl es endlose Möglichkeiten gibt, Ihre Arbeiten
auch ohne Plattenlaufwerke zu sichern, bevorzugen die meisten Nutzer immer noch diese
Art der Datensicherung. Die nachstehenden Platten-Laufwerke können direkt an der USB-
Schnittstelle Ihres iMac angeschlossen werden.

Externe FloppyDisk-Laufwerke – Kaufen Sie sich eines und Ihr iMac hat dann ein Floppy-
Disk-Laufwerk, das Sie abnehmen und vergessen können, wenn Sie verreisen. Die Bandbreite
reicht von uDrive (Newer Technologies, www.newertech.com), iFloppy (iDrives, www.
idrives.com), SmartFDD (Microtech, www.microtech-pc.com) bis zu USB Floppy Drive
(VST, www.vsttech.com).

Keines dieser Laufwerke benötigt ein Stromkabel, sie werden alle vom iMac mit Strom versorgt. (Das uDrive ist mit einem Stromkabel ausgestattet, falls es Ihnen unheimlich sein sollte,
wenn der iMac alles erledigen muss.)

SuperDisk-Laufwerk – SuperDisk-Laufwerke sehen aus wie externe FloppyDisk-Laufwerke –
einige sind auch in der iMac-typischen durchsichtigen Version lieferbar -, sind jedoch 2-in-
Einem-Laufwerke. Sie akzeptieren sowohl FloppyDisks (von Mac und Windows Computern)
als auch SuperDisks, die wie FloppyDisks aussehen, jedoch 83 mal mehr Speicherkapazität
haben (120 MB). Allerdings sind sie auch etwas teurer.

SuperDisk-Laufwerke (siehe Abbildung) gibt es zum Beispiel von Imation (www.imation.com),
Winstation (www.winstation.com/ssdspec.html) oder Global Village (www.globalvillage
.com).

USB Zip-Laufwerk – Ein Zip-Laufwerk ist eine andere Art eines externen Laufwerkes. Es ist nicht für die Standard FloppyDisks geeignet, sondern aktzeptiert nur Zip-Disketten mit 100 MB oder 250 MB Speicherplatz, abhängig vom Laufwerk, wie Sie es übrigens in Millionen von Macs und PCs weltweit finden. Zum Beispiel Anaconda Zip 250 (EZQuest, `www.ezq.com`), Iomega, das Original (`www.iomega.com`), Mil Zip 100 (`www.microtech-pc.com`).

CD-Brenner – Wenn Sie diese Technik einsetzen, könne Sie sich Ihre eigenen CD's herstellen – entweder mit der Musik, die Sie gerne hören (für Ihre Stereoanlage) oder mit Informationen (für Ihren iMac). Erhältlich zum Beispiel von LaCie (`www.lacie.com`), Mitsumi (`www.mitsumi.de`) oder QPS (`www.qps-inc.com`).

Zusätzliche Festplatten-Laufwerke – Die Festplatte Ihres iMac ist zwar riesig im Vergleich zu dem, was zum Beispiel 1995 als Standard galt, jedoch im heutigen Vergleich eher klein. Wenn Sie vorhaben, sehr viele Bilder, Graphiken, Digitale Videos oder Musik zu bearbeiten, werden die 3,2 GB bald erschöpft sein.

Die meisten Nutzer umgehen das »Kein Speicherplatz mehr verfügbar«-Problem durch den Kauf eines Zip- oder SuperDisk-Laufwerkes wie bereits beschrieben. Einige wenige jedoch ergänzen die Speicherkapazität des iMac um eine weitere Festplatte. Eine externe USB-Festplatte hat nur etwa die Größe einer Kartenlesestation und kann eigentlich gar nicht vorteilhafter sein – sie braucht keinen eigenen Stromanschluss und das Kabel wird direkt mit der USB-Schnittstelle des iMac verbunden. Sie erhalten externe Festplatten mit 4 bzw. 6 GB zum Beispiel von VST (`www.vsttech.com`) in iMac-typischer Ausstattung. Wenn Sie dagegen mehr Wert auf ein größeres Speichervolumen statt auf die Ausstattung legen, besuchen Sie doch einmal die Webseite `www.fantomdrives.com`, dort finden Sie externe Festplatten von 4,e GB bis zu 25 GB.

Wenn Sie einen iMac DV besitzen, können Sie auch ein FireWire-Festplatten-Laufwerk anschließen. Der Terminus FireWire bezeichnet die Art, wie das Laufwerk mit dem iMac verbunden wird. (Sehen Sie dazu auch in Anhang A die Abbildungen der verschiedenen FireWire-Anschlüsse.) Diese Festplatten-Laufwerke sind extrem klein und extrem schnell, benötigen keinen eigenen Stromanschluss und Sie müssen auch nicht jedesmal den Computer ausschalten, wenn Sie das Laufwerk anschließen oder abnehmen wollen. Das macht diese Laufwerke besonders ideal für den Datenaustausch zwischen zwei mit FireWire ausgestatteten iMacs. Das abgebildete VST FireWire Laufwerk dürfte wohl das bekannteste dieser Laufwerke sein (`www.vsttech.com`).

Joysticks und Spielborde

Der iMac ist ein guter Partner für Spiele. Was allerdings wirklich nervt, ist die fehlende Erfahrung, einen Düsenjäger mit Hilfe der Maus zu steuern. Ein Flugzeug oder Raumschiff lässt sich mit viel mehr Spaß mit einem Joystick oder einem Spielbord fliegen.

Hier können Sie unter Dutzenden verschiedener USB-Lösungen wählen – eine Beschreibung der verschiedenen Arten würde wirklich zu weit führen. Machen Sie sich am besten einmal selbst auf die Suche, die Sie zum Beispiel bei den Webadressen beginnen können, die wir Ihnen bereits am Anfang dieses Kapitels gegeben haben: `www.imacintouch.com` oder `http://guide.apple.com/uscategories/usb.html`. Jede dieser Webseiten hat eine eigene Kategorie für Joysticks, Spielborde und andere Spielgeräte.

Tastatur und Maus erneuern

Was wirklich toll ist an der Tastatur und der Maus, die mit dem iMac geliefert werden, ist, dass beides im Preis des Computers enthalten ist. Manchem ist jedoch die Tastatur zu klein oder die Maus zu rund und zu klein … und schon ist eine neue Marktlücke entstanden.

Mäuse

Die meisten »iMac-Mäuse« bestehen aus durchsichtigem blauem Kunststoff. Einige haben zwei oder drei Tasten – die aber alle exakt das gleiche tun wie die eine Taste der Standard iMac-Maus. Sie können wählen zwischen der Podiki-Maus, die auch ein durchsichtiges Kabel hat (Ariston, `www.ariston.de`), der ebenfalls durchsichtigen Compucable USB-Maus (`www.compucable.com`); der schön gestalteten durchsichtigen iMaccessories-Maus (`www.imaccessories.com`), MacAlly's iSweet-Maus (`www.macally.com`) und vielen anderen Ausführungen. (Die MacAlly's-Maus ist hier abgebildet.)

Trackballs

Ein Trackball ist eine Alternative zur Maus und sieht aus wie eine Kugel in einem Fundament. Die Mausbewegungen werden einfach durch Rollen der Kugel gesteuert, die Tasten sind an den Seiten.

Ein Trackball bietet sich insbesondere dann an, wenn auf dem Schreibtisch nicht genug Platz für eine Maus ist. Manche finden, dass ein Trackball schwierig zu bedienen ist, andere können sich gar nichts anderes mehr vorstellen. Wenn Sie mehr darüber wissen wollen, hier ist eine Auswahl an Adressen der Hersteller: Mousetrak – mit sechs programmierbaren Tasten an den Seiten (www.maustrak.com); iMaccessories Version leuchtet (www.imaccessories.com) und den MacAlly iBall gibt es aus durchsichtigem blauem Kunststoff (www.macally.com).

Tastaturen

Auch an großen USB-Tastaturen finden Sie eine reichliche Auswahl, zum Beispiel MacAlly (www.macally.com), iMaccessories (www.imaccessories.com) und Cherry (www.cherrycorp.com). Jede davon hat ihren eigenen Charme und ihren eigenen Charakter. So ist zum Beispiel die Tastatur von Cherry auch gleichzeitig ein USB-Hub! Mit dieser erstaunlichen Tastatur erhalten Sie gleichzeitig auch vier zusätzliche USB-Schnittstellen, an die Sie dann alle anderen auf diesen Seiten beschriebenen zusätzlichen Geräte anschließen können. (Mehr über USB-Hubs lesen Sie am Ende diese Kapitels.)

Scanner

Wie bereits in Kapitel 11 beschrieben, ist ein Scanner das Auge Ihres iMac. Mit einem Scanner lesen Sie ein Bild (üblicherweise ein Foto) ein und verwandeln es in eine digitalisierte Bilddatei in Ihrem Computer (oder auch eine Textdatei). Wenn diese Datei einmal in Ihrem iMac gespeichert ist, können Sie sie bearbeiten, Ihren Freunden per E-Mail senden und so weiter ...

Entsprechende Angebote finden Sie zum Beispiel bei Umax (www.umax.com), Agfa (www.agfa.de), Microtek (www.microtek.com), Epson (www.epson.com) und anderen Herstellern.

Vielleicht haben Sie ja auch von dem NEC PetiScan gehört. Das ist ein kleiner Handscanner, der nicht einmal einen eigenen Stromanschluss braucht und mit dem man zwar keine großen Bilder einscannen kann, der sich dafür aber umso besser als transportabler Scanner eignet (www.petiscan.com).

Lautsprecher

Wenn Sie bereits eines der neueren iMac-Modelle besitzen (eines mit einem DVD-Laufwerk), sind Sie eigentlich schon im Klanghimmel dank des eingebauten Harmon Kardon Klangsystems. Wenn Sie jedoch einen der rd. 2.000.000 iMacs besitzen, die vor 1999 hergestellt wurden, brauchen Sie sich mit dem doch recht dürftigen Klang der eingebauten Lautsprecher wirklich nicht zufrieden zu geben. Schließen Sie doch einfach ein zusätzliches Paar externer Lautsprecher an, die Sie übrigens auch passend zum Design Ihres iMac erhalten: Pele (www.pelezone.com) oder Ushischiba (www.cozo.com).

Es gibt auch noch viele andere Modelle, zum Beispiel flache Lautsprecher (www.benwin .com/fpmain.htm) oder mit Raumklang (www.ariston.com). Sicher finden Sie auch in Ihrem Computerladen um die Ecke eine reichliche Auswahl, wenn Sie nicht unbedingt das typische iMac-Design wollen.)

USB-Hubs

Wenn Sie nach der Lektüre dieses Kapitel feststellen, dass Sie eigentlich alle diese Zusatzgeräte brauchen, um effektiv mit dem iMac zu arbeiten, dann brauchen Sie unbedingt auch noch eine weitere Ausstattung: Ein USB-Hub. Denn sonst müßten Sie ja immer den Scanner vom iMac trennen, wenn Sie zum Beispiel drucken wollen, da Ihr iMac nur über zwei zusätzliche freie USB-Schnittstellen verfügt. Mit einem USB-Hub erhalten Sie ganz schnell viele zusätzliche freie USB-Anschlüsse, an denen die ganze Welt der Zusatzgeräte Ihren Platz findet. Das können Sie bis auf 127 Anschlüsse ausdehnen, wenn Ihr Kreditrahmen bei Ihrer Bank das zulässt.

USB Hubs gibt es in wirklich reichlicher Auswahl. Sie können sogar USB-Hubs verwenden, die nicht speziell für den iMac hergestellt wurden. Einige davon, wie zum Beispiel Interex – Abbildung – (www.interex.com) und diejenigen von Entrega, MacAlly und iMaccessories, sind aus durchsichtigem Kunststoff – wie der iMac.

Sie können hier zwar sehr viele Zusatzgeräte anschließen, sollten jedoch bedenken, dass einige davon, wie zum Beispiel Scanner, CD-Brenner oder Drucker, einen hohen Strombedarf haben und daher direkt an die USB-Schnittstellen des iMac angeschlossen werden müssen oder an einen USB-Hub mit eigener Stromversorgung. Ihr Computer-Fachmann berät Sie da sicher gerne.

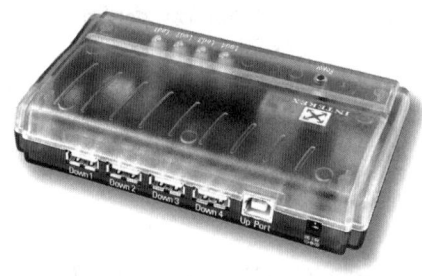

Stichwortverzeichnis

S

416 Seiten
DM 39,90
ÖS 291,–
ISBN 3-8266-2853-7

John R. Levine, Carol Baroudi, Margaret Levine-Young

Internet für Dummies

5. Auflage

Wollten Sie schon immer mal in die Welt des Internet tauchen? Und ließen sich bisher von einer wirren Odyssee im World Wide Web abschrecken?

Mit diesem Dummies-Bestseller wird das Surfen im Internet für jeden ein Vergnügen. Das eingespielte Autorenteam Levine, Baroudi, Levine-Young nimmt Sie mit auf die Reise! In bewährtem Stil zeigen sie Ihnen Schritt für Schritt, welche Möglichkeiten das Netz zu bieten hat und wie Sie diese geschickt nutzen können.

Sie erfahren:

✔ Was Sie brauchen, um »online« zu sein
✔ Welche Programme Ihnen das Leben als Internaut erleichtern
✔ Wie Sie durch die ganze Welt mailen und mit netten Leuten in Chaträumen kommunizieren können
✔ Wie Sie Ihre eigene Webseite gestalten

400 Seiten, davon 16 farbig, 1998
49,90 DM, kart.
ISBN 3-8266-2805-5

Deke McClelland

Photoshop 5 für Dummies

Für Mac und Windows

Aus dem Amerikanischen übersetzt von Claudia Koch

Photoshop ist nach wie vor das Standard-Bildbearbeitungsprogramm. Der Autor dieses Buches, Deke McClelland, ist nicht nur ein weltbekannter Experte für Photoshop, sondern versteht es auch, dem Einsteiger sein Wissen didaktisch sinnvoll zu vermitteln. Und die typische lockere Dummies-Schreibe und die berühmten Rich-Tennant-Cartoons sorgen dafür, dass dabei auch der Spaß nicht auf der Strecke bleibt.

Sie erfahren:

✔ Wie Sie mit Photoshop Bilder verbessern und perfektionieren können
✔ Wie Sie Bilder einscannen und dann durch raffinierte Manipulation aufpeppen können
✔ Welche Möglichkeiten es gibt, kleine und auch größere Fehler zu vertuschen oder unsichtbar zu machen
✔ Wie Sie mit Filtern, Kanälen etc. zaubern können
✔ Wie Sie mit zeitsparenden Profitipps Ihre Ergebnisse deutlich verbessern können

Als Extra

✔ 16 Farbseiten mit Photoshop-Highlights

336 Seiten, 2000
39,90 DM, kart.
ISBN 3-8266-2925-6

James Eade

Schach für Dummies

Aus dem Amerikanischen übersetzt von Axel Eisengräber-Pabst und Holger Möller

- Lustvoller Einstieg in die Schachwelt
- Expertentipps für Angriff und Verteidigung
- Schach am Computer und im Internet

Haben Sie schon einmal daran gedacht, dass Schach eigentlich ein schönes Hobby für Sie sein könnte – wenn es nur nicht so kompliziert wäre?

Vergessen Sie Ihre Bedenken und lassen Sie sich nicht weiter vom gestrengen Schachbrett abschrecken! Folgen Sie einfach der feinen Logik von James Eade: Er erklärt Ihnen in humorvoller Dummies-Manier die Grundlagen des Schach, zeigt Ihnen spannende Techniken und elegante Spielzüge und gibt Ihnen viele Tipps, wie Sie Ihren Gegner schachmatt setzen können.

Außerdem finden Sie hier natürlich auch zahlreiche Adressen und Infos, wie Sie Ihrem neuen Hobby auch per Computer und Internet frönen können.

Sie erfahren:

✔ Wie Sie das Schachbrett aufbauen und nach welchen Regeln Sie Ihre Figuren bewegen dürfen
✔ Wie Sie Strategien und Taktiken entwickeln, um Ihren Gegner herauszufordern
✔ Was die Charakteristika von Eröffnung, Mittelspiel und Endspiel sind
✔ Wie Sie Ihren Blick auf das Schachbrett schulen
✔ Welche berühmten Spielzüge es gibt und warum diese so genial sind
✔ Was das Internet Schachspielern zu bieten hat